◇高等学校保险学专业系列教材

保险中介理论与实务

（第 2 版）

崔惠贤　编著

U0331276

清 华 大 学 出 版 社

北京交通大学出版社

·北京·

内 容 简 介

本书共 13 章，分别为保险中介概述、国外保险中介的主要模式、我国保险中介的发展概况、保险中介的供求分析、保险中介的制度经济学分析、保险中介的职业道德、保险中介监管、保险代理人概述、保险代理人的经营、保险经纪人概述、保险经纪人的经营、保险公估人概述、保险公估人的经营。本书注重理论性和系统性，同时又强调通俗性和实用性，力求达到内容丰富、具体，形式新颖、生动。

本书适用于高等院校保险、金融专业学生的学习，也适用于保险中介机构及从业人员、保险公司等相关机构和人员的业务培训，还可以作为学术研究的参考资料。

图书在版编目（CIP）数据

保险中介理论与实务/崔惠贤编著. —2 版. —北京：北京交通大学出版社：清华大学出版社，2019.6

高等学校保险学专业系列教材

ISBN 978-7-5121-3942-8

Ⅰ. ① 保…　Ⅱ. ① 崔…　Ⅲ. ① 保险业务-中介服务-高等学校-教材　Ⅳ. ① F840.45

中国版本图书馆 CIP 数据核字（2019）第 122797 号

保险中介理论与实务

BAOXIAN ZHONGJIE LILUN YU SHIWU

策划编辑：吴嫦娥

责任编辑：丁塞峨

出版发行：清华大学出版社　　邮编：100084　电话：010-62776969　http://www.tup.com.cn

　　　　　北京交通大学出版社　邮编：100044　电话：010-51686414　http://www.bjtup.edu.cn

印　刷　者：三河市华骏印务包装有限公司

经　　　销：全国新华书店

开　　　本：185 mm×260 mm　印张：19.25　字数：481 千字

版　　　次：2019 年 6 月第 2 版　2019 年 6 月第 1 次印刷

书　　　号：ISBN 978-7-5121-3942-8/F·1877

定　　　价：49.00 元

总　序

2008 年美国金融危机爆发后，迅速在全球蔓延。金融危机对保险业造成的影响与损害，同样是令人触目惊心的。全球保险巨头美国国际集团（AIG）的濒临倒闭和日本大和生命保险的破产等均给保险业的健康发展提供了经验、教训和难得的警示。因此，在编写这套"高等学校保险学专业系列教材"时，编者不得不对有些传统的保险理论和国外一些保险公司的业务"创新经验"进行认真的思考和科学辩证的审视。

同时，中国的保险业经过改革开放 30 年特别是近 10 多年来的发展，已步入到一个新阶段，站在了一个新的起跑线上，呈现出一些新的特征（如市场体系初步形成；市场主体快速发展；服务能力逐步提高；监管体系初步建立等），更需要结合中国的实际，进行科学的总结和在理论上的规范与提升。特别是修订后的新保险法，对我国保险业发展中一些已不适应的法律条款均做出了重要的修订。这些新修订的法条亦需要我们进行诠释与解读。

"高等学校保险学专业系列教材"包括《保险学导论》《财产与责任保险》《人寿与健康保险》《海上货物运输与运输工具保险》《保险经营与管理》《再保险理论与实务》《保险精算》《保险会计》《保险中介理论与实务》《保险营销》等。

这套教材的特点主要表现在以下方面。

（1）立足我国的现状和发展前景，概括介绍国内外一些成熟的理论与做法，坚持"古为今用""洋为中用""有比较""有鉴别"的原则。

（2）力求全面介绍与本专业相关的基础知识、基本理论和基本方法，注重理论与实践的有机结合。拟撰写的系列教材既注重各书之间的有机联系和分工，同时也注意突出各自的个性特点与实用性。

（3）从总体上注意使每部教材能在继承前人研究成果的基础上，力求有所发展、有所完善、有所创新。创新是推动保险理论与实践不断向前发展的真正动力，并指导新的保险理论、学说层出不穷。

鲁迅先生曾说："在要求天才产生之前，应该先要求可以使天才生长的民众。譬如想有乔木，想看好花，一定要先有好土。"

希望这套教材能成为这样的泥土——"零落成泥碾作尘，只有香如故"。这就是保险学系列教材编委在教学、科研工作异常繁忙之余，仍愿挤出时间参与到这一编写队伍中，为金融保险专业的学生和广大金融保险从业者编著此套教材的真正初衷。

刘金章
2010 年 1 月

丛书主编简介

刘金章，男，河北省人，中共党员。毕业于天津财经大学前身天津财经学院金融专业，毕业后留校工作至今。曾任系主任、副校长等职。现任天津财经大学金融、保险学教授，研究生导师，校咨询委员会委员，天津天狮学院经济管理系主任，兼任厦门大学金融研究所特邀研究员、马来西亚赛世学院客座教授、美国俄克拉荷马市荣誉市民、中国市场学会理事、天津市无形资产研究会常务理事、天津市社联委员、天津老教授学会理事等职。

在著作方面，自 1980 年以来先后出版专著 9 部，主编教材 17 部，主编工具书 6 部，参编教材、系列丛书 10 部，发表学术论文百余篇。其论著获国家级及省级奖励 12 项。在金融保险方面的代表作有：《保险学原理综论》（1994 年）、《现代涉外保险综论》（1994 年）、《保险学教程》（第 1 版 1997 年、第 2 版 2003 年）、《金融风险管理综论》（1998 年）、《现代保险辞典》（2003 年），以上 5 部著作均由中国金融出版社出版。《保险学基础》（普通高等教育"十一五"国家级规划教材，2007 年第 2 版，高等教育出版社出版）、《责任保险》（2007 年，西南财经大学出版社出版）、《现代金融实务综论》（2006 年，上海财经大学出版社出版）、《财产与人身保险实务》（2005 年，中国财政经济出版社出版）、《现代金融理论与实务》（2006 年，清华大学出版社、北京交通大学出版社联合出版）、《现代保险知识实用大全》（1998 年，天津科学技术出版社出版）等。

前　言

市场经济体制的一个主要特征就是中介行为在经济生活中的全面渗透。中介行为在保证市场公平竞争和平等交易、沟通和协调市场关系方面发挥着积极的作用，是市场主体之间的桥梁和纽带。保险中介则是保险市场不断发展和完善的产物，也是保险行业专业化分工与集约化经营的结果。从发达国家的实践看，保险中介可以使保险公司将展业、理赔等耗费大量时间、人力、财力的工作剥离出来，集中精力进行产品开发设计、客户服务、风险控制、资产运用等核心工作，从而实现集约化经营管理，优化保险产业结构，提高保险市场的整体专业化服务水平。同时，保险中介以其数量众多、经营灵活、专业性高、市场渗透力强等特点，能有效地加快保险市场资源的合理流动和配置，在提高保险的有效需求和供给、促进保险市场运作的公平和公正等方面都大有裨益。

在我国，真正意义上的保险中介是以1992年美国友邦保险上海分公司推出保险代理人制度为标志的。截至2008年年底，我国的保险营销员已经达到256万余人，对我国保险业的发展起到了重要的推动作用。2000年以后，保险经纪人和保险公估人也先后进入保险市场，分别承担了为客户安排保险计划、理赔定损和估算等中介业务。与发达国家相比，我国的保险中介起步较晚，虽然发展迅速，但由于缺乏相应的理论指导，制度建设和市场发育都比较落后，并且已暴露出很多问题，如经营粗放、监管滞后、竞争不充分等，其中较突出的问题就是社会公众（包括保险专业的大学生）对保险中介的认识模糊，甚至存在很多误解，而保险中介从业人员自身的专业技能和职业素质也是差强人意，这些问题都极大地阻碍了我国保险中介乃至整个保险业的健康、有序发展。

在此背景下，作者10年前就以此作为硕士研究生的论文选题，进行了保险中介理论研究的初步探索，之后也一直未有中断。本书是在作者数年的教学与研究积累基础上，历经多次修改、完善而形成的。在本书的撰写过程中，尽量突出以下特点：①理论的系统性，即把保险中介作为一门学科或单独的理论体系，试图从若干不同的角度对保险中介进行梳理和分析；②内容的全面性，即以保险中介的业务经营、执业规范、职业道德、监督管理为主线，对保险代理人、保险经纪人和保险公估人进行全面翔实的论述；③注重实用性，即在阐述保险中介基本理论的同时，也着重介绍保险中介的实务操作，并提供了一些典

I

型案例和相关资料帮助读者加深理解；④体现创新性，即在涉及我国保险中介的发展等问题时，进行了必要的分析和研究，以推动相关理论和实践的创新。

本书在写作过程中，参考和借鉴了一些相关的著作、教材和文章，在此一并表示衷心的感谢。另外，由于本人水平有限，疏漏及不足之处在所难免，敬请读者批评指正。

作　者
2019 年 1 月于上海

目 录

第1章

保险中介概述

【本章导读】

　　保险中介自 16 世纪在西欧产生以来，对保险经济关系的形成和发展起到了非常重要的作用，并已成为当今保险市场上不可缺少的基本要素之一。本章主要对保险中介进行概述，介绍保险中介的含义、构成、职能和作用，保险中介的产生与发展过程，以及保险中介对保险市场的影响。

1.1　保险中介的内涵

1.1.1　保险中介的定义

　　中介，俗称"掮客""居间人"，是指介绍买卖双方进行商品交易，从中获取佣金的人。保险中介是保险消费链上提供中介服务的专业化中间商，帮助投保人实现效用最大化，降低保险公司面临的风险。作为中介组织的一种，保险中介也称保险中介机构或保险中介人，是指介于保险经营机构之间，或者保险经营机构与投保人之间，专门从事保险业务咨询与招揽、风险管理与安排、价值衡量与评估、损失鉴定与理算等中介服务活动，并从中收取佣金或手续费的机构或个人。

　　根据 2002 年 3 月欧盟参议会在比利时首都布鲁塞尔通过的保险中介法指导方针，保险中介是指为保险或再保险合同的订立提出建议、提供信息、作出准备、帮助订立合同并对其进行管理、履行合同义务、协助赔款处理并为此收取佣金的自然人或法人。保险公司本身及其雇员不在此列。保险公司的赔案管理人员及专职理赔人员、损失检验人员亦不在此列。

　　从理论上，保险中介可以分成狭义的保险中介和广义的保险中介。狭义的保险中介包括保险代理人、保险经纪人和保险公估人。广义的保险中介除了上述 3 种人以外，还包括与保险中介服务有关的单位和个人，如保险精算师、保险顾问、保险咨询服务人员、保险技术服务人员、保险法律服务人员、保险信用评级机构等。

1.1.2　保险中介的特点

　　作为保险人和投保人之间的桥梁和纽带，保险中介应当遵循合法性、专业性、诚信性、公平竞争性等要求。

1. 合法性

订立保险合同或再保险合同本身就是一种法律行为，不仅要求当事人双方符合法律法规的规定，也要求保险中介满足合法性要求。因为保险中介所从事的业务活动具有较强的专业性和复杂性，如果业务行为不当，很容易危害投保人、被保险人以及保险人的合法权益，甚至影响整个保险市场的健康发展，所以世界各国对保险中介的行为都有相应的法律规范。例如，我国在 2018 年相继发布了《保险经纪人监管规定》《保险公估人监管规定》《保险代理人监管规定（征求意见稿）》[1]，对保险中介的市场准入、经营规则、从业人员、市场退出、行业自律、监督检查、法律责任等方面作出了全面和详细的规定，是保险中介机构和从业人员必须遵守的行为准则。

2. 专业性

保险产品本身具有很强的专业性，而且跨越金融、法律、财务、医学、工程、航海等多个领域，这就要求保险中介从业人员不仅要具备扎实的保险专业知识，还要具备一些非保险领域的背景知识，为投保人和保险人提供专业、优质的中介服务。同时，保险中介还要具备很强的业务沟通能力、决策判断能力、协调应变能力，通过熟练的业务技能和丰富的行业经验，为保险合同双方提供高效率的中介服务。

3. 诚信性

最大诚信是保险业运行的基本原则，保险中介的业务活动关系到保险人的承保质量和被保险人的保障权益，如果不能做到诚实守信，往往会导致保险交易的一方甚至双方利益受损。因此，最大诚信也是保险中介活动的基本原则，保险中介机构和从业人员应始终恪守职业道德，不为了一己私利而欺骗或误导保险交易的任何一方，始终保持公正、独立的态度，不偏袒任何一方以谋求不当利益。

4. 公平竞争性

保险中介在促进保险市场发展的同时也引发了行业内的竞争，这是任何一个行业发展到一定阶段的必然现象。对保险中介而言，通过向客户返佣、利用职业便利或行政权力、诋毁同行等手段获取业务更加容易，但这是违反基本商业规则的，也是一种非常短视的做法，不仅危害了其他保险中介乃至整个行业的健康发展，也影响了自身的长远发展。因此，通过法律法规对保险中介活动进行规范和约束是非常必要的。

1.1.3　保险中介的分类

虽然世界各国的保险中介制度不尽相同，但是根据所从事的业务活动内容，保险中介可以分为保险代理人、保险经纪人和保险公估人，他们各自承担着不同的职责，是保险市场的重要组成部分。

1. 保险代理人

保险代理人是指根据保险人的委托，向保险人收取佣金，在保险人授权的范围内代为办

---

[1] 2009 年 9 月，中国保险监督管理委员会发布了《保险专业代理机构监管规定》《保险经纪机构监管规定》《保险公估机构监管规定》（均于 2015 年 10 月进行了修订），这三部规定与《保险兼业代理管理暂行办法》（2000 年发布）、《保险销售从业人员监管办法》（2013 年发布）、《保险经纪从业人员、公估从业人员监管办法》（2013 年发布）成为规范保险中介的主要规章。2018 年，保监会和银保监会先后发布《保险经纪人监管规定》《保险公估人监管规定》《保险代理人监管规定（征求意见稿）》，以前的规章将被废止。

理保险业务的单位或者个人。保险代理人的组织形式可以是公司法人，也可以是自然人。

保险代理人可以从多个角度进行分类，根据保监会的规定，我国把代理人分为保险专业代理人、保险兼业代理人和个人保险代理人 3 类。其中，保险专业代理人是指专门从事保险代理业务的保险专业代理公司；保险兼业代理人是指利用自身主业与保险的相关便利性，依法在自身经营场所兼营保险代理业务的企业；个人保险代理人是指与保险人签订委托代理合同，从事保险代理业务的个人。

保险代理人的特点是网点众多、涉及领域广泛，具有接近整个保险市场的能力。他们能够为客户提供方便、迅捷、周到的服务，并能及时了解和反馈保险需求方面的信息。

2. 保险经纪人

保险经纪人是指基于投保人（被保险人）利益，为投保人与保险人订立保险合同提供中介服务，并依法收取手续费或佣金的单位或个人。在我国，保险经纪人只能是公司法人，但是在西方很多国家，保险经纪人也可以是个人，如著名的劳合社经纪人，发展至今已有三百多年的历史，是英国保险经纪人的重要组成部分。

按照服务的内容不同，保险经纪人通常分为原保险经纪人和再保险经纪人。原保险经纪人是介于保险人和投保人之间的中间人，根据业务性质的不同，又可分为寿险经纪人和非寿险经纪人。寿险经纪人是指在人身保险市场上代表投保人选择保险人，代办保险手续并从保险人处收取佣金的人。非寿险经纪人是介绍各种财产、责任等保险业务，在保险合同定约双方间斡旋，促使保险合同成立并收取手续费的人。再保险经纪人是促成再保险分出公司和分入公司建立再保险关系的人，他们基于分出人的利益，在为分出公司争取较优惠条件的前提下选择分入公司并收取由分入公司支付的佣金。

保险经纪人必须是经验丰富的保险专业人员，他们应能为客户提供准确的市场信息，使客户在信息较全面的情形下购买保险。同时，因为保险经纪人是保险方面的专家，他们还可以与保险人洽谈诸如条件、条款和保单的技术细节等问题，以便为客户选择一个最佳的条件和保障。

3. 保险公估人

保险公估人是指接受当事人的委托，对保险标的或者保险事故进行评估、勘验、鉴定、估损理算以及相关的风险评估，并向委托方收取合理报酬的单位或个人。在我国，保险公估人可以是公司法人，也可以是合伙企业。

从不同的角度，保险公估人可以分为不同的类型，如根据操作内容侧重点不同，可分为"保险型"公估人、"技术型"公估人和"综合型"公估人；根据业务种类不同，可分为海上保险公估人、汽车保险公估人、责任保险公估人、火灾保险公估人等；根据委托关系不同，可分为雇佣保险公估人和独立保险公估人。

保险公估人所要解决的问题一般专业性较强，涉及的知识领域很广，因此需要具有不同的专业技术背景，甚至是某一领域的专家，同时还要具备保险专业知识，并能将两者融会贯通。

保险公估人不同于一般的公证人。司法上的公证人具有法律上的约束力和强制力，而保险公估人所出具的证明没有法律效力。但是，由于公估报告出自资深专家之手，因此具有一定的权威性，有利于减少保险经营中的仲裁和诉讼。

4. 三类保险中介的区别

保险代理人、保险经纪人和保险公估人共同作用，协调保险市场的有效运行，但他们在性质上却有着很大的区别，主要体现在以下方面。

（1）利益关系不同。保险代理人是代表保险人的利益办理保险业务，实质上是保险自营机构的一种延伸；保险经纪人代表被保险人的利益，是被保险人的"同盟者"；保险公估人通常不代表保险合同当事人任何一方的利益，以公正的立场处理保险赔案。

（2）基本职能不同。保险代理人主要是招揽业务，收取保费，某些保险代理人经保险人授权可以代签保单，协助保险人进行防灾防损和事故现场查勘等活动；保险经纪人主要是进行保险业务咨询与招揽、风险管理与安排、市场询价和报价、损失索赔与追偿等业务活动；保险公估人则主要是对保险标的进行价值评估与检验、损失勘察与理算等。

（3）佣金来源不同。保险代理人按照合同规定向保险人收取代理手续费；保险经纪人接受投保人委托向保险公司办理投保手续后，通常是由保险人按保险费的一定比例给付佣金，为客户提供风险评估、风险管理咨询、代办索赔手续等服务，则由被保险人支付咨询费或佣金；保险公估人根据所提供的服务直接向委托人收取佣金。

（4）法律地位不同。保险代理人以保险人（被代理人）的名义进行活动，在保险人授权范围内造成的法律后果由保险人承担；保险经纪人以自己的名义进行经纪活动，所产生的法律责任由自己承担，如果保险经纪人接受客户委托从事保险活动，如与保险人签订合同、向保险人索赔等，则是以代理人的身份出现，产生的法律后果应由客户（被代理人）承担；保险公估人在法律地位上具有超然独立性，一切法律责任应由自己承担。

1.1.4　保险中介的职能与作用

1. 保险中介的职能

保险中介是保险市场精细分工的结果，其职能主要体现在专业技术服务、保险信息沟通、风险管理咨询等方面。

1）专业技术服务

专业技术服务职能可分解为以下 3 个层面。①专业技术。在保险中介公司中都具有各自独特的专家技术人员，能够弥补保险公司存在的人员与技术不足的问题。②保险合同。保险合同是一种专业性较强的经济合同，非一般社会公众所能理解，在保险合同双方发生争议时，由保险中介人出面，不仅能解决专业术语和条款上的疑难问题，而且容易缓解双方之间的紧张关系。③协商洽谈。由于保险合同双方在保险交易的全过程中存在着利益矛盾，意见分歧在所难免，而保险中介的介入，能够提供具有公正性和权威性的信息，供保险双方或法院裁决时参考，有利于矛盾的化解和消除。

2）保险信息沟通

保险信息沟通职能是指在信息不对称的保险市场中，建立保险中介制度，并利用其专业优势，为保险合同双方提供信息服务，是加强保险合同双方的信息沟通，协调保险合同双方的关系，促进保险经济关系良性发展的最佳选择。

3）风险管理咨询

风险管理咨询职能是指保险中介凭借其专业技术和专家网络优势，为社会公众提供风险评估、防灾防损等风险管理咨询服务，这种特殊性的专业技术优势，使保险中介在保险市场中处于不可替代的地位。

2. 保险中介的作用

保险中介的产生与发展，极大地推动了保险业的发展，并已成为现代保险市场中不可或缺的重要组成部分。保险中介对保险市场的作用主要有以下方面。

1）降低交易成本，促进保险业发展

保险业是一个具有经营风险的行业，需要遵循大数定律。对保险公司来说，能否承担大量的保险业务是生存和发展的关键。由于涉及的客户面广、量大，保险公司的业务运作又受到其自身规模、人员及设备的制约，展业、理赔成本高昂且效率低下，大大限制了其保险供给能力。对投保人而言，保险产品的专业性和复杂性往往让其望而生畏，从而不愿意购买保险或者做出错误的购买决策，在理赔环节也因为专业劣势而容易感受到不公正对待，进而对保险公司产生偏见。保险中介的介入，一方面解决了保险公司经营网点少、展业人员不足、理赔技术人员缺乏等问题；另一方面解决了投保人保险专业知识缺乏的问题，提高了社会公众的保险意识，满足了客户选择保险商品、办理投保手续、维护理赔权益等方面的需求。保险中介减少了供需双方搜集信息的时间和成本，促使供需双方更加合理、迅速地达成交易，有效缓解了交易中可能产生的各种摩擦。所以，保险中介从一开始就受到了保险交易双方的欢迎，并推动了保险业的发展。

2）优化保险资源配置，提高保险公司经营效率

保险公司的经营重心应当是开发产品，核保核赔，进行保险资金运用，保证偿付能力，履行保险补偿职能，如果包揽了展业、鉴定、理赔等工作，会浪费大量的人力、物力和财力，导致经营效率低下。相比之下，保险中介在业务的分散性、接触的广泛性、技术的专业性、组织的依附性和管理的规范性等方面则有着明显的优势，可以使保险公司从繁重的展业、理赔等工作中解放出来，集中精力经营自己的主业，不仅提高了经营质量，而且极大地降低了经营成本和管理成本。同时，保险中介与社会的联系非常广泛，对保险需求、产品评价、理赔服务等方面的信息反应灵敏，有助于保险公司及时了解市场供需情况，调整和改进自己的经营策略，从而提高保险公司的竞争能力。

3）维护双方利益平衡，完善保险市场体系

不同于其他市场，保险产品的特殊性使得保险交易双方都存在着明显的信息不对称。保险代理人作为保险公司"延长的手"，扩展了其经营触角，有助于保险公司搜集更多与保险标的或被保险人相关的信息。在代理活动中，保险代理人有义务维护保险人的利益，不得与第三方串通、合谋，损害保险人的利益。保险经纪人利用其专业知识，为投保人提供风险管理、保险购买、索赔等方面的服务，避免了信息不对称可能对投保人带来的负面影响。保险公估人则是公正、独立的第三方，为委托人提供保险标的价值评估、损失鉴定、理算等服务。可见，保险中介各司其职，改变了保险交易双方的信息不对称，维护了双方的利益平衡。从发达国家的情况看，保险中介是一个成熟、健全的保险市场上不可缺少的重要组成部分，通过专业化的分工协作，促进了公平竞争，提高了保险市场的运行效率。

1.2　保险中介的产生与发展

市场经济体制的一个主要特征就是中介行为在经济生活中的全面渗透。中介行为在保证

公平竞争和平等交易、沟通和协调市场关系方面发挥着积极的作用，是市场主体之间的桥梁和纽带。保险中介是保险市场不断发展和完善的产物，也是保险行业专业化分工与集约化经营的结果。

1.2.1　保险中介的产生

1. 保险中介的产生背景

保险中介是市场中介的组成部分，而市场中介是在商品交换的条件下产生的。在早期罗马社会，由于商品经济不发达，并且受到古罗马家族制度的束缚，人们之间的财产交换都是直接进行，不需要中间人的参与。后来随着商品经济的发展，社会经济生活中逐渐出现了大量烦琐的交换，奴隶主需要经常进行民事活动，由于奴隶主的精力和时间有限，不可能事必躬亲，于是产生了中介制度的雏形。例如，罗马后期的"航驶之诉"，就是船长代替船主进行诉讼的制度。欧洲中世纪海上贸易的发达，促进了海上贸易中介制度的发展。随着资本主义经济的发展，商品交易规模进一步扩大，交易范围很广，交易日益频繁，各种社会关系也非常复杂。为了进一步提高生产效率，社会分工越来越细，一些掌握专门知识和技能的人为市场交易主体提供中介服务，并以此获得收入。

在我国 2 000 年漫长的封建制度下，自给自足的小农经济占主导地位，但各地区、各行业之间仍存在着商品交换关系，因此就出现了在城乡市场中为买卖双方说合交易并收取佣金的居间人，称"牙商"。唐宋以后，中国出现了商品经济的萌芽，牙商的营业范围和人数迅速扩大，并形成了同业公会——"牙行"。牙商在中国存在的历史悠久，直到近代，才改称为经纪人。

保险中介是伴随着商业保险的产生而产生的。众所周知，商业保险产生的自然条件是因为风险的存在，然而在封建社会末期以前，由于生产力水平低下，社会剩余产品很少，不具备商业保险产生的经济条件。到了封建社会末期，社会出现了大量的剩余产品，人们开始有了资金后备来预防自然灾害和意外事故，大约在 14 世纪出现了商业保险的形式。1400 年，海上贷款与损失保证分开成为两个经营行业，开始有了专门经营海上保险的商人。15 世纪以后，欧洲一些航运业发达的国家，伴随着对殖民地的掠夺，海外贸易迅速增长，刺激了海上保险业的发展。到 16 世纪，买卖保险合同普遍盛行，保险单位往往由一个或几个富商签发，通过承保获得利润。17 世纪中叶，英国伦敦海外贸易兴起，并成为航运、保险的中心，著名的劳合社就是从这个时期开始发展起来的。到资本主义社会，生产力进一步得到发展，商品的流通也跨出国界，形成了世界性市场，交换范围越来越广，风险也越来越多、越来越大，更加促进了保险业的发展。

保险作为一种特殊的服务，虽然与一般的有形物质商品不同，但它同样是一种商品，是用来交换的对象。在保险业发展初期，市场就自动产生了一些中间人，他们是在贸易市场上活跃的人，由于掌握着保险供需双方的信息，逐渐承担起为保险交易双方撮合交易的职能，并据此向保险公司收取一定的费用。之后，保险公司也更多地利用一些机构如船运公司等代办其保险业务，并在发生保险责任事故时聘请一些专家进行保险事故的定损和理算。由此，居于保险人和投保人之间的保险中介开始形成并发展起来。

2. 保险中介的产生原因

从国内外的发展经验可以看出，人类社会经历了两种交换形式。一种是简单的个人交换形式，在这种交换形式中，专业化和分工处于原始状态，买和卖几乎同时发生，每次交易的参加者很少，当事人之间拥有对方的完全信息，因而几乎不需要市场中介来协调。然而随着专业化和分工的发展，交换的增加，市场规模的扩大，另一类交换形式即非个人交换形式出现了。在这类交换形式中，交易极其复杂，交易的参加者很多，而人们的认知能力又是有限的，因此信息就具有了不完全对称或不对称的特征。在保险活动中，交易双方存在的信息不对称尤为明显。

1) 保险产品的特殊性

保险市场交易的是一种无形的产品——风险保障，这种产品不同于一般的实物商品，本身具有一定的特殊性。首先，保险产品是一种服务性很强的期货契约。保险人出售的是对未来风险损失的保障，实际上是一种信用，而投保人只有在出险后才能识别保险产品的质量，契约双方的合同是以投保人对保险人的信任为基础的。其次，保险产品具有很强的服务延续性。保险产品的后续服务可能会延续相当长的时间，而后续服务的质量与保险双方自身的信用、对信息的搜寻等有关，比如出险后交易双方为维护自身利益双方都会搜寻信息。最后，保险产品价格具有更多的信息隐含特征。保险市场是典型的信息市场，保险公司依据基本数据和长期经验、运用复杂的精算方法厘定保险费率，因此信息的获取是否充分直接影响费率的厘定是否客观。

2) 投保人的信息不对称

由于保险交易以保险合同为载体，所以对合同内容及其法律含义的全面理解是获得完全信息的前提。在这方面，普通的投保人无疑处于信息劣势。这是因为：①投保人一般不可能从专业的角度对保险产品设计、险种间的差异、保险费的确定等进行准确的理解，因而在投保时，往往并不能确定什么险种最适合自己；②由于保险合同是附和合同，所有的条款均由保险人事先设计，投保人通常不得根据自己的意愿进行修改，选择余地很小；③保险合同生效后，投保人能否获得应有的保障或预期的回报取决于保险人的财务状况及偿付能力，由于公开信息披露制度不健全等原因，投保人无法评判保险人的财务状况和偿付能力；④在保险事故发生后的理赔过程中，一般由保险人解释赔付的条件和拒赔的理由，投保人由于缺乏相应的专业技术知识，很难对保险人确定的理赔结果提出自己的意见，抗辩余地很小。

当然，我们很难武断地说是保险公司利用专业性制造了投保人的信息屏蔽，但从客观上讲，这种专业性确实对投保人获得完全信息造成了障碍，形成了事实上的信息不对称。

3) 保险人的信息不对称

保险交易的一个重要特征是从保险合同成立到保险合同终止的整个过程中，保险标的始终处于投保人的控制之下，保险人很难全面掌握保险标的的真实情况，从而处于信息劣势。一方面，在保险产品的设计、开发阶段，保险人需要收集来自社会各个领域的大量信息据以确定保险费率、条款等内容，然而由于资料来源、统计时期、统计方法和技术等方面的限制，往往导致所掌握的信息不够全面和充分。另一方面，在保险交易阶段，保险人还应收集特定投保人的风险信息，包括保险标的的潜在风险、损失记录、危险增加情况等，从而确认是否承保及承保的条件；尽管世界各国都规定投保人应履行如实告知义务，但如实告知具体内容的弹性较大，并没有一个确切的标准，容易导致投保人以各种借口不完全履行其应尽的义务，如投保时隐瞒保险标的的瑕疵或者故意夸大保险标的的性能；保险标的危险增加时受经济利益的驱动又怠于告知保险人。因此，保险人往往无法完全获知其所希望了解的信息，从而影响保险的正常供给。

4）特殊的交易成本

在保险合同订立之前，投保人不得不耗费时间、精力和金钱，去学习保险专业知识，搜集保险市场信息，了解保险产品的性价比，调查保险公司的信誉等；保险人也要耗费大量的成本去调查、了解保险标的或被保险人的真实风险状况。

在保险合同生效期间，投保人因为不能确保保险人履行服务承诺，可能要承担对方失信所带来的损失，因此要花费时间和精力监督保险人；保险人的后续服务可能因投保人的分散而增加经营成本，也可能因投保人的道德风险增加调查成本和诉讼成本。

在保险事故发生时，投保人可能试图夸大损失，以获得较多赔款；保险人则有强烈的动机降低赔款额，因为赔款支出是其最大的经营成本。由于经济利益上的冲突，双方的对立和不信任由此产生，因此会增加保险双方之间的各种摩擦，为解决摩擦而产生的协商、仲裁甚至诉讼成本也就增加了。

5）保险中介的作用

保险市场上存在的这种信息不对称常常引起保险资源配置不合理，保险商品供求双方所做出的选择无法达到最优。为了克服信息不对称，保险交易双方都要付出高昂的交易成本，而这会成为制约保险业发展的最大障碍。因此，客观上需要保险中介来传递信息、减少摩擦，提高保险交易活动的效率。

保险中介的存在既有利于投保人了解保险商品及保险人的相关信息，避免做出错误的决策，提高保险消费效用，也有利于保险人收集投保人的信息和市场需求信息，防范保险交易的逆向选择和投保人的道德风险。可见，保险中介提供的服务对形成价格、传递信息、维持交易等市场功能的正常发挥至关重要，能在很大程度上减少保险市场中的信息不对称问题，降低市场交易成本，优化保险资源配置。

1.2.2 保险中介的发展与变迁

1. 保险经纪人的发展与变迁

保险经纪人是3类保险中介中产生最早的，在保险业的初创阶段扮演着重要角色。英国最早的海上保险是由伦敦商人及金融高利贷者兼营，并伙同商业经纪人拓展业务。当时海上运输比较发达，进出口贸易的商人要进行投保，就要了解承保人的保险条件和资信状况，办理投保、填单、索赔等各项手续，实际操作费时、费力，特别是外国商人投保更加困难。于是，保险经纪人应运而生，专门从事投递保单、监督合同履行情况，并公正地做好登记、填写等文字工作。在伦敦，最初是由那些在皇家交易所附近的商人，或者是交易所内的管理人员兼营经纪人业务。1574年，伦敦的保险经纪人有30多名。随着保险业的不断发展，经纪人成为一门热门职业。20世纪末期，英国经纪人已有7万多人。

位于英国伦敦的劳合社是目前世界上最有影响的保险经纪人组织。劳合社的前身是17世纪下半叶爱德华·劳埃德在伦敦泰晤士河边开设的劳埃德咖啡馆。劳埃德咖啡馆利用离海关、海军部、航运公司较近的地理优势，把收集来的各条消息写在纸上，钉在咖啡馆墙上。这便吸引了许多海上保险的保险人、商人、经纪人等，他们纷纷从四处赶来到咖啡馆交流信息。咖啡馆的侍者或一些专门从事中介服务的保险经纪人，便乘机将承保单拿给那些富商和金融高利贷者，由他们根据自己的承保能力签下承保的金额，直到全部被承保完为止。劳合社保险经纪人不仅要替投保人安排并申请保险，还要处理保费的缴纳和以后的赔款问题。但劳合社保险经纪人一般不向投保人收费，而是在成交后向保险人领取佣金。

1691 年，咖啡馆从伦敦塔街迁往商业金融中心伦巴第街新址，并出版了一份小报《劳埃德新闻》，每周出版 3 次，主要刊登顾客感兴趣的海事航运消息。到了 1710 年，劳埃德咖啡馆逐渐成为伦敦海上保险业务的中心。1774 年，劳埃德咖啡馆的部分原班人马成立了专营海上保险的保险经纪人组织——劳埃德保险社，成为一个由保险人、经纪人组成的民间社团组织。后来，劳合社的业务范围逐渐扩大，发展成为以水险为主，兼营航空、汽车、火灾、公众责任等险种的综合性的保险团体组织。

保险经纪人在劳合社的运行中起着举足轻重的作用。按照劳合社沿袭的商业习惯，承保人不与投保人直接打交道，而是由保险经纪人接洽客户，在得到投保人的授权后，为投保人在劳合社大厅内寻找合适的承保人，代表客户与承保人协商，安排订立保险合同。保险金额较大的业务往往需要由劳合社内的多个承保人承保，保险经纪人必须做出合理的安排，使全部需要保险的风险都被承保出去。

保险经纪人扎根于英国特有的文化、历史环境中，但很快也影响到其他经济发达的资本主义国家和地区，使保险经纪人很快出现在美国、加拿大、法国、西班牙、意大利、葡萄牙、德国等欧美国家和地区，并随着保险业的发展而不断蓬勃壮大。

20 世纪 90 年代初期，欧洲大陆不断推出新险种，消费者则希望得到专业机构的帮助和指导，在有关价格、保险责任和保险服务上选择最佳的保险公司，这对于保险经纪人的发展是一次非常好的机遇。于是，保险经纪人很快在大规模的企业保险中占据主导地位，因为企业的主管很愿意听取专家们的忠告，同时国际保险业务的不断增长也迫切需要保险经纪人提供专业上的支持和建议。此外，保险经纪人也将业务范围逐渐延伸到较小的商业保险业务和个人非寿险业务上。

荷兰和爱尔兰是以保险经纪人作为保险市场主要推销力量的国家。在荷兰，保险经纪人参与保险合同的签订并据此收取佣金，是最主要的推销渠道，主要为国内保险公司招揽业务。爱尔兰的保险业务也主要被保险经纪人控制，并对保险经纪人实行强制登记制度，即保险经纪人必须到爱尔兰保险经纪人协会或保险中介人管理局进行登记注册。德国的保险经纪人主要集中在对风险鉴别和评估要求较高的保险和再保险业务上，在工业企业财产保险中发挥着重要的作用。法国的情形与德国相似，财产保险 90％以上的保费是通过保险经纪人获得的。

西方各国保险经纪人保费收入所占市场份额如表 1 - 1 所示。

表 1 - 1　西方各国保险经纪人保费收入所占市场份额

国家	爱尔兰	荷兰	法国	葡萄牙	德国	瑞士	意大利
市场份额	59％（其中寿险 65％，非寿险 53％）	56％（其中寿险 65％，非寿险 46％）	47％（其中寿险 5％，非寿险 90％）	41％（其中寿险 20％，非寿险 60％）	29％（其中寿险 8％，非寿险 50％）	6％	5％

随着保险业的发展，保险经纪人之间的竞争也日益激烈。为了生存和发展，保险经纪人在传统业务的基础上，开始为客户提供风险管理与控制、损失评估与分析、索赔处理与自保

风险的管理，甚至提供财产评估、风险融资、投资业务的管理与咨询等一系列附加服务。

2. 保险代理人的发展与变迁

保险经纪人兴起之后，为了进一步加深与被保险人的联系，1710 年英国太阳保险公司率先任命了保险代理人，并在一些地方设立了保险代办处，开创了保险代理人的先河。同时，商业保险的发展也需要保险代理人分担保险公司的展业工作，挖掘更多的保险客户，扩大保险业务规模，因此保险代理人产生之后便得到迅速发展，并成为美、日等国家保险营销中介的主要力量。

早在 1900 年，美国就形成了比较完善的保险代理制度，保险代理人队伍极其庞大，活动领域非常广泛，保险代理业务无所不包，遍及各行各业。保险代理人是美国保险业务的主要来源，占有绝大部分市场份额，不过在不同的业务领域中所起的作用略有不同，即在人身保险业务中主要靠保险代理人，在海上保险和财产保险业务中主要靠保险经纪人和独立代理人。据统计，美国有保险代理网点 30 多万个，保险代理人 107 万人，通过代理网点收取的保费占全部保费收入的 84%。日本的保险中介在发展初期受到美国的影响，但后来却建立了与美国不同的保险代理人制度，即在寿险方面采用寿险营销员制度，在非寿险方面采用代理店制度。据统计，当前活跃在日本保险市场的代理人达 107 万人之多，非寿险代理店 45 万家，约占全国人口的 1%，实现保费收入占全部保费收入的 84%[1]。

德国保险市场上活跃着超过 40 万专、兼职保险代理人，除一小部分是保险公司雇用的销售人员外，绝大部分是独立保险代理人。保险代理人是大部分保险公司的主要销售渠道，在健康险和寿险上的营销业绩尤为突出。以 2006 年为例，健康保险中 57% 的保费收入源于保险代理人，寿险销售额也超过了三分之一[2]。加拿大则完全采用了美国的保险代理人制度，通过保险代理人把保险人与被保险人连接起来，形成了一个庞大的保险市场。保险代理人根据代理协议，由委托他们的保险公司授予其特殊权力，如替保险公司出具保单，规定承保范围等，并定期向公司总部报告保险业务的详细情况。此外，澳大利亚，欧洲的意大利、瑞士、丹麦等国家，亚洲的新加坡、韩国，以及我国的港、澳、台地区都普遍实行了保险代理人制度，他们主要集中在个人保险业务领域，包括寿险和非寿险，同时也承揽一些企业财产保险业务和团体人身保险业务。

20 世纪 80 年代以来，银行对保险业开始了大规模的渗透和介入，一些国家将银行兼业代理保险业务区别于传统的保险代理，单独称为"银行保险"。银行介入保险的方式较多，最常见的有以下几种：①银行通过其分支机构为保险公司销售特定的相关产品；②银行与保险公司合资成立新的金融机构，利用银行和保险公司已有的销售网络销售保险产品；③一些实力雄厚的银行在市场中收购一家或几家保险公司，通过收购的保险公司开展业务；④一些银行直接培训自己的职员，单独设计相应的保险产品，直接向银行的原有客户推销保单。在银行保险相对发达的国家，如法国、西班牙、葡萄牙、瑞典和奥地利，其实现的保费收入占寿险市场总保费的 60%。在财产保险方面银行保险起步较晚，在这一领域较发达的国家包括丹麦、荷兰、英国、希腊和爱尔兰等，占财产保险总保费的比例为 15%～20%；而在法国、西班牙、比利时、德国、挪威、瑞士和意大利，这一比例也在 5%～10%，且呈不断发

〔1〕 方威. 保险中介人作用的比较分析. 经济师，2003 (1).
〔2〕 许闲，高凌杰. 德国禁止保险代理人上门推销. 中国保险报，2007 - 11 - 27.

展的趋势[1]。

3. 保险公估人的发展与变迁

保险公估人同样起源于英国，是伴随着 1666 年伦敦大火之后应运而生的建筑物火灾保险的出现而兴起的。起初，当发生保险责任事故后，估测损失数额的工作由保险公司业务人员完成，由于保险公司依赖本身雇员及代理人，常常出现串谋及诈骗事件，并且随着涉嫌纵火及诈骗的索赔事件越来越多，由保险公司从业人员到各地损失现场进行查勘很不现实。后来，被保险人在索赔时必须取得教区牧师或教区执事发出的证书，以证明索赔要求符合规定。这种需证明火灾损失是否属实的方式持续了 100 多年，但由于工业革命后人口急速增长，许多新的火灾保险办事处（即当时的保险公司）纷纷成立，这种做法最后还是中断了。

此外，保险理赔工作的高技术含量也使保险公司内部专门从事理赔工作的人员难于应付。因为当发生损失赔案需要进行现场查勘的时候，不仅要求理赔人员具有丰富的经验，更要具备相应的专业知识与技能，能够对保险标的发生损害的原因、程度、责任划分作出准确恰当的判断，提出合理的赔偿建议，并在必要时运用法律手段协助保险人处理赔案。这种复杂的要求对于保险公司，特别是一些新成立、规模较小的保险公司是一项很大的难题。因此，很多保险公司便开始聘用与保险理赔有关的各个行业的专业技术人员，如独立测量师、建筑商等对保险赔案提供建议，协助保险人处理理赔事务。

到了 1800 年，大多数火灾保险办事处都任命独立的"估价人"（公估人当时的称谓）作为其独家代理人，这是保险公估人的雏形。财产估价公司最早由从事建筑、测量、估价等职业人士发展而来，主要从事简单的定量工作，与真正意义的保险公估人相比还有一定的距离。

19 世纪中叶，很多个火灾保险办事处组织成立了英国火灾保险委员会，该委员会提出应该由独立和具备法律地位的代理人负责调查损失、确定赔款额。1867 年，该委员会又进一步建议保险公司在支付赔偿金时，必须委托独立人士提供火灾原因的调查报告，使调查结果不受利害关系人的影响而更趋客观公正。此后，雇用独立公估人就成为一种习惯做法被接受下来，英国目前有许多公估公司的历史都可以追溯到 150 年以前。

到了 20 世纪初期，估价人仍然主要以火损估价人的身份出现，业务仍然主要是为保险公司处理火灾保险项下的赔偿问题，但当时的行业性运作尚未形成。一直到 1940 年 12 月末，英国 8 家估价公司共同成立了英国火灾公估人协会，于是，公估人的名称被一直沿用下来，该协会也很快得到了社会的信任，并于 1961 年获得皇家特许证书，升格为特许理赔师学会，主要工作是培训会员和发展保险公估人的职业水平，为保险公司提供高素质的理赔人才。

随着英国保险公估业的发展，其对世界其他国家和地区保险公估业的产生和发展起到了直接或间接的推动作用。如今，欧洲、美洲、澳洲、东南亚等地区都有了较为发达的保险公估业，保险公司已经形成了委托保险公估人进行现场查勘、损失理算的习惯性做法和制度性安排。保险公估人一般以理赔报告书或理赔建议书的形式向委托公司提供报告，有的保险公司完全按照其建议处理，有的保险公司则把它作为一个重要的参考依据。保险公估人的业务

---

[1] 比肖普. CNP 银行保险论坛：关于银行保险. 中国保险报，1999 - 05 - 25.

也随着保险事务的发展逐渐扩大，不仅仅限于火险，还涉及企业财产保险、海上保险、航空保险，以及产品责任保险、职业责任保险等新的领域。

1.2.3 影响保险中介发展的外部环境

保险中介是在经济、法律、技术、文化等综合社会经济环境条件下发展起来的，不同的国家和地区由于社会制度、经济结构、文化背景、保险市场发育程度等因素的不同，保险中介的外部运行环境也各不相同，保险中介的发展也有很大差别。

1. 经济环境

保险中介存在和发展的基础是商业保险，而商业保险的繁荣程度又与经济的运行状况息息相关。正是由此，商业保险才产生于海上贸易最为发达的欧洲国家。同样，在最早建立资本主义制度的英国，商业保险的发展也最为成熟，保险中介才得以在此生根发芽。在欧洲其他国家，以及美国、日本、新加坡等国，都有相对成熟的保险市场和相对完善的保险中介制度。由此可见，一国的经济总体水平与保险业的发展是密切相关的。已有研究表明，保险需求的增长与国民经济总水平的提高、个人收入水平的提高呈正相关发展关系。在发达的资本主义市场经济条件下，人们收入水平普遍较高，经济活动的领域也非常广泛，商业保险作为转移风险补偿损失的重要手段，就成为资本主义社会经济必不可少的重要组成部分。同时，市场经济的发展使专业分工越来越细，保险市场也同样如此，并且保险商品具有手续复杂、种类繁多、专业性强的特点，这就使保险中介的出现成为一种必然。

在中国，保险中介从产生、发展到消失，再到恢复发展，也是受制于经济体制的变化及商业保险的发展变化。新中国成立前的中国属于半殖民地半封建社会，资本主义已经开始萌芽。当时的市场虽不发达，但有了保险中介生存的土壤。随着西方商业保险传入中国，保险中介也开始出现，但这时的保险市场及中介业务都由外商垄断和控制。新中国成立后的一段时期内，保险中介仍然存在，但由于受计划经济指导思想的影响并没有很大进展。之后，高度集中的计划经济体制的建立和不断发起的政治运动阻碍了经济的发展，商业保险几乎停止，保险中介则被取缔。直到十一届三中全会以后，我国实行改革开放政策，市场经济日益活跃起来，国民经济平均年增长率达到9％以上，全社会物质财富迅速增加，人民收入水平也得到了极大提高，商业保险又重新恢复，这为保险中介的发展提供了广阔的空间和现实基础。近年来，我国保险中介的发展充分说明了这一点。

2. 法律环境

一项制度的建立和调整无不强调法律因素，法律制度为保险中介的活动制定了一系列规则，构建了保险中介发展的基本框架。在保险中介发育完善的国家，都制定了健全的保险中介法律。例如，英国1977年颁布了《保险经纪人法》，强制实行对保险经纪人的注册制度，就是由于保险经纪人的特殊身份可能会给委托人（投保人）造成损害，才对其进行严格审查和限制。又如，日本《新保险业法》颁布以后，保险经纪人也登上了日本保险市场的舞台，并且有了明确的业务定位和具体的规则制度，有利于保险经纪人的规范发展。我国的保险代理人经过初期的迅速扩张，现已逐渐走上了法制化建设的道路，最初的市场混乱和管理松散的局面已有很大改善，这主要归功于1997年《保险代理人管理规定（试行）》、2000年《保险兼业代理管理暂行办法》、2009年《保险专业代理机构监管规定》和2013年《保险销售从业人员监管办法》的发布。1998年，中国人民银行发布了《保险经纪人管理规定（试行)》，2009 年，中国保监会发布了《保险经纪机构监管规定》。2000 年之后，中国保监会又相继发布了《保险公估人管理规定（试行)》《保险经纪机构监管规定》和《保险经纪从业人员、公估从业人员监管办法》。2018 年，《保险代理人监管规定》《保险经纪人监管规定》《保险公估人监管规定》发布后，以前的规章被废止。这些规定使得保险中介的运行有了比较完善的法律依据和保障。

除法律约束之外，各国还有不同的政府监管制度和行业自律体系，英国对保险中介人实行行业管理，日本和中国则同时实行政府监管和行业自律，这与各国的经济制度和历史传统有关系。在西方国家，行业自律组织都比较健全，并且具有很高的权威性，一些行业规则和条例往往由他们来制定。在我国，保险业处于初级发展阶段，保险市场不够完善，保险中介发展时间较短，行业组织虽已初步建立起来，但更多还是依靠政府进行管理。

3. 技术环境

保险中介的发展也依赖于技术条件。首先，保险中介的性质和职能表明，他们是一群活跃在特殊服务领域的单位或个人，这就需要他们掌握保险专业知识及各种相关知识，如医学、法律、经济、财务、建筑、化工、船舶等。随着科学技术的不断发展，保险以及风险管理的内容也在不断更新，要求保险中介的知识结构、知识层次不断提高。现代教育制度的发达，如大学教育、职业教育、各种专业培训等教育方式的普及，使得保险中介从业人员很容易就能学习和掌握保险中介服务所必备的知识。

其次，近代高科技的迅速发展，使保险业的范围不断扩大，专业性越来越强，如计算机、通信、航空航天等领域的保险。这类保险的风险巨大，往往不是一家保险公司所能承担的，这就需要通过再保险来分散风险。相应地，也就需要有既掌握保险市场信息，又具有高科技专业背景的再保险经纪人，从而扩大了保险经纪人的队伍。同时，这类保险标的的价值评估、损失理算等已不是保险公司内部理赔人员所能胜任的，必须通过专业的保险公估人才能完成，从而促进了保险公估人的发展。

最后，通信技术的发达，计算机网络的日益普及，加快了信息的传递速度，极大地方便了人们之间的沟通，保险中介人对市场信息的掌握更加全面、更加迅速，对市场动态的变化能有一个更为清晰的判断，与客户的联系也更为密切。所有这些为保险代理人挖掘更多的潜在客户、保险经纪人提供更为周到的服务、保险公估人积累更多的理赔经验提供了便利，进而提高了保险中介的服务效率和质量。

4. 文化环境

在保险中介的发展进程中，观念文化因素发挥着重要而不可忽略的作用。任何国家、社会都有自己传统的社会伦理道德，有长期积淀而成的观念文化因素，尤其在东、西方社会之间，更是存在着截然不同的历史文化传统，保险中介制度的建立也只能植根于各自独特的历史文化环境之中。以基督教作为信仰基石的西方文化，强调苦练修身，以自己的方式去完善自己，对他人的依附性必然较弱，因而个人主义成为其基本的人格特征。从保险经纪人的发展历史来看，其产生是以海上保险活动为基础的，而航海活动的技术复杂性和航海风险的多变性等特点，必然要求保险经纪人具有相当强的专业知识，同时还要精通保险和法律，熟悉投保人的风险情况等，这种要求本身就依赖于个人的能力。因此，保险经纪人产生于英国，是由于英国具有适宜保险经纪人诞生的土壤。西方文化共有的特点决定了保险经纪人在其他欧美国家也有良好的发展。

在日本、韩国等国家是以儒家文化为基本精神的，在这种文化精神的作用下，强调集体主义而忽略个人人格的塑造。这种"温、良、恭、俭、让"的美德，使得一般社会公众更愿意接受具有经济实力的保险公司的直接服务，而不愿意接受保险中介提供的服务。在中国，历来的统治者文化使人们习惯了顺从的接受，而不愿自己主动去寻求服务。同时，保险经纪人基于投保人的利益要为投保人提供更好的服务，需要对投保人（被保险人）的风险情况有充分的了解，而这是违背中国传统的家庭亲情观念的，他们更乐于在自己的社会关系网中寻找帮助，而不愿向外人透露自己的"隐私"。这在一定程度上制约了保险经纪人在我国的发展。

阅读资料

互联网时代，保险中介将何去何从？

伴随着互联网技术对保险业影响的纵深推进，对于未来保险中介生存和发展的空间，保险业界和学界有多种看法和观点。归纳起来无外乎有三种：第一种观点是必然去中介化，持此种观点者认为互联网技术的本身就是促进供求双方互联互通，应用于保险领域，必然会压缩保险中介的生存空间；第二种观点是有条件下、结构性去中介化，持此种观点认为伴随着互联网技术的发展，代理保险产品单一的中介机构会被保险市场淘汰，退出保险中介历史舞台；第三种观点是保险中介机构可以大有作为，保险中介机构要主动作为，适应互联网技术的新变化，在保险市场夹缝中寻求更多的商机，不能坐以待毙。

对此，中国保监会原副主席魏迎宁表示，目前数据显示，互联网技术进步并没有动摇保险中介的重要地位，相反专业保险中介机构正积极投入互联网创新，甚至有些保险中介机构走在了保险公司的前面。

一方面，借助互联网技术，保险中介将升级为综合风险管理平台。对于保险这种信任型商品，有信誉的保险中介会成为客户挑选保险产品的第一窗口，其信息获取速度将大大超过保险公司以及其他参与机构，这使得平台可以更快速、清晰地洞察用户的需求，为保险公司研发产品提供新的方向。第一时间了解客户，使得保险中介拥有保险市场最大的话语权，可以参与风险定价和相关产品开发，为消费者谋取更大的福利。同时，利用互联网信息对称透明的特性，保险中介可以将不同的产品和服务汇聚整合到一起，消除中间环节损耗，将利润空间让渡给用户，并且可以从用户实际情况出发分析需求，公平解读产品，让用户在全面获得产品信息的基础上来做购买决策。

另一方面，互联网技术会推动其他产业跨界进入保险中介，市场竞争升级。在大数据时代，保险行业生态变得更为复杂，行业界限变得模糊，不少占有客户信息、资本优势的企业有入局保险中介的意愿。保险公司必须与网络平台、汽车、健康、通信、设备等企业开展合作，甚至竞争。传统的保险系统将向保险生态系统演进。在传统的保险系统中，保险公司、代理公司、经纪公司、被保险人、企业是主要参与者，行业边界清晰。而在现代保险生态系统中，各种互联设备以及相关联企业都将参与其中，所有生态参与者都围绕客户需求提供服务，跨界竞争将在所难免。

资料来源：作者整理．

1.3　保险中介的产生对保险市场的影响

1.3.1　保险中介对保险市场供给的影响

由于保险所涉及的面广量大，保险公司的业务运作又受到其自身规模、人员及设备的制约，因此，大大限制了保险供给能力，影响了保险业务的发展，通过保险中介则可以弥补保险公司在供给能力上的不足。当然，对保险公司来说，委托保险代理人展业要支付代理佣金，接受保险经纪人的业务也要付出代价，委托保险公估人进行定损、理赔，同样需要支付委托费用。然而将这些费用与通过这些费用产生的收益相比较，总是要小于零。保险中介制度产生的原因便在于此：制度所带来的收益大于运行成本。

保险公司是以盈利为目的的企业，同样要受到市场规律的支配。价值规律要求同一生产部门的商品价值，由生产这种商品的社会平均必要劳动时间决定。保险商品的价值也是由生产保险商品所耗费的社会必要劳动量决定的，主要由三部分构成：①为提供经济保障服务所耗费的一切物化劳动，包括保险设备耗费部分、补偿经济损失部分和准备金部分，用字母 C 表示；②为提供经济保障服务所耗费的一切活劳动，即保险人从事经济保障服务所耗费的劳动，用字母 V 表示；③保险经营盈利，包括积累基金、税金和利润，用字母 M 表示。这样保险商品的价值组合就是 C＋V＋M。前两项构成保险商品的成本，后一项代表经营保险商品的盈利。在竞争规律和供求规律的双重作用下，要求单个保险公司要尽可能地节约成本，然而 C 部分所包含的损失补偿和风险准备金部分是由风险损失或然率所决定的，不受人们的主观意志支配，因而节约成本只能从节约设备耗费和活劳动部分下功夫，这部分劳动体现在展业、承保、防灾、理赔 4 个环节中。由于保险经营的大数法则和时空分散原则，要求保险市场上有足够大量的投保人，而保险业务的扩展却会消耗大量的人力、物力和财力资源，同时由于保险公司业务性质及规模的限制，使得这种扩展的效率低下、成本极高，而保险中介将展业和理赔职能从保险公司剥离出来，则大大降低了保险公司的运行成本，提高了保险公司的运作效率。保险中介对保险经营的影响如表 1－2 所示。

表 1－2　保险中介对保险经营的影响

	无保险中介的情况	有保险中介的情况
展业环节	展业部门职工工资、福利 学习、培训费用 管理费用	保险代理人佣金 保险经纪人佣金
理赔环节	理赔部门职工工资、福利 专业技能培养费 管理费用 由于理赔不公而产生的调解、诉讼费用	保险公估人佣金

由于保险中介低成本、高效率、多网点的特点，使保险公司的承保范围扩大，供给能力增加，保险供给曲线向右移动（见图 1－1）。

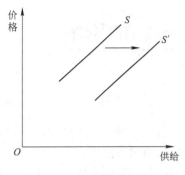

图 1-1 保险供给变化图

1.3.2 保险中介对保险市场需求的影响

保险中介的产生同样影响了保险需求。保险需求包含两层含义：①获得经济损失补偿的需要；②获得安全的需要。因为风险总是存在的，所以对保险的潜在需求也是无限的。然而将这种潜在需求转化为现实需求却受到很多方面的限制，如人们的保险意识、居民收入水平、保险价格水平、保险供给能力、是否有保险替代产品、通货膨胀、市场利率等。其中，保险意识的提高和保险供给的增加可以通过保险中介来实现。这是因为保险代理人和保险经纪人业务网点繁多，涉及的领域广泛，与保险客户的距离最为密切，通过他们铺天盖地的宣传和周到的服务，有利于提高人们的保险意识，挖掘潜在的保险客户。当人们的保险意识逐渐增强，急需将这种潜在需求转化为现实需求的时候，又往往会因为保险专业知识的贫乏而无从选择合适的险种结构，因为对保险市场的不了解而难以选择能提供最优服务的保险公司，因为时间的有限不能到保险公司去投保；在购买保险以后，他们还可能需要了解诸如转换保单类型、保单贷款、红利的支付等情况；在发生保险事故以后，他们希望保险公司能迅速调查、理算，并给予公平、公正的赔偿。

在通过保险中介投保和自己直接投保两种方式的选择上，投保人是理性的。他只需要付出一定佣金，甚至不用付出任何代价便可获得这一系列的服务，因为按照惯例保险代理人和保险经纪人的佣金都是由保险公司支付的。虽然这笔费用实际上是计算在保险产品的成本之内由投保人支付的，但表面上获得的这种"免费"服务却让投保人感觉受益匪浅。相反，若由投保人直接与保险公司进行业务往来，则会因为周围环境的复杂性、信息的不完全性、人的有限理性等原因而付出极高的机会成本，如时间成本、学习成本、市场调查成本、谈判成本、理赔纠纷成本等。

由此可见，保险中介的存在从客观上增加了保险的现实需求。以寿险为例，截至 2017年年底，全国寿险总保费收入达到 2.6 万亿元，其中 50% 是由保险营销员实现的，41% 是由保险兼业代理机构实现的。

本 章 小 结

本章主要介绍了以下 3 部分内容。①保险中介的内涵，包括保险中介的定义、构成、职能、作用等。从理论上，保险中介可以分为狭义的保险中介和广义的保险中介。狭义的保险中介包括保险代理人、保险经纪人和保险公估人。保险中介的职能主要体现在专业技术服务、保险信息沟通、风险管理咨询 3 个方面。②保险中介的产生与发展。究其根源，保险中介是商品经济不断发展和完善的产物，也是保险行业专业化分工与集约化经营的结果。保险中介的发展受到经济、法律、技术、文化等因素的影响。③保险中介对保险市场的影响。保险中介扩大了保险市场的供给，并促进了保险市场的有效需求。

本章的重点是保险中介的含义及构成，保险中介的发展过程及其影响因素，保险中介对保险供给和需求的影响。

本章的难点是保险中介产生的原因，保险中介对保险供给和保险需求的影响。

关 键 名 词

保险中介　保险代理人　保险经纪人　保险公估人

思考题

1. 保险中介的含义是什么？
2. 保险中介包括哪些种类？它们之间有什么区别？
3. 试分析保险中介产生的原因。
4. 影响保险中介发展的因素有哪些？
5. 如何理解保险中介在保险市场中的作用？
6. 试分析保险中介对保险需求和保险供给的影响。

第2章 国外保险中介的主要模式

【本章导读】

任何一种制度的产生都有其特定的经济、政治、文化、历史背景，由于国家之间经济环境、政治背景、社会结构、文化习俗等方面都有很大的差别，因此保险中介制度在不同的国家也有不同的表现形式。本章主要介绍英国、美国、日本的保险中介模式，并对各国的保险中介模式进行比较分析。

2.1 英国的保险中介模式

2.1.1 英国保险市场概况

英国是现代保险的发源地，最初是从海上保险发展过来的。15世纪国际贸易的中心转移到英国，促进了英国海上保险的发展，并使其成为世界海上保险的中心。之后，火灾保险和人寿保险也逐渐产生和发展。18世纪中期英国工业革命后，生产力迅速提高，保险业发展的速度大大加快，使英国成为世界保险业最发达的国家之一。第二次世界大战后，英国的经济地位下降，但其仍然是世界最大的海上保险、航空保险、出口信用保险和再保险的中心。据统计，2017年英国的保费收入达到2 833亿美元，在全球保险市场的占有率为5.79%，保险密度为3 810美元，保险深度为9.58%，是欧洲最大、全球第四大保险市场。

英国保险市场最大的特点是两种不同组织和经营方式的市场同时存在，即劳合社市场和公司保险市场。劳合社市场由个人承保人、公司承保人及保险经纪人组成，是英国乃至世界保险市场中历史最悠久、最有特色的保险组织。公司保险市场由股份制保险公司、相互保险公司、相互赔偿社、相互友爱商社、自保公司等组成。目前，英国保险市场上有800多家保险公司。

英国的保险业务分为一般性保险业务和长期性保险业务。一般性保险业务主要是非寿险业务，包括财产保险、车辆保险、责任保险、航空保险、水险、意外事故保险等。长期性保险业务类似于我国的寿险业务，包括寿险及年金保险、养老保险、终身健康保险、婚姻及生育保险、联合长期保险等。

英国保险市场是一个开放的市场，各国保险机构只要符合条件，均可在英国开展保险业务，并可自由选择经营方式。目前，英国保险市场上有200多家外国保险机构。英国的保险机构也在世界范围内开展业务，仅劳合社就在世界各地设立了500多个理赔和检验代理人。

英国各保险公司之间的兼并收购活动也非常频繁，这种并购活动优化了市场资源的配置，是保险公司提高市场竞争力的手段之一。

2.1.2　保险中介市场的中心角色——保险经纪人

英国是现代海上保险最古老、最发达的国家，国民的风险观念和保险意识较强，在英国立法及国民习惯等影响下，保险经纪人先于保险代理人、保险公估人产生，进而形成了以保险经纪人为中心的保险中介模式。英国既是保险经纪人的发源地，也是保险经纪人发挥作用最大、制度建立最为完善的市场。早在 1990 年，英国排在前 200 名的保险经纪公司的业务总收入（34.13 亿英镑）就占到了保险市场总收入的 2/3。目前，英国保险市场上除了劳合社经纪人外，还有 3 200 多家独立的保险经纪公司，近 8 万名保险经纪人，他们承揽了将近 70% 的财产险业务、80% 以上的养老金保险业务、全部的再保险业务及劳合社保险业务，成为英国保险市场上不可或缺的中介主体之一。此外，英国还有一些在工作性质上与保险经纪人相同的机构，如金融顾问公司、保险顾问公司、银行自己的经纪机构等。

伦敦的劳合社已有 300 多年的历史，是世界上最古老的保险市场。在劳合社，保险经纪人是投保人和承保人之间的重要桥梁，除了某些汽车险和个人保险业务外，劳合社承保人一般只通过指定的劳合社经纪人接受业务，被保险人不得直接与劳合社承保人洽谈业务。劳合社的保险经纪人在业务安排上具有选择权，既可以将投保人的业务安排在劳合社市场内，也可以将业务安排到公司市场或海外市场。目前，在劳合社登记的保险经纪公司有 260 多家，其业务来自世界各地，有直接保险业务，也有再保险业务。根据 1982 年制定的《劳合社法》，劳合社的保险经纪人必须满足关于从业经验、资信情况、财务状况等各方面的规定，而这些规定通常比公司市场上的保险经纪人更为严格。

在劳合社以外的保险市场上，保险公司虽然也通过设在国内外的分支机构，或者银行经理人员、律师等招揽业务，但更多的是从专业保险经纪人或保险经纪公司那里获得业务。这些保险经纪人大多数是非劳合社保险经纪人，即劳合社以外的保险经纪人，他们将招揽到的大部分业务安排在公司保险市场内，如果属于特殊风险，想要在劳合社市场内投保，则必须与劳合社的经纪人签订协议，委托劳合社的保险经纪人办理。非劳合社保险经纪人包括直接保险经纪人和再保险经纪人。直接保险经纪人主要在非寿险市场中起着专业媒介作用，他们与被保险人进行广泛的联系，代表被保险人寻求保险保障。他们垄断了公司的财产保险和私人汽车保险业务，控制了大部分公司的寿险和养老金保险业务。再保险经纪人是保险公司之间的媒介，主要职能是满足直接保险人的再保险需求，帮助其设计分保计划和安排业务。

英国的保险经纪人在发展过程中逐渐形成了各种行业自律组织，对保险经纪人的活动进行自我约束和管理。例如，根据《1977 年保险经纪人（注册）条例》成立的保险经纪人注册委员会（IBRC），就是保险经纪人自我管理的机构。该机构监管自愿登记的经纪人，要求经纪人必须注册，并规定了经纪人应具备的资格、工作经历和资金实力，督促、检查经纪人对专业标准的执行情况、经纪人的财务状况及偿付能力，通过各种方式为提高会员的专业水平和相关利益服务。《1986 年金融服务法》颁布后，该委员会改名为英国保险和投资经纪人委员会。同时，由于寿险产品具有投资功能，对经纪人要求较严，寿险经纪人改由金融服务局直接监管。金融服务局在审批寿险经纪人时，要求申请人必须通过保险经纪人资格考试并加入人寿保险和单位信托管理组织，否则不予考虑。劳合社则根据 1982 年的《劳合社法》

成立了自律组织——劳合社理事会，对包括劳合社经纪人在内的所有劳合社会员进行监管，其监管标准往往比非劳合社经纪人的监管更为严格。

英国政府对保险经纪人的管理也十分严格。英国政府先后颁布了《1977年保险经纪人（注册）条例》、《保险经纪人行为法》、《1982年劳合社法》和《1986年金融服务法》等法律、法规，对保险经纪人的组织形式、资格要求、行为规范、执业标准、财务制度等作出了详细的规定，并由贸工部下属的金融服务局和证券及投资委员会负责监管。①在组织形式方面，保险经纪人可以有个人、合伙公司和股份有限公司三种组织形式。②在资格要求方面，无论是哪种形式的保险经纪人，都必须通过专业考试，具有较高学历、良好品德和从业经验，缴纳保证金，投保责任保险，并向保险经纪人注册委员会（IBRC）或劳合社登记注册之后，才能取得并维持其执业资格。③在行为规范方面，要求保险经纪人要了解客户的需求，保持其独立性，向客户提供最佳咨询和服务，如果违反了规章制度要接受严厉的处罚。④在执业标准方面，要求保险经纪人遵循最大诚信原则和公正独立原则，并对宣传、咨询、签单、佣金、保密等各个环节进行了规范。⑤在财务制度方面，保险经纪人必须设立单独的账户收取佣金，有应客户要求向其披露佣金金额的义务，监管机构也会定期对保险公司支付的佣金比例进行检查。

阅读资料

劳合社迎来中国保险经纪人

作为已有三百余年历史的全球最古老的保险组织，劳合社不断拓展其业务版图，从欧美拓展到中东、亚洲，尤其是中国。劳合社是世界上最大的特殊保险市场，成为劳合社注册经纪人可直接与劳合社在伦敦的承保人开展再保险业务。

2015年，上海环亚保险经纪有限公司和太平再保险顾问有限公司相继获批英国劳合社注册经纪人资格，2016年，昆仑保险经纪股份有限公司和北京中天保险经纪有限公司也先后通过了劳合社的注册经纪人资格认证，预示着中国保险经纪人已正式步入了国际保险舞台。

伴随着中国保险市场的迅速发展，中国市场对于新兴风险的保险及再保险需求也日趋迫切。借助劳合社的技术优势和强大的承保能力支持，中国保险经纪人能够为国内外客户提供更加广阔的风险分散渠道、提供量身定做的保险产品和先进的风险管理服务。与劳合社的深入合作，能够让国际再保险市场更了解中国的业务，为快速发展的中国保险业在全球范围内提供专业的更具性价比的保险和再保险保障。

对于劳合社，新成员的加入有助于其进一步了解和认识中国境内保险市场，更好地发挥双方的优势，实现共存共赢。

据悉，注册成为劳合社经纪人平均需要耗时4～6个月，成为注册经纪人的基本要求，首先需要三份业务协议（TOBAs）或来自劳合社管理代理人的三封支持函，其次是签署设置为处理保费和理赔的Xchanging系统，并进行相关培训。

资料来源：作者整理.

2.1.3   保险中介市场的重要补充——保险代理人

由于约定俗成的历史习惯，劳合社经纪人从一开始便垄断了英国的保险市场尤其是非寿险市场，之后，保险经纪人队伍日益壮大，使得保险代理人丧失了发展机遇，始终难以超越保险经纪人在保险市场上的地位。在非寿险市场上，保险代理人的作用比较有限，主要活动在个人汽车保险和家庭财产保险领域。英国法律对非寿险保险代理人的要求也不高，对他们的管理主要依据保险协会的各项规则。非寿险代理人不必像寿险代理人一样必须办理申请认可和登记注册的手续，不必专属单一的保险公司，甚至最多可以代理 6 家保险公司的业务。1998 年实施新的规则以后，要求所有在业的代理人必须在规定的期限内取得完整的财务计划书，新的代理人必须在两年内取得该证书；另外，还规定保险代理人每年必须学习至少50 小时的专业发展课程。

英国保险代理人的活动空间主要在寿险领域。根据《1986 年金融服务法》，英国寿险业务的代理人分为公司代理人和指定代理人两种。公司代理人必须经过注册登记，依附于一家寿险公司，负责销售代理该保险公司的寿险产品，即使该公司没有适合客户需要的产品，代理人也不能把其他寿险公司的产品介绍给客户，但可以把客户指引给独立的保险经纪人，由保险经纪人为客户提供相关服务。指定代理人又称为兼职代理人，是在本职工作的基础上，给保险公司介绍业务的代理人，可以是银行、住房协会等机构，也可以是会计师、律师等个人。他们只要经过简单的培训，具备一定的保险专业知识，熟悉保单签发手续，就可以依附于一家寿险公司并为之代理销售寿险产品[1]。

由于寿险产品大多具有投资功能，英国对寿险代理人的管理较为严格。根据《1986 年金融服务法》要求的两极化原则，寿险中介或者以公司代理人身份出现，只销售该公司的产品，或者以寿险经纪人（或独立的金融顾问）的身份出现，为客户从市场上选择最适合的产品，而不能两者同时兼任。寿险代理人必须接受并完成强制性的培训计划以符合有关业务能力的规定，在任何一个阶段培训完成之前不得对客户提供投资建议和办理保险业务。培训计划既针对新的代理人也针对资深代理人。新代理人必须在两年时间内，在一名监督人的监督下，完成第一阶段强制性的培训，掌握包括金融服务基础知识、关于公司的专门知识、分析客户需要的技巧、应用相关知识的技巧之后，方可开始展业。对于资深保险代理人，同样要求每年必须参加至少 50 小时的专业发展课程，接受持续的专业培训。保险公司在招聘代理人时，必须通过推荐人或其他方式确认代理人个人品行的端正，经审查认为适合作其代理人之后，再与其签订代理协议并将其载入受控代理人登记簿，之后每个保险代理人的经营行为，将在人寿保险和单位信托管理组织（LAUTRO）登记在案，接受保险人和被保险人的查证。

2.1.4 独立公正的第三方——保险公估人

保险公估人也是起源于英国，又被称为理算师。最初，保险公估人的工作主要涉及火灾保险领域，以后随着保险业的发展，又扩展到意外保险、公众责任保险和其他险种。英国的保险公估人一般受聘于保险人，其主要职能是根据保险人的委托，就保险合同范围内的财产损失金额进行评估、理赔，与被保险人进行磋商等相关业务活动。近年来，英国保险市场上

---

〔1〕 英国《1986 年金融服务法》的出台使得指定代理人的地位发生了变化。以前，大多数住房协会以经纪人的身份出现，由于《1986 年金融服务法》规定了两极化原则，以及对经纪人的管理过于严格，使得许多指定代理人转而依附于某一家寿险公司。

出现了一种基于被保险人利益的公估人（assessors），他们接受被保险人的委托从事保险估价和索赔工作，并尽可能扩大索赔的数量和范围，因而突破了传统的公估人"独立、公正"的原则。尽管如此，遵守"独立、公正"原则的保险公估人仍然是市场的主流。

保险公估人的工作贯穿于整个理赔过程，他们不仅要解释和运用各种相关的保险条款和条件事项，而且要凭借自身有关建筑、会计、贸易、生物、化工、手工艺、价格分析等方面的专业技术知识，正确地判断损失原因，确定损失金额，作出令保险双方信服的理赔结论。正是由于保险公估人是各个领域的专家，同时他们通过处理各种各样的理赔案件，积累了比单个保险人更多的理赔信息和丰富的理赔经验，如他们了解处理残值最合适的市场，掌握通常的价格波动趋势，熟谙使损失最小化的常用措施，保险公估人本身的这种专业性和独立性保证了理赔工作的科学、公正、可信，因此，投保人或被保险人更愿意与保险公估人打交道，而不愿直接同保险公司进行索赔磋商。

保险公估人在英国法律上不属于保险监管的范围，所以对保险公估人的监管，主要由保险人对保险公估人的市场投票选择机制、特许公估师学会的各种规章制度及相应的实施机制实现。英国特许公估师学会（The Chartered Institute of Loss Adjusters）是世界上最具权威的保险公估人学会之一，主要工作是制定会规章程，规定会员等级制度，以及相关的培训、处罚制度，组织资格考试，提高保险公估人的职业水平，为保险公司维持高素质的理赔人才。

英国特许公估师学会将其会员分为普通会员（一般是准备考试的，或者未考完的）、许可证会员（完成一定考试要求的）、特许公估师学士（完成一定资格考试要求的）、特许公估师院士（取得特许理赔师学士资格执业超过 5 年的）、荣誉成员、退休成员（退休超过一年的学士或院士）几个等级，但这并非法律上要求的准入资格。英国保险公估人的市场准入要求并不高，任何人只要愿意都可以从事保险公估业务。但实际上，为了不断提高自身专业素质和等级，保险公估人都会申请加入特许公估师学会，参加学会组织的资格考试，并取得不同的会员资格。按照规定，保险公估公司的负责人必须具有特许公估师学士资格[1]。

英国特许公估师学会还对保险公估人在执业过程中的行为加以规范和制约，要求保险公估人必须具有较高的职业水准，遵循公正、独立的原则，完成保险公司的各项委托要求，同时对被保险人负责。保险公估人只能在委托的范围内进行工作，无权对保险公司和被保险人就有关赔偿问题达成的协议作任何改变，否则，保险公估人要对保险公司承担由于违反委托规定而造成的经济损失。如果在理赔过程中造成了被保险人的经济损失（如由于保险公估人的错误增加了被保险人的直接损失或保险公估人行使了没有被授权的行为），保险公司应依法承担责任。正是在这样的管理机制下，英国保险公估人在世界上享有高度评价，该学会也对世界保险公估业界产生了重要影响。

阅读资料

18 世纪曼彻斯特的"公估人风波"

作为英国工业革命的最前沿，曼彻斯特有着"棉都"之称。作为这个城市工业格局的重

---

〔1〕 要取得这样的资格，必须经过严格的考试。首先要通过保险资格考试，其次要参加特许公估师学士资格考试，考试内容包括保险概论、保险判例法、理赔报告写作、一般的财产理赔实务等科目，以及涉及会计及分类理赔项目的三门专业课程。

要组成部分，保险公司的存在也显得至关重要。保险人为工厂主和市镇民众的财产提供有价担保，被保险人以承诺与出险后残值等额的保费作为保押，进而获取一张标注有综合标的价值、重置价值核算之后预估理赔金额的保单。然而，问题也就由此出现。

为了吸取高额的保费，同时又尽可能少地发生赔案，曼彻斯特小城中的保险公司联合提议，参照滨海城市对于海运保单进行公估的做法，设立了 5 家具有平准职能的公估公司。这些公司主要的服务项目包括：在工厂主们提出承保要约的时候，公估人进行现场查勘，对可能出险的各种风险点进行预评估，并做出整改建议；在保单有效期内，定期对被保险人进行回访，及时指出风险点，并尽可能地将可能出险的责任归咎于被保险人的人为疏忽；出险之后，以拒赔为最佳结论，以少赔为根本处理原则，协助保险公司出具看似公正的《公估报告》，减少赔款。

18 世纪上半叶的曼彻斯特，公估公司的名声较之保险公司更加恶劣。公估人穿着统一的工作服，手中拿着各种器械，奔波于无数的厂房、车间之间，做出一个个不利于被保险人的"评估"结论。有些公估人不乏无中生有、黑白颠倒的现场查勘方式，引起了这座工业城市人民普遍的不满。人们向市政厅和议会请愿，要求规范或者取缔这个行业。然而，由于这座工业城市对保险公司的过度依赖，这一切的愿望最终在议会连绵不绝的争吵之中不了了之。

1756 年 12 月 25 日，在庆祝圣诞节的过程中，由于市政厅附近烟火燃放不慎，造成了一场持续两天的大火，曼彻斯特市政厅、议会大楼和几家最大的棉纺织仓库被焚烧殆尽。于是，包括皇交所保险公司在内的曼彻斯特最大的几家保险公司接受索赔，并由皇交所保险公司下属的一家公估公司和指定公估机构分别对市政厅和棉纺仓库进行现场查勘，最后出具了《公估报告》。《公估报告》列举了平时跟踪随访过程中的一系列安全隐患，仓管出入库单证造假、棉织品标号错误等问题，并称大火可能是有人借助燃放烟花的机会故意纵火。因此，这种情况并不在保险公司的理赔范围之内，故而他们的结论是：建议拒赔。

是改变保险体制，清除伦敦地区的保险寡头们对曼彻斯特保险公估机构的占有？还是独立公估行业，让公估行业成为真正的平准、公估机构？这是摆在曼彻斯特的议员和市民面前的首要问题。

1757 年 5 月，一家只有 4 个人的公估公司向议会陈述了如下几点建议：发起全民集资，将公估公司从保险公司手中收购过来，或者另行成立新的保险公估机构；根据城市、地域性质，由工厂主们派代表形成"公估议事会"，制定相应的公估议事规则；标的出险后，根据出险标的的性质派出相应专家进行评估，评估结果交"公估议事会"审核之后，形成公允的结论，再告知保险公司；地方议会立法，在曼彻斯特地区内禁止保险公司入股公估机构，提倡全民股东制，最大限度地从股权结构上保证公估机构的客观、公正。

新的公估议事规则很快便以地方性法案的形式在曼彻斯特议会获得了高票通过，而这家公估公司也因此成为第一届"公估议事会"的第一个机构代表。新的公估议事会打破了旧公估公司与保险公司之间长期形成的良好默契，他们很快组织了庞大的现场查勘专家团队，对市政厅大火的事故现场进行了重新查勘，并对损失情况进行了有效的评估。在剔除了部分虚报的标的数额之后，"公估议事会"根据保单的承诺条款，逐条做出了翔实的理赔结论。

市政厅大火的赔案，让一个曾经充满欺诈、诡辩的保险环境获得了新的生机，保险公估人不再充当一个恶劣的角色，反之，以诚信、公平、公正、公允的全新面貌，投入了之后的工业革命大潮之中。

摘自：宋儒孝南. 财经界（学术版），2016 - 09 - 11.

2.2　美国的保险中介模式

2.2.1　美国保险市场概况

由于美国曾经是英国的殖民地，因此其早期的保险市场受英国的影响较深，主要是按照英国模式发展起来的。第二次世界大战后，美国的保险业伴随着经济的繁荣得到迅猛发展，并一直居于世界首位，直到 20 世纪 90 年代中期才被日本短暂超过，寿险保费收入位居第二，但非寿险保费收入始终列世界首位。2000 年，美国的保险费收入重新超过日本，寿险收入和非寿险收入均列世界第一。2017 年，美国的保费收入达到 13 771 亿美元，占世界市场份额的 28.15%，当年保险密度为 4 216 美元，保险深度为 7.1%。

作为世界头号经济强国，美国的市场经济体系非常完善，保险市场发育也相当成熟。美国市场上保险公司众多，大型国际保险集团和小规模保险公司并存，多达近万家，保险供给十分充分。美国的保险公司可以分为 3 类：①人身保险公司，主要开展人寿保险、年金保险业务，也包括健康保险和意外伤害保险；②财产及责任保险公司；③健康及意外伤害保险公司。保险公司的组织形式有很多种，包括股份制保险公司、共同保险公司、相互保险公司、美国劳合社[1]、健康保险组织、专业自保公司等。

美国保险市场的业务种类主要有人寿保险、财产保险、责任保险、联邦财产保险和再保险等。人寿保险主要包括普通人寿保险、简易人寿保险和团体人寿保险三大类，其中普通人寿保险和团体人寿保险保费收入大约占美国全部寿险保费收入的 90% 以上。财产保险包括企业财产保险、家庭财产保险、房屋保险和汽车保险等，其中房屋保险和汽车保险属于强制保险。由于美国完善的法律制度和社会公众普遍的法律意识，责任保险在美国发展得非常迅速，主要有公众责任保险、产品责任保险、雇主责任保险和各种职业责任保险，其保费收入已占到全部保费收入的 50% 左右。联邦财产保险属于政策性保险机构，专门接受商业保险公司不愿或无法承保的风险业务，包括联邦洪水保险、联邦犯罪保险、农作物保险等。美国也是世界上最大的再保险市场之一，再保险收入约占世界市场总额的 15%。

随着美国保险业的发展，保险市场已趋向饱和，保险公司之间的竞争越来越激烈，市场上开始出现了同行业，甚至是跨行业的兼并浪潮。通过兼并不仅可以获得被兼并公司的资产，壮大自身的实力，还能促进保险公司的多元化经营，增强其市场竞争力。近年来，保险市场上又出现了另一种竞争方式——保险联合。开始时，保险公司仅对非寿险领域内的某一险种进行保险联合，后来逐渐覆盖到非寿险领域的各个险种，再以后扩展到寿险领域。这样，寿险业务和非寿险业务开始融合，美国保险市场上出现了混业经营的局面。

---

〔1〕　美国劳合社是仿效英国劳合社建立起来的一种保险经营组织，主要经营财产保险业务。其管理没有英国劳合社严格，影响也没有英国劳合社大，受到美国大多数州法律的限制。

2.2.2　保险中介市场的主导力量——保险代理人

在美国保险市场上，保险公司既通过自己的营业网点直接接受保险业务，也接受来自保险代理人或保险经纪人的业务，其中保险代理人是保险公司业务的主要来源。美国的保险代理网点众多，保险代理人有 100 多万，活跃在社会的各个领域，承揽各类保险业务，投保人不仅可以通过邮购方式购买保险，也可以就近在商场或银行开设的保险柜台办理投保手续，极大地方便了保险公司与社会公众之间的联系。

从保险代理人和保险公司的关系来看，美国的保险代理人分为专用代理人和独立代理人两种。专用代理人只能为一家保险公司或某一保险集团代理业务，他们没有业务选择权，只能分发保单、代收保费，保险公司对代理人所招揽的业务具有占有、使用和控制保险单记录的权利。专用代理人主要活跃于寿险领域和财产保险中的个人保险领域。独立代理人可以同时为两家或两家以上的保险公司代理业务，他们具有业务分配权和招揽续保的独占权，既可以将招揽到的业务在其所选择的保险公司之间进行分配，也可以将续保业务转给其他保险人，从而使该业务成为新的承保业务，以防止保险公司对续保业务支付较低的佣金。独立代理人在非寿险领域占主导地位。

从保险代理人的管理制度来看，美国主要有总代理制、分公司制和直接报告制 3 种。

总代理制是保险公司与总代理人签订代理合同，在合同界定的地区和业务范围内销售保险，同时负责吸收、训练代理人。总代理人是一个独立的商人，而非公司雇员，无论合同界定的地区范围大小，总代理人都必须承揽到相当的业务量，否则将被保险公司解除代理合同。总代理人可以另外指定分代理人，与分代理人签约办理代理业务。总代理人独立负责财务管理，按照所招揽的业务量从保险公司获得总代理费，以及业务达标后的奖励，同时承担经营中的管理费用，以及分代理人的佣金支出。总代理制在寿险和非寿险领域都得到广泛应用。在人寿保险中，总代理人相当于地区的销售经理，主要任务是发展和提供业务。在非寿险中，总代理人除了承担上述职责外，还承担一定的技术性工作，如核保、理赔。但由于总代理人与分代理人之间的联系比较松散，总代理人对所雇佣的分代理人几乎无法控制，因此总代理制的发展受到一定限制。

分公司制是保险公司在各地设立分支机构开展保险业务的制度。保险公司负责分公司的各项费用支出，支付分公司经理固定的薪金，并根据其业务量给予奖金。分公司经理受聘于保险公司，以公司员工的身份负责招收、培训、监督和激励代理人员开展保险业务。保险代理人虽然与总公司直接签订代理合同，但要受到各分公司的管辖。一般情况下，经济实力雄厚、分支机构较多的保险公司多采用这种制度。

直接报告制是个人代理人直接与保险公司建立保险代理关系，进行保单推销，并根据所推销的保单获取保险公司的佣金、超额费用津贴、福利和非现金奖励。在这种制度下，保险公司不承担保险代理人的培训和办公费用支出，但需要提供有关产品的目标市场、法律解释和税收优惠等方面的信息，同时必须与各地代理人保持密切的联系并对其提供更多的服务。各地区的代理人通常拥有其营业区内的独占权利，一方面为保险公司承接业务，收取保费，变更保单，提供续保等服务；另一方面要为保险公司开拓业务范围。直接报告制过去主要用于技术简单的保险销售或在续保时收取保费的服务，现在使用范围逐渐扩大，开始转向销售其他的保险产品。

对保险代理人的监管，美国实行的是政府管理与行业自律相结合的方式。政府监管机构主要有全国保险监督官协会和各州的保险管理局。行业自律组织主要有全国人寿保险协会、美国特许人寿保险经销商、百万美元圆桌会议、美国保险代理人协会等。其中，百万美元圆桌会议（MDRT）是美国全国寿险业务会员协会设立的国际性奖励机构，设立于1927年，由当时32名销售业绩在百万美元以上的寿险营销员创立，宗旨在于促进寿险营销人员的相互交流，提高和规范寿险营销人员的职业技能水平。MDRT资格是国际寿险业的至高荣誉，它表明会员在寿险及金融服务领域拥有渊博的知识和最高的职业道德[1]。美国保险代理人协会（NAIA）是保险代理人的专业组织团体，成立于1896年9月，总部设在纽约，主要为火灾保险代理人、灾害保险代理人相互交换法律和展业方面的知识提供方便。美国的政府监管机构和行业自律组织分别从组织形式、市场准入、业务水平、职业道德及行为规范等方面对保险代理人进行监督管理。

根据美国的法律，美国的保险代理人有个人制、合伙制、公司制3种组织形式。在对保险代理人的市场准入方面，各州的要求有所不同，但都规定保险代理人必须依法取得保险代理人资格，并持有展业活动所在州的营业执照。为了保证代理人的素质和专业技术水平，许多州还实施专业代理人的等级制度，将专业保险代理人分为"合同前代理人""代表""代理人""主代理人""高级主代理人"5个等级，每一等级资格的取得都必须参加相应级别课程的系统培训并通过考试。以纽约州为例，个人要取得营业执照必须完成保险总监批准的预备课程，通过保险总监举办的书面考试，若想成为人寿保险代理人、养老金保险代理人、事故及健康险代理人等，还需要通过专门的考试，方能获得从业资格。由此可见，美国对寿险代理人的要求相对严格，从业务水平、职业道德等方面作出了特别的规定。

此外，对保险代理人的经营行为，相关的法律、法规也有详细的规定，如《反回扣法》禁止保险代理人将其佣金的一部分转让给客户并以此来招揽客户，禁止无意从事保险代理的人为了自己或家庭保险而申请取得保险代理人资格。对代理人的授权，一般有两个确定基础：一个是根据其与保险公司签订代理协议所授予的权利；另一个是由法律所授予的默许权利。因为公众往往并不清楚保险公司授予代理人什么权利，而根据公开授权原则，法院认为代理人拥有那些公众认为他们应有的权利，因此，保险代理人为保险公司代办业务，视为保险公司的行为，保险公司必须承担责任。

知识链接

美国的保险代理人

在中国，最早让人们认识推销员行业的，保险代理人应该算一个。保险业在中国起步较晚，行业缺乏规范，从事保险代理业务的人员素质也不高，因而这个行业在社会上的反响并不好。对于保险代理人"穷追不舍"的说服，人们不仅多有微词而且还充满了怀疑。那么，在保险业非常发达的美国，保险代理人又是怎样一种情况呢？

根据纽约人寿保险公司相关负责人的介绍，在美国，保险代理是一个淘汰率非常高的行

---

[1] MDRT现有会员25 000人，来自全球66个国家的近500家公司。根据各国的实际情况，MDRT以本国货币表示的最低销售达标佣金收入，制定了不同入会标准。以美国为例，普通会员（membership）入会标准为当年达标佣金收入，即57 000美元；优秀会员（court）入会标准为171 000美元，是普通会员入会标准的3倍；顶级会员（top）入会标准为优秀入会会员的2倍，即342 000美元。

业，在同时入行的 100 个代理人中，3 年后仍在从事这个行业的大概只有 10 位。一般保险代理不是年轻人初次就业的首选职业，而是人们为实现职业转型或失业后的暂时选择。

造成这种情况首先是由保险代理这个行业本身的特点决定的。保险代理本质上是一种营销行业，对于接受过大学心理学、社会学、公共关系学等课程培训的人，转入这个行业一点也不困难。绝大多数保险代理人在入行之前并没有保险方面的知识，至于保险产品的知识在加入公司后可以通过培训掌握。

当然，这并不是说谁都能当保险代理人。对于保险公司来说，他们更倾向于拥有商业管理、经济学学位的大学生和在其他行业中做过销售工作的人。像纽约人寿这样的大公司，他们在招聘代理人时还要进行严格筛选，不仅要了解应聘者的教育背景、工作经历、性格类型，还要调查他们的信用情况和有无犯罪记录。

在美国，应聘到一家公司的保险代理职位只是迈向保险代理的第一步，要想正式开展业务，必须通过公司所在州的考试，取得执照才能上岗。为此，保险公司都会对新入行的保险代理人进行培训，各个公司根据自己的实力决定培训内容和培训时间。纽约人寿保险公司的培训期长达 3 年，在此之后，每个代理人每年还必须接受一次集中培训。他们学习的内容包括公司的产品、服务项目和各种相关的法律。为了增加竞争力，美国的保险代理人大都一边"卖保险"，一边提供全面的金融服务，帮助个人理财。因此，保险代理人必须在工作中不断充实自己的金融知识。纽约人寿保险公司的培训部还专门成立了"纽约人寿大学"，聘请全职的教师对雇员进行培训。

走家串户，主动登门，是在中国比较常见的保险推销方式。但是美国的保险代理人基本都不采取这个方式。另外，他们也不采取打电话的方式，因为美国法律规定，公众可以把自己的电话号码设为禁止推销产品的号码之列。

美国的保险代理人获取客户的重要方式是参与到社区活动中去，先跟潜在的客户群建立良好的个人关系，取得对方的信任，然后再适时向他们推销合适的保险产品。对于每个代理人，只有找到适合自己的特定客户群才能更好地开展业务。例如，有的代理人比较擅长了解中年客户的需求，因此他们会用心开拓这部分人的市场；而有的代理人比较擅长跟老年人打交道，因此他们就把老年人作为自己的客户目标。

在美国作保险代理比在中国作保险代理相对要容易得多，因为美国保险业历史悠久，已经取得了人们的信任，人们的保险意识很强。加之美国的保险业非常发达，保险种类齐全，人们总能找到适合自己的一种服务，客观上减轻了保险代理人的工作压力。

2.2.3 具有特殊身份的中介主体——保险经纪人

美国的保险经纪人可分为财产与责任保险经纪人和人寿保险经纪人，但主要在财产保险、责任保险、海上保险、大型企业及大型项目保险中发挥作用。事实上，美国的保险代理人和保险经纪人之间并无绝对界线，很多时候经纪人本身就是代理人，特别是在寿险业中，常把为一家以上公司推销保险的代理人称为经纪人。在美国，只有少数几个州的法律严格限定了纯粹的保险经纪人的从业资格及其展业范围；有的州允许保险经纪人同时作为保险代理人；有的州则根本没有人寿保险经纪人。

在财产与责任保险领域，各州的保险经纪人形式并不相同。在一些州，独立保险代理人领有 15 家以上保险公司的代理执照时，就会被称为经纪人。在另一些州，则存在一种独立的一切险种经纪人，可以同时销售财产保险和人寿保险。只有少数州规定保险经纪人必须是纯粹的经纪人，不能兼任保险代理人。另外，美国发达的工商业还造就了一批全国性或地区性的保险经纪公司，他们规模都比较大，在一个州或地区内、全国甚至世界范围内从事保险经纪业务，世界上最大的几家保险经纪公司都是美国公司。这些经纪公司的客户一般都是大型工商企业，他们为客户提供所有保险服务，包括为客户进行风险管理与保险咨询，为客户设计保险方案，安排客户的财产与责任保险、团体人寿和健康保险，与保险公司洽谈保险费率，安排再保险等。

在寿险领域，美国对经纪人的定义是：为一家或以上保险公司推销保险的代理人。所以，大多数的保险经纪人本身就是代理人，他们与保险代理人的区别就在于他们可以把保险业务安排给多家保险公司。寿险领域的保险经纪人可以分为剩余业务经纪人和独立经纪人。所谓剩余业务经纪人，是指在正常情况下，他们把业务安排给自己所代理的公司，只有当被保险人的条件不能满足所代理保险公司的承保要求，或者自己代理的保险公司不能满足投保人的特别需要的情况下，经纪人才把业务安排给其他保险公司。独立经纪人则专门从事特定寿险品种的经纪业务，如养老金保险或健康保险；或者专门为某些客户安排人寿保险业务，如医生、律师、公司主管人员等。近年来，人寿保险公司开始设立自己的经纪部门，该部门的职责就是通过经纪人来推销保险，这种趋势对传统的总代理制产生了一定冲击。

美国保险经纪人收取佣金的方式有 3 种。①按照保险费比例收取佣金，不同险种收取佣金的比例也不同。目前，这种方式因本身存在的缺陷而受到很多批评，因为按这种方式，如果把业务安排给保费低的保险人会减少经纪人的佣金，这会促使经纪人寻求费率高的保险人从而损害被保险人的利益。同时，佣金数额不一定与经纪人花费的努力成正比，因为有些业务保费虽低但并不意味着容易做。②根据赔付率支付利润分享佣金。这种方式有利于提高保险经纪人业务的质量，减少保险人不必要的损失。③采用双方协商的服务收费制度，即保险公司先提出保费的数额，然后根据经纪人投入的努力程度，协商一笔服务费。目前在美国，已有一些大的保险经纪公司在提供风险管理服务时，建议客户增加自留风险额，目的就是为了节约客户的保费支出，同时也为了提高客户的责任心、减少保险事故的发生，继而提高自己向保险公司推介业务的质量。如果按保费比例提取佣金，保险经纪人的收入就会减少，因此，部分经纪人开始采取与客户协商的办法收取佣金。

美国各州都有管理保险经纪人的法规，大多数都要求对申请人的信誉、道德品质和保险知识水平进行考核，并且要参加相应的资格培训和考试，但考试的难度各州存在明显差异。有的州为了保证保险经纪人掌握保险业务知识，规定申请者在资格考试之前，必须完成一个正规的学习计划或修完一门课程；有的州考试较为容易，无须经过专门的学习就能通过；还有些州甚至允许申请人不经过考试就可以领取执照，但这种执照的有效期很短，只有 3~6 个月。同时，大多数州规定，如果已完成某种正规教育计划，或者获得注册人寿保险师（CLU）资格者可以不参加考试直接申请执照。

申请人通过资格考试后，还需要向监管机构注册领取营业执照，执照申请者必须符合职业素质和最低年龄的规定。各州法律还规定，保险经纪人违反保险法或其他法律时，将会受到经济处罚，严重者会被吊销营业执照。保险经纪人也有自己的行业联合会，主要职能是行业自律、职业培训、同政府进行交涉、进行保险宣传教育等。

2.2.4　保险理赔环节的重要角色——保险公估人

在美国,除了一部分理赔工作是由保险公司的理赔部门和专职理赔人员处理外,大部分理赔事务都是由保险公估机构完成的,这是美国保险市场发展的必然结果。美国市场上有数量众多的保险公司,许多公司规模很小,不可能配备足够的专门理赔人员,即使是大的保险公司也不可能在所有的分支机构都配备专职理赔人员,而且为了保证理赔的质量和效率,大部分保险公司都委托专门的理赔机构处理赔案。同时,被保险人为了维护自己的利益,也可以聘请专门的理赔机构帮助自己索赔,以免因缺少专业知识而得不到公正的理赔处理。

美国的理赔机构大体有 4 类:①保险公司的理赔部门和专职理赔人员;②独立理算人;③理算事务所;④公共理算人。其中,独立理算人、理算事务所和公共理算人具有保险公估人的性质,分别为保险人和被保险人提供服务。独立理算人往往是理赔专家,可以是个人或公司,专门从事特定险种的理赔工作,如营业中断险、海上保险等,其主要职责是查勘、估损、协商与报告。理算事务所往往是一些股份有限公司,其理赔人员均受过专门训练以确保公正地对待保险双方利益,并面向所有保险公司提供火险、车船险等方面的理赔服务。公共理算人受聘于被保险人,代表被保险人的利益参与理赔过程的谈判,以避免保险公司的理赔人员作出偏向于保险公司利益的不公正赔偿处理。公共理算人提供的服务主要是采取有效措施以防止损失进一步扩大;列明损失项目,估算损失金额;向保险人索赔及与其商议赔款金额等,并按照最后的赔偿金额收取一定比例的服务费。

美国对保险公估人的管理是比较严格的,大多数州规定保险公估人必须通过资格考试,在符合各州保险监管部门关于从业人员的年龄、品质、从业时间要求后,才能取得许可证正式营业。许可证每年颁发一次,通常要经过两个阶段:首先要申请临时许可证,申请人在这一阶段(一般为两年)必须在独立的保险公估公司实习,并完成国家保险学会学士资格中的规定课程,合格者才能获得临时许可证;正式许可证的申领则需由授权的专门委员会进行严格的考核面试,通过的才能授予。保险公估人只能在许可证规定的区域内营业,除非另有规定(如出现灾难性损失或当地没有所需技术),不得跨州营业。正是基于这种严格的执业资格制度,才使保险公估人享有了高度认可的职业声誉。此外,美国也有保险公估人的行业自律组织:美国独立理算师协会。该协会成立于 1937 年,对入会人员的专业水平要求较高,并与美国保险学院合作开办保险公估人资格的职业教育班,通过不断培训和测试保证会员的素质维持在一定水准之上。目前,该协会会员已达数千人,是美国最具权威的保险公估人管理组织。

2.3　日本的保险中介模式

2.3.1　日本保险市场概况

日本的保险业是从明治初年发展起来的,到 20 世纪 50 年代后期,随着战后经济的发展而迅速成长,并于 20 世纪 90 年代出现了大飞跃,成为世界上最大的保险市场之一。1994年,日本的总保费收入达到 6 060.15 亿美元,首次超过美国,居于世界第一位,保险密度达 4 849.7 美元,超过了长期保持世界第一的瑞士。1998 年东南亚金融危机后,日本的保险业仅有微弱增长,排名又落在了美国、瑞士之后。2017 年,日本的保费总收入为 4 221 亿美元,占世界保费总额的 8.63%,位列世界第三,当年保险密度为 3 312 美元,保险深度为 8.59%。

长期以来,日本的保险业分成损害保险和人身保险两大类。1996 年 4 月 1 日起实施的新《保险业法》,将保险业分为三大类:生命保险、损害保险、意外伤害疾病与护理保险。生命保险即人寿保险,主要包括死亡保险、生存保险和生死混合保险,由寿险公司经营。由于受日本长期注重节约的传统文化影响,以及日本社会的逐步老龄化,使得生命保险的普及程度很高,寿险保费收入 1986 年之后曾短暂跃居世界首位,全国家庭投保率高达 93%,国民个人资产中人寿保险占了 25% 左右。损害保险包括的范围非常广泛,有汽车保险、火灾保险、海上保险、信用保险、赔偿责任保险等,由非寿险公司经营。意外伤害疾病与护理保险属于短期性的人身保险,但由于其与财产保险在产品性质和经营方式上有相同之处,所以新《保险业法》打破了日本长期坚持的分业经营的做法,规定此险种既可以由寿险公司经营,也可以由非寿险公司经营,因此又称为第三领域保险。

日本保险企业的组织形式主要是股份公司和相互公司,根据日本法律,由大藏省大臣依据保险业法批准的生命保险公司和损害保险公司只能采用这两种形式。此外,还有合作社和互助会,如船东保险合作社、渔船保险合作社、健康保险合作社、火灾互助会、汽车互助会等。国营保险公司则属于政策性的保险机构,包括通商产业省下属的出口信用保险、邮政省下属的简易人身保险、厚生省下属的社会保险等。与欧美保险市场上成百上千家保险公司相互竞争的情况相比,日本保险公司数量不多,只有 110 余家,但实力都非常雄厚。各保险公司以前大多执行统一条款和费率,价格竞争受到限制,但非价格竞争却很激烈。20 世纪末期,日本逐步推行了保险费率的市场化。

长期以来,由于日本的保险市场准入受到严格的限制,市场相对封闭,掌握在为数不多的保险公司手里,属于集中、内向型市场。这主要是因为在 1996 年以前,日本保险管理当局奉行所谓的“护航哲学”,即“护航船队中的所有船只(保险公司)”都必须与“最慢的船只”(最弱小、最缺乏竞争力的公司)保持同速。日本保险市场的竞争是受到政府严格管制的,无论在生命保险领域还是损害保险领域,保险公司只能通过加强自身在资金运用、服务质量、险种创新等方面的优势来提高竞争力,而不能随便使用价格竞争方式,这样就避免了恶性竞争,一些经济实力较弱的公司才能生存下来。同时,日本监管当局对发放外国保险公司的经营许可证持相当谨慎的态度,不仅要对申请进入的外国保险公司进行严格的审查,还要对已经批准进入的外国保险公司在业务范围、经营种类、条款费率等方面严加限制。尽管1996 年新《保险业法》颁布后,日本开始加快保险市场的开放进程,但总体上外国保险公司在日本的保险市场占有率仍然很低。

2.3.2 具有日本特色的保险代理人

日本的保险业普遍采用了保险代理的营销方式,保险代理人主体获得了充分的发展并形成了独特的组织结构。目前,活跃在日本保险市场上的保险代理人达 107 万之多,约占全国人口的 1%,实现保费收入占全部保费收入的 84%。日本的保险代理人制度在寿险(生命保险)和非寿险(损害保险)中是不尽相同的。在寿险业务中,主要采取的是寿险营销人制度；在非寿险业务中，采取的是损害保险代理店制度。

1. 寿险营销人

根据 1996 年的《保险业法》，寿险营销人是指为寿险公司缔结保险合同进行代理或媒介活动的寿险公司的管理人员和从业人员，或者受该公司委托的单位及受托单位的管理人员和从业人员。其中，寿险公司的管理人员和从业人员并不是真正意义上的保险代理人，他们虽然也为保险双方签订合同起到了一种媒介作用，但他们与保险公司的关系是雇佣关系而不是委托代理关系，因此他们也被称作是保险公司的外勤职员。

在日本，各大保险公司以全行业统一的教育制度为基础建立了自己的"专门训练计划"，寿险营销人必须接受相应的专业训练，参加并通过日本生命保险协会举办的资格考试，通过大藏省进行的严格审核，并且在保险内阁总理大臣办理注册登记之后，才能获准从业。日本对寿险营销人实行分级资格考试制度，包括一般寿险商品营销资格考试和特殊寿险商品营销资格考试。一般寿险商品营销资格又分为寿险营销人、中级寿险设计师、上级寿险设计师和综合寿险顾问 4 个等级（见表 2-1）。综合寿险顾问是寿险营销人中的最高称号，被认为是寿险营销行业中的专家，必须通过人身保险大学课程考试后方能获得。特殊寿险商品营销资格考试则是为了使寿险营销人获取特殊寿险商品的销售资格而设定的，包括营销变额保险资格和营销国债资格。根据法律规定，寿险营销人可以持有多种营销资格证书，以营销相应的寿险产品。而且，随着营销人所持证书级别的提高，其基本工资及能力工资的提成比率也相应提高。

表 2-1　一般寿险商品营销资格的 4 个等级

资格名称	等级	考试难度	业务能力
寿险营销人	初级	一般	取得注册资格，可以与保险公司签订代理合同或雇佣合同
中级寿险设计师	中级	难	可以推销较多的产品
上级寿险设计师	高级	较难（掌握法律、税务、银行利率等有关知识）	专业素质较高（一般要求寿险营销人在从业两年后要取得该资格）
综合寿险顾问	特级	最难（必须通过人身保险大学课程考试）	寿险营销行业中的专家

寿险营销人在通过考试取得相应的资格后，必须通过所属保险公司向保险监管机构提出注册申请，申请书中须载明申请人的姓名、住址、所属保险公司，以及从事保险销售种类等，同时还须附上誓约书（保证本人没有法律规定不能申请注册的情况）、户籍证明复印本、政府令规定的手续费等。根据日本《保险业法》，具有以下情况的人不能注册为寿险营销人：在注册申请书及附件中隐瞒重要事实者；个人已经破产而无法复权者；处以拘役以上刑罚且刑后未满 3 年者；保险营销员资格被取消未满 3 年者；无民事行为能力和限制民事行为能力者；申请前 3 年内有过与保险营销有关的十分明显的不适当行为者。

在日本《保险业法》修改之前，寿险营销人只能从属于一家保险公司。新《保险业法》颁布后，规定寿险营销人如果具备了为两家及以上寿险公司代理寿险业务的必要知识，能确实公正地开展业务，有适当的管理制度，并且具有大藏大臣所规定的资格，可以同时从属于两家及以上的保险公司。然而，这种附带条件的方式在实际操作中却存在很多问题。因为，日本的寿险营销人大多是受雇于保险公司的外勤职员，如果为两家及以上的保险公司代理业务，寿险营销人的工资、业务管理、行政监管等方面都存在需要解决的问题，而目前尚未形成实际可以操作的制度。

日本《保险业法》规定，寿险营销员在展业过程中，如果损害了被保险人的利益，应由所属的寿险公司承担赔偿责任。同时也规定，保险公司在雇佣、委任寿险营销人的过程中，应特别注意这方面的教育，防止寿险营销人在展业过程中损害被保险人的利益。如果保险人尽到了努力教育的义务，可以免于承担寿险营销人损害被保险人利益的赔偿责任，但这一原则在司法实践中往往受到限制。因为，寿险营销人在展业过程中，保险公司作为间接的参与者在一定程度上参与了案件的发生。所以，为了保护被保险人的利益，保险公司首先要赔偿被保险人的损失，然后有权向寿险营销人进行追偿。根据 1976 年日本最高裁判所的判例，保险公司对寿险营销人的追偿权被限定在损失额的 1/4 之内。这是基于社会的道德观念及道德准则，目的是通过一定的经济手段惩罚负有直接责任的当事人，起到一定的教育作用，但保险公司并不能完全推卸责任，不能从经济上得到完全的补偿。

2. 损害保险代理店

在非寿险方面，日本一直沿用了保险代理店制度。保险代理店起源于 19 世纪 80 年代，最初是以货物运输保险为主，通常是保险公司委托银行或贸易公司代理业务。到了 20 世纪，各家保险公司在许多大城市设立分公司，并将代理店放在分公司下面进行管理。据统计，日本的代理店曾经从 1955 年的 15 万家增加到 1996 年的 62 万家，代理店从业人员达到 118 万人，平均每 92 户家庭就有一家保险代理店。之后，由于新《保险业法》的颁布，保险业及保险中介的市场化进程不断推进，一些小的保险代理店被淘汰，保险代理店的数目开始逐年下降。目前，日本的保险代理店不到 40 万家，但其业务量并没有因此而减少，仍然占全部非寿险业务量的 90% 以上。表 2 - 2 是日本 1999—2001 年损害保险保费收入的构成。

表 2 - 2　日本历年损害保险保费收入及构成

年份	损害保险总保费收入/亿日元	代理店			经纪人		直接展业	
		代理店数量/万家	保费收入/亿日元	占比/%	保费收入/亿日元	占比/%	保费收入/亿日元	占比/%
1999	95 150.63	57.09	86 541.47	91	112.30	0.1	8 496.77	8.9
2000	93 125.59	50.96	85 363.61	91.7	124.83	0.1	7 636.97	8.2
2001	87 923.60	34.21	80 286.45	91.3	166.19	0.2	7 470.80	8.5

损害保险代理店按职业性质分为两种形式：专业代理店和兼业代理店。其中，专业代理店约占 20%，大多数是个人代理店，所招揽的业务大概占所有损害险业务的 34%；兼业代理店占 80% 以上，主要是法人，包括汽车销售商、旅行社、金融机构、会计师事务所等，所收取的保费占总保费的 66% 左右。日本的保险代理形式多种多样，包括与企业有关联的企业代理店，与汽车相关联的车险代理店，有稳定顾问企业的税理士代理店，以及以血缘地缘关系稳步开拓家庭保险市场的代理店等。保险代理店通常要与保险公司签订全国统一格式的委托代理协议书，代理保险公司签发保险合同并收取保费，有时还负责调查保险标的，帮助被保险人申请保险金。

损害保险代理店也实行分类和等级制度。代理店按代理险种可以分为经营火险、汽车险、伤害险的种别代理店和无种别代理店。无种别代理店不分等级，而种别代理店则分为初级代理店、普通级代理店、上级代理店、特级代理店、特约代理店 5 个等级。等级的评定是根据日本损害险保险同业协会制定的品质评定、级别制度进行的，所考核的指标主要有代理店的经营规模、业务成绩、法律与法规的遵守情况、对客户的服务态度、工作人员中具有代理资格的人数和比例等。代理店的级别不同，可代理的业务范围及相应的佣金水平也不相同，级别越高，业务范围越大，佣金比例也越高。然而同一等级代理店的手续费率是全国统一的，这样即使为多家保险公司作代理，也能避免无视被保险人利益的过度竞争。

根据日本《保险业法》，保险代理店必须在向日本损害保险同业协会提交文件并接受检查的基础上，才能注册登记。保险代理店必须根据法律和有关规章开展业务，维护合理有序的市场秩序。为防止侵害投保人利益的不正当经营行为，日本《保险展业管理法》明文禁止下列行为：讲不实之词；重要的事实不告诉客户；对契约内容作不够全面的说明；妨碍客户的正当申报；促使客户不实申报；让客户不当地解除现有契约而加入自己契约进行契约倒换等。如果违反规定，代理店除受法律惩罚外，还要受到停止业务、取消注册资格的行政处分。此外，对于侵吞或欺骗投保人钱财的代理店，保险公司每月有向大藏省报告的义务。大藏省财务局检察官有权检查代理店的经营状况；日本损害保险同业协会检查室也可以检查代理店的实际经营状况、保险展业宣传材料有无误导等事项。

阅读资料

日本独特的营销模式：保险超市

在日本众多的保险销售渠道中，保险超市在 10 多年前悄然登场，开辟了新的保险销售模式，并成为保险市场上一道独特的风景线。

顾名思义，保险超市就是开设保险门店，让消费者光顾保险超市，自由选购自己所需要的保险，其实质是一个规模巨大的保险代理公司。日本保险超市的开拓者是 Life Plaza Holdings 株式会社（以下简称"LPH"）。

LPH 公司成立于 1995 年，注册资本金为 6.2 亿日元，相当于 4 800 万元人民币。目前该公司拥有直营店 107 家，特许经营店 66 家，合计 173 家门店，从业人员 1 500 多人。LPH 公司在 2000 年设立了第一家保险超市门店，和主动推销的传统保险营销模式相反，采取反向思维，让消费者自己上门购买保险产品。刚开始，这家保险超市和大部分保险代理店一样，只代理 3～4 家保险公司产品。经过 10 多年的苦心经营，LPH 公司代理的保险产品达到了 40 多家保险公司，其中人寿保险公司 26 家，财产保险公司 19 家，使消费者能够在可比较的环境里自由选择自己所需要的产品。之后，LPH 公司实行多品牌战略。第一，开设"保险窗口"门店。该类门店共有 118 家，能为客户提供多家保险公司产品，并能够自由选择产品的品牌；第二，开设"大家的保险广场"门店，共 40 家，专门为方便主妇来店购买保险而设，门店中有较齐全的婴幼儿活动区域等设施；第三，提供专业保险咨询服务的"保险专业店"23 家。

LPH 公司开展的保险超市最大的优势是，他们并不倾向于推荐或销售某个保险公司或某个保险产品，而是以中立的立场，公平、公正地推荐和销售所有的保险公司产品。LPH 公司在 2010 年对来访保险超市的客户群进行了调查分析，发现有 32％的客户选择保险超市的最大理由就是"因为可以听到中立的意见"。其次有 22％的客户认为"因为咨询费用是免费的",有12％的客户认为"销售的保险公司产品较丰富",成为选择保险超市的理由。

LPH公司有较完善的职员培训制度。公司的新员工会集中在总部培训中心接受一到两周的培训,分配到各家门店后,再接受一到两个月的实习,在实战中磨炼。LPH公司实行固定工资加效益工资的综合考评制度,相比传统的营销员,收入稳定且整体工资水平也高于同行。LPH公司的员工离职率一直保持在10％以下,从业人员的稳定也带来了服务的稳定。

保险超市已经显示出其强大的生命力,尤其在长期受经济低迷影响的日本保险界,更显得难能可贵。问题是这种营销方式,必须有颇具规模的门店来吸引客户,其经营成本显然比普通营销员推销保险或普通代理店高,该种营销模式将来能否改变日本保险代理店的格局,我们将静观其发展。

摘自:沙银华,崔哲男.中国保险报,2011-04-10.

2.3.3　力量薄弱的保险经纪人

与英国、美国的保险中介制度明显不同的是,在日本新《保险业法》出台以前,推销保险产品的保险中介只有保险代理人。这是因为,一方面日本保险市场长期实行封闭政策,保险公司数量不多,并且与企业集团的关系都很密切,保险经纪人发挥作用的空间很小;另一方面日本保险市场的传统力量很大,许多保险公司按照沿袭已久的历史习惯,雇佣外勤人员或与代理店签订代理合同推销保险产品;同时日本国民受东方传统文化的影响,比较适应且更信任保险代理人的推销方式。

20世纪90年代以来,随着世界经济一体化的发展,西方国家要求日本开放国内的保险市场,并废除对保险经纪人的禁令,于是日本开始引进保险经纪人制度,并通过新《保险业法》明确保险经纪人的法律地位,但尚无寿险经纪人和非寿险经纪人之分。在实际业务中,保险经纪人的作用非常有限,主要集中在大型企业或大型项目等非寿险业务方面。保险经纪人的存在形式可以是个人,也可以是事务所。若以事务所形式存在,则必须至少有一名职员具备从业资格。

日本的保险经纪人采取登记制度,而不是执照制度。保险经纪人必须通过日本生命保险协会或损害保险协会组织的资格考试,经过大藏省保险部的严格审核,并在内阁总理大臣处办理登记手续后方可营业。根据法律规定,保险经纪人有在从业过程中应出示有关文本的义务,有对投保人提出最适合的保险商品的诚实义务,有应客户要求公开其收取佣金的义务,同时必须向客户说明其没有签发保单和收取保费的权利。大藏省对保险经纪人的经营状况直接进行监督管理,要求保险经纪人必须提交一定数目的保证金,并投保一定额度的职业责任保险;应对有关业务作详细的记载并形成账册,定期向大藏省提交报告。

日本生命保险协会和日本损害保险协会是两大行业自律组织,他们在负责保险代理人和保险经纪人的资格考试和等级认定管理工作的同时,还设置了不合格中介人(包括保险代理人和保险经纪人)情报信息系统,一旦中介人出现了违规行为,将被列入系统黑名单并公布于众,目的是为了更好地监督保险中介人的展业行为,以此激励和约束保险中介人。

2.3.4　实行严格等级制度的保险公估人

保险公估人是通过日本损害保险协会实施和认定的资格考试，并且在协会注册的保险中介人，包括个人公估人和机构公估人，一般受聘为保险公司的顾问。保险公估人的主要职责是损失评估和价值评估。

在损失评估方面，保险公估人主要是受保险公司的委托，对下列情况下财产的损失或毁坏进行评估：①火灾估损，如对居民住宅、商店、工厂等发生火灾后的损失评估。②特别估损，如对机械、建筑、合同及工程保险等的损失评估，一般需要具有专业知识和技能的专家进行。③巨灾估损，主要是对台风、洪水、地震等巨灾造成的损失进行评估。④责任估损，主要是对第三者责任引发的损失进行评估。

在价值评估方面，保险公估人主要是运用专业技能和科学方法，对一些不太容易确定价值的保险财产的重置成本或现金价值进行评估和计算。这些财产一般包括办公楼、旅馆、商店等各类建筑物；汽车、电子和半导体工厂；化学工厂和炼油厂；神庙、寺院等特殊建筑物。

类似于前两种中介，日本的保险公估人也实行等级考试及等级注册制，而且只有通过了较低级别的考试之后，才能参加更高级别的考试，不可以越级，并根据不同级别享受相应的待遇。保险公估人的技能级别由低到高分为三级、二级、一级，三级考试每年举行两次，考试的内容主要有保险及一般常识、建筑学（取得一级或二级建筑师资格的人可以免考）、电子和机电学；二级和一级考试每年举行一次，除上述科目外，还要加考会计学等科目。另外，拥有一定公认资格（如建筑师、锅炉师等）的注册公估人，可被授予专业公估人 A 或 B 的资格。根据 1997 年 8 月份的统计资料，日本的注册公估人共计 601 人，其中一级 111 人、二级 266 人、三级 224 人；共有公估事务所 38 家。新《保险业法》颁布后，日本的保险公估制度也发生了一些变化，原来封闭的"报考制度"和"注册制度"逐渐开放化、自由化，外部人员也可以加入公估人行业，原来行业统一的公估费用体系也变成因公司情况而异的费用体系。

2.4　各种保险中介模式的比较

2.4.1　保险代理人模式的比较

英国保险代理的模式是两级结构。形成这一模式的直接原因是英国实行的两极化原则，即在人寿保险领域，保险中介必须在能受理所有保险公司商品的保险经纪人与专属单一公司的保险代理人中任选其一，不能兼任。兼业代理人也是英国保险代理制度较有特色的一个方面。兼业代理人的来源很广泛，银行、行业协会、事务所等机构，以及律师、会计师等均可能成为兼业代理人，这些机构及个人只需经过简单的培训，熟悉基本的保险知识及出售保险单的一些必要手续即可。兼业代理人正以其低廉的成本、方便的运作受到越来越多保险公司的青睐。但英国保险代理人的市场力量远远比不上保险经纪人，而且大多集中在寿险领域。

美国的代理制度尽管在各州要求不一致，但并不是严格的两级结构，即保险代理人和经纪人的区别不甚明晰。有时，保险经纪人本身就是代理人，之所以称其为保险经纪人，是因为他们将业务安排给多家保险公司。在美国，人寿保险主要依赖于专用代理制，而非寿险主要借助独立代理制，它们分别契合了这两种性质保险业务的特点，为保险公司拓展市场作出了巨大贡献。正是因为美国具有高度发达的市场经济，充分竞争的保险市场，种类繁多的保险商品，完善健全的法律体系，以及国民对规范化代理服务的巨大偏好，所以保险代理人成为保险中介市场的中心角色。保险代理人不仅拥有庞大的队伍，业务范围遍及各行各业，而且具有较完备的监管体制和顺畅的市场秩序。

尽管日本的保险业在发展初期受到美国的影响，但其后却建立了与美国不同的保险代理人制度——代理店制度。与英国、美国的保险代理人主要进行寿险展业不同，日本的保险代理店主要应用于损害保险领域，业务量约占损害保险业务量的 90%。在寿险领域的保险代理人也与英国、美国等国家不同，实行寿险营销员制度，但大部分寿险营销员实际上是保险公司的外勤职员，与保险公司是雇佣关系而不是委托代理关系。值得一提的是，日本对保险代理人实行等级考试和资格评定制度，这是与其他国家最为明显的区别。德国寿险领域的保险代理人与日本有相似之处。

2.4.2　保险经纪人模式的比较

各国有关保险经纪人的法规都对保险经纪人的资格认定、组织形式、经营范围、执业标准、缴存保证金或劳务报酬、财务稽核等制度作出了规定，并对保险经纪人领取佣金、独立展业等权利予以保障。但仍有很多不同之处，主要表现在以下方面。

1. 组织形式不同

各国均允许保险经纪人以有限责任公司的形式存在，但英国和美国还允许保险经纪人以合伙组织经营。英国以合伙制为保险经纪人的主要组织形式，如劳合社。美国以有限责任公司为主，如威达信保险经纪公司和怡安保险（集团）公司分别是目前世界上名列第一、第二的保险经纪公司。日本是在 1996 年以后才允许保险经纪人进入保险市场，主要采取的是个人经纪人的形式。

2. 佣金制度不同

在保险经纪人佣金制度上，英国采取了比较宽松的原则，即保险经纪人的佣金由保险人和保险经纪人协商，监管机构不规定佣金比例的幅度，但是属于保险监管的范围。美国则规定不同的险种有不同的佣金率，如汽车保险为 16%，商业火灾保险为 19%，商业一般责任保险为 18%，但近年来开始出现了佣金制度的改革，采取按利润分成或按服务收取佣金的方式。其他国家则都规定收取佣金的比例。在佣金的公开与透明方面，各国的做法都是一致的，即要求保险经纪人在客户要求的情况下公开其收取的佣金比例。

3. 各国的监管权力集中程度不同

在英国，由于其保险监管偏重于行业自律，因此，保险经纪人的行业组织具有相当的监管权力，如英国保险经纪人注册委员会（IBRC）根据 1977 年颁布的《保险经纪人（注册）法》，对保险经纪人进行审核；劳合社则对劳合社的经纪人执业资格有一套更高的要求。美国对保险经纪人的监管机关是州保险监管部，各州有一定的立法权。日本是监管最严的国家，对保险经纪人的监管权集中于内阁总理大臣，通过保险经纪人资格考试的申请人必须向大藏省银行局保险部注册，经过严格审核批准后方可经营。

2.4.3　保险公估人模式的比较

在各个国家的保险市场上，保险公估人作为公正、独立的第三方，都起着非常重要的作用，但在保险公估的内容和监管方式上仍然存在差别。

在保险公估的内容方面，各国的侧重点有所不同。英国的保险公估人主要解决保险问题，也包括技术问题。美国的公估人以保险内容为主，工作需要时另外指定技术专家协助处理。日本的保险公估人主要是损失评估和价值评估。德国的保险公估人则侧重于解决技术性方面的问题，在每个专业领域，如房屋、建筑、机器、流动资产或货物、营业中断等都有专门的公估人。

在保险公估人的监管方面，英国是非常独特的。根据英国的法律和习惯，保险公估人只是保险合同的辅助人，不销售保险，而且他们的业务有时也会延伸到非保险业，因而保险公估人没有被纳入专门的保险监管之列，而是受到普通法（包括一般的代理法[1]）的监管。英国除了要求保险公估公司的负责人必须有特许公估师学士资格，以此来保证公估的职业水准外，对保险公估人的从业资格没有非常严格的规定，但并不等于对保险公估人没有任何约束。这种约束来自两个方面：一方面是行业协会组织，如英国特许公估师学会，他们通过制定公估章程、道德规范或规章制度，对其会员进行监督管理；另一方面是来自市场的力量，如信用评级机构、社会投诉受理机构等，甚至还有不少兼业代理人通过英国特许公估师学会对取得公估师资格的公估人行为进行监管。在这种全社会监管的环境下，只有素质高的保险公估人才可能获得保险人的委托。因此，大多数保险公估人自觉加入行业协会组织，以提高自己的专业水平和社会信誉。这种监管方式是英国保险公估人制度的一大特色，它使英国的保险公估人在世界上获得了高度评价。

与英国不同，其他国家都采取政府监管和行业自律同时进行的方式。美国根据各州的立法，由各州保险监管机构负责监管，要求保险公估人必须注册登记，领取许可证之后才可正式营业。日本将保险公估人资格分成不同的等级，申请人需参加由日本损害保险协会组织的级别考试后才能取得相应的资格，而且这种资格认定制度是封闭式的，所认定的资格并非公认的资格。

2.4.4　国外保险中介模式的经验借鉴

1. 严格的资格认定与培训制度

高素质人才是保险中介市场发展的基本条件，世界各国对保险中介从业人员都有严格的资格限制，根据本国的实际情况设置了多种类、多层次的资格考试和培训制度，并以法律的形式予以明确。在资格限制方面，很多国家和地区都规定，保险中介从业人员应当具有一定的文化水平和工作经验，必须通过保险管理当局或学术团体举办的考试，合格者才能具有从业资格。例如，美国的人寿保险代理人必须通过包括人寿保险和个人保险的 14 门课程中的 10 门课程考试，才可获得人寿保险代理人资格证书；日本的保险公估人必须参加相应的技能级别考试。德国虽然对保险中介人的资格没有严格的限制，理论上只要有正常行为能力的自然人和法人都可以作专职或兼职的保险中介，但随着欧盟市场的统一，也正在从原先宽松的监管向严格的监管转变。

---

[1]　因为英国的保险公估人实际上是以保险公司的理赔代理的身份工作。

在取得从业资格后,保险中介从业人员还须向有关管理部门注册登记,履行有关法令或条例规定的权利和义务,如美国、日本的法律都规定,保险经纪人开展业务必须申领许可证,才可依法办理保险业务。许多国家还规定,保险经纪人须缴纳一定数额的保证金或购买相应的职业责任保险后才能开展业务,如英国保险经纪人注册委员会规定保险经纪人必须参加规定金额的职业责任保险,劳合社对其个人经纪人的职业责任保险的金额要求更高。

对保险中介尤其是保险代理人,很多国家都有完善的培训制度。各国一般由保险监管当局自己开办学院,资助对保险代理人的培训,或者借助各类专门院校,聘请保险、法律等方面的专家上课以培养高级代理人才,保险公司也建立了自己的培训体系,对其雇佣的保险中介进行职前基本教育和在职期间的定期业务培训。例如,日本各大保险公司都以全行业教育制度为基础建立了自己的培训体系,以培养高素质的保险代理人。

2. 适当的业务分工制度

不同的保险中介人具有各自不同的特色,以及各自特定的业务范围,只有业务分工得当,才能保证保险中介制度最大限度地发挥自身的功能及效用。从世界各国的情况看,不同的保险中介主体分别适合于不同的业务领域。例如,保险经纪人主要适合于非寿险业务,特别是水险、大型企业或大项目的财产保险、航空保险,以及卫星发射保险、核电站保险等风险程度比较高、保险金额巨大的险种;再保险也是保险经纪人发挥作用的重要领域;但其较少涉及人寿保险。保险代理人的活动范围则比较广泛,普遍适合于寿险和非寿险,当然在寿险领域的作用更为突出;在业务内容上除了代理保险公司推销保险产品外,有时还承担定损、理赔的任务。保险公估人是独立的中介主体,与前面两种基本没有业务交叉,主要负责处理保险赔案,在工作中坚持公正、客观的原则,尽量使保险双方的矛盾和摩擦降到最低。

当然,由于各国的历史传统、文化背景、保险业竞争习惯,以及社会公众的保险消费偏好等不同,即使是同一类主体在每个国家的具体做法也不尽相同。例如,美国的人寿保险主要依赖于专用代理制,这是因为寿险种类繁多、业务量大,代理人往往没有能力和精力代理几家保险公司的业务,只代理一家更有利于他们熟悉公司的保单、条款和承保程序,有助于与保险公司建立更密切的关系;而非寿险则主要借助于独立代理人,他们可以同时代理几家保险公司,将其招揽的业务在不同的公司之间进行分配,可以签发保单、收取保费,在某种程度上具有保险经纪人的性质。

3. 完善的客户保障制度

由于保险产品的专业性和特殊性,各国法律都对保险中介的行为进行规范和控制,以保证保险中介经营的合法化及维护客户利益。采取的措施主要有以下几个方面。

(1)担保制度。即从事保险中介的个人或法人应由保证人提供的一定数额的资金作担保,或者缴存保证金,或者投保职业责任保险,以使其具备承担一定的民事赔偿责任的能力,如各国都要求保险经纪人缴纳保证金或购买职业责任保险。

(2)反不正当营业行为制度。即保险中介在从业时必须将诚实守信作为基本的职业素质,不得误导、欺诈、隐瞒客户,无充分理由不得鼓动客户转投保,营销宣传品必须与保险公司的要求及内容相符等,以维护消费者的利益和保证保险市场的正常运转。

(3)账户分离制度。即保险中介尤其是具有代收保费权力的保险代理人和保险经纪人,必须设置单独的账户存放客户的资金,而不能放在自己的营业资金账户里。

(4)客户投诉制度。即设立专门的机构,接受保险公司、社会公众对保险中介的查询和投诉，并有权对投诉事项进行调查，酌情给予纪律处分。例如，日本允许客户直接向保险公司、大藏省、日本人寿保险协会或消费者组织投诉，以此督促保险中介自律。

（5）信息披露制度。即建立类似"保险中介信息档案库"一类的信息中心，通过网络或其他媒体对保险中介的相关信息进行详尽披露，以实现对保险中介的日常行为进行全面监督。例如，通过公开获得市场准入的保险中介个人或公司名单，公司经营的财务状况等，杜绝未获市场准入的个人或公司进行欺诈经营；通过将违纪的从业人员列入黑名单，避免不法中介对保险市场各方利益的损害，这样不仅有利于需求者作出正确的选择，而且有利于促进市场的优胜劣汰，增加市场活力。

4. 健全的监督管理制度

为了规范保险中介的行为，各国都建立了系统而有效的监督管理体系，一般由完善的法律、法规，严格的管理机构和具体的执行部门等组成。

首先，各国都制定了或严格或宽松的法律、法规与行为准则，内容通常包括保险中介的执业管理规定、资格审查制度、业务范围的界定、培训制度、手续费和佣金制度、纪律处罚制度等。例如，英国针对不同类型或级别的中介主体分别制定了不同的法规，《金融服务法》主要对寿险代理人、经纪人作出规定，《实务法》对保险经纪人的组织形式作出规定，《消费者权益保护法》对代理人、经纪人推销产品作出部分规定，《代理法》《合同法》对代理关系、代理合同作出规定；各行业组织也依据国家的法律对保险中介的执业资格等作出了种种规定，如保险经纪人注册理事会对注册经纪人作出规定，保险行业协会对非注册经纪人、代理人作出规定。日本则以《保险业法》《日本商法》《劳动标准法》三者共同约束保险中介。

其次，各国都通过法律明确保险中介的监管机构。例如，日本《保险业法》规定，由大藏省负责对保险中介进行监管，大藏省同时具有制定规章、守则的权力，而且广泛使用不成文准则实施对保险中介的控制。美国各州根据州保险法律设立保险局，并通过选举或州长任命产生其最高负责人——保险监督官，负责对保险中介进行监管。英国的《金融服务法》将对保险中介的监管权授予英国贸工部下属的证券、投资委员会。

最后，保险中介组织的内控制度也是微观监管的重要组成部分。保险中介机构属于商业企业，各国的保险中介组织都依据相关的法律、法规建立相应的内控制度，从财务、用工和培训制度、企业管理等方面实施监督管理。例如，英国的《金融服务法》规定，为了使法律和行业自律条例得以认真执行，每个寿险公司都应任命一个监督官，由其依据相关法律、法规为本公司的业务活动制定管理手册，并定期向证券和投资委员会或人寿保险和单位信托组织等行业自律组织报告包括保险中介在内的营业情况，平常则向公司的首席执行官报告；规模较大的公司则应设立监督小组负责具体监管。

5. 有效的行业自律制度

行业自律是保险中介市场正常运行的重要保证，世界各国都十分重视运用行业自律组织对保险中介进行管理，很多国家和地区甚至通过政府授权的方式，将监管保险中介的权力交给行业自律组织。最典型的代表是英国。

根据英国的《金融服务法》，英国证券和投资委员会将对寿险代理人的资格审查和执业规范等部分管理权限交给下属的人寿保险和单位信托管理组织、投资管理者协会等行业自律组织，这些行业自律组织有权向其成员公司派驻业务检查人员，指出寿险中介的业务活动在哪些方面违反了《金融服务法》或行业自律条例，并责令其在规定的时间内修正错误，否则将吊销其业务许可证。英国保险经纪人协会不仅配合国家立法机关对保险经纪人的行为进行监督，还代表保险经纪人参与同政府、其他保险组织及商业机构的谈判，形成了在法律指导下由政府监管部门领导的保险经纪人行业自律管理方式，对英国保险经纪人行为的规范化起到了不可低估的作用。英国特许公估师学会作为一个强有力的行业组织，通过组织保险公估人的资格考试与培训、制定执业操作规则、规定处罚惩戒措施等，对整个行业进行协调、引导和规范，以维持较高的专业水准，提高保险公估人的执业效率。由于保险公估人未被纳入英国保险监管的范围，因此英国特许公估师学会对保险公估市场的监管实际上充当了"准政府"角色，并受到国际保险业界的普遍尊重。

其他国家也设有相应的行业自律组织，如美国设有全国人寿保险协会、美国特许人寿保险经销商和特许金融顾问协会等行业自律组织，他们不仅通过制定一系列的行业自律条例及守则对保险中介的业务水平、职业道德、行为规范等方面加以约束，而且负责对保险中介进行从业资格的审查、考试的组织、佣金的管理及日常行为的监督。

本 章 小 结

本章介绍了国外保险中介的主要模式。英国是以保险经纪人为核心的保险中介模式，保险代理人作为补充主要活跃在寿险领域。美国是以保险代理人为主体的保险中介模式，保险经纪人的力量也非常强大，但有时保险经纪人与保险代理人的界限并不清晰。日本则是典型的保险代理人市场，并且形成了独特的代理店制度。以上各国都有较完善的保险公估人制度，有效地平衡了保险市场交易主体之间的利益关系。虽然在不同的国情和历史文化背景下形成了不同的保险中介模式，但是各种模式之间也有很多共同之处，如资格认证制度、业务分工制度、客户保障制度等，都是值得我国借鉴和学习的经验。

本章的重点是英国、美国、日本3个国家保险中介模式的特点，各国保险中介模式之间的区别，以及经验借鉴。

本章的难点是各种保险中介模式的比较，以及可供我国借鉴的经验。

关 键 名 词

劳合社经纪人　寿险营销人　损害保险代理店　总代理制　分公司制　直接报告制　英国特许公估师学会

思考题

1. 试分析英国保险中介模式的特点，以及形成此种模式的原因。
2. 美国的保险代理人和保险经纪人有什么区别？
3. 美国的保险代理人制度包括哪几种？
4. 日本的保险代理人制度有何独特之处？可供我国借鉴的经验有哪些？
5. 试分析英、美、日3国保险中介模式的异同。

第3章 我国保险中介的发展概况

【本章导读】

我国保险中介的发展是与商业保险的发展进程不可分割的，经历了起起伏伏几个阶段。本章首先介绍我国保险中介的几个发展阶段，然后对我国保险中介的现状进行评析，最后阐述我国保险中介的发展目标、原则、制度创新等。

3.1 我国保险中介的历史沿革

3.1.1 我国保险中介的初期发展阶段

1. 中国保险业的早期发展概况

商业保险在我国属于舶来品，旧中国的保险业是伴随着帝国主义的入侵而逐步发展起来的。1805年，英国东印度公司在广州设立了中国第一家保险机构——谏当保险行（广州保险社）。第一次鸦片战争以后，帝国主义用武力打开了中国的大门，外国保险业对中国开始进行更大规模的入侵。1846年，英国人在上海设立"永福""大东亚"两家人寿保险公司。随后扬子保险公司、中华保险公司、太阳保险公司、巴勒保险公司等英资保险公司在中国相继成立。20世纪以后，美国、法国、德国、日本等国的保险公司相继在中国设立分支机构，经营水险、火险和人身保险等业务。外资保险公司自此垄断了中国的保险市场，他们随意制定保险条款和费率，对中国民族工商业实行高利盘剥，掠夺了大量财富。

在外商保业业和保险代理业迅速发展的同时，中国民族资本保险公司也开始出现。1865年，中国成立了第一家民族保险公司——上海华商义和公司保险行。1875年，李鸿章在上海轮船招商局设立了一个附属保险机构，主要承保招商局的轮船、货栈及货物运输保险。10年以后，招商局在上海创办"仁和""济和"两家保险公司，后合并成为"仁济和保险公司"。20世纪初，华兴、华成、联保、永宁、华安等华商保险公司相继成立，民族保险业的阵营基本形成。

20世纪20年代，民族资本家的阵营得到壮大，大量民族资本介入保险业，民族保险公司的管理水平也得到了很大提高。据统计，在20世纪20—30年代，外商在上海登记营业的保险公司多达166家（大部分是轮船公司代理），民族资本保险公司只有48家。全国每年保费约为3 000万元法币，外商占60%，华商占40%，其中70%的业务还要向外商分保。由此可见，外商垄断中国保险市场的格局仍未打破。

20 世纪 30 年代以后，官僚资本开始大举进军保险业。1931 年，中国银行开办了中国保险公司。1935 年，中央信托局成立了保险部。随后，中国农业保险公司、太平洋保险公司也陆续宣告成立。官僚资本保险公司的设立在一定程度上动摇了外资保险公司的垄断地位，在收回权益、防止保费外流方面起到了积极作用，但并没有从根本上打破这种垄断。在外资企业和官僚资本的双重压迫下，民族保险业日趋萎缩。

抗日战争爆发后，国内的保险公司大举内迁，重庆取代了上海，成为当时的保险中心。

抗战胜利后，在后方膨胀起来的官僚保险机构纷纷将其总公司迁回上海，国民党政府接管了日伪保险公司，外商保险公司在上海复业，同时集中在上海的大量游资也竞相投资于保险业，一时间保险机构骤然猛增（其中包括大量的投机性保险公司），呈现一派虚假繁荣的局面。此时，中国保险市场的格局发生了变化，美资企业取代英资企业，占据了主导地位。不久，内战爆发，民国政府为缓解财政压力，滥发纸币，造成恶性通货膨胀，使得保险业深受其害，濒于停业境地。新中国成立前夕，国民经济濒临崩溃，通货膨胀率居高不下，保险市场陷入了巨大的混乱之中，许多民族保险公司不得不宣告破产。

2. 外商占垄断地位的早期中国保险中介业

1）保险代理业

最初外国保险公司及其分支机构在中国开办保险业，通常都是先委托一些中国洋行为其代办业务，继而开办保险公司。这些洋行就成为我国保险代理人的先驱。例如，19 世纪 50 年代以来，美国的保险公司大都依赖"怡和"及"宝顺"两家势力雄厚的洋行为其代理货物运输保险。1861 年，美商在上海成立的"琼记洋行"，与纽约 3 家保险公司签订了代理合同，开始进行大规模的保险代理业务。进入 20 世纪后，法、德、俄、日本、瑞士等国纷纷来华建立保险公司或代理机构。那时，上海是全国保险业的中心，外商在上海设立 6 家保险总公司、18 家分公司，有 130 多个代理处为其代理保险业务。

中国民族保险业产生后，也开始依靠代理人开展业务。1912 年 1 月，"华兴"保险公司委托天津"老顺记"五金商号代理火险业务，这是华商最早出现的保险代理处之一。同外国保险公司相比，民族资本保险公司虽有一定发展，但公司数量和资本总额都弱于外商。因此，民族保险代理业并没有得到很好的发展。

国民党统治时期的保险业，基本上被四大家族垄断。他们建立起以中央信托局为代表的保险垄断体制。中央合作金库的业务种类之一就是保险代理业务。

2）保险经纪业

自 1805 年第一家保险机构建立后，保险经纪人就开始逐步发展，特别是在广州、上海等保险业较为发达的地区。由于受外商保险公司的影响，保险经纪人的发展也非常迅速。当时的保险经纪人被称为"保险掮客"，他们为被保险人代办手续、厘定费率、解释条款。如果被保险人是工商企业，保险经纪人还需核实保险标的物的性质、危险程度、建筑等级、消防设备好坏、房图绘制等，并代办保费的缴纳。1899 年成立的"火险掮客分所"曾公布了章程，规范了等级注册制度和违章罚则等事宜。当时比较有代表性的保险经纪公司还有由上海潘垂统主办的"潘安记保险事务所"。他们专门接洽火险业务，为保户安排投保工作，向保户递送保单和收取保费，并把自编的《火险常识》小册子分送给保户。

由于当时的中国经济落后，一般人观念陈旧，发展保险业的阻力比西方大，因此，保险中介尤其是保险经纪人的出现对保险业的发展起到推动作用。但是，对保险经纪人的管理却一度处于真空状态，致使保险市场上出现了尔虞我诈、不择手段竞揽业务的混乱局面。1936年，上海市保险业同业公会联合上海火险公会制定了《上海火险经纪人之登记与管理规章》，要求保险经纪人必须向上海市保险业同业公会或上海火险公会（外商）进行登记领取登记证。1936年12月6日，上海市保险业经纪人公会成立，其宗旨是"联络感情，交换知识，增进互助精神，共谋同业福利"。此后，管理规章曾一度得到较好的执行，保险经纪人市场逐步走向规范。

保险经纪人管理规章公布施行的次年，上海爆发了"八·一三"淞沪抗战，国民党政府迁都重庆，时局动荡，保险业受到重大影响，同业组织几乎陷入涣散状态，管理规章也不能得到贯彻执行，违背规章、滥放折扣之风复起。刚刚得到规范的保险经纪市场又陷入一片混乱。

抗战胜利后，游资充斥上海，上海保险市场一度出现虚假繁荣、畸形发展的局面。保险公司大批开设造成保险的激烈竞争，保险经纪人便乘机抬高佣金，敲诈保险人，有的保险经纪人甚至伙同投机企业开设保险公司，将兜得的保险费用于进行投机囤积买卖，保险经纪人的形象受到严重破坏。1944年6月，国民党政府财政部颁布了《保险业代理人、经纪人、公证人登记领证办法》，对包括保险经纪人在内的保险中介的职业资格、行为规范等都作了明文规定，但是因战乱未收到实效。

3）保险公估业

旧中国的保险公估人称为保险公证行，同保险经纪人的发展历史一样，公证行最初也大多为外商经营，如20世纪20—30年代由外商在天津设立的益业公证行，在上海设立的"三义洋行""鲁意斯摩洋行""保险审估公司""博录公证行""瑞和公证行""远东公证行"等。我国首家由国人自办的公估行是1927年设在上海的"益中公证行"，公证行内设拍卖、公证、鉴估3个部。1935年，著名会计师潘序伦发起成立了联合保险公证事务所。此后，上海又陆续设立了"中国公证行""华商公估拍卖行"，天津设立了"永平公证行"、"商联公证行"。从各方面看，外商开设的公证行与国人自办的公证行相比都占有绝对优势，不仅数量多，而且其触角延伸到我国各大城市，许多华商保险公司的保户出险后，大都委托外商公证行处理，他们几乎控制了整个旧中国的保险公证业务。

抗日战争时期，经济发展中心由上海转移到了重庆，内地的保险业也由此得到了发展，重庆一度成为大后方保险业的中心。在这种环境下，许多保险公证行纷纷在重庆设立机构，业务范围遍及西南、西北各地。例如，1938年上海益中公证行首先在重庆设立分行，不久改组为中华保险公证事务所，并在此基础上于1941年7月成立了中国公估行。这家公估行业务范围逐渐扩大，及至后来，基本上承揽了除盐运保险损案以外的各家保险公司和航运业的查证、估损和共同海损理算业务，1944年还承办了大宗出口的商检业务，其业务延伸至西南各省和西安、兰州等区域，成为大后方一家主要的公证机构。此外，还有"中国公证行"及各地的"盐运保险管理处"，他们负责在盐载运输过程中盐船出险后的查勘、定损及水上防灾防损工作。这些保险公证机构在当时发挥了相当大的作用，促进了内地工商业、保险业的发展。

抗战结束后，上海经济复苏，保险业重新恢复，大量保险公证机构也将总部迁移到上海。当时，中华海事公证事务所、中国益中公证行、中国公估行等公证机构影响较大，他们承办了各种保额大、损失重、情况复杂的案件，负责水险、火险的大宗赔案或共同海损理算，有效地减少了经济纠纷，使双方当事人节约了财力、物力，提高了效率。据1947年的《财政年鉴》记载，截至1946年年底，登记的保险公证人有22家。

3.1.2　我国保险中介的停滞阶段

1. 新中国成立初期至改革开放前中国保险业的发展概况

新中国成立后，中央人民政府对上海、天津、北京、汉口等地的保险市场进行了清理整顿。上海是中国保险业的发祥地和集中地，因此，也就成为保险市场清理整顿的重点。上海解放后，上海市军管会金融处专设了一个保险组，负责接管官僚资本保险公司和管理私营保险公司，并规定所有保险公司均须重新进行资产登记。保险组共接管了21家官僚保险机构，登记复业的华商保险公司有63家，外商保险公司41家，淘汰了许多投机性保险公司。1949年7月，47家华商保险公司在天津、上海两地成立了"民联分保交换处"，规定国外再保险只能由国营保险公司与复业后的中国保险公司统一办理，以控制对外再保险和限制外商在华业务。外商保险公司因招揽不到业务而纷纷申请停止营业，到1952年年底全部撤离上海。

1949年10月，经中央人民政府政务院财政委员会批准，成立了新中国第一家国有保险公司——中国人民保险公司，从此揭开了中国保险史上新的一页。中国人民保险公司成立后，迅速在全国范围内成立了大量分支机构，并积极开展业务，从最初主要经营火灾保险和货物保险，到后来陆续开办了团体和个人人寿保险、国家机关和国有企业财产强制保险、旅客意外伤害保险、运输工具保险、农业保险等20多种业务，在国民经济的恢复和建设中发挥了积极的作用。

1958年，由于受"共产风"影响，我国全面实行人民公社化，一些人错误地认为人们的生老病残和灾害事故可以由国家和集体包下来，保险在中国完成了历史使命，已无存在的必要。从1959年起，除上海、哈尔滨等个别城市外，在全国停办了国内保险业务，国外业务被划拨给中国人民银行总行国外局一个处办理。自此，新生的中国保险业在"左"的路线的压制下，被迫停办达20多年之久。

2. 陷入停滞状态的中国保险中介业

新中国成立前和成立初期，政府在清理整顿保险市场的同时，也颁布了一些法制法令，管理混乱的保险中介市场。1949年7月5日，颁布了《上海市军管会财委会金融处规定——上海市保险业经纪人佣金限制办法》，明确指出："本市保险业在解放前，业务代理或洽介，受中间经纪人之剥削至大，此种制度相沿成习，殊不合理，且有碍正当工商保险事业之发展。军管会金融处有鉴于此，为使保险业务纳入正轨，特规定9项条文，限制经纪人之佣金收入。饬令保险业公会转饬各保险公司遵照办理。"该限制办法规定了保险中介的佣金率，如经纪人的佣金为火险不超过20％、水险不超过10％，代理人的佣金为15％。同时，规定保险公司的特约代理处不得设置于总公司及分支机构所在地等事项。这些规定使保险中介的活动在一段时间内纳入了正常发展轨道。

但随着中国社会经济的发展，社会主义计划经济体制占主导地位，经纪人的活动被认为是居中剥削，并被作为投机倒把的对象来批判。1949年，中国人民保险公司成立并日益发展壮大，国内保险市场由多家保险公司并存变为由中国人民保险公司一家垄断，保险经纪人失去了存在的基础，最终退出了历史舞台，保险公估人也逐渐减少直至消失，唯有保险代理人仍然留存，但全部由中国人民保险公司设立并管理。当时，中国人民保险公司在全国各地设立分支机构的同时也建立了很多保险代理机构，当时称为代理处，分为特约代理处和普通代理处两类，到 1952 年年底全国已有保险代理处 3 000 多个，在新中国的保险事业发展中起到了重要的作用。

在计划经济思想指导下，我国保险业的发展从 1958 年起几近停止。失去了商业保险的基础，保险中介自然也就销声匿迹了。直到 1979 年恢复国内保险前的 20 多年时间内，我国的保险中介处于停滞发展阶段。

3.1.3　我国保险中介的恢复发展阶段

1. 改革开放后（至 1992 年以前）中国保险业发展概况

我国的国内保险业务在停办了 20 多年后，1979 年中国人民保险公司正式恢复办理国内保险业务，并在短短几年时间内取得了快速发展。1986 年，中国人民银行批准成立了"新疆生产建设兵团农牧业生产保险公司"（1992 年更名为"新疆兵团保险公司"）。新疆兵团保险公司的出现，结束了中国人民保险公司独家垄断中国保险业的历史。除新疆兵团保险公司外，1988 年成立了深圳平安保险公司（1992 年更名为中国平安保险公司），1991 年成立了中国太平洋保险公司。与此同时，许多外国保险公司纷纷在我国设立联络机构，准备进入中国保险市场。1980 年，美国国际保险集团率先在北京设立了办事处，随后，日本、英国等很多发达国家的保险公司在北京、上海等地纷纷设立联络处。中国的保险市场开始由完全垄断市场转变为寡头垄断市场。由于长期被压制的保险需求得到了释放，因此，在恢复国内保险业务的前几年，保险费收入以超常规的速度递增。以寿险为例，1982—1987 年每年的保费收入增长都在 100% 以上，最高时甚至高达 600%。

2. 逐渐恢复的保险中介业

1）保险代理人的恢复

从 1980 年恢复国内保险业到 1986 年新疆兵团保险公司成立，中国的保险市场由中国人民保险公司一家垄断，保险代理也是唯一的中介方式。当时的中国人民保险公司采取了"多渠道、广代理"的业务拓展方法，委托单位和个人代理保险业务，形成了一个包括银行、行业主管部门在内的兼职代理和以乡镇代办所为主的专职代理网络。由于当时社会公众对保险认识模糊，对保险代理更是一无所知，所以分不清保险代理人和保险公司直接业务人员。保险公司本身也缺乏对保险代理人（代办员）的正确认识，保险代理人与保险公司职员的区别仅仅是代理人不占用保险公司的编制。

1988 年以后，新的保险公司陆续成立，中国人民保险公司为了扩大保险服务领域，方便人们投保，在所属省、市、县各公司的许多乡镇街道、乡村集镇设立了专职的保险代理机构，选择适当人员充当代理人，开展保险业务。中国平安保险公司和中国太平洋保险公司成立后，也效仿中国人民保险公司的模式，开设了很多代理网点。但是，随着保险市场的发展，保险业务量的扩大，保险代理市场出现了混乱，许多单位和个人擅自成立保险代理机构和分支机构，企事业单位不经允许自行办理或变相办理保险业务，扰乱了保险中介市场的正常秩序。

1991 年 4 月，中国人民银行下发了《关于对保险业务和机构进一步清理整顿和加强管理的通知》，首次对保险代理机构的设立作出了明确规定。该通知指出：保险机构设立保险代理机构必须报经代理机构所在地的中国人民银行批准。保险代理机构必须具备 4 个条件：

符合保险业务发展需要，有足够的资源；有 3 名以上业务人员；业务人员上岗前须经过业务培训；保险机构与保险代理机构需签订代理合同。这些规定对完善保险中介市场促进保险业的发展起到了重要作用。

总之，这一时期的保险代理主要是以兼职代理为主，如银行、交通部门、企事业单位的财务部门、街道居委会等代理保险业务，更多的是一种行政权力和经济实力的结合物，具有计划经济的色彩。

2）保险经纪人的恢复

1988 年以前，由于我国保险市场上只有一家保险公司，保险经纪人没有生存的环境，因此国内并无经纪人，但外资保险经纪人却开始在我国进行"入户登记"。1981 年 7 月，英国最大的保险经纪公司塞奇维克保险集团在北京设立了办事处。

1988 年以后，随着新的保险公司成立，保险市场竞争格局初步形成。同时，随着外商投资企业的增多和外国保险公司进入我国保险市场，保险经纪人开始悄然兴起。1989 年，在东南沿海一带成立了若干地方性的保险经纪公司，这是因为在这些较早吸引外资的地区，建立了相当多的外商独资、中外合资的企业，它们习惯于接受保险经纪人的服务，通过经纪人来安排保险项目，平衡投资风险。最初的保险经纪人大多是从保险公司退休的有经验的从业人员，他们在为客户提供保险咨询和服务方面确实技高一筹，因此，他们的出现为保险市场带来了前所未有的活力。然而由于政策和市场发育的不成熟，这些经纪公司后来相继停业，仅存的几家并未成为真正意义上的保险经纪公司，而是在后来的清理整顿中转入半地下经营。

3）保险公估人的恢复

保险公估人的恢复比较缓慢。这是因为：首先，保险公司在初期发展阶段更注重业务量的扩展，因而更重视展业工作；其次，保险市场尚处在培育期，人们的保险意识淡薄，对保险理赔更是缺乏理性的认识；最后，对保险公估的发展缺少法律上的引导和规范。

在中国人民保险公司独占市场的时期，其在涉外业务中开始接受委托为国外保险公司担任检验或理赔代理人，同时也委托国外的保险公司担任其理赔和海损检验代理人，这种角色有点类似于保险公估人。后来，一些海外保险公估人受国内保险公司委托，开始进入我国保险市场，参与保险公司的理赔工作。国内三大保险公司遇到专业性强、难度较大的案件时，偶尔也聘请商品质量检验、技术监督，或者交通管理等部门对受损标的进行查勘和定损。客观存在的保险公估需求，为中国保险市场上最初保险公估人的产生提供了可能性。较早的商业性公估机构是 1990 年在内蒙古自治区设立的"保险理赔公证技术服务中心"，该中心是在保险公司管辖下，通过为保险理赔提供检验、鉴定、估损和理算服务而收费的商业中心。后来，深圳也出现了保险公估人，但这时的保险公估人还没有正式的名称，而是以"保险理赔技术中心"等名义出现，且与保险公司或政府部门有着某种经济利益上的联系。

3.1.4　我国保险中介的全面发展阶段

1. 1992 年以后中国保险业的发展概况

随着改革开放的进一步深入发展，中国人民银行于 1992 年批准首家外资保险公司——美国友邦保险公司上海分公司开业，1994 年又批准日本东京海上火灾保险公司在上海营业。此后，又有加拿大宏利保险公司、瑞士丰泰保险公司、法国安盛保险公司、德国安联保险公司、美国安泰保险公司、英国皇家太阳保险公司、澳大利亚康联保险公司等相继在中国开业，2001 年中国加入 WTO 更是加快了外资保险公司进入中国市场的速度。与此同时，国内的保险公司也纷纷成立，如天安、大众、华泰、新华、泰康等一批专营财产保险或人寿保险业务的公司相继成立。截至 2017 年年末，我国保险市场上共有保险集团公司 12 家，保险公司 196 家，保险资产管理公司 24 家，其他保险人 5 家。从保险公司资本结构属性看，中资保险公司共有 140 家，外资保险公司共有 56 家。从保险公司业务内容看，人身保险公司共有 96 家，财产保险公司共有 88 家，再保险公司共有 12 家。我国保险业开始了多元化主体竞争的新时期。

1995 年 6 月，《中华人民共和国保险法》（以下简称《保险法》）颁布[1]，并于同年 10 月 1 日正式实施，为我国保险市场创造良好的法律环境提供了基础。1998 年 11 月，中国保险监督管理委员会成立[2]，取代中国人民银行依法监督管理保险市场。有了正确的法律依据和良好的市场基础，我国保险业开始进入一个快速发展的轨道。据统计，1980 年我国保险费收入只有 4.6 亿元，保险密度为 0.47 元/人，保险深度为 0.1%。到 2017 年年末，全国保险费收入达到了 36 581.01 亿元，保险密度为 2 631.58 元/人，保险深度为 4.42%，保险公司总资产达到 167 489.37 亿元，赔款和给付支出 11 180.79 亿元。连续 30 多年，我国的保费收入年平均增长速度接近 30%，远远高于我国同期 GDP 增长速度。

2. 全面发展的保险中介业

1）保险代理人的全面发展

正是由于 1992 年美国友邦保险公司上海分公司首次引入了个人寿险营销员制度，并且获得了极大成功，于是国内各家保险公司开始争相仿效，并成为推动我国保险事业发展的极大动力。在这一时期，保险代理的形式开始多样化，个人代理人逐渐成为主要的代理形式，并且在保险市场上发挥的作用也日趋重要。然而，由于法律制度的相对落后，系统规范的保险代理管理体系的缺位，加之巨大的外部利润的存在使保险中介的市场供给旺盛，保险代理市场一度非常混乱，具体表现为保险代理人素质低下，故意告知不实，蒙蔽、欺骗客户；无证展业，埋单、吃单、飞单现象严重；以回扣方式拉业务，手续费标准执行混乱；单证丢失严重，账户管理混乱等。

1992 年，中国人民银行颁布了《保险代理机构管理暂行办法》（简称《办法》）。《办法》将保险代理机构分为专职代理机构（保险代办所）和兼职代理机构（保险代办站），并对专职和兼职保险代理机构的资格、业务范围、代理手续费和账务管理等作了明确规定，对违反规则的保险代理机构规定了限期纠正、罚款，乃至更为严厉的停业整顿和撤销代理机构的处罚。然而《办法》对个人代理人还是没有作出任何规定。

1995 年，《保险法》的出台第一次明确了保险代理人和保险经纪人的法律地位，表明我国开始建立保险中介制度。据统计，1995 年，我国的保险费收入中有一半是通过保险代理人获得的，保险市场上共有专职代理人 4 万人，所招揽的业务占所有代理业务的 55% 左右，兼职代理人近 20 万人，所招揽的业务占所有代理业务的 45% 左右。1996 年，中国人民银行

---

〔1〕《中华人民共和国保险法》于 2009 年进行了修订，于 2002 年、2014 年、2015 年先后进行了 3 次修正。

〔2〕 2018 年 3 月，根据国务院机构改革方案，将中国银行业监督管理委员会和中国保险监督管理委员会的职责整合，组建了中国银行保险监督管理委员会，不再保留中国保险监督管理委员会。

根据《保险法》出台了《保险代理人管理暂行规定》，将保险代理人分为专业保险代理人、兼业保险代理人和个人保险代理人（保险营销员）3 种，并对保险代理人的资格、业务范围、执业管理、罚则等作出了具体的规定，第一次明确了要对代理人实行资格考试、持证上岗制度。在 20 世纪末的几年中，除了个人代理人迅速发展外，国民、国泰、合盟等专业代理人相继出现，保险代理人走入多种形式共同发展的轨道。

进入 21 世纪以来，根据中国加入 WTO 有关协议的要求，我国保险市场的开放更为全面、迅速，保险代理进入了全新的发展时期。2004 年 12 月，中国保险监督管理委员会颁布了《保险代理机构管理规定》[1]，对保险代理人的行为规则、营业范围作了更为详尽的规定，从而为规范保险代理人的发展提供了更加有效的法律保障。保险代理人也呈现多样化的趋势，保险代理制度进入全面发展时期。

2）保险经纪人的全面发展

随着内、外资保险公司的纷纷成立，国内保险市场主体日渐增加，形成了一种多元化的竞争局面。这种竞争局面给保险经纪人提供了发展的舞台，中国的保险市场也迫切需要保险经纪人来完善。随着社会保障体系改革的步伐加快，社会公众购买保险的欲望也在加强，然而对于大多数不具备保险专业知识的人而言，在投保过程中如何选择保险公司、设计保险方案、在满足自己保障需求的基础上尽量节省保险费用等成为最大的困惑。同时，由于部分保险代理人的机会主义行为损坏了保险代理人的整体形象，导致市场上对保险代理人产生一些误解和偏见，甚至对保险也产生了怀疑。这就迫切需要站在投保人一方的中介主体出现，以平衡保险市场上的利益格局，而保险经纪人正是维护投保人利益，站在投保人的角度促成保险双方达成协议的一个角色。

1993 年 6 月，中国人民银行深圳分行和深圳市工商局批准 16 家保险经纪公司开业，次年上升到 20 余家。从性质上，有股份制公司，如深圳中人、安全、天昆、人兴等；有民营公司，如深圳友邦、安泰、福民、太安、有名等。同期，天津、南京、上海、南宁、成都、长沙等地也出现了类似性质的商务公司、经纪公司或咨询顾问公司；广州成立了公力、颐丰等保险经纪公司；北京成立了华泰、安泰两家保险咨询顾问（经纪）公司。1993 年 5 月，英国塞奇维克集团被批准在中国设立塞奇维克保险与风险管理咨询有限公司，为外商投资企业提供保险咨询与风险管理服务，应国内保险公司要求安排各类国际再保险业务。世界著名的保险经纪公司如威达信、怡安等也纷纷在中国开设办事处或联络点等机构。

这一时期的保险经纪业务有了较大的发展，然而，由于缺乏统一的管理，这些保险经纪人的发展很不规范，不正当竞争行为时有发生，保险经纪市场上的投机气氛愈加浓厚。1995年《保险法》的颁布，不仅从法律上承认了保险经纪人的合法地位，也促使监管部门开始加强对保险经纪人的管理。由于这些经纪公司是在《保险法》颁布以前成立的，很多方面不符合要求，如缺乏业务保证金，没有保险从业经历，不具备相应的职业技能等，因此在中国人民银行的清理整顿中大多被取缔。1997 年开始，由于政策的模糊，曾被禁止的经纪公司有些又开始营业，但是此时保险市场上投保人对保险经纪人已普遍不信任，同时缺少政策的支持，保险经纪人的业务开展非常艰难。

---

[1]《保险代理人管理暂行规定》《保险代理机构管理规定》均已废止。2018 年 7 月，中国银行保险监督管理委员会正在就《保险代理人监管规定》征求意见，预计不久将正式出台。

　　直到 1998 年 2 月中国人民银行颁布了《保险经纪人管理规定（试行）》，才真正从法律上明确了保险经纪人的性质和地位，保险经纪人的业务活动与监督管理开始走上正轨。1999年 5 月，中国保险监督管理委员会组织进行了第一次保险经纪人资格考试。2000 年，由中国保险监督管理委员会正式批准成立了 3 家保险经纪公司：广州的长城保险经纪公司、北京的江泰保险经纪公司和上海的东大保险经纪公司。2001 年 11 月，中国保险监督管理委员会颁布了《保险经纪公司管理规定》[1]，进一步促进了保险经纪人的发展。截至 2015 年年末，我国已有保险经纪公司 445 家，并在企业财产保险、卫星发射保险、核电站保险、大型建筑工程保险中发挥着越来越重要的作用。

　　3）保险公估人的全面发展

　　由于保险纠纷的增多，保险公估人也开始发展起来。从 1992 年以后，一批国内保险公估公司挂牌成立，如 1993 上海东方公估行成立，1994 年天津北方公估行、深圳民太安保险公估有限公司成立，之后又成立了浙江公估行、广州平量行有限公司、南京公估行、厦门公估行等。此外，一批不以保险公估公司名义而从事保险公估业务的机构出现，如广州越泰技术公司、深圳技术监督评鉴事务所等。这些公估机构有的是保险公司或商检部门的派生组织，有的是保险公司与商检部门或其他专业机构合资联办的组织，这主要是因为在我国公估业尚未发展的情况下，公估工作和相关的检验工作主要是由商检局、技术监督局、船检局等来完成的。与此同时，一些境外保险公估公司，如香港的平量行、麦理伦、汤克、华正行等，也看好内地的保险公估市场，向有关部门申请设立代表处或分公司。中国保险公估人以始料不及之势迅速延伸发展，但其业务范围并不广泛，且只在有限的地域内有影响，尚未发挥保险公估人应有的作用。

　　1994 年下半年，保险监管部门出台一系列整顿保险市场的监管措施，在市场竞争和政府管制的双重压力下，一些保险公估机构退出市场，保险公估人开始进入波动运行时期。之后，一些新的保险公估人陆续进入市场，如 1995 年上海成立大洋公估行，湖北随州成立保险公安侦探所，安徽定远成立保险理赔鉴定中心，河南南阳成立保险事故鉴定中心。1996年，黑龙江牡丹江市成立保险理赔鉴定中心，浙江舟山市成立保险理赔鉴定中心，北京成立平量行顾问（北京）公司。1998 年，广州成立瑞安技术服务部等。在竞争中生存下来的保险公估人，以技术服务和理赔公估经验及质量为依托，逐渐被国内保险公司认可和接受，成为保险公司处理相关理赔业务的主要助手。

　　2000 年 1 月，中国保险监督管理委员会出台了《保险公估人管理规定（试行）》[2]，并于同年 12 月底举行了首次保险公估人资格考试。为我国大力发展保险公估人进一步创造条件。截至 2015 年年末，我国共有保险公估机构 333 家，主要分布在保险公估需求旺盛的北京、上海、广东及长江三角洲区域等沿海城市。这些保险公估人在很多案情复杂、金额巨大的赔案中坚持了公正、独立、客观的立场，维护了当事人的利益，同时也为减少保险双方的摩擦、提高理赔效率起到了非常重要的作用。

---

　　〔1〕 2018 年 2 月，中国保险监督管理委员会发布《保险经纪人监管规定》，于 2018 年 5 月 1 日起实施。以前的相关规章自动废止。

　　〔2〕 2018 年 2 月，中国保险监督管理委员会发布《保险公估人监管规定》，于 2018 年 5 月 1 日起实施。以前的相关规章自动废止。

3.2   我国保险中介的现状评析

3.2.1   我国保险中介的总体概况

我国目前的保险中介市场是保险代理人为主体、保险经纪人和保险公估人共同发展的模式，专业机构已初具规模，并且日益显现出其独特优势。截至 2015 年 12 月 31 日，全国共有保险专业中介机构 2 503 家，兼业代理机构 21 万余家，保险营销员 600 万人左右。其中，保险专业中介机构包括保险中介集团 6 家，保险专业代理机构 1 719 家，保险经纪机构 445 家，保险公估机构 333 家。2015 年，通过保险中介渠道实现保费收入 19 760.2 亿元，同比增长 22.4%，占全国总保费收入的 81.4%（实现财产险保费收入占比 62.2%，实现人身险保费收入占比 91.6%）。其中，通过保险代理人共实现保费收入 19 201.2 亿元，占全年总保费收入的 79%（通过保险营销员、兼业代理机构、保险专业代理机构分别实现保费收入占全年总保费收入的比重为 38.1%、36.2%、4.7%），通过保险经纪人实现保费收入 559 亿元，占全国总保费收入的 2.3%（见图 3-1）。

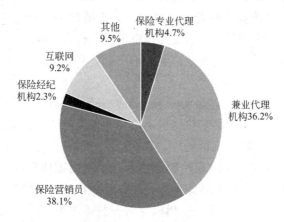

图 3-1   2015 年各类保险中介实现保费收入占总保费收入的比重
数据来源：2016 中国保险年鉴（以下数据除特别注明外，来源均为中国保险年鉴）.

1. 保险代理人概况

1）个人保险代理人[1]

1992 年，美国友邦保险公司上海分公司引入了代理人机制，招募了第一批保险营销员 30 人，之后，平安、太平洋、中国人寿相继引入保险营销员模式，保险营销员规模迅速发展壮大（见图 3-2），其中 85% 以上为寿险营销员。

2015 年保监会取消保险营销员资格考试后，保险营销员数量呈现爆发式增长，连续三年每年新增保险营销员超过 100 万人。截至 2017 年年底，保险营销员已达 806.94 万人。

保险营销员实现的保费收入稳步增长，2015 年达到 9 251.8 亿元，占总保费收入的比重

---

[1] 个人保险代理人即保险营销员，下文按照行业习惯将其称为保险营销员。

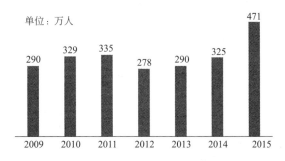

图 3 - 2　2009—2015 年保险营销员数量

基本保持在 37%～39% 之间。从保险营销员实现的保费收入构成看，人身保险保费收入远远超过财产保险，基本保持在 80% 以上（见图 3 - 3）。人身保险保费收入中，前三大类分别是分红寿险、普通寿险、健康险，其中分红寿险保费收入占保险营销员代理渠道人身保险总保费收入的 70% 以上。财产保险保费收入中，排名居首的是机动车辆保险，占保险营销员代理财产保险总保费收入的比例保持在 80% 以上，其次是企业财产保险、责任保险、意外伤害保险等。

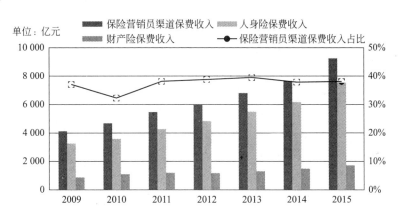

图 3 - 3　2009—2015 年保险营销员实现的保费收入构成及占当年总保费收入的比重

2）保险兼业代理机构

保险兼业代理机构不仅规模庞大，而且涵盖了银行、邮政、汽车、火车、航空等多个行业，其中，银行、邮政、车商类占多数（见表 3 - 1）。2013 年，中国保监会采取了停止受理非银邮类保险兼业代理资格核准、对市场现有保险兼业代理机构加大清理力度、推进保险兼业代理专业化等多项措施，非银邮类兼业代理机构数量有所减少。

表 3 - 1　2009—2015 年保险兼业代理机构数量及代理保费情况

年度	机构总数/家	其中三类主要机构数量/家		
		银行	邮政	车商
2009	148 971	85 019	17 543	18 049
2010	189 877	113 632	24 845	23 859
2011	195 518	140 322	25 282	32 474

续表

年度	机构总数/家	其中三类主要机构数量/家		
		银行	邮政	车商
2012	206 310	116 161	28 812	30 902
2013	214 619	161 582（银邮类）		24 929
2014	210 108	179 061	31 047（非金融类）	
2015	21 万余	18 万	3 万余（非金融类）	

注：各年保险年鉴对保险兼业代理机构的分类方式不完全一致。

保险兼业代理机构实现的保费收入从 2009 年的 4 460.65 亿元增长到 2015 年的 8 797.7 亿元，占总保费收入的比重保持在 34％以上。在保险兼业代理机构实现的保费收入中，70％以上为人身保险，其中银邮类机构实现了大部分保费收入（见图 3-4）。人身保险保费收入中，排名居首的是人寿保险，占兼业代理人身保险总保费收入的比例保持在 90％以上，其次是健康险和意外伤害保险。财产保险保费收入中，排名居首的是机动车辆保险，占兼业代理渠道财产险总保费收入的比例保持在 80％以上，其次是企业财产保险、意外伤害保险、农业保险，占比均在 5％以下。

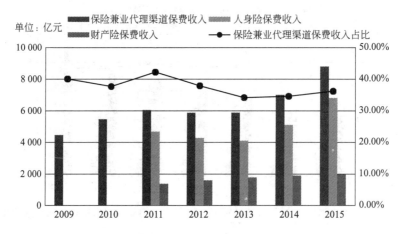

图 3-4　2009—2015 年保险兼业代理机构实现的保费收入构成及占当年总保费收入的比重

3) 保险专业代理机构

在监管机构政策引导、市场竞争机制作用下，我国保险专业代理机构的数量自 2009 年最高点的 1 903 家之后有小幅下降（见图 3-5），市场不再一味追求扩张，发展重点开始向业务质量回归。

专业代理机构实现的保费收入逐年增长，2015 年突破了千亿元大关，占总保费收入的比重也从 2009 年的 2.95％增长到了 2015 年的 4.74％。在保险专业代理机构实现的保费收入中，财产保险保费收入占比逐年上升，从 2009 年不到 70％上升到 2015 年的 92％（见图 3-6）。财产保险保费收入中，排名居首的是机动车辆保险，占专业代理渠道财产保险保费收入的 70％以上，其次是保证保险、责任保险、企业财产保险等。人身保险保费收入中，人寿保险占专业代理渠道人身保险保费收入的 40％以上，其次是健康险和意外伤害保险。

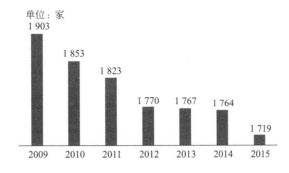

图 3 - 5　2009—2015 年保险专业代理机构数量

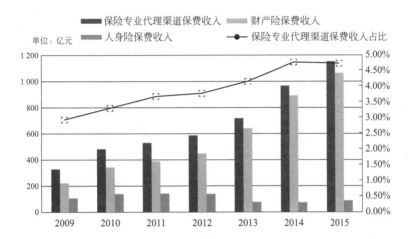

图 3 - 6　2009—2015 年保险专业代理机构实现的保费收入构成及占总保费收入的比重

2. 保险经纪人概况

保险经纪人从 2000 年发展至今，机构数量已达 400 余家（见图 3-7），主要集中在经济较发达的华东、华南、华北区域。随着保险业的发展，越来越多的企业、项目、政府部门、行业协会通过保险经纪人安排保险业务。

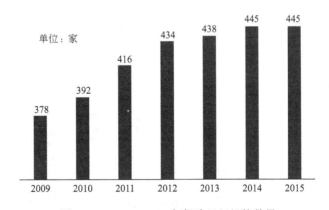

图 3 - 7　2009—2015 年保险经纪机构数量

保险经纪机构实现的保费收入在逐年增长，2015 年达到 559 亿元，占总保费收入的比重在 2％～3％之间波动。在保险经纪机构实现的保费收入中，80％以上为财产保险，其中企业财产保险、工程保险、责任保险保费占比相对较高。在经纪渠道实现的人身险保费收入中，健康险占比达60％以上（见图3-8）。

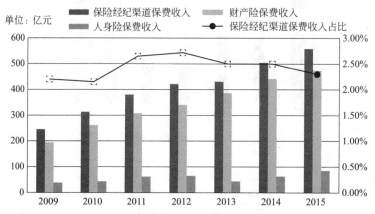

图3-8　2009—2015年保险经纪机构实现的保费收入构成及占当年总保费收入的比重

3. 保险公估人概况

作为保险中介市场的重要主体之一，我国的保险公估机构从无到有，2015年已有333家，但是相对保险专业代理机构和保险经纪机构而言，保险公估机构数量增长较平缓（见图3-9）。

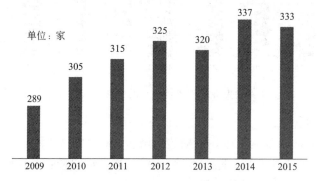

图3-9　2009—2015年保险公估机构数量

保险公估机构的营业收入从2009年的11.31亿元增长到2015年的22.4亿元，年增长率波动较大，2009年、2015年都出现了负增长（见图3-10）。

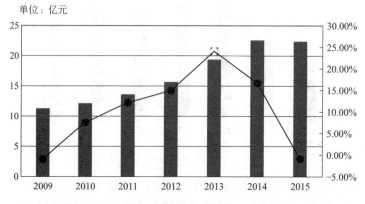

图3-10　2009—2015年保险公估机构营业收入及增长率

在保险公估机构的营业收入构成中，来自财产险的公估服务费收入占比高达 95％以上，排名前三的分别是机动车辆保险、企业财产保险和货运、船舶保险。

3.2.2　对我国保险中介现状的评析

纵观我国保险中介的变迁和发展历程，可以发现保险中介对提高社会公众的保险意识，增加保险供给能力，促进保险需求，完善保险市场主体，推动保险业的发展起到了不可忽视的作用。但是，由于市场环境不成熟，法律制度不健全，监管力度不够等原因，保险中介在发展过程中仍然存在很多问题。

1. 总体评析

1）保险中介主体数量增长很快，但结构失衡

我国各类保险中介机构和从业人员都在快速增长，尤其是 2015 年《保险法》删除了设立机构时的前置审批规定，并取消了代理人、经纪人、公估人职业资格认证，进一步推动了保险中介的发展。但是，与发达国家相比，我国保险中介的行业结构失衡，表现在三个方面：①专业保险中介机构市场份额较低，实现保费收入占总保费收入的比重一直徘徊在 10％以下，市场作用发挥有限；②专业保险中介机构主要集中于保险专业代理机构，保险经纪机构和保险公估机构数量较少，尚未真正发挥投保人保险顾问和独立定损专家的作用，投保人和保险人的市场不均衡状态没有得到根本改善；③专业保险中介机构的地区分布失衡，主要集中于华东、华南等经济发达的地区和城市，经济不发达城市及偏远地区的保险中介机构较少。

2）保险中介大力推动了保险业的发展，但社会认同度较低

我国保险业的真正快速发展是从 1992 年友邦保险引入保险代理人制度开始的，保险营销员实现的保费收入占总保费收入的比重达 40％以上，保险中介渠道实现的保费收入占比达 80％以上。但是，保险营销员的素质良莠不齐，流动率很高，相当一部分人并没有建立对保险营销的职业认同感，而是将其作为转换工作的跳板或暂时谋生的饭碗，加之保险营销制度固有的缺陷，促使一些人受短期利益驱动不惜损害投保人或保险人的利益。部分专业或兼业保险中介虚挂业务，替保险公司和"黑代理"开票套费赚取开票费，甚至打着保险的旗号和创新的幌子，从事非法集资和传销等违法犯罪活动。因此，保险中介被称为"保险行业中的边缘人"，社会认同度较低。

3）保险中介业务规模快速增长，但仍处于粗放型发展阶段

我国保险中介在促进保费收入增长、提供风险管理服务和定损理算服务的同时，自身也实现了较好的经营效益。但是，部分保险兼业代理机构利用自身渠道优势在某些领域垄断经营，肆意提高代理佣金，或者以手续费返还争抢客户和业务，扰乱竞争秩序。专业保险中介机构则未必专业，很多是从其他行业发展而来，缺乏长远的发展规划，治理结构和内控制度形同虚设，经营粗放，迫于生存压力也会进行低水平的价格竞争，服务质量低劣。

4）保险中介专业人才短缺，未来或可吸引更多高端人才

在我国，保险中介行业基础教育起步较晚，从业人员大多半路出家，专业从业人才匮乏。以 2008 年为例，保险代理人、保险经纪人和保险公估人的持证上岗比率分别为 78％、69％和 47％，越是对专业素质要求高的岗位持证比例越低，与整个保险市场的需求差距很大。2015 年取消资格证书考试后，保险中介进入门槛进一步降低，从业人员素质良莠不齐，

服务内容也多集中在技术含量不高的险种上。近年来，随着我国保险市场逐步走向成熟，保险中介也将迎来广阔发展空间，很多从事互联网、金融以及其他领域的优秀专业人才在不断涌入保险中介领域。这些人才有着复合型的专业背景，他们的进入将带来丰富的资源和先进的技术，促进保险中介市场的发展。

5）保险中介面临互联网等新技术的冲击

保险中介的最大优势之一就是链接客户，对客户的需求有更深的了解，对保险市场的变化也十分敏感。然而，在互联网时代，供需双方可以突破时间和空间的限制，实现有效对接，传统保险中介在这方面的劣势更加明显。近年来，拥有海量信息和无数终端的互联网巨头对保险业的兴趣日渐高涨，先后走上了布局保险业的道路，"去中介化"似乎成了行业未来发展的宿命。然而，相对于期限短、责任单一、核保简单、易于理赔的"碎片化"互联网保险产品，很多保险产品具有保险期限长、服务环节多、个性化强等特征，需要通过充分的引导和说明、优质的售前售后服务来吸引客户。因此，线上或线下的服务方式选择应该与产品类别挂钩，遵循差异化原则。

2. 保险代理人发展评析

我国的保险营销员数量庞大，至今已有 800 万人。由于保险营销员具有分散、灵活的特点，因此他们可以将业务深入到千千万万的家庭及个人，也更容易将保险产品的功能及保险的理念传递给客户。保险营销员自 1992 年出现以来，为宣传保险观念、增强社会公众的保险意识、扩大保费收入、推动我国保险业的发展起到了不可磨灭的作用。但是，保险营销员在展业过程中也发生了许多不规范行为，如对条款理解不清，有意误导甚至欺诈客户；重视保费收入，忽视承保质量；挪用或侵吞保费；不重视售后服务等，一度损坏了保险业在社会公众中的形象。究其原因，与保险营销员的市场定位不明确、整体素质不高、保险公司的管理不到位等因素均有关系。

兼业代理是保险代理市场的主力军，以前主要活跃在财产保险领域，尤其是代理的机动车辆保险往往占全部业务量的一半以上。2000 年，银行开始进入兼业代理市场，通过银行代理销售的人身保险业务大幅增加，但主要是一些标准化、格式化、易于理解的保单，如人身意外伤害保险、医疗费用保险、储蓄型保险等。由于兼业代理机构数量多、分布广、行业复杂，日常管理工作主要由被代理的保险公司履行，监管部门难以实施经常性、覆盖面广的动态监管。这样，负责监管的保险公司为追求保费和自身经济利益，既当裁判员，又当运动员，主、客观上都会对兼业代理人疏于管理，为各种违规行为打开方便之门。另外，兼业代理机构的许多违规问题是以其主业的财务、业务渠道作掩护的，监管机关的稽查只能监管代理保险部分，不能涉及主业，这就形成了监管真空，导致兼业代理人的机会主义行为时有发生。

保险代理公司是在 2000 年开始出现的。由于保险代理公司的成立有最低货币注册资本金的要求，有对高级管理层的要求、对从业代理人的要求等，其代理行为和业务质量就有可能容易规范、便于管理，这无疑将为保险代理市场带来一股清风，净化原本有些混杂的保险代理市场。然而从十几年来的实践来看，专业保险代理人在经营过程中并未能充分发挥其专业优势，所实现的保费收入占全国保费收入比重很低，许多代理公司业务规模弱小，数年没有实现盈利或少有盈利，甚至处于停业状态。从总体上，保险代理公司的社会认知度较低，市场生存空间较窄，发展前景不容乐观。究其原因，除了保险代理公司自身发展中存在的管理和技术问题以外，还取决于保险公司对专业保险代理服务的真实需求，以及社会公众对专业代理人的认知程度等因素。

在互联网环境下，保险代理人的发展将面临巨大挑战，尤其是原来占主导地位的保险营销员将受到明显冲击。但是，保险代理人与互联网的积极融合会促进"人海战术"代理模式的升级，推动保险营销员制度的改革，并催生更多新型的、适应未来保险市场需求的保险代理形式。

3. 我国保险经纪人发展评析

我国保险经纪业起步晚，增长快，从 2000 年 6 月我国第一批专业保险经纪公司开始建立到 2016 年年末，我国批准设立的保险经纪公司已有 450 家。这些保险经纪公司基本上可以分为三大类：①行业资源型保险经纪公司，其特点是基于某个特定行业设立，并为该行业提供保险服务，股东业务在业务总量中占主导地位，如英大长安保险经纪公司主要为其股东国家电网提供保险服务，昆仑保险经纪公司主要经营石油化工保险业务；②市场型保险经纪公司，其特点是股东业务占比不大，主要靠市场化运作来维持发展，比较典型的如江泰保险经纪公司、华泰保险经纪公司；③外资保险经纪公司，这类公司一般资金、技术实力比较雄厚，主要服务于外资企业，如达信保险经纪公司、韦莱保险经纪公司。当然，所谓资源型保险经纪公司是指它的股东背景，随着市场发展的深入、竞争的加剧，最终都要融入市场化发展的洪流中。在保险经纪主体快速增加的同时，保险经纪人实现的保费收入也在快速增长，年均增速维持在两位数以上，2016 实现保费收入 628.5 亿元。

但是，在市场主体和保费收入快速增长的同时，保险经纪人的发展却是比较艰难，体现在以下几个方面。

（1）市场份额小，业务来源窄。从历年的情况看，保险经纪人实现的保费收入占保险市场保费总额的比例始终在 2‰~3‰之间。从业务来源上，主要集中于财产保险的少数几个险种，并且过于依赖股东资源。这种低占有率和过于集中的业务来源，使保险经纪人的自身发展受到限制，也很难发挥更大的市场作用。

（2）与代理人的服务趋同。从国际上看，保险经纪人的市场定位是投保人的风险管理和保险顾问，为投保人选择保险产品并投保只是其业务范围的一部分。我国的保险经纪公司普遍规模较小，受市场竞争压力所迫，往往把主要精力投放在抢占市场上，因此招募的很多从业人员来自保险公司的营销队伍或保险代理公司，短期内很难提供具有保险经纪人特色的高技术、高专业性服务。

（3）市场细分模糊，竞争低效。很多保险经纪公司没有清晰的市场定位和发展战略，盲目地追求业务范围的"大而全"，缺少特色产品和核心竞争力。同时，由于多数保险经纪公司缺少专业技术人才，导致业务集中在少数几个产品领域，价格竞争、股东资源竞争就成了业内常见的竞争手段，造成相互间的资源损耗。

未来，我国保险经纪人的发展依然面临巨大挑战，市场行为有待规范，专业能力有待提高，公司治理有待加强。同时，随着全球气候与政治、商业格局的持续变化，以及国内工业化与城镇化水平的不断提高，我国各行各业将面临越来越多的风险因素，部分风险因素的复杂度将逐步提高，国内巨大的风险管理需求将持续释放，保险经纪人的发展环境将越来越完善，并在全社会的风险管理过程中发挥越来越重要的作用。

4. 我国保险公估人发展评析

一般情况下，保险公司很难为各种商业风险的核赔储备大量专业人才和技术设备。作为一项社会分工，保险公估可以通过有效的机制培育出市场需要的既懂保险、经济、金融、法律、财会等各类相关专业知识，又熟悉掌握某一领域的专业技术的复合型人才，可以以专项资金配备工程技术设备，以公正独立的第三方角度完成保险活动中的定损、理算等工作。经过 20 多年快速发展，我国的保险公估人数量不断增加，规模不断扩大，收益水平不断提升，促进了保险市场体系的完善。

但是，保险公估人的发展却与我国保险业的发展严重不匹配。从发达国家或地区的情况看，80％的定损是由公估机构完成的，在我国香港这一比例可以达到90％，而原保监会发布的相关数据报告显示，全国保险公估公司估损金额占赔付款总额的比例在5％～6％之间。可见，我国保险公估行业整体发展比较缓慢，有效供给不足，主要表现在以下几个方面。

（1）估损方法不够科学。对不同损失状况的资产，缺乏科学、合理的定损标准，定损依据不够客观。从公估师出具的报告来看，普遍存在逻辑推理不够严密、计算原则不够权威、报告编制不够规范等问题，为市场所诟病，影响了保险交易活动双方对保险公估服务的需求。

（2）专业技术优势不突出。从我国公估行业现实来看，公估机构高管人员大部分转型于保险公司从业人员，公估师多来自汽修、护理、海运等职业领域和无相关经验的毕业生；公估业务主要集中于车险等技术含量要求较低的险种，对一些科技含量高、标的价值大的险种，如核电、航空、大型船舶等尚不能提供专业、到位的公估服务；对责任保险、信用保证保险等新型险种的公估服务，受专业人才所限很少涉及。

（3）业务来源单一。保险公估人作为保险市场上独立、公正的第三方，理应为保险人和投保人双方提供公估服务。但是，由于我国的保险公估人制度是模仿发达国家的市场定位和功能建立的，缺乏相应的市场基础和社会基础，投保人尚未形成委托保险公估人定损的习惯；保险公估人则基于生存压力和原来的业务关系，主要为保险公司提供公估服务。

（4）服务网络覆盖不足。现有公估机构的服务网点主要集中在大、中城市，经济欠发达地区和城市的供给很少，难以满足众多的中小保险公司机构不足、服务网络不够的市场需求。

很多商业风险具有极其复杂的结构，而且标的覆盖非常广，对于大型商业风险的核赔环节往往需要专业人才与技术作为支持。同时，市场竞争的深入也会促使更多保险公司剥离理赔业务，专心于产品研发等核心业务。因此，保险公估人的未来发展前景可期。

阅读资料

香港的保险公估人

我国香港地区的保险公估人又叫保险公证行。在香港，保险公司接到损失报告后，首先会派公司的员工去了解是否属于保险责任范围内的损失，然后立即委托保险公证行查勘验损，根据保险合同所规定的责任范围核定损失，提出由被保险人签字认可的损失清单，保险公司则根据清单支付赔款。对于个别赔案复杂、有一定技术难度的业务，保险公证行也会出面邀请社会上的专家参与验损、理算。保险公证行的佣金标准根据损失程度和理赔难易程度确定，由保险公司支付，通常占到赔款总数的 2％～5％。

在查勘验损的过程中，保险公司的理赔人员也陪同公证人员前往现场，但只是陪同协助公证人员工作，对赔案不表示任何意见，因此在整个赔案处理过程中，保险公司实际上已完全将验损和理算工作交给保险公证行处理，除了接受损失报告和支付赔款时与被保险人联系外，基本上不与被保险人接触。如果保险公司或被保险人对理赔结果表示异议，则直接与保险公证行协商，或由法院裁决，这样保险公司与被保险人之间基本上不会产生矛盾冲突或影响正常的业务关系。当然，对一些赔款金额不大，验损、理算简单的业务，保险公司则直接进行处理，以节省公证费用。

资料来源：作者整理．

3.3　我国保险中介的发展与创新

3.3.1　我国保险中介的发展目标

从国际经验看，保险中介很大程度上是主导整个保险业发展方向的重要力量。因此，根据我国保险业发展的现状和前景，确定保险中介的发展目标至关重要。目前，我国保险业的发展速度很快，但保险市场竞争不够充分，社会公众的保险意识有待提高，保险需求尚未被充分激发出来，保险业的发展潜力巨大、前景广阔。与此同时，保险中介目前正处在一个不断发生变革的时期，结构发展很不均衡，专业化中介机构发展比较缓慢，与保险人、投保人/被保险人之间还没有形成稳定、共赢的关系。因此，保险中介的发展目标应界定为总体目标和具体目标两大类。总体目标应该是促进保险业的发展，这是发展保险中介所要达到的最终目的。具体目标应该是维护保险各方当事人的利益、降低保险交易成本、最大限度开发保险资源、提高保险中介的管理效率等，这是达到最终目的应实现的分支目标。

1. 总体目标

保险中介发展的总体目标是促进保险业的发展，即扩大保险供给，促进保险需求，为保险市场两大交易主体（保险人和投保人）提供专业、高效的中介服务，推动保险业健康、良性发展。

2. 具体目标

1）维护保险各方当事人的利益

纵观各国保险中介模式的选择，绝大多数国家是遵循维护保险各方当事人利益的原则，一般采取保险代理人、保险经纪人、保险公估人等多种保险中介共存的保险中介模式，并根据市场环境，确立以保险代理人为主体或以保险经纪人为主体的中介体系。根据我国目前的情况，应选择有利于维护保险市场各方当事人，包括保险人、投保人、被保险人、保险中介人利益的中介模式。这是因为我国保险业还处于发展阶段，一方面保险公司的数量有限，保险市场竞争机制没有完全建立，市场行为不规范现象依然存在；另一方面社会公众的保险意识仍然薄弱，保险需求有待进一步激发。在这种情况下，偏重于保护任何一方保险当事人的利益，都会不利于其他各方的发展，从而影响保险业的发展。

2）降低保险交易成本

根据制度经济学原理，保险中介的产生就是为了降低保险市场的交易成本。保险公司直接从事有关业务的成本与通过保险中介开展有关业务而支付的佣金成本与效益比；保险公司采用不同中介方式的成本与效益比；投保人在不同投保方式（直接投保、通过保险代理人投保、通过保险经纪人投保）下的成本与效益比，都直接关系到保险交易成本的高低。因此，在有利于促进保险业发展的总体目标的前提下，保险中介模式的选择应有利于保险交易成本的降低。

3）最大限度开发保险资源

保险资源包括保险业内部的人力资源、技术资源、信息资源，也包括社会公众潜在的购买力资源及各种外部信息资源。对于保险人来说，可以通过不断开发其内部的人力资源、技术资源、信息资源等，提供多样化的保险产品；然而其资源的有限性会影响到保险供给规模的扩大和供给效率的提高，这就需要分散于社会各个领域的保险中介提供相应的服务，促使供需双方更加合理、迅速地结合。对于投保人来说，由于保险商品具有特殊的使用价值，人们的购买欲望由潜在状态转向现实需求，不仅需要成熟而丰富的保险供给，还需要有帮助其与保险人进行沟通的桥梁，需要保险中介为其提供专业化的服务，缩短与保险人之间的距离。因此，保险中介模式的选择，应最大限度地满足保险资源开发的需求，其中最主要的是开发社会公众的购买力资源。

4）提高保险中介的效率

管理的有效性一方面取决于管理者的管理方法和管理水平，另一方面取决于被管理者的自我约束能力。通过对被管理者的资格界定、行为规范和惩戒处罚，可以达到一定的管理效果，但如果被管理者是规模庞大且四处分散的个体，管理难度就会大大增加。可行的办法是将个人形式的中介主体转化为法人形式的机构组织，通过对中介机构的管理实现对分散的中介主体的管理，提高管理的效率。

3.3.2 我国保险中介发展应遵循的原则

根据我国保险业发展的现状和前景，在实现保险中介发展目标的前提下，我国保险中介模式的确立应遵循市场化、规范化、专业化、国际化 4 项原则。

1. 市场化原则

保险中介是市场经济的产物，发达国家的保险中介组织，都是在开放的市场竞争环境中不断发展和壮大起来的。我国的保险中介产生于新旧体制交替的变革时期，仍然存在着"靠政策、靠扶持、靠垄断"的思想观念，非常不利于保险中介的长远、健康发展。因此，保险中介应牢固树立起市场观念，自力更生、自我管理、自我发展，依靠专业的服务水准、高效的服务质量、认真的服务精神、诚信的职业道德赢得良好的市场信誉，并在激烈的市场竞争中不断进行产品、服务的创新和完善。

2. 规范化原则

保险中介的规范化发展包括保险中介机构自身的内部规范，以及行业自律、政府监管等外部环境的规范。首先，保险中介机构要根据现代企业制度的要求，健全组织框架，确保公司有效运转；要有完善的规章制度和有效的内控机制，形成一套覆盖公司业务和管理各个环节的规章制度体系。其次，要增强保险中介机构的守法观念和自律意识，并积极创造条件建立保险中介行业的自律组织，形成规范经营、公平竞争的市场秩序。最后，要规范和健全政府监管制度，通过法律和其他监管程序防止保险中介非法经营和不正当竞争行为的发生，建立保险中介畅通的市场准入和退出机制，引导保险公司和保险中介之间建立分工协作、优势互补、诚实互信、共赢共存的战略合作关系，促进保险中介的健康发展。

3. 专业化原则

专业化是保险中介的立身之本，也是其生存和发展的前提条件。保险中介要突出其专业性很强的职业特征，不仅要制定一套严格的执业和品行规范，在职业水准、职业操守和职业形象等方面赢得投保人、保险人与社会各界的广泛认可，更要在品牌、网点设置、专业人才的培养上下功夫，将保险中介服务向风险管理咨询、保险方案设计、理财顾问等纵深方向拓展。同时，不断进行产品创新、服务创新、技术创新、经营模式创新等，也是提高保险中介专业化的重要途径。

4. 国际化原则

随着保险市场对外开放步伐的加快，越来越多的外资保险中介开始进入中国保险市场。这一方面为国内的保险中介提供了良好的学习机会，可以学习国外先进、成熟的经营理念，运作方式，管理规则等，并与自身的业务实际相结合，探索一套适合自身长远发展的管理手段和方法，逐步提高自己的核心竞争力；另一方面要尽快与国际接轨，积极应对外资保险中介的竞争，并在条件成熟的时候走出国门进行跨国经营，积极拓展国际市场，扩大国际影响。

3.3.3　我国保险中介的模式选择

在保险中介的制度安排上，我国一直是按照市场规律的发展进行不断的总结并逐步地予以规范。由于制度具有一定的路径依赖性，模式的选择至关重要。因此，必须在遵从市场规律的基础上，根据我国的制度环境和市场需要确定一个理想的保险中介模式，并以此为基础和核心进行制度创新，完善各项具体的制度安排。

根据我国目前的情况，保险中介模式的选择实际上就是一个制度创新的过程，应以政府强制实施和市场自发形成相结合的方式来完成这个创新。因为制度作为一种"公共物品"，其内部构成具有一定的差异性，有些制度安排必须由政府强制实施，如保险中介的法律规定；有些制度安排只能由有关团体完成，如保险中介协会关于行业公约的制定；而有些制度安排要遵从市场的规律，如保险中介的内部结构分配及保险中介的供给规模等。同时，由于保险中介在西方国家已有比较长的发展历史和比较丰富的实践经验，因此，也可以在某些领域进行相应的制度移植，以减少我国在制度创新过程中不可避免的弯路。当然，制度移植并不等于简单的模仿，必须结合我国特有的政治、经济、法律、价值观念、风俗习惯、伦理规范等制度环境来进行，或者在制度移植的过程中进行一定的适应性调整，只有在所移植的制度能够与环境相容的情况下，移植才是有效率的。

综观国外的保险中介模式，都是植根于自身独特的政治、经济、文化环境当中的，有的是以保险经纪人为主，如英国；有的是以保险代理人为主，如日本；有的则是保险代理人和保险经纪人并重，如美国。我国是以公有制为主体的社会主义市场经济国家，整体经济依然属于发展中国家水平，国民保险意识普遍较弱；各种资源如人才、技术、资本等在空间分布上很不均衡，保险市场集中度较高，竞争不够充分；法制建设虽有很大进步但尚在完善当中，对保险市场的监管是偿付能力、市场行为和保险公司治理监管并重；消费者对国家机关、企事业单位、社会团体等的信誉较为认可，个人信誉体系还没有真正建立。

综合考虑以上多方面因素，我国应采用以保险代理人为主体，保险经纪人和保险公估人为重要组成部分的保险中介模式。具体来说就是在优先发展保险代理人的基础上，积极发展保险经纪人和保险公估人；在保险代理人中，将发展重点放在专业代理人上，同时规范兼业代理人和个人代理人；保险经纪人主要活跃在非寿险领域；保险公估人在保险理赔中占有重要地位。

3.3.4　我国保险中介的制度安排与创新

1. 积极发展专业代理人，择机试点独立代理人

与个人代理人和兼业代理人相比，专业代理人具有无法比拟的优势，如产权明晰、资本约束严格、专业能力和信誉水平较高、经营管理较规范、容易避免短期化行为等。因此，我国的保险代理市场应该是以专业代理人为主体，并与兼业代理人和个人代理人互为补充、协调发展的格局。

在对代理方式的选择上，应结合具体情况及各种方式的特点择优而定，主要应考虑以下因素。首先，根据不同的险种特点选择不同的代理方式。若险种分布比较集中，业务量较多，宜采用专业代理；若险种过于分散，宜采用个人代理；若险种单一，业务程序简单，且与有关行业业务联系密切，则宜采用兼业代理。其次，分析当地的经济状况，根据当地保险潜力的大小来选择不同的代理方式。一般情况下，经济越发达的地区，人民生活水平越高，保险需求量就越大，应鼓励设立一定规模的保险代理公司；反之，则宜采用兼业代理。最后，在考虑保源状况的同时，也应注意当地群众对保险的认识及投保欲望。保源少而投保意识强的地区可以设立适当规模的保险代理公司；保源多而投保意识淡薄的地区不宜急于建立规模较大的保险代理公司，而应先通过各种形式的宣传，努力提高公民的保险意识。

根据我国《保险法》的规定，个人保险代理人在代为办理人寿保险业务时，不得同时接受两个以上保险人的委托。因此，寿险领域的个人保险代理人（保险营销员）实际上就是专属保险代理人。随着我国保险营销体制改革的推进，独立代理人开始受到越来越多的关注。区别于具有专属性质的个人代理人，独立代理人可以同时与多家保险公司签订代理协议，因此可以从客户的角度考虑，在众多保险公司的产品中进行甄别和挑选，进而做出对客户最有利的投保决策，有助于推动保险营销理念从"以产品为导向"向"以客户为导向"转变。

在国际上，独立代理人已经是相当成熟的一种保险销售模式。有资料显示，在美国寿险业，独立代理人贡献了约50%的保费收入，在加拿大，这一比例更是达到了70%以上。近年来，国内也在不断探索独立代理人这一模式。然而，独立代理人制度的顺利推行却要以一定的条件为基础。①独立代理人必须具有全面的知识结构和突出的"单兵作战"能力，除了要精通保险专业知识，还需要对投资类、财税类、法律类知识等有着较好的掌握。②独立代理人业务开展要有完善的"后台系统"支持，包括客户服务系统、保单管理系统、法律合规管理系统、档案管理系统等。正是由于这些条件比较苛刻，独立代理人的发展之路注定需要一个从量变到质变的过程，不可能一蹴而就。

2. 循序渐进发展保险经纪人

保险经纪人发源于英国，盛行于欧美，与其以基督文化为核心的西方文化传统密不可

分。由于我国发展保险经纪人的环境条件尚未完全成熟，保险经纪人的市场容量有限，因此，保险经纪人的发展应该分阶段、分步骤进行，发展速度不宜过快，严格控制保险经纪人的发展质量，做到宁缺毋滥、循序渐进。

首先，可在经济比较发达、市场规则较为完善、社会公众保险意识较强的地区，如华东、华南地区拓展业务，待积累经验后再向经济欠发达地区推广。其次，应先从习惯于接受保险经纪人服务的外资企业和涉外工程项目拓展业务，逐步扩大到内资企事业单位的财产保险、团体人身保险等传统保险领域，同时积极拓展利润损失险、产品责任险、员工福利计划等新兴保险市场，进而开发风险评估与咨询、高收入者的理财方案设计与安排等咨询服务型市场。最后，应优先发展股份有限公司制或有限责任公司制的保险经纪人，保证保险经纪人发展的高起点、高质量，待市场培育相对成熟后，再发展合伙制甚至个人制的保险经纪人，填补小型的、零散的保险经纪市场空白。

对保险经纪人发展所面临的外部环境不佳的问题，应通过政策进行引导和疏通。①鼓励现有保险公司向集约化、专业化的经营方向转变，促进保险公司之间的产品差异化竞争。②调整保险产品价格政策，进一步推动费率市场化改革，建立符合市场规律的价格体系。③通过媒体或行业协会进行宣传，扩大社会影响，使广大投保人认识到保险经纪人的专业技术优势，积极主动寻求保险经纪人的服务。

3. 适度发展保险公估人

在保险业发达的国家和地区，保险公估人都有较为成熟的发展，并以其专业性、公正性等特点成为保险市场上不可或缺的一部分。在参照国外经验的基础上，我国应从实际出发，探索适合中国保险公估人的发展道路。

在组织形式上，保险公估人应以有限责任公司和合伙制为主，发展到一定阶段后允许个人公估人的存在。在组织架构上，应该是专业保险公估人、兼业保险公估人、个人技术专家并存的多层面组织架构关系。在业务范围上，不能人为地进行限定，可将其业务范围延伸到承保公估、防灾防损、理赔公估、监装监卸、残值处理或拍卖[1]、保险公估咨询服务等。在业务种类上，宜小不宜全，宜细不宜粗，可以分成以下几种：财产损失保险公估、工程保险公估、责任保险公估、海上保险公估、机动车辆保险公估等。不同的保险公估业务，可以由经过不同的个别专业考试取得相应资格的人去完成。在资格考试方式和内容上，可借鉴日本的经验增加工程技术专业考试的内容和难度，同时适应保险公估业务种类的划分，按不同的专业门类设置考试科目，并实行分级制度。

此外，还要通过政策引导为保险公估人的发展营造一个良好的外部环境。一方面，应鼓励保险公司继续深化经营体制改革，主动从一些理赔领域内退出，让位于保险公估人。另一方面，要通过有关部门的宣传和引导，使更多的被保险人认识并了解保险公估人的功能与作用，在需要时主动委托保险公估人为其提供承保价值评估、损失金额确定、防灾防损建议等服务。

4. 完善保险中介的监督与管理

保险中介的成长需要一个宽松的外部环境，同时也需要各种制度和规则对其进行必要的

---

[1] 旧中国的保险行已涉足这类业务。例如，1927年成立的一家华资保险公估行就取名为上海益中公证拍卖行，内设鉴估、公证、拍卖3个部。（中国保险学会，《中国保险史》编审委员会. 中国保险史. 北京：中国金融出版社，1998.）

约束，包括法律制度、政府监管、行业自律等。

（1）要进一步完善法律、法规体系并保持相对稳定。1992年以来，我国陆续出台了相应的法律、法规，为明确保险中介的法律地位，规范保险中介的行为，促进中介市场的健康发展提供了相应的法律依据。但由于缺乏清晰的保险中介发展思路，相关的制度规定在短时期内频繁变动，给保险中介市场带来较大的负面影响。因此，在今后的立法中，一定要有长远的眼光，立足现在，着眼未来，使保险中介法律在一定阶段内保持相对稳定。同时，在立法中不仅要有实体法，还要有程序法；不仅要有全国性法律，还要有地方性法规；不仅要有调节保险中介关系的概念性、原则性规定，而且要有实施细则规定，使法律、法规具有可操作性。

（2）要建立有效的政府监管机制，加强监管力度。1998年11月中国保险监督管理委员会的成立[1]是我国保险监管体制改革的实质性进展，为推动保险中介市场的规范发展起到了一定的积极作用，但由于监管体制不完整、监管职能不到位、监管机制不完善等原因，使管理滞后于实践，基本停留在问题跟进型的管理阶段，而不能根据市场反馈的信息进行分析、评核、预警问题，以积极主动地对保险中介的经营进行必要的调控。因此，应强化政府的监管职能，建立有效的监管机制，实行定期检查和专项检查相结合、现场检查与非现场检查相结合的方式，对保险中介进行全方位的监管。同时，要建立风险监测与预警系统，加强监管的科学性和实效性。

（3）要加强行业自律组织的建设，实施有效的自我约束。建立保险中介行业协会或同业公会是国外通行的做法，通过制定一系列的管理措施填补政府监管和保险法律、法规健全与配套过程中所出现的"真空"，在规范经营、反不正当竞争等方面可以发挥积极有效的作用。我国现有的保险中介自律组织体系不健全，覆盖面不够宽，所制定的自律公约多数流于形式，尚未真正发挥强有力的自律约束作用。因此，今后一段时期要按照保险中介的类别大力发展行业自律组织，包括保险代理人协会、保险经纪人协会、保险公估人协会等，同时制定详细的自律公约及实施机制，建立保险中介机构和从业人员信息披露制度，加大对违规、违纪的保险中介的惩罚力度，以确保各种自律制度得以实施，真正实现行业内的自我管理和服务。

阅读资料

华泰保险 EA 门店——一种尚需市场检验的营销方式

自2009年起，华泰保险开始引入国外保险市场的 EA（exclusive agent）模式。

所谓 EA 模式，简单来说就是以线下门店形式根植于社区，只代理一家保险公司的产品，并且独立开展业务的保险代理模式。EA 模式在美国、欧洲、日本等发达国家已发展相对成熟。例如美国最大的两家保险公司 StateFarm 和 Allstate，以及欧洲安联保险公司，都在采用这种专属代理门店模式，德国的安联保险 EA 门店高达10 400余家，是德国保险销售的主渠道。但在国内，目前仅有华泰保险主推该模式。

2010年，华泰保险在福建福州开设了第一家 EA 门店进行试点，并逐渐将试点范围扩展至上海、江苏、深圳等地。2012年年底，华泰保险将 EA 渠道确立为财险三大战略主渠

---

[1] 2018年4月，中国银行保险监督管理委员会成立，取代原来的中国保险监督管理委员会。

道之一，开始向全国推广。到 2017 年，EA 门店总数已达 4 527 家，并延伸至三、四、五线城市及县镇。2018 年 7 月，银保监会同意华泰保险 EA 门店可以销售华泰人寿的产品，这意味着其业务范围得到进一步扩容，能够同时销售产险产品和寿险产品。

与传统的上门拜访式推销相比，EA 门店扎根于社区，有固定的经营场所，更容易贴近客户，获得消费者信任。在这里，消费者能够享受到保险咨询、保单查询、投保、出单等专业、周到的"贴身服务"。公开数据显示，2017 年华泰保险 EA 门店渠道累计实现保费收入 42.33 亿元，同比增长 26.29％，占公司全部保费收入比重高达 51.26％，已经成为其最重要的销售渠道之一。

然而，EA 门店虽然给华泰保险带来明显的保费收入增长，但这种模式为华泰保险带来的积极作用并不算明显。从财险公司保费排名来看，2010 年华泰财险排名第 15 位，到 2017 年，其名次仅上升一名到 14 位。从保费增速来看，2010 年华泰财险的原保险保费收入为 38.5 亿元，2017 年为 79.6 亿元，7 年间的平均增速为 15.3％，而整个财险行业的保费收入在这 7 年间的平均增速达 23.1％，高于华泰财险的增速。从市场份额来看，2010 年，华泰财险的市场份额约为 1％，而 2016 年，其市场份额仅有 0.8％。

华泰保险 EA 门店是否会成为未来保险中介市场的新模式？或许还需要更长时间的市场实践来检验。

资料来源：作者整理．

本 章 小 结

本章主要介绍了我国保险中介的发展概况。在新中国成立前，保险中介市场基本上被资本主义外商垄断。新中国成立后，保险中介经历了短暂的发展之后随国内商业保险的停办而消失。改革开放后，恢复了国内商业保险业务，保险中介市场才又逐渐形成。1992 年，友邦保险公司首次引入保险代理人制度，其他公司纷纷效仿，我国的保险中介进入了全面发展时期。至今，我国保险中介的规模已非常庞大，但仍存在很多问题，如重保费轻质量、短期利益行为倾向、粗放式管理、战略定位不清等。因此，应明确未来我国保险中介发展的目标，遵循市场化、专业化、规范化、国际化的原则，对保险中介模式进行创新与改革。

本章的重点是我国保险中介发展的几个阶段，我国保险中介的现状及存在的问题，未来发展我国保险中介的基本思路。

本章的难点是制约我国保险中介发展的主要问题，以及进行保险中介模式创新的路径。

关 键 名 词

保险掮客　模式选择　市场化原则　专业化原则　规范化原则　国际化原则

思考题

1. 我国保险中介经历了几个发展阶段？每个阶段有什么特点？

2. 我国保险中介的总体现状如何？

3. 互联网时代保险代理人将如何发展创新？

4. 试分析我国保险中介制度安排与改革的路径。

第 4 章 保险中介的供求分析

【本章导读】

　　保险中介是随着商业保险的发展自然产生并发展起来的，可以运用传统的经济学理论分析保险中介的需求、供给和供求均衡问题。本章主要对保险中介的需求及其影响因素，保险中介的供给及其影响因素，以及保险中介的供求均衡问题进行分析。

4.1　保险中介的需求分析

4.1.1　保险中介需求的含义

　　按照经济学对需求的定义，保险中介需求是指在一定的价格水平上，消费者愿意购买且有能力购买保险中介服务的数量。一般的需求通常表现在物质方面，如人们对食品、衣服的需求。保险中介需求则表现为一种服务或劳务，如为投保人解释保险条款、提供投保建议，协助保险人定损理算等。同时，在构成有效需求的两个要素中，与一般需求不同的是，保险中介需求更强调消费者有购买保险中介服务的意愿而非购买保险中介服务的能力。这是因为在一般的商品交易中支付费用的主体就是需求主体，而在保险中介服务的交易中需求主体却是双重的，特别是保险代理人和保险经纪人，都是由保险人为其支付手续费或佣金，然而对保险代理服务或保险经纪服务的需求者却不仅仅是保险人。

4.1.2　保险中介需求的特点

　　要分析保险中介的需求特点，必须先分析保险中介的需求主体。在三大保险中介主体中，保险代理人和保险经纪人属于保险营销中介，他们的作用是充当保险交易双方沟通的媒介和桥梁，促进保险交易的顺利进行。因此，保险代理人和保险经纪人要实现自己的市场功能，保险人和投保人双方面的需求都不可缺少，即市场对保险代理和保险经纪的需求具有双重性。

　　具体来说，在保险代理的双重需求中，是保险人通过保险代理合同，委托保险代理人以自己的名义开展业务，并向其直接支付手续费或佣金，所以保险人是保险代理服务的直接购买者，他对保险代理人的需求是直接需求。投保人是保险代理这种交易方式的使用者，虽然没有对保险代理人的服务直接支付货币，但却是保险代理人提供代理服务取得成功的基础，如果投保人不接受保险代理人提供的服务，保险代理人就没有了存在的必要。因此，投保人对保险代理人的需求属于原生需求，而保险人对保险代理人的直接需求，是以这一原生需求的存在为基础的派生需求[1]。

保险经纪人开展业务的活动方向正好与保险代理人相反，是基于投保人的利益为其制定投保方案，寻找合适的保险人以达成保险交易，并提供与之相关的其他服务。因此，保险经纪服务的直接需求方是投保人而不是保险人。保险人对保险经纪也有需求，是因为保险人需要借助保险经纪人向投保人介绍产品，帮助其在投保人心中树立良好形象，以扩大其业务量，增加保费收入。但是很显然，由于保险代理人的存在，保险人对保险经纪人的需求并非必然，如果保险人不合作，保险经纪人是难以为投保人达成保险交易的。所以，保险人对保险经纪人的需求属于间接需求。然而无论是在保险代理中充当直接需求方还是在保险经纪中充当间接需求方，通常都是由保险人支付佣金或手续费。当然，与保险代理人不同的是，保险经纪人有时也会接受客户委托，为其提供风险管理咨询等单向服务，自然佣金也是由客户（直接需求方）而非保险人支付。

保险公估人作为独立、公正的第三方，既可以接受保险人的委托，也可以接受被保险人的委托，因此其需求也具有一定的双重性特征，但是其佣金是由委托方（既可能是保险人，也可能是被保险人）支付的[2]。从国际保险市场看，一般保险公估人是受聘于保险人，为保险人进行保险交易前保险标的价值的评估以确定适当的费率，或者进行保险交易发生后的损失理赔估算，并由保险人支付佣金。但是，保险公估人的公估报告并不具备法律效力，保险人与投保人双方仍可就相关问题进行进一步的协商。所以，这在很大程度上使保险公估需求的双重性不十分明显。

4.1.3   影响保险中介需求的主要因素

保险中介需求是一个变量，受诸多因素的影响，当这些因素发展变化时，保险中介需求会增加或减少。

1. 保险市场环境

一国对保险中介的需求取决于该国保险业的市场化程度。如果一国的保险公司数量很多，总体规模较大，竞争激烈，则表明其市场化程度较高，市场内部的专业分工就会非常细致，对保险中介的需求也会增加，如欧美保险业发达市场就是这种情况。如果一国的保险公司数量不多，竞争有限，市场格局属于寡头垄断甚至完全垄断保险模式，对保险中介特别是保险经纪和保险公估的需求就会减少，如日本和中国。

2. 保险人的经营方式偏好

如果保险人采取大而全、小而全的经营模式，实行从产品设计、展业、销售、承保、核保、投资、理赔、防灾防损等"一条龙"服务，就会包揽所有的经营项目，从而减少对保险中介的需求，特别是对专业保险中介的需求。相反，如果保险人采用集约式经营模式，把自身的生存和发展重心放在保险产品的市场开发和设计、保险投资和风险管理等方面，就会将相对规范化、程序化、专业化的展业和理赔环节剥离出去，从而增加对保险中介的需求。

〔1〕 唐运祥. 保险中介概论. 北京：商务印书馆，2000.
〔2〕 我国《保险法》第六十四条规定：保险人、被保险人为查明和确定保险事故的性质、原因和保险标的的损失程度所支付的必要的、合理的费用，由保险人承担。

3. 保险产品的数量与结构

如果保险市场上的保险产品数量多，产品的层次结构丰富，一般的消费者因为缺少专业知识，难以作出正确选择，为了提高消费效益，就会增加对保险中介的需求。相反，如果保险市场上的产品种类趋同，价格差异不大，消费者就无须保险中介尤其是保险经纪人的帮助了。

4. 消费者的保险意识及收入水平

如果社会公众的保险意识普遍较强，国民收入水平较高，对保险产品的需求会增加，同时会主动介入保险的购买、合同的签订，以及理赔定损等环节中，对自己不了解的问题寻求专家的帮助，从而增加对保险中介的需求。如果是相反的情况，社会公众对保险本身的需求会受到限制，保险消费者也会比较被动，从而降低对保险中介的需求。

5. 保险中介服务的价格

保险中介服务的价格即保险中介收取的佣金或手续费。由于通常情况下，保险中介的佣金或手续费都是由保险人支付的，因此保险人要将佣金支出纳入自己的经营成本，进行收益—成本核算后决定是否采用保险中介。只有当保险人认为采用保险中介的收益—成本比大于不采用保险中介的收益—成本比时，才会认可并增加对保险中介的需求。相反情况下，则会减少对保险中介的需求。

6. 互补品与替代品的价格

保险消费需求与保险中介是一种互补关系，如果保险产品价格下降时，对保险产品的需求增加，从而增加对保险中介的需求。保险公司的直销、电话销售、网络销售、邮件销售等与保险代理和保险经纪具有一定的替代性，如果保险公司在这些销售方式上支付的成本低于支付给保险代理人和保险经纪人的佣金，则会减少对保险代理和保险经纪的需求。同样，如果保险公司自设理赔部门的经营成本低于聘请保险公估人支付的佣金，也会减少对保险公估的需求。

7. 社会文化环境

东、西方国家传统文化习俗的差别也影响到对保险中介的需求方式。在日本、韩国由于受服从权威、信奉统治者的东方传统文化的影响，更容易接受保险公司的直销及代理方式，所以各国都表现出以保险代理人为主的保险中介模式特征。在崇尚自由、独立精神的欧美国家，则长期以来一直重视保险经纪人的发展，对保险经纪服务情有独钟，这一点在英国表现得尤为明显。

4.1.4　保险中介需求函数

保险中介需求量可以看作是以上所有因素的函数，因此可以得出保险中介需求函数为：

$$Q^d = f(a_1, a_2, a_3, \cdots)$$

式中：Q^d 为保险中介需求量；a_1、a_2、a_3 等为影响需求量的因素。

为了分析上的方便，可以假定其他因素不变，仅分析当价格变动时保险中介需求量的变动情况。于是，保险中介需求量的函数又可写为：

$$Q^d = f(P)$$

式中：P 是保险中介服务的价格（即佣金率）。

由保险中介需求函数，可以得出保险中介需求曲线，需求曲线既可以是曲线，也可以是直线（见图 4-1）。

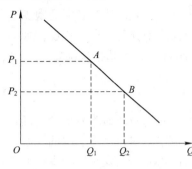

图 4-1　保险中介需求曲线图

从需求曲线上不难发现，保险中介价格与保险中介需求量呈负相关关系。当保险中介价格为 P_1 时，需求量为 Q_1；当价格下降到 P_2 时，需求量则增加到 Q_2。

4.1.5　保险中介需求弹性

保险中介需求弹性是指保险中介需求对各影响因素变化的反应程度，通常用需求弹性系数来表示。其一般公式为：

$$E_\mathrm{d}=\frac{\Delta Q/Q}{\Delta f/f}$$

式中：E_d 是保险中介需求弹性系数；Q 是保险中介需求；ΔQ 是保险中介需求的变动；f 是影响保险中介需求的因素；Δf 是影响保险中介需求因素的变动。

如前所述，影响保险中介需求变化的因素很多，但其中保险中介价格及相关服务的价格是直接而有效的两个因素。因此，对保险中介需求弹性的分析，主要是保险中介需求的价格弹性和交叉弹性。

1. 保险中介需求的价格弹性

保险中介需求的价格弹性是指由于保险中介价格的变动所引起的保险中介需求量的变动，它反映了保险中介需求量对价格的敏感程度，用公式表示为：

$$E_\mathrm{d}=-\frac{\Delta Q/Q}{\Delta P/P}=-\frac{\Delta Q}{\Delta P}\times\frac{P}{Q}$$

式中：P 为保险中介价格（佣金率）；ΔP 为保险中介价格的变动。

因为需求量和价格一般呈反方向变动，计算出来的弹性系数为负数，为了使 E_d 取正值而便于比较，所以在公式前加一个负号。

1）E_d 的取值

E_d 的取值包括以下 5 种情况。

（1）当 $E_\mathrm{d}>1$ 时，称为富有弹性，是指当保险中介的价格下降时，对保险中介需求量的增加幅度大于保险中介价格下降的幅度（见图 4-2），如对技术难度一般的理赔案件的公估服务、保险经纪人提供的风险管理咨询服务。

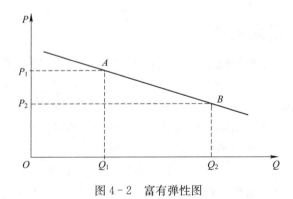

图 4-2　富有弹性图

（2）当 $E_d=1$ 时，称为单位弹性，是指保险中介价格的变化与其需求量的变化程度是相同的（见图 4-3）。

（3）当 $E_d<1$ 时，称为缺乏弹性，是指当保险中介的价格下降时，对保险中介需求量的增加幅度小于保险中介价格下降的幅度（见图 4-4），如对技术难度非常复杂的理赔案件的公估服务、财产保险中保险代理人的服务。

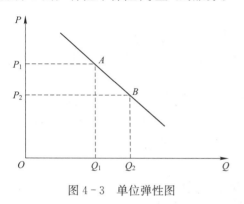

图 4-3　单位弹性图

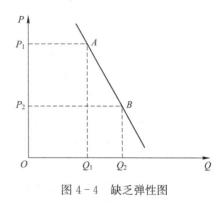

图 4-4　缺乏弹性图

（4）当 $E_d=0$ 时，称为完全无弹性，是指保险中介需求量不因价格的上升或下降而有任何变化（见图 4-5），如一些强制保险的行业兼业代理人的服务。

（5）当 $E_d=\infty$ 时，称为完全有弹性，是指保险中介价格的微小变化就会引起保险中介需求量的无限大反应（见图 4-6）。

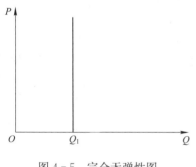

图 4-5　完全无弹性图

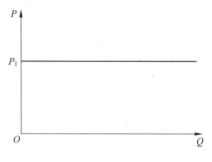

图 4-6　完全有弹性图

2）E_d 的影响因素

许多因素都可能影响保险中介需求的价格弹性，主要有以下方面。

（1）保险中介服务的可替代性。保险中介的可替代服务越多，其需求弹性就越大。例如，电话直销、网络营销与保险代理、保险经纪有一定的替代性，如果保险代理人、保险经纪人的佣金率提高，消费者（包括保险人和投保人）就会改变销售/投保方式，减少对保险代理和保险经纪的需求。反之，若保险中介的替代服务很少，则其需求弹性就小。

（2）保险产品本身的难易程度。如果保险产品的条款复杂，专业性极强，对保险中介的需求弹性就小，如标的复杂、金额巨大且技术难度高的赔案处理，长期综合型人寿保险等。反之，对保险中介的需求弹性较大。

（3）保险中介服务对消费者的重要程度。重要程度越大，其需求弹性就越小，如大项目、大企业的风险管理咨询。反之，重要程度越低，其需求弹性就越大。

(4) 保险中介在消费者成本支出中所占比重的大小。如果保险中介在所有支出中占有很大比重，则其需求弹性就大，如高额投保、大额理赔。反之，保险中介在所有支出中所占比重不大，则其需求弹性就较小。

3) E_d 对佣金收入的影响

由于保险中介需求的价格弹性不同，保险中介价格的变动将会给保险中介的佣金收入带来不同的影响，归纳起来主要有以下 3 种情况。

(1) 对于 $E_d>1$ 的保险中介服务，降价会增加保险中介的收入，而提价则会减少其收入。原因是该保险中介服务是富有弹性的，保险中介降价所引起的需求量的增加幅度会大于价格变动的幅度，这样，由于降价而带来的佣金收入减少量肯定会小于由于销售量增加而带来的佣金收入增加量。如图 4-2 所示，当价格为 P_1，需求量为 Q_1 时，佣金收入相当于矩形 P_1AQ_1O 的面积；当价格从 P_1 降到 P_2 时，佣金收入相当于 P_2BQ_2O 的面积。由于 $E_d>1$，P_2BQ_2O 的面积大于 P_1AQ_1O 的面积。这说明：降价增加了佣金收入，若提价佣金收入则会减少。

(2) 对于 $E_d=1$ 的保险中介服务，无论保险中介是降价还是提价，对佣金收入均无影响。这是因为该保险中介服务是单位弹性的服务，变动价格所引起的需求量的变动幅度与价格的变动幅度相等。也即在这种情况下，降低价格所带来的佣金收入减少量与由于需求量增加所带来的佣金收入的增加量是相等的。如图 4-3 所示，当价格为 P_1，需求量为 Q_1 时，佣金收入相当于矩形 P_1AQ_1O 的面积；当价格从 P_1 降到 P_2 时，佣金收入相当于 P_2BQ_2O 的面积。由于 $E_d=1$，P_2BQ_2O 的面积等于 P_1AQ_1O 的面积。这说明：当 $E_d=1$ 时，保险中介价格的变动对保险中介人的佣金收入没有影响。

(3) 对于 $E_d<1$ 的保险中介服务，降价会减少保险中介的收入，而提价则会增加其收入。原因是该保险中介服务是缺乏弹性的，保险中介降价所引起的需求量的增加幅度会小于价格变动的幅度，这样，由于销售量增加而带来的佣金收入增加量会小于由于降价而带来的佣金收入量的减少。如图 4-4 所示，当价格为 P_1，需求量为 Q_1 时，佣金收入相当于矩形 P_1AQ_1O 的面积；当价格从 P_1 降到 P_2 时，佣金收入相当于 P_2BQ_2O 的面积。由于 $E_d<1$，P_2BQ_2O 的面积小于 P_1AQ_1O 的面积。这说明：降价减少了佣金收入，若提价佣金收入则会增加。

保险中介需求的价格弹性、保险中介需求与保险中介佣金收入三者之间的关系可用图 4-7 表示。

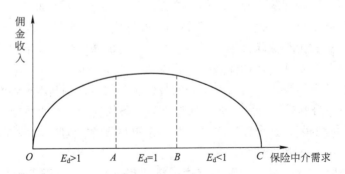

图 4-7   保险中介需求、价格弹性、佣金收入三者之间的关系

图 4-7 表明：在区间 OA 中，保险中介需求具有相对价格弹性，保险中介价格与保险中介需求、保险中介佣金收入成反方向变化，即当价格下降时，保险中介需求与保险中介佣金收入同步增长。在区间 AB 中，保险中介需求是一种单位价格弹性，价格下降，保险中介需求上升，但佣金收入不因价格下降而下降。在区间 BC 中，保险中介需求缺乏相对价格弹性，价格下降，需求增长，但佣金收入下降。

2. 保险中介需求的交叉弹性

保险中介需求的交叉弹性是指相关的其他商品或服务的价格变动所引起的保险中介需求量的变动，它取决于其他商品或服务对保险中介需求的替代程度和互补程度，反映了保险中介需求量对其替代服务或互补商品/服务价格变动的反应程度，用公式表示为：

$$E_x = \frac{\Delta Q/Q}{\Delta P_x/P_x} = \frac{\Delta Q}{\Delta P_x} \times \frac{P_x}{Q}$$

式中：E_x 为交叉价格弹性系数；P_x 为相关商品或服务的价格；ΔP_x 为相关商品或服务价格的变动。

E_x 既可以是正数，也可以是负数。一般当保险中介与相关服务/商品是替代关系时，E_x 为正值；当保险中介与相关服务/商品是互补关系时，E_x 为负值。例如，保险公司自设理赔部门进行赔案处理与保险公估人的服务互为替代关系，当保险公司自设理赔部门的经营成本上升时，就会增加对保险公估服务的需求。此时，交叉弹性系数为正值。而保险本身的消费需求与保险中介需求为互补关系，当保险产品价格上升时，人们对保险的需求会减少，对保险中介的需求也会相应减少。此时，保险中介的需求量与保险产品的价格呈反方向变动，其交叉弹性系数为负值。

4.2 保险中介的供给分析

4.2.1 保险中介供给的含义

所谓保险中介供给，是指在一定的价格体系下，所有保险中介愿意而且能够提供的保险中介服务的总和。保险中介供给包括质和量两个方面的内容：保险中介供给的质既包括保险中介机构/个人所提供的各种不同的保险中介服务品种，也包括每一具体的保险中介服务项目质量的高低；保险中介供给的量既包括保险中介机构/个人为某一具体的需求者提供的服务价值额度，又包括保险中介机构/个人为全社会提供的所有保险中介服务的价值总和。由于保险中介供给的主体不同，提供的服务种类也不同，因此保险中介供给又可具体分为保险代理供给、保险经纪供给和保险公估供给。

4.2.2 影响保险中介供给的主要因素

保险中介供给是以保险中介需求为前提的，因此，保险中介需求是制约保险中介供给的基本因素。在存在保险中介需求的前提下，保险中介供给还受到以下因素的制约。

1. 保险中介服务的价格

保险中介的供给与价格（佣金率）呈正相关关系，佣金率上升，会刺激保险中介供给增加；反之，保险中介供给则会减少。例如，保险代理供给受到代理手续费高低的影响，如果代理手续费或佣金标准较高，保险代理人员的收入就较高，就会吸引更多的人或机构参与到保险代理市场中，从而增加供给。同时，国际上保险中介手续费或佣金标准往往采取等级管理制度，即同是保险代理人，经过考试与考核后，会定出初、中、高等级别，享受相应的报酬标准，这也会影响到保险中介供给的内部结构，以及整个市场供给的质量。此外，同样是保险经纪服务，如果风险管理咨询服务的佣金率高于协助投保人签订保险合同的佣金率，则在追求经济利益的驱动下，保险经纪人会增加风险管理咨询方面的服务供给，而减少传统的营销中介服务供给。

2. 保险中介服务的成本

保险中介服务成本的上升，将减少保险中介的利润，供给量会因此减少；反之，保险中介服务成本下降，利润增加，将刺激市场增加保险中介服务的供给。例如，我国目前对保险个人代理人存在重复征税现象，增加了其经营成本，在某种程度上会挫伤个人代理人展业的积极性，从而影响对保险代理的供给。然而与专业保险中介机构相比，个人代理人的展业成本相对较低，在现行的代理手续费率制度下，他们仍然可以获得较高的收益。因此，我国个人代理人的队伍非常庞大。兼业代理人也因其经营成本低廉而供给规模远远超过了专业代理人和保险经纪人。

3. 保险中介服务的技术难度

保险中介服务的专业性、技术性很强，这往往成为制约保险中介供给的重要因素。例如，个人寿险中的投资类险种，因其条款的复杂性和专业性，使得真正能够提供这种服务的个人代理人并不多。受该因素影响而使保险中介供给可能不足的还有高科技、高风险类产品（如航空航天、核电站）的保险方案设计、风险管理计划，涉及技术难度高（如海上保险、卫星保险）的保险赔案的定损理算等。

4. 相关商品或服务的价格

如果相关商品或服务与保险中介服务是互补关系，则其价格与保险中介服务供给呈负相关关系。互补商品或服务价格（如某种保险产品）上升，引起保险中介需求减少，保险中介的佣金收入减少，从而使保险中介供给减少；互补商品或服务价格（如某种保险产品）下降，引起保险中介需求增加，保险中介的佣金收入增加，从而刺激保险中介供给增加。替代服务与保险中介服务的供给呈正相关关系。替代服务价格下降，对保险中介需求减少，保险中介的佣金收入减少，从而使保险中介供给减少；反之，则使保险中介供给增加。例如，网络营销的成本若低于使用保险经纪人的支出，对保险经纪服务的需求就会下降，从而使保险经纪的供给减少。

5. 政府的监管

保险业是一个极为特殊的行业，各国都对包括保险中介在内的保险市场进行了相对严格的监管，有些甚至是极为苛刻的。因此，即使保险中介的佣金率上升，保险中介供给也往往由于政府的严格监管而难以扩大。例如，我国对保险中介的市场准入资格要进行严格审核，各类保险中介只有符合三大保险中介的监管规定，方可经营规定范围内的中介业务，保险中介从业人员，必须具备相应的专业能力、职业道德等条件方可从事中介活动。这些监管规定使保险中介的市场供给在数量上和质量上都受到了制度的激励与约束。

6. 其他因素

其他因素主要包括一国的传统文化影响下社会的择业观念、国际保险中介的竞争、保险人的数量及其经营模式、保险市场环境等因素。例如，我国传统文化对经纪人的偏见就影响了许多人不敢轻易从事保险经纪服务，从而减少了保险经纪服务的供给。保险代理人的社会地位不高也使得很多人不愿从事保险代理业，或者只是将其作为过渡职业，从而使我国保险代理人队伍的流失率过高，保险代理供给质量很不稳定。此外，保险市场的发育程度、保险人的经营模式，以及保险中介市场的对外开放，都会不同程度地影响我国保险中介的市场供给。

4.2.3 保险中介供给函数

保险中介供给量可以看作是以上所有因素的函数，于是可以得出保险中介供给函数：

$$Q_s = f(a_1, a_2, a_3, \cdots)$$

式中：Q_s 为保险中介供给量；a_1、a_2、a_3 等为影响供给量的因素。

为了分析上的方便，可以假定其他因素不变，仅分析当价格变动时保险中介供给量的变动情况。于是，保险中介供给的函数又可写为：

$$Q_s = f(P)$$

式中：P 是保险中介服务的价格（即佣金率）。

由保险中介供给函数，可以作出保险中介供给曲线（见图 4 - 8）。

供给曲线可以是直线型，也可以是曲线型。从供给曲线上不难发现，保险中介价格与保险中介供给量呈正相关关系。当保险中介价格为 P_1 时，需求量为 Q_1；当保险中介价格上升到 P_2 时，需求量则增加到 Q_2。

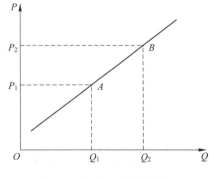

图 4 - 8　保险中介供给曲线图

4.2.4 保险中介供给弹性

保险中介供给弹性是指保险中介供给对各影响因素变化的反应程度，通常用供给弹性系数来表示。其一般公式为：

$$E_s = \frac{\Delta Q / Q}{\Delta f / f}$$

式中：E_s 是保险中介供给弹性系数；Q 是保险中介供给；ΔQ 是保险中介供给的变动；f 是影响保险中介供给的因素；Δf 是影响保险中介供给因素的变动。

保险中介供给的弹性主要分为保险中介供给的价格弹性和利润弹性两类。

1. 保险中介供给的价格弹性

保险中介供给的价格弹性是指由于保险中介价格的变动所引起的保险中介供给量的变动，它反映了保险中介供给量对价格的敏感程度。其用公式表示为：

$$E_s = \frac{\Delta Q / Q}{\Delta P / P} = \frac{\Delta Q}{\Delta P} \times \frac{P}{Q}$$

式中：E_s 为价格弹性系数；P 为保险中介价格（佣金率）；ΔP 为保险中介价格的变动。

因为供给量和价格一般呈正方向变动，所以 E_s 通常取正值。E_s 的取值包括以下 5 种情况。

（1）当 $E_s > 1$ 时，称富有弹性，是指当保险中介的价格上升时，保险中介供给量的增加幅度大于保险中介价格上升的幅度。

（2）当 $E_s = 1$ 时，称单位弹性，是指保险中介的价格变动与保险中介供给量的变动幅度是相同的。

（3）当 $E_s < 1$ 时，称缺乏弹性，是指当保险中介的价格上升时，保险中介供给量的增加幅度小于保险中介价格上升的幅度。

（4）当 $E_s = 0$ 时，称完全无弹性，是指无论保险中介价格上升或下降，保险中介供给量均不改变。

（5）当 $E_s = \infty$ 时，称完全有弹性，是指保险中介价格稍有变动，保险中介供给量就会发生大幅度的增加或减少。

从总体上看，保险中介供给的价格弹性较大。这是因为保险中介属于服务性产业，生产中的固定资产比重较低，适应社会需求调整生产方向和规模相对容易，因此，供给弹性比一般的商品要大。

2. 保险中介供给的利润弹性

保险中介供给的利润弹性是指由于保险中介利润的变动所引起的保险中介供给量的变动，它反映了保险中介供给量对利润的敏感程度。用公式表示为：

$$E_i = \frac{\Delta Q/Q}{\Delta I/I} = \frac{\Delta Q}{\Delta I} \times \frac{I}{Q}$$

式中：E_i 为利润弹性系数；I 为保险中介人的利润率；ΔI 为保险中介人利润率的变动。

一般保险中介供给对利润率很敏感，它们之间呈正相关关系。利润率提高，将会使保险中介供给量增加；利润率下降，则会使保险中介供给量随之下降。因此，保险中间供给的利润弹性系数是正值。

4.3   保险中介的供求均衡分析

在保险中介市场上，会出现保险中介供给等于保险中介需求的情况，此时供求达到了均衡状态。所谓均衡，是指在一定条件的相互作用下达到的一种相对静止状态，此时的价格称为均衡价格。均衡价格会随着供给和需求的变化而变化。但均衡是短暂的，保险中介市场通常处于一种非均衡状态。

4.3.1   均衡价格的形成

在市场经济条件下，当保险中介服务的需求量大于供给量时，保险中介服务的价格上升，形成卖方市场，保险中介居于有利地位，表现为各种资本如人力资本、货币资本、技术资本等流入该行业，保险中介主体日益增多，保险中介服务平均利润率上升；当保险中介服务的供给量大于需求量时，保险中介服务的价格下降，形成买方市场，保险人和投保人居于有利地位，表现为保险中介主体过剩，行业平均利润率下降，各种资源流向其他经济部门，

部分保险中介退出市场；当保险中介服务的需求量和
供给量基本相等时，保险中介市场达到均衡，这时的
保险中介服务价格就是市场均衡价格（见图 4-9）。

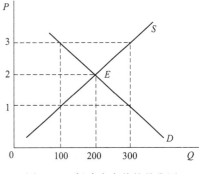

图 4-9 保险中介价格均衡图

从几何意义上，需求曲线和供给曲线相交叉的点
就是均衡价格。在图 4-9 中，S 为保险中介的供给曲
线，D 为需求曲线，E 为均衡点。此时，均衡价格 P
为 2，与此相对应的需求量 Q 为 200。在图 4-9 中，
除了 E 点外，其他任何一点都不是均衡点。只有在 E
点，在价格为 2，均衡数量为 200 的水平上，消费者
和保险中介愿意接受的价格才是相等的。在这个价格
下，保险中介通过提供一定量的服务，能实现利润最大化，而消费者则通过购买该价格下一
定量的保险中介服务，能实现效用最大化。

均衡价格是通过市场机制形成的。当市场处于不均衡状态时，供求双方的力量就会发生
作用，使价格恢复到均衡状态。仍以图 4-9 为例，当 $P=3$ 时，消费者愿意购买的保险中
介服务的数量为 100，保险中介愿意提供的服务数量为 300。供求之间出现了缺口，供大于
求的情况发生了，保险中介为了推销自己的服务，就会采取降价的方式，供给量开始减少，
直到达到均衡点 E。当市场价格低于均衡价格，如 $P=1$ 时，市场又处于非均衡状态，这
时，消费者希望购买的保险中介服务量为 300，而保险中介愿意提供的服务只有 100，市场
出现供小于求的情况，而消费者过大的需求会促使保险中介提高价格，供给量也开始增加，
直到最终回到均衡点 E。

4.3.2 均衡价格的变动

均衡价格是供给曲线和需求曲线的交点，供给曲线和需求曲线的变化都会引起保险中介
均衡价格的变化。

1. 需求曲线变动对均衡价格的影响

在分析这个问题之前，首先要区分清楚保险中介需求的变动与保险中介需求量的变动。
保险中介需求的变动是指在保险中介服务价格不变时，因其他因素而引起的对保险中介服务
需求数量的变化。保险中介需求量的变动是指当其他因素不变时，因价格变动而引起的对保
险中介服务需求数量的变化。在几何图形中，需求的变动就表现为需求曲线的移动（见
图 4-10）。

如图 4-10 所示，原有需求曲线为 D_1，当保险中介需求增加时，需求曲线 D_1 将移到
D_3 的位置；当保险中介需求减少时，需求曲线 D_1 将移到 D_2 的位置。在既定的价格 P_1 下，
当需求曲线从 D_1 移到 D_2 时，需求数量由 Q_1 变为 Q_2；当需求曲线从 D_1 移到 D_3 时，需求
数量由 Q_1 变为 Q_3。由此可见，需求数量的变化并不是由价格引起的，而是由于其他因素的
变化导致了需求曲线的变化。例如，保险公司经营模式从粗放式外延型转为集约式专业型
时，对保险中介服务的需求会增加，需求曲线将向右移动；相反，需求曲线则会向左移动。

再以需求曲线 D_2 为例，描述一下需求量的变化。当价格从 P_1 上升到 P_0 时，需求量也
随之从 Q_2 下降到 Q_0。这种变化不是其他因素引起的，而是价格引起的。在几何图形中，这
种变化发生在同一条曲线上。

在供给不变的情况下，保险中介需求的增加会使需求曲线右移，均衡数量和均衡价格均增加；反之，当保险中介需求减少时，需求曲线会左移，均衡数量和均衡价格都会下降（见图4-11）。

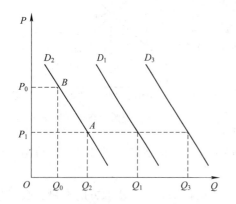

图4-10　需求曲线变动对均衡价格的影响（1）

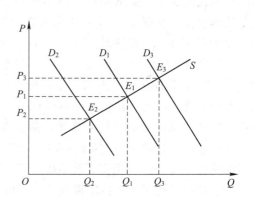

图4-11　需求曲线变动对均衡价格的影响（2）

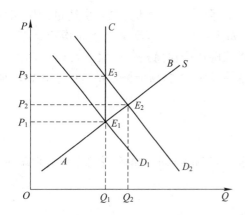

图4-12　需求曲线变动对均衡价格的影响（3）

在图4-11中，假定供给曲线 S 不变，它和最初的需求曲线 D_1 相交于 E_1 点，此时均衡价格为 P_1，均衡数量为 Q_1。当需求曲线从 D_1 移到 D_3 时，均衡点变为 E_3，此时均衡价格上升为 P_3，均衡数量也增加为 Q_3。当需求曲线从 D_1 移到 D_2 时，均衡点变为 E_2，此时均衡价格下降为 P_2，均衡数量也减少为 Q_2。

在现实生活中，有时会出现垄断价格这样一种特殊情况（见图4-12）。

在图4-12中，首先假定供给曲线 S 不变，为 AB。S 和最初的需求曲线 D_1 交于 E_1 点，此时，均衡价格为 P_1，均衡数量为 Q_1。

当需求曲线右移到 D_2 时，从理论上，均衡点应为 E_2，均衡价格应为 P_2，均衡数量应为 Q_2。但在现实生活中，往往出现供给量固定为 Q_1，价格为 P_3，供给曲线演变为 AE_1C 的情况。在价格 P_2 下，供给量 Q_1 小于需求量为 Q_2，保险中介就会以垄断价格 P_3 销售其服务。例如，我国在20世纪90年代曾经出现的地下保险经纪人和一度经营混乱的保险兼业代理人，就是利用行业垄断优势和手中持有的业务量刺激保险公司对其中介服务的需求，并恶意造成一种供小于求的状况，以高出市场价格的垄断价格销售其服务，获得垄断利润。这种行为破坏了市场均衡价格的形成，损害了市场的效率和消费者的利益。

2. 供给曲线变动对均衡价格的影响

类似于需求的变动和需求量的变动之间的关系，供给的变动和供给量的变动也不一样。供给的变动是指在价格不变时，由其他因素引起的供给的变化，在几何图形中，表现为供给曲线的平移（见图4-13）。

如图4-13所示，原有供给曲线为 S_1，当保险中介供给增加时，供给曲线 S_1 将移到 S_3

的位置；当保险中介供给减少时，供给曲线 S_1 将移到 S_2 的位置。在既定的价格 P_0 下，当供给曲线从 S_1 移到 S_2 时，供给数量由 Q_1 变为 Q_2；当供给曲线 S_1 移到 S_3 时，需求数量由 Q_1 变为 Q_3。由此可见，供给数量的变化并不是由价格引起的，而是由其他因素的变化导致了供给曲线的变化。例如，当保险中介的经营成本下降时，可能会增加保险中介的供给；反之，当保险中介的经营成本上升时，可能会减少保险中介的供给。

在需求不变的情况下，保险中介供给的增加会使供给曲线右移，此时，均衡数量上升，均衡价格下降；反之，当保险中介供给需求减少时，供给曲线左移，此时，均衡数量下降，均衡价格上升（见图 4-14）。

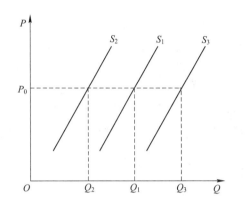

图 4-13　供给曲线变动对均衡价格的影响（1）

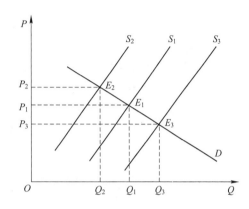

图 4-14　供给曲线变动对均衡价格的影响（2）

在图 4-14 中，假定需求曲线 D 不变，它和最初的供给曲线 S_1 相交于 E_1 点，此时均衡价格为 P_1，均衡数量为 Q_1。当供给曲线从 S_1 移到 S_3 时，均衡点变为 E_3，此时均衡价格上升为 P_3，均衡数量也增加为 Q_3。当供给曲线从 S_1 移到 S_2 时，均衡点变为 E_2，此时均衡价格下降为 P_2，均衡数量也减少为 Q_2。

在保险中介的供给上，也常常会出现市场价格偏离均衡价格的情况（见图 4-15）。

在图 4-15 中，首先假定需求曲线 D 不变，为 AB。D 和最初的供给曲线 S_1 交于 E_1 点，此时，均衡价格为 P_1，均衡数量为 Q_1。当供给曲线右移到 S_2 时，从理论上，均衡点应为 E_2，均衡价格应为 P_2，均衡数量应为 Q_2。但在现实生活中，往往出现消费量不发生变化，仍然为 Q_1，价格为 P_3，需求曲线演变为 AE_1C 的情况。在价格 P_2 下，供给量 Q_2 大于需求量为 Q_1，保险中介只能在市场中以较低的价格 P_3 销售其服务。例如，发达国家在保险业上升期，保险中介行业的利润率也很高，这就会吸引大

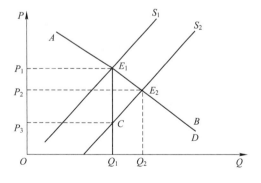

图 4-15　供给曲线变动对均衡价格的影响（3）

量的资金进入保险中介市场，保险中介机构/个人增多，保险中介服务的供给量扩大，于是出现了供给曲线右移的情况；而市场经过一段时期的发展后，达到了饱和，消费者的需求并不会因供给的增加而增加。于是，保险中介市场出现了供大于求的局面，保险中介主体之间

的竞争异常激烈，不得不以降低价格出售保险中介服务，以获得供给份额。

本 章 小 结

　　本章主要分析保险中介的供给、需求、供求均衡3个问题。保险中介的需求符合经济学对需求的基本定义，但也有其特殊性，即保险中介的需求具有双重性特点。保险中介需求受保险市场环境、保险人的经营方式偏好、保险产品的数量与结构等因素的影响。保险中介需求、价格弹性与佣金收入之间具有一定的相关关系。保险中介的供给同样符合经济学对供给的基本定义，具体包括保险代理供给、保险经纪供给和保险公估供给。保险中介供给受保险中介服务的价格、成本和技术难度等因素的影响。保险中介供给的价格弹性较大。和其他市场一样，保险中介市场是在趋向均衡的过程中发展变化，这种均衡受需求曲线、供给曲线变动的影响。

　　本章的重点是保险中介需求的含义及影响因素，保险中介需求价格弹性的特点；保险中介供给的含义及影响因素，保险中介供给价格弹性的特点；保险中介价格均衡的含义及影响因素。

　　本章的难点是保险中介需求的影响因素及价格弹性，保险中介供给的影响因素及价格弹性，保险中介均衡价格的形成和变动。

关 键 名 词

　　保险中介需求　保险中介供给　供给价格弹性　需求价格弹性　均衡价格　需求交叉弹性

思考题

1. 保险中介需求的含义及特点是什么？
2. 影响保险中介需求的因素有哪些？
3. 保险中介需求价格弹性的含义及其影响因素是什么？
4. 保险中介供给的含义及其影响因素是什么？
5. 保险中介的价格均衡是如何实现的？

第5章 保险中介的制度经济学分析

【本章导读】

区别于主流经济学，制度经济学抛开传统的以市场为轴心进行资源配置的经济分析方法，认为市场本身也是一种制度，它包括其他相关的社会制度复合体及其相互作用。本章首先对制度经济学理论的核心内容进行简要介绍，然后运用制度经济学的基本原理提出保险中介的分析框架，最后从制度的基本构架出发，分析保险中介的正式约束制度、非正式约束制度及制度实施机制。

5.1 制度经济学及其基本假设

5.1.1 制度和制度经济学的定义

美国学者杰弗里·M. 郝奇森对制度的定义是：制度是通过传统、习惯或法律约束的作用来创造出持久的、规范化行为类型的社会组织。进一步地，制度范畴的内涵应当包括以下一些基本点。

（1）制度是人们习以为常的习惯或规范化的行为方式。它与特定的文化模式和社会过程密切相关，这是制度的主要表现形式之一。

（2）规则是制度的另一核心内容。它的主要特征是具有强制性或约束性，并主要由法律、法规、组织安排和政策来表现。

（3）制度带有明显的集体决定意识倾向和历史、文化的继承性特征。

制度经济学是把制度作为研究对象的一门经济学分支，它研究制度的构成和运行，制度对经济行为和经济发展的影响，以及经济发展如何影响制度的演变。

制度经济分析是观察和理解人类经济活动或经济行为的最重要的范式之一，它将对越来越多的引导经济事务的具体制度安排提出自己的真知灼见，并且为改变这些制度安排以增强经济效率提供理论基础。

5.1.2 制度经济学的研究对象

制度经济学的研究对象是"经济制度"的产生、发展及其作用，即主张以"历史起源的方法"研究"经济制度"的产生、发展及其作用，以此了解当前的社会经济及其发展趋势。制度经济学的早期代表人物凡勃伦把制度归结为在人们主观心理的基础上产生的思想和习惯，认为制度本身就是由"为大多数人普遍接受的固定的思维习惯"所组成，并用这种心理和精神支配的一般制度来代替社会经济制度。在他看来，思想和习惯是逐渐形成的，因而制度也有一个历史进化的过程，但制度的本质是不变的，改变的只是制度的具体形式。由此可见，凡勃伦制度经济学的研究对象是：①研究由现有社会动机决定的社会集团的行为和思想；②考察社会发展条件的更替、经济技术和制度的演变。

新制度经济学派承袭了凡勃伦的基本思想，认为制度只是人类本能和外界客观因素相互制约所形成的和广泛存在的习惯。现实的"经济制度"只不过是心理现象（风俗、习惯、嗜好、伦理、道德）的反映和体现，起决定作用的是法律体系、人们的心理，以及其他非经济因素。所有这些都是新制度经济学派的研究对象，这使得他们的研究对象超出了传统经济理论的范畴，更接近于社会学。

5.1.3   制度经济学的基本假设

科斯指出，当代制度经济学应该从人的实际出发来研究人，因此制度经济学对人的行为假定不同于传统经济学，更接近于现实。

（1）人的有限理性假设。人的有限性（bounded rationality）是由 K. 阿罗引入的一个原理，用他的话说有限理性就是人的行为"既是有意识地理性的，这种理性又是有限的"。人是想把事情做到最好，但人的智力是一种有限的稀缺性资源。由于环境的不确定性，信息的不完全性，以及人的认知能力的有限性，使得每个人对环境反应所建立的主观模型也就大不一样，从而导致人们选择上的差别和制度规则上的差别。这就说明，外部环境的不确定性与人的智力也是一种有限的稀缺性资源的结合，是制度设立的一个重要原因。

（2）人的机会主义行为倾向假设。新制度学派认为，人在追求自身利益的过程中会采用非常微妙隐蔽的手段，会耍弄狡黠的伎俩。由此可以得出一个基本结论：如果交易——协约双方仅仅建立在承诺的基础上，那么未来的凶险是很大的。或者说，协约双方虽然都作了承诺，签署了协议，但此后的实践却未可预知，而制度可以在一定程度上约束人的机会主义行为倾向。因此，人的机会主义行为倾向也是产生制度的一个重要来源。

5.2   从制度经济学角度分析保险中介

传统经济学把制度作为给定的前提，侧重于经济数量关系的分析，制度经济学则以制度为框架研究人们的经济行为及经济运行机制。以制度经济学作为理论依据来分析保险中介制度，有助于从经济、社会、历史和文化的更广阔的分析视角，去把握保险中介作为一种制度安排的内在制约因素，从而更全面地把握保险中介制度的运行轨迹及未来的发展方向。

5.2.1   交易费用的存在是保险中介产生的制度根源

根据制度经济学理论，一种制度的产生是出于节省交易费用这样的目的。交易费用理论是科斯提出来的，他认为交易费用是市场机制的运行成本，即获得准确的市场信息所需要付出的费用，包括提供交易条件的费用、发现交易对象的费用、讨价还价的费用、订立合约的费用、执行交易的费用、维护交易秩序的费用等。威廉姆森则把交易费用分为两部分：①事先的交易费用，即为签订契约、规定交易双方权利和义务等所需要的费用；②事后的执行费用，即签订契约后，为解决契约本身所存在的问题、从改变条款到退出契约所需要的费用。

交易费用理论中所涉及的各种交易费用在保险交易中都不同形式地存在。例如，事前起草保险协议、就交易条件和细节进行谈判、在交易完成过程中维护交易各方的利益，以及事后的各种调整和适应机制，特别是可能出现的被保险人不能合理获赔等，这些问题的产生都不同程度地与不对称的信息条件有关，解决它们也不可避免地要支出费用。保险中介正是具有保险信息和专业优势的市场主体，他们充当了保险人和投保人之间信息沟通的桥梁，最大限度地减少了保险市场存在的信息不对称现象，降低了保险交易双方可能发生的逆向选择和道德风险，优化了保险市场的主体结构，提高了保险市场的资源配置效率。

5.2.2　经济、文化环境是保险中介产生的制度基础和条件

保险中介最初起源于发达的资本主义国家英国，商业的繁荣使得保险需求迅速膨胀，于是出现了劳合社经纪人。然而，为什么保险中介最初产生于英国，而不是日本或中国，这是有其深刻的制度原因的。保险中介的产生与发展取决于商业保险的发达，商业保险的发达又取决于一国的政治制度、经济发展状况、社会保障制度等总体因素。因此，保险中介不仅产生于欧洲工业经济、商业贸易发达的英国，并且盛行于资本主义经济繁荣的欧美其他国家。从世界各国保险中介的发展状况来看，保险中介体系健全、制度比较完备的国家和地区都是经济发展水平较高、商业保险发达的国家和地区。

然而，保险中介的具体发展模式还受制于在既定背景下形成的各种习俗、传统与观念的影响，受制于社会心理、家庭模式及文化冲撞等诸多因素的共同作用。例如，保险经纪人发端于商业文化意识浓厚的英国，并久而久之形成了一种习惯性做法；而日本及我国台湾地区受崇尚集体权威的传统文化意识影响，更容易接受保险代理人这一形式。

5.2.3　保险中介的产生与发展实质是制度的创新与变迁

制度创新和变迁可以理解为一种更有效益的制度的生产过程，只有当通过制度创新可能获取的潜在利润大于为获取这种利润而支付的成本时，制度创新与变迁才可能产生。因此，保险中介在最初产生时，就是一种制度创新。在英国早期的海上保险中，正是由于保险人与投保人之间信息的不完全和不对称，客观上存在着提供信息与服务这样一种潜在利润，才催生了保险经纪人，并使这种潜在的外部利润转化为内部利润。之后，随着商业保险在各国的普及与繁荣，对保险中介服务种类、内容的需求越来越多，随之而来的各种危害保险双方利益、扰乱保险市场秩序的不规范行为也越来越多。于是，保险中介制度开始了自身的不断变迁与完善，从最初只有保险经纪人发展到由保险代理人、保险经纪人和保险公估人，甚至还有律师、会计师、精算师等共同组成的保险中介主体架构，从最初的不规范、无规则发展到包括法律、政府、行业组织、保险中介自身，以及社会舆论的多层次、多方向的监督管理体系，保证了保险中介市场的健康、良性发展。同时，随着社会经济文化的不断发展和变迁，保险中介也将不断地进行新的制度创新和变迁，以适应新的社会需求。

5.2.4　保险中介制度是可以移植的

根据制度经济学理论，制度由正式约束和非正式约束构成，并且在一定条件下是可以移

植的。正式约束是指人们有意识地创造的一系列政策法规，包括政治规则、经济规则及契约，以及由这一系列的规则构成的一种等级结构，从宪法以成文法和不成文法，到特殊的细则，最后到个别契约，共同约束着人们的行为，其产生和变化可以在一夜之间发生。非正式规则是指人们在长期交往中无意识形成的价值观念、伦理规范、道德观念、风俗习性，以及出于核心地位的意识形态等，有着持久的生命力，构成了代代相传的社会文化的一部分。这两种规则既相互区别又相互联系，共同约束着人们的行为，影响着经济的发展，但是正式约束只有在与非正式约束相容的情况下才能发挥作用。从制度的可移植性来看，在特定条件下，一些正式约束，尤其是那些具有国际惯例性质的正式规则，可以从一个国家移植到另一个国家，以降低制度创新和变迁的成本；而非正式约束如意识形态、文化习俗等，由于其内在的传统根性和历史积淀，其可移植性就差得多。因此，在一个新兴发展国家或经济起飞国家进行保险中介的制度创新，可以借鉴甚至直接引进保险中介发达国家和地区的成熟做法，如法律、法规制度的建设，社会评价、约束机制的建设等，以减少制度创新过程中的弯路。当然，在一种文化背景下形成的规则，在另一些文化背景下未必适用，所以制度移植必须考虑当地的历史、文化及社会环境，必要时应当作适当的修正和摒弃，否则效果可能会适得其反。

5.2.5　保险中介制度的初始模式选择非常重要

新制度经济学认为，初始制度一旦形成，就存在一种报酬递增和自我强化的机制，这一机制会使制度变迁沿着原有的路径和既定方向前进，并在以后的发展中得到自我强化，即出现所谓的路径依赖。路径依赖形成的深层次原因是利益因素，即一种制度形成后，会形成某种在现存体制中有既得利益的压力集团，他们对这种制度有着强烈的需求和依赖，力求巩固现有的制度路径，阻碍进一步的改革。由此可见，路径依赖对制度变迁有重大影响，初始的制度选择会强化对现存制度的刺激和惯性，既得利益集团会极力巩固现有制度，即使新制度比原有制度更有效率。因此，一个国家和地区保险中介制度的初始模式选择非常重要，选择适当，会提高保险市场的交易效率，促进保险业的发展；选择不当，会造成市场资源配置效率的低下，阻碍保险业的发展。

阅读资料

保险营销员面临制度困境，独立代理人路在何方？

1992年，保险代理人由友邦保险引入中国，从此成为保险业多年高速发展的原动力之一。公开数据显示，保险营销员主要活跃在人身保险领域，实现的保费收入占比约50%。随着保险市场的不断扩大，保险营销员规模也从最初的30人发展到今天的800万人。公开数据显示，2014—2017年，我国寿险公司平均增员率（当年新增人力/年初规模人力）约为80%，同时脱落率（当年脱落人力/年初规模人力）约为60%，增员率高于脱落率，因此行业规模人力大幅增加。自2015年8月保险营销员资格考试取消以来，从业人数增长迅速。2017年，我国保险代理人（主要是寿险营销员）约为807万人，占总人口比例约0.58%。

然而，保险营销员制度始终"毁誉参半"。除了保险营销员"大进大出"、身份不明、诚信缺失等给行业发展带来的负面影响外，这种模式给保险营销员自身带来的弊端也是显而易见的。现有的保险营销员制度是在严密的金字塔组织下，构建起一个完整的销售体系，同时也产生了层层叠叠的利益阶层，随着金字塔本身的不断发展壮大，逐渐形成了难以突破的利益格局。这种利益分配方式调动了组织中每一个人的增员积极性，维系了金字塔结构的稳定性，但也导致了一线销售人员保费贡献与佣金收入的严重不匹配[1]。

独立代理人模式，被视为打破现有保险营销员金字塔式利益格局的一种新模式。在2018 年 7 月发布的《保险代理人监管规定（征求意见稿）》中，首度明确了"独立个人代理人"的概念，即不依托任何团队的个人保险代理人[2]。这样，保险公司与一个个独立代理人直接对接，金字塔式的组织结构不再，取而代之的是一种扁平化的管理模式，原有的利益格局将被彻底打破。

但是，在很多业内人士眼中，这显然过于保守了——独立代理人如果依然专属于某家保险公司，其与专属代理人又有何区别？在《保险代理人监管规定（征求意见稿）》出台之前，业内援引国外"独立代理人"的定义多是基于美国的保险中介体系，即具有独立法律地位、可以同时代理多家保险公司保险业务的保险代理人。相对于美国的独立代理人，专属代理人容易带有一定主观立场，不排除"王婆卖瓜，自卖自夸"的可能性，剥夺消费者知情权、选择权的情况时有发生，尤其在保险公司过度重视销售、轻视理赔服务的环境下，销售误导现象难以消除。

当然，专属代理人和独立代理人各有价值。专属代理人能够为投保人提供更加深入、更多环节的服务，独立代理人则能为投保人提供更多样化的选择。独立代理人可能短时间内会对保险公司业绩造成一定冲击，但从长远看会增加保险市场的活力。

资料来源：作者根据公开资料进行整理.

5.3 保险中介的正式约束制度

制度是一个社会的游戏规则，或者更规范地说，是为了解决人们的相互关系而人为设定的一些约束和机制，包括正式约束、非正式约束和实施机制。保险中介的产生本身就是一种制度创新，同样需要进行包括正式约束、非正式约束和实施机制在内的制度建设，以促进和推动保险中介的良性发展。

保险中介的正式约束是人们有意识创造的一系列政策法规，包括政府制定的法律、法规、规章等，是保险中介制度的核心内容。

5.3.1 保险中介法的性质、构成及创设原则

保险中介法是形成正式约束的条件和基础，是对保险中介参与保险经营活动所发生的社

---

〔1〕 北大汇丰风险管理与保险研究中心和保险行销集团保险资讯研究中心联合发布的《2018 年中国保险中介市场生态白皮书》显示：约一半的保险营销员月收入在 6 000 元以下，月收入 2 万元以上的仅占 9.2%。

〔2〕 根据银保监会发布的《保险代理人监管规定（征求意见稿）》，个人保险代理人分为团队型个人保险代理人和独立个人保险代理人两类。团队型个人保险代理人是指与其他个人保险代理人组成团队，接受团队的组织管理的个人保险代理人。独立个人保险代理人是指不依托任何团队的个人保险代理人。

会关系进行调整的相关法律、法规的总称。通过保险中介法律体系的建设，可以从市场准入与退出机制、执业行为规则、风险保障等方面对保险中介进行约束与规范。

1. 保险中介法的性质

从法律性质上，保险中介法并不是经济法，而应该属于商事法范畴。这是因为经济法主要调整因国家制度干预经济活动而发生的经济关系，在调节机制上强调以全社会的名义对国民经济整体进行调节，侧重于社会整体利益，旨在维护公平的竞争秩序，为所有商事主体创造平等进入市场和公平竞争的环境，属于公法；而商事法主要调整商事关系及经济主体之间的经营关系，在调节机制上强调意思自治、当事人地位平等，侧重保护商事主体的合法利益，具有私法性质。

从保险中介法的调整内容看，符合商事法的特征，具体表现在以下 4 个方面。

（1）保险中介与投保人、保险人之间的关系是一种平等的、为了谋取手续费等中间利益而形成的一种社会关系，因而是一种典型的商事关系。

（2）保险中介主要规范的是保险中介从业人员或机构的违规行为，属于私法。

（3）保险中介法的目的是保护保险中介、投保人与保险人的合法利益，促进保险市场规范化，因而与经济法的公共职能有所区别。

（4）保险中介法强调保险中介的自我调节，使自律与他律有机结合。

2. 保险中介法的构成

保险中介法由以下 3 个层面的内容构成。

（1）保险中介组织法。保险中介组织法主要对保险中介组织的设立、经营、管理、监督、破产、解散和清算等作出规定，明确保险中介组织的形式，确立保险中介的市场准入、延续和退出机制。

（2）保险中介合同法。保险中介合同法主要规定保险代理合同、保险经纪合同、保险公估合同的订立、履行、变更、解除、终止，以及纠纷处理等事项，目的是明确各方当事人之间的关系，维护彼此的权利和义务。

（3）保险中介行为法。保险中介行为法主要规定保险中介的执业范围、行为准则、惩戒处罚等内容，目的是规范保险中介的市场行为，维护委托人及第三方的利益。

3. 保险中介法的创设原则

保险中介的立法还应遵循以下原则。

（1）统一性原则。保险中介法与作为根本大法的宪法和基本法律的民法、刑法、行政法等是一个有机统一的体系，都属于调整各种社会经济关系的法律规范。因此，要注意立法的统一性，避免出现不同法律之间的冲突和矛盾。

（2）系统性原则。保险中介的法律规范是一个严密的系统工程，国家立法机关应根据保险中介市场的各个环节、各个方面的不同调整需要，制定不同部门、不同层次的法律并确保其协调一致，具有相应的可操作性。具体而言，就是既有国家统一适用的法律，又有各职能部门制定的适用于特定范围的法规；既有国家立法机关制定的全国性法律规范，又有地方立法机关依立法职权制定的地方性法规；既有实体法律规范又有程序性法律规范，构成一个多层次、全方位的保险中介法律体系。

（3）国际化原则。随着全球的经济一体化，各国的保险中介也逐渐成为世界经济的组成部分。因此，各国必须在不损害国家主权和利益的前提下，接受和适用国际市场中通行的国际规则或国际习惯，在保险中介法的制定上尽量做到与国际接轨。

总之，立法部门在创设保险中介法时要注意其严密性、灵活性、协调性与可操作性，这样才能形成一个提纲挈领、纵横有序、规范严密的中介法律规范体系，并使这种规范之下的保险中介制度，既处于国家宏观调控之下，具有较强的时代性和稳定性，又具有一定的超前性，能及时反馈经济生活的变化。

5.3.2　保险中介的市场准入制度

保险中介的市场准入制度，包括保险中介机构的准入和保险中介从业人员的准入。市场准入制度的建立是保险中介业务健康稳定发展的保证。

1. 保险中介机构的市场准入制度

保险中介机构的市场准入制度是指对新设保险中介机构的批准制度。保险中介机构直接面向社会公众，服务质量和信誉极为重要，因此在市场准入环节必须严格把关。从保险中介业务的性质看，保险中介机构包括保险代理机构、保险经纪机构和保险公估机构。从保险中介机构的资本构成看，保险中介机构包括本国保险中介机构、外国保险中介机构和合资保险中介机构。制定保险中介机构的准入制度，应充分考虑本国的制度环境。在不同业务性质的保险中介机构的准入方面，应与所选择的中介模式相适应。在对保险中介公司的数量控制方面，应与本国保险中介业务的需求情况和市场状况相适应。

保险中介的组织形式可以多样化，既可以采取股份有限公司和有限责任公司形式，也可以采取合伙制和个人形式。在保险业发达的西方国家，合伙制和个人制的保险中介普遍存在，这是因为保险中介本身更强调服务的专业性和技术性，对资金实力、资产规模的要求相对而言并不严格。合伙制、个人制的保险中介虽然资金实力较弱，经营规模难以扩大，但内部组合稳定、设立方便、经营灵活，更能适应技术性强或专业性高的经营活动。当然，以什么样的组织形式为主，与本国的保险业发展水平、人们的保险意识、法制完善程度等密切相关，并不能一概而论。目前，我国仍处于保险业发展初期，市场环境、法律环境都不成熟，应以公司制的保险中介为主，这样才更有利于保险中介市场的规范化发展。

保险中介机构的设立，有的国家实行登记注册制度，如日本的保险经纪人只需要向大藏省登记就可营业；有的国家则实行许可证制度，即必须由保险监管机关对保险中介机构的设立进行核准，颁发许可证之后方可营业。我国法律规定，凡从事保险中介业务，必须获得监管机关的批准，领取经营保险中介业务的许可证，并在工商部门注册登记。保险中介机构的设立程序，应根据相关法律如《公司法》的规定制定。

监管机构在新设机构的审批过程中，应避免主观臆断，制定科学的保险中介市场机构准入条件。一般应包括保险中介机构的资本金及其构成、中介机构的管理人员和业务人员的资格、营业场所、公司章程；对外资保险中介机构的准入条件包括资信情况、经营中介业务的年限，以及公司的资产规模和最近资产负债情况等。此外，还应设立保险中介资格评审委员会，根据保险中介机构的业务规模、财务状况、执业守法情况，如有无违规、违纪甚至被罚记录，是否受到客户投诉及次数等来评估其等级，由保险中介评审委员会根据不同资格等级授予保险中介机构相应的权限，权限内容可以包括保险产品种类、保险金额等。

2. 保险中介从业人员的市场准入制度

保险中介从业人员的素质是保险中介机构赖以生存和发展的基础。因此，保险中介从业人员市场准入的主要方式就是实行等级考试和资格认定制度，其具体要求如下。

（1）应该明确什么人需要参加资格考试。并非保险中介机构内所有的从业人员都必须参加资格考试，只有直接从事保险中介服务，面对客户进行咨询、解释、销售、查勘等工作的人员才必须参加相应的考试，并持有资格证书，否则，即属违法。相应资格的取得可以通过3种方式：①取得规定的国际或国内知名保险资历身份的，经过确认即可获得相应的从业资格；②通过统一的资格考试取得相应的从业资格；③具有相关专业技术资格，经过相应的保险知识培训后可以取得保险中介的从业资格。

（2）保险中介从业人员的资格认定，应当实行分级、分类考核制度。划定不同层次的保险中介从业人员不同的业务范围、手续费率水平，可以体现层次化、职业化的要求，促进保险中介从业人员在从业过程中不断提升业务水平。

具体而言，保险代理人应分为产险和寿险两种类别的考试。对从事寿险代理的保险代理人还要根据所代理的产品类别进行分级考试，即从事一般寿险产品销售代理的保险代理人只需取得初级寿险代理资格，考试内容也只需测试一般保险业务及产品知识，保险法律、法规知识及一般营销知识；从事投资类保险产品销售代理的保险代理人在取得初级代理资格之后，还必须进一步取得高级代理资格，考试内容则必须在初级代理资格考核基础之上再增加有关投资型保险产品知识，金融投资知识和金融法律、法规知识的考核。对保险代理人实行分级分类考核，不仅能满足各种消费层次的需要，还可以减少因代理人素质不高而产生的消费误导。

对保险经纪人也可以实行初级经纪人资格和高级经纪人资格考核制度。初级保险经纪人可以接受企业或客户的委托，根据客户的实际情况和需求进行产品询价，制订保险方案，为客户提供合适的产品和服务。高级保险经纪人可以针对企业和客户的特点，提供全方位的"一揽子"风险保障计划和服务，甚至还可以为企业提供风险评估与风险管理控制计划。

保险公估人同样可以根据专业类别和技术难度，实行分类、分级考试。当然，具体类别和等级的制定可以灵活、多样，根本目的是通过不同级别的考试和资格认定，为客户提供多层次的保险服务，满足消费者的不同需求。

此外，保险中介从业人员的资格认定，不仅应包括有关知识技能的测试，还应包括职业道德、信誉方面的考核和调查，如个人的资信、道德品质、有无犯罪记录、被投诉的次数、以前的工作情况等，以更全面地考察保险中介从业人员的综合素质。

（3）对保险中介机构的高级管理人员也要实行严格的准入制度。由于保险中介行业的特殊性质，保险中介的管理人员有可能利用信息优势，通过机会主义行为达到自身利益的最大化。因此，保险中介的管理人员除了要符合公司法对企业管理人员的有关规定外，还需持有相应的职业资格证书，具有较高的保险专业及相关专业学历，有较丰富的保险业务经验和企业管理经验，甚至需要通过保险监管机构的谈话、审查等程序要求。

5.3.3 保险中介的执业行为准则

制定严格的执业行为准则，规范保险中介的行为，是保护被保险人利益和维护市场秩序的必然要求，是维护行业信誉的重要保证。保险中介行为准则应包括各类保险中介的业务范围、执业规则和法律责任。

1. 保险中介的业务范围

保险中介的业务范围应根据本国的保险中介模式合理界定，避免保险中介因业务范围的交叉而抵消中介作用。一般情况下，保险代理人的业务范围是代理保险公司销售保险产品，一些规模较大、实力较强的机构保险代理人也可根据保险公司的委托代收保险费，甚至代理相关业务的损失查勘和理赔。保险经纪人的业务范围可包括为投保人拟订投保方案、选择保险人、办理投保手续；协助被保险人或受益人进行索赔；再保险经纪业务；为委托人提供防灾防损或风险评估、风险管理咨询服务等。保险公估人的业务范围包括保险标的承保前的检验、估价和风险评估；保险标的出险后的查勘、检验、估损和理算等。

2. 保险中介的执业规则

1) 保险代理人的作为和不作为事项

保险代理人的作为事项主要包括以下内容：获得合法的保险代理人资格及经营许可证；与所代理的保险公司订立书面委托代理合同；向客户如实说明自己的身份、业务范围、法律责任及所代理公司的真实情况；在解释所推荐的保单时，必须本着诚信、正直的态度，确保保单持有人明白所买保单的内容；向客户全面介绍所推荐险种的详细情况，特别是责任免除事项；必须向投保人说明欺诈、隐瞒事实或提供不正确资料的后果等；严格遵守保险代理合同中规定的义务及职业道德规范；必须对保单持有人或被保险人的所有资料绝对保密，除了投保的保险公司以外，不得向任何人披露保单持有人或被保险人的资料等。

保险代理人的不作为事项主要包括以下内容：与非法从事保险业务或保险中介业务的机构或个人发生保险代理业务往来；超出监管机构核定的业务范围和经营区域；隐瞒与保险合同有关的重要情况或不如实向投保人转告投保声明事项，欺骗投保人、被保险人或受益人；夸大保险责任范围、进行误导性宣传或作出保险合同之外的承诺；擅自变更保险条款，提高或降低保险费率；利用行政权力、职务或职业便利，以及其他不正当手段强迫、引诱或限制他人订立保险合同；向客户索要保险费之外的费用；挪用、侵占保险费；串通投保人、被保险人或受益人恶意欺诈保险公司等。

2) 保险经纪人的作为和不作为事项

保险经纪人的作为事项主要包括以下内容：获得合法的保险经纪人的资格及经营许可证；与委托人订立书面委托合同；独立于保险公司，站在投保人的利益上为投保人选择投保公司和投保险种；向客户全面介绍所推荐的保险公司及其险种的详细情况，特别是责任免除事项；在提供保险建议时，只能限于其可行使的业务范围内；保守在经营过程中知悉的当事人的商业秘密；开设独立的客户资金专用账户；对应解付的保费，须在约定的时间内进行解付等。

保险经纪人的不作为事项主要包括以下内容：与非法从事保险业务或保险中介业务的机构或个人发生保险经纪业务往来；超出监管机构核定的业务范围；超越授权范围，损害委托人的合法权益；伪造、散布虚假信息，或者利用其他手段损害同业的信誉；挪用、侵占保险费或保险金、赔款；向客户作不实宣传，误导客户投保；隐瞒与保险合同有关的重要情况或不如实向投保人转告投保声明事项，欺骗投保人、被保险人或受益人；索取佣金之外的回报或给投保人回扣；串通投保人、被保险人或受益人恶意欺诈保险公司等。

3) 保险公估人的作为和不作为事项

保险公估人的作为事项主要包括以下内容：获得合法的保险公估人资格及经营许可证；

与委托人签订书面委托合同；明确告知客户有关保险公估机构的名称、住址、业务范围、法律责任等事项；公正地对待委托人和相对人；保险公估报告必须由保险公估机构总经理、副总经理或合伙企业主要负责人签署方能生效；建立公估业务的详细记录；保守在经营过程中知悉的当事人的商业秘密等。

保险公估人的不作为事项主要包括以下内容：与非法从事保险业务或保险中介业务的机构或个人发生保险公估业务往来；超出监管机构核定的业务范围和经营区域；超越授权范围，损害委托人的合法权益；向保险合同当事人出具虚假的公估报告；收受贿赂、向客户索要额外的利益；伪造、散布虚假信息，或者利用其他手段损害同业的信誉；利用行政权力、职务或职业便利，以及其他不正当手段强迫、引诱或限制他人订立保险公估合同；串通投保人、被保险人或受益人恶意欺诈保险公司等。

3. 法律责任

法律责任是保险中介违反行为准则后的惩罚规则，是保证保险中介守法经营的必要的事后责任追究制度。制定保险中介的惩罚规则，应遵循违法成本大于违法收益这一原则，加大违法被发现后的惩罚力度，增加违法者的思想压力，从而减少违法数量。罚责应分别针对保险中介机构和保险中介从业人员制定，并根据违法的性质和造成后果的严重程度，将责任界定为行政责任、民事责任和刑事责任。惩罚方式应包括警告、没收违法所得、罚款、降低资格等级、限制业务范围、停业整顿、取消一定期限直至终身的保险中介从业资格、吊销许可证或从业资格证书等，构成犯罪的可追究其刑事责任。

5.3.4　保险中介的培训制度

在保险市场的运作过程中，保险中介的独特功能主要体现在专业技术服务、保险信息沟通、风险管理咨询、风险方案设计等方面。这种特殊的专业技术优势，使保险中介在保险市场中处于不可替代的位置。同时，保险中介服务尤其是寿险业务的中介，其服务往往是永续的。因此，保险中介的综合素质和服务质量至关重要，而这需要系统的培训制度来保障。

1. 培训的内容

保险中介的素质包括专业技术素质和职业道德素质，这是一项非常复杂的系统工程，不仅需要设立相应的资格考试制度，而且要制订详细、规范、循序渐进的长期再培训计划。具体来讲就是每年应安排一定课时的培训，培训内容包括专业核心课程和职业道德教育课程。

专业核心课程包括最新保险法律、法规知识，最新保险产品及销售技术，经济金融知识、投资理财知识及其他文化知识等。培训方式可以有多种，如聘请业内的资深专家作专题报告，与高校合作开办培训课程，同行之间举办交流研讨会，与国外研究机构、大学或同行进行合作、交流和学习等。通过这样的培训，可以使保险中介从业人员的保险业务知识，法律、法规知识，以及文化知识能随时得到更新，适应保险市场发展的需要。

职业道德教育主要是针对保险中介可能产生的各种危害保险人和投保人利益的各种机会主义行为，通过事前教育加强保险中介的诚信道德观，减少违法、违规行为的发生频率和危害程度，对保险业的发展起到正面推动作用。职业道德教育的方式也可以多样化，如聘请专家讲解如何树立正确的人生观、世界观和金钱观，以及达成人生理想的正确途径；召开各种形式的研讨交流会，用正反两方面的事例说明正确把握从事保险事业职业道德的重要性；行业内树立具有良好职业道德和操守的典范人物，宣扬恪尽职守、信誉至上的职业道德理念等。

2. 培训的制度

对保险中介的培训不仅要从法律上明确培训的内容，而且要制定规则保证培训制度的真正执行。一方面，要明确培训的时间，如法国规定保险代理人每年必须完成 200 小时的专业培训；另一方面，要明确培训的管理机构，各国视不同情况可以有不同的规定，如果行业自律协会的力量比较强大，可以由行业协会负责，否则可以由保险公司自行负责；另外还要制定相应的罚则，如没有完成规定的培训课程，就取消其执业资格等。

此外，针对保险中介逆向选择和道德风险的频频发生，立法部门应考虑提升该类规范效力的等级，以引起全社会对于保险中介职业道德的重视。同时，要明确规范的内容，防止含糊其辞。例如，明确规定保险中介应把公众利益放在个人利益之上，以诚信为本，树立客户利益至上的理念，本着最大诚信原则向社会提供周到的服务；要诚实遵守执业规则，不允许为追求个人利益和经济利益而妨碍正常的保险职业判断和保险技术运作；在展业过程中要以客观实际为本，严格禁止"误导"等。通过把提高保险中介职业道德素质的要求上升到法律水平，可以从根本上清除职业道德风险存在的根源，保证保险中介的服务质量。

5.3.5　保险中介的佣金制度

佣金制度是保险中介激励约束机制的核心内容。合理的佣金制度安排，能够最大限度促使保险中介的努力与收益成正比，使其有足够的动力遵规守约从事正当的保险中介活动，克服自己的机会主义行为倾向，从而实现个人目标与组织目标、代理人目标与委托人目标的一致性。

1. 保险中介佣金的结构和支付标准

合理的佣金结构和支付标准，既能调动保险中介的积极性，又能维护保险双方当事人的利益。不同险种、类别的保险中介应有不同的收费标准，佣金的最高限额应明确制定并公布。具体而言，可以根据不同的保险中介业务种类和不同的保险中介资格等级，实行差别佣金制度。

（1）根据保险中介的业务种类，确定不同的佣金标准。对保险代理人而言，团体业务的佣金率应低于个人业务的佣金率，期缴保费的业务佣金率应低于趸缴保费的业务佣金率，一般寿险业务的佣金率应低于投资类寿险的佣金率。对保险经纪人而言，应根据客户保险标的的技术难度、风险大小、金额高低确定不同的佣金水平，单纯地为客户安排投保与为客户提供全方位的风险管理计划的佣金率要分别制定。对保险公估人而言，应根据不同险种、出险的时间长短，以及保险公司所涉及的金额大小，并适当考虑保险公估准确性等因素确定佣金；对保险公估人的差旅费用、检验费用等应实报实销。

（2）佣金率与相应保险中介资格等级相匹配。佣金标准应体现不同层次保险中介的差别，即高级保险中介的手续费高于中级保险中介，中级保险中介的代理手续费高于初级保险中介，以最大限度地发挥佣金制度的激励功能。

2. 保险中介佣金的管理权限

从国际上看，市场监管比较宽松的国家，是由行业协会制定佣金标准，同时纳入监管部门的监管范围。这是因为行业协会会员是市场的第一参与者，对市场的反应非常敏锐、迅速，能够及时地根据市场的变化调整佣金标准，顺应市场的需要。同时，行业协会会员有共同的市场利益，能够通过自律行为，达到共同的利益目标，从而达到规范市场行为的目的。市场监管比较严格的国家，则由保险监管机关制定保险中介佣金标准的原则，并规定主要业务的佣金标准；保险同业公会根据该原则和本地的实际情况，制定具体的实施细则及具体标准，并给予保险公司适当的浮动权限。无论是哪种方式，保险监管机构和行业协会都是佣金制度的管理者和参与者，各国可根据本国的实际情况选择不同的管理方式。

3. 保险中介佣金的支付方式

根据国际保险惯例，保险代理人、保险经纪人的佣金一般由保险人支付，保险公估人的佣金由委托方（既可以是投保人也可以是保险人）支付。保险经纪人、保险公估人和一般业务的保险代理人的佣金通常采取一次性支付方式。长期寿险业务的保险代理人的佣金可以采取不同的佣金支付方式：①均衡或递减佣金制，即在整个保险期间或交费期间，保险公司每年按相同金额向保险代理人支付一次佣金，或者以逐年递减的方式支付佣金，一旦投保人退保，即停止支付；②佣金取缔制，即在规定期限（如一年）内退保的保单，保险公司不支付佣金；③保单续保率积分佣金制，即保险公司核保部门对签发的保单逐一进行评估，根据每份保单的考评积分及其对应的佣金率计算佣金额。采用上述佣金支付方式，可以促使长期寿险的保险代理人认真分析投保人的保障需求，如实告知保险条款，重视保单售后服务，减少逆向选择和道德风险等机会主义行为的发生。

5.3.6　保险中介的客户风险保障制度

由于保险中介市场上信息不对称现象的客观存在，保险中介就有可能受利益驱动而产生各种机会主义行为，这些行为造成的后果，或者是保险人利益受损，或者是投保人利益受损，或者是双方利益同时受损。作为投保人，尤其是自然人投保人，其购买的保险产品中有相当大一部分是长期性的人寿保险，一旦利益受损，对其影响往往是非常严重的。因此，有必要通过法律明确各种保护客户利益的制度，包括独立账户及财务审计稽核制度、营业保证金或职业责任保险制度、限制转投保制度等。

1. 独立账户及财务审计稽核制度

独立账户制度是指保险中介机构必须在本公司营运资金账户外，开设单独的客户资金专用账户或独立的保费代收账户，保险中介机构不得挪用、侵占该账户上的资金，并对需解付的保费在约定时间内解付。其目的就是防止保险中介机构将公司账户与客户账户混淆，发生保险中介机构挪用、侵占客户资金的风险。然而，这只是一种事前防范，还需要通过事后监督强化对保险中介的约束。具体而言，就是建立财务稽核审计制度，要求保险中介机构按规定及时向保险监管部门报送有关报表、资料，并且报送的各类报表、资料应当真实、准确、完整，有公司法定代表人或其授权人签名，并加盖公司印章；每一会计年度结束后的一定期限内应向保险监管机构报送符合要求的会计师事务所为其出具的审计报告及其他有关事项的说明。

2. 营业保证金或职业责任保险制度

营业保证金或职业责任保险制度是为了防范保险中介由于疏忽、过失甚至故意而产生的各种违法、违规行为，导致投保人及被保险人的合法利益受到损害，通过事后补偿以使这种损害降到最低程度的一种财务安排制度。这项制度的具体内容一般包括规定缴纳营业保证金或购买职业责任保险的时间，通常应当在被批准开业之前或开业后不久，并将其作为是否可以正常开业的条件之一；规定营业保证金或职业责任保险的金额，通常以注册资本金的一定比例或上年佣金收入的倍数来确定，但最低不得低于某个数额，如果保险中介认为有必要，也可以自愿安排高于最低限额以外的保障；规定不经保险监管机构批准，不得动用缴存的营业保证金，以切实起到保障客户利益的作用。

3. 限制转投保制度

限制转投保制度主要是针对个人保险代理人的规定。因个人保险代理人的流动性较大，当其从一家保险公司转向另外一家保险公司时，往往会对客户施加影响，劝告客户转投新公司。这种转投行为，尤其是在人寿保险中，无疑会损害投保人的利益，因为新保险公司需对投保人重新进行风险评估，如果此时投保人的风险不符合新公司的承保要求，该投保人就会得不到风险保障；即使新公司可以接受，在旧保单解除后到新保单生效时仍有一定的空档，在这段时间内，投保人（被保险人）的利益得不到保障。因此，在保险中介法律中应明确对转投行为的限制，规定新保单的转换期限，要求客户在购买新保单而结束旧保单之前填写保障声明，以发现不良替代保单。如有不良替代保单发生，新公司应取消该代理人的资格，并报监管机构备案。日本的相关法律规定，如果投保人是另一家保险公司不当行为（无恰当理由的转投）的受害者，且其投诉的对象是最后投保的一家保险公司，则先前的保险合同继续有效。新加坡也规定，加入另一家保险公司的保险代理人在其结束与原保险公司关系之后的两年内不得将原保险公司的保单转投给新保险公司。

5.3.7　保险中介的市场退出机制

市场退出机制是市场经济体系的有机组成部分，当一个市场主体不能实现社会资源的优化配置，甚至破坏社会资源配置，进而损害市场的竞争秩序、效率和公平，并超出了法律所允许的限度之时，就必须坚决地给予退出，这样才能保证市场运行机制的合理性、科学性、完整性。保险中介机构以技术与服务为生存和发展的特征，决定了必须最大程度利用市场机制进行调节，只有通过竞争才能有效地提高其整体技术含量和服务水平。因此，必须建立一个透明、畅通的市场退出机制，促进保险中介主体的优胜劣汰，维护市场的良性循环。

1. 保险中介机构的市场退出机制

保险中介机构的退出方式一般有解散、撤销、破产 3 种。有效的退出机制，取决于是否有合理的市场退出条件。解散条件一般是公司章程规定的营业期限届满，或者所规定的其他解散事由出现，由股东会议决定解散；或者因公司合并、分立需要解散。撤销是保险中介机构违反法律和行政法规被依法责令关闭。破产是保险中介机构不能清偿到期债务。保险中介机构解散、撤销、破产后应进行清算。

保险中介机构的市场退出应包括强制退出和自动退出。强制退出是指保险中介监管机构将不符合经营条件的保险中介机构清除出保险市场，如对违法经营的保险中介机构予以撤销，对不能清偿到期债务的保险中介机构依法宣告破产。强制性退出的条件一般是保险中介机构严重违反国家的法律、法规和政策，违背诚信原则，欺骗保险人、投保人等。自动退出是指保险中介机构自愿退出保险中介市场，如股东会议决定解散公司。自动退出不同于强制性退出，是保险中介机构根据自身情况作出的选择。自动退出影响保险人、投保人等保险关系人的保险活动，应获得保险中介监管机构的批准。

保险中介机构的退出制度要体现审慎性和公平性原则，可以通过加强对保险中介机构的非现场监管、分类评级，以及处罚听证制度建设，实现平稳有序地退出，使严重违规者的退出有理有据，体现法制特点。

此外，市场退出机制还要具有可操作性，避免制度的笼统和含糊，提高市场退出的有效性。例如，在新加坡，保险代理机构按其存在时间的长短，分别享有30天、60天、90天的保险费滞留期限，期限届满经催告仍不向保险公司解付保费的，将一律被监管当局吊销牌照。同时，牌照被吊销后不得再为其他保险公司代理业务。在这样详尽明确的规定之下，违规者鲜有其人。

2. 保险中介从业人员的市场退出机制

保险中介从业人员的市场退出也包括自动退出和强制退出两种方式。自动退出是指保险中介从业人员自愿离开保险中介行业，或者因资格证有效期满或任职时间届满退出保险中介市场。自动退出的条件主要是对各类保险中介资格证书规定有效期，促使保险中介从业人员不断更新业务知识，满足保险中介业务发展的要求。保险中介机构高级管理人员在任职期满而未获得连任时，其高级管理人员身份消失，但仍然可以保险中介从业人员的身份从事保险中介业务。

强制退出是制度约束的重点，主要是规定退出条件。对于一般保险中介人员，应规定相应的行为规范和职业道德，如果违反了这些规则，应吊销其保险中介资格证书，并且规定不能再参加中介资格考试，永久不得从事保险中介业务。这些违反规则的行为包括利用职权或不正当手段，强迫、引诱、限制他人订立保险合同；超越授权范围，损害委托人的合法权益；伪造、散布虚假信息，或者利用其他手段损害同业的信誉；挪用、侵占保险费或保险金、赔款；向客户作不实宣传，误导客户投保；串通投保人、被保险人或受益人恶意欺诈保险公司；向保险合同当事人出具虚假的公估报告等。

对于保险中介机构的高级管理人员，如果有下述违法行为，应根据情节轻重及其后果，取消其一定期限内直至终身的任职资格。这些违法行为包括违法经营、超出业务范围经营或其他违规、违章经营造成较大资产损失；有意损害客户的合法权益，向客户索取各种名义的回扣或其他与正当业务无关的利益；长期经营管理不善，内部管理与控制制度长期不健全或执行监管不力，造成连续性的严重亏损；收入业务活动造成重大资产损失，或者导致发生重大金融犯罪案件等。

5.4   保险中介的非正式约束制度

非正式约束是指在社会发展过程中通过人们长期交往所形成的伦理规范和风俗习惯等。由于保险中介是以诚信作为基本行为准则的，因此，保险中介的非正式约束实际上就是建立一种遵规守约、诚信重诺的商业文化，并使之成为人们的自觉行为，从而促进保险中介的健康发展。这种遵规守约、诚信重诺的商业文化氛围可以通过一系列的制度建设来实现。

5.4.1   保险中介的训导制度

市场经济是一种信用经济，诚信为本是市场经济的重要内涵，任何不守信用的行为，都要为此付出应该付出的代价，因此，诚信原则是市场经济的基本经营原则。在保险经营过程中，保险中介是保险人与被保险人之间信息来往、保险业务交易的桥梁和纽带，其职能是沟通保险人与被保险人之间的关系，促成保险交易的完成。保险中介不仅自己要遵守诚信原则，准确地理解和传达保险交易双方的意思表达，而且负有帮助、监督保险人和被保险人遵守诚信原则的义务。因此，诚实守信对保险中介具有特殊的意义，不仅是保险中介最基本的职业要求，而且是其处世立身的基本准则之一。

训导制度是在法律规定的最低培训要求的基础之上，由保险中介自身或同业协会开展的一个纯粹单向性的说服制度，其效果取决于道德和情感对增强理性的作用。通过训导制度的建立，可以对保险中介从业人员进行宣传、灌输、说服、指导、劝告、信息沟通，激发其个人能量和职业热情，促使其形成以诚立业、以信取人的行为偏好，做到言行之间的统一，前后言行之间的统一，言论与言论所反映的对象之间的统一。在训导教育中，要将保险中介的职业道德作为训导重点，制订详细周密的训导计划，注重训导的实效，避免流于形式，过于程序化。

通过训导教育，应该达到以下效果。

（1）树立正确的中介价值观，即把保险当作传播爱的职业，既不会有"赚一票就走"的促狭心理，也不会因为要收取佣金而不好意思向人介绍保险，从而通过规范的经营手段向社会证明自己存在的真正价值，并在此基础上获得应得的商业利润。

（2）确立高尚的中介道德观，即在保险中介活动中充分考虑保险双方的利益，真正从保险双方的实际出发，做好牵线搭桥的工作，获得长久稳固的收益而非短期利益。

（3）树立良好的中介信誉观，即本着诚实守信，公正、公平、公开的商业原则开展保险中介业务，只有这样才能赢得客户和市场的信任。

5.4.2　保险中介的资信评级和信息披露制度

保险中介的资信评级是由资信评估机构对保险中介的资金、信誉、业务素质等进行评估，评估的对象主要是保险代理公司、保险经纪公司、保险公估公司，评估的客体不同于一般企业围绕筹资和偿债能力进行评估，而是重点围绕企业信誉，包括高级管理人员的素质、从业人员的专业技术能力、履约情况、客户投诉情况、市场业务量占有率等进行。根据评估的结果可以将保险中介划分为若干等级，并予以公告，让社会各个方面包括投保人、被保险人、保险人等了解保险中介的资信情况，增加其资信透明度。另外，针对个人保险中介主体及保险中介机构的从业人员，可以建立个人征信系统、保险中介从业人员不良行为警示系统，以及不同系统之间的联网工程，如信用登记、信用评估和信用监督等信用体系，以此来实现对保险中介从业人员的信用评级。

信息披露制度是通过全面记录并公开、公布保险中介有关执业水平与道德信誉等方面的信息，增强保险市场上的各相关交易方，以及社会公众对保险中介的了解，并在此基础上建立保险中介机构及从业人员的诚信状况的评价体系，形成一种社会监督的氛围，从而提高行业诚信意识，减少保险中介逆向选择和道德风险的发生。保险中介信息披露的内容，应当包括保险中介机构的技术实力、资信等级、市场知名度、信誉等情况，以及保险中介从业人员的个人资信、不良行为记录、是否有客户投诉及投诉次数等情况。

通过建立保险中介的资信评级和信息披露制度，可以起到以下两个方面的作用。

（1）能够让更多的人了解保险中介的经济实力、服务水平、技术水平及市场行为规范，消除保险市场买卖双方因保险中介加入后产生的信息不对称风险。这样既能保证保险人通过代理人、经纪人、公估人获得的关于保险标的风险的真实信息，也能保证投保人通过保险中介获得保险产品、保险公司的完整信息，从而保护保险买卖双方的利益。

（2）能够使失信者付出代价，压缩造假、行骗的空间，减少造假行骗的机会，同时使重诚实、讲信用的人能够获利。因为诚信是一种品牌，诚信本身就是一种有力的竞争和获利手段。在这种情况下，那些管理好、技术实力强、服务好的保险中介能更好地取得优质客户和大客户的信任，从而降低经营成本，提高以诚信为本进行保险中介活动的动力；而那些差的保险中介则很难取得客户信任，经营成本必然很高，从而增加其退出市场的压力。

5.4.3　保险中介的行业自律制度

与市场经济中其他行业的同业公会一样，保险中介同业公会（行业协会）的产生也是市场经济条件下竞争的必然结果，是根据国家法律、法规自发形成，独立于政府，中立于本行业团体、个人的社团组织。保险中介同业公会（行业协会）在贯彻有关法律、法规的基础上，根据行业特点制定自我管理、自我约束的行业自律守则，并通过自律守则形成保险中介的群体规范，产生保险中介的群体压力和内聚力，促进保险中介群体的沟通，提高保险中介的激励效率，最终推动保险中介市场的健康发展。

保险中介职业是一种规范的群体职业，确立保险中介企业内部的行为标准与行为准则，即所谓群体规范，并要求集体中的全体成员严格遵守，可以保持保险中介群体中个体行为的一致性。心理学家的研究证明，人们在共同生活、工作中，有一种对外界事物的经验格式化、模式化、标准化的倾向，当这种倾向确定下来时，便产生了群体的规范。保险中介群体规范一旦形成，便会对保险中介个体行为产生重要作用，即保持保险中介个体在言论、行动上的一致性，指导个体在保险市场上应该做什么或不做什么（行为导向功能），形成保险中介内部的评判是非善恶的价值标准。因此，保险中介同业公会（行业协会）应组织制定行业自律公约，明确保险中介应该始终以最大诚信原则为保险人和被保险人服务，不允许其为追求经济利益和其他个人利益而妨碍正常的保险职业判断和保险职业运作，并积极推进保险中介诚信体系的建设。与此同时，保险中介同业公会（行业协会）可依据有关法律法规和保险中介发展情况，组织制定保险中介行业的技术规范、服务标准和行规行约，限制不正当竞争行为，维护公平竞争的市场环境。

保险中介群体压力的合理运用，是减少保险中介群体行为与个体行为摩擦的重要方法。在管理学中，通常把群体规范对群体内个体成员心理上的强迫力量称为群体压力。保险同业公会（行业协会）可以制定自律惩戒制度，对于那些违反协会章程，损害投保人、被保险人和保险人合法权益，参与不正当竞争等，致使行业利益和形象受损的会员，按章程或自律公约的有关规定，实施警告、业内批评、公开通报批评、扣罚违约金、开除会员资格等惩戒措施，必要时建议监管机构依法对其进行处罚。另外，保险中介同业公会（行业协会）可以建立客户投诉制度，对消费者的申诉和控告，由专门的投诉部门负责调查，根据调查结果进行相应的处理，并保留案卷向监管部门备案，以此来提升保险中介的整体形象，加强社会公众对保险中介的信任。

保险中介群体的内聚力对群体内的成员是一种吸引力，对群体是一种向心力。保险同业公会（行业协会）通过行业集体价值观的教育，可以强化保险中介群体的内聚力，使该群体内气氛民主，个体成员之间关系融洽，并产生较强的归属感，个体成员更多地自动承担维护保险中介群体声誉的责任和义务，从而自觉保持个体行为与群体行为的高度一致性。同时，保险中介同业公会（行业协会）还可以起到协调保险中介人与保险人、投保人之间关系的作用，化解因业务竞争而出现的争议，减少行业内部的资源消耗，创造平等竞争的环境。[1]

5.4.4　保险中介的社会约束机制

保险中介作为一种特殊的商业活动，不仅是一种社会职业，也是现代经济生活中具有紧密行业性联系的社会群体活动。因此，再完善的法律、法规和行业管理规定也不可能将保险中介的所有行为完全包罗进去，还需要有社会道德标准对其进行一定的约束。这种约束是建立在社会公众包括保险市场交易的各方普遍具有较强的保险意识和法律意识基础之上的。

社会公众保险意识的提高是各种因素综合作用的结果，其中社会经济制度是非常重要的一个影响因素。例如，我国从计划经济体制转向市场经济体制的过程中，伴随着住房制度改革、医疗制度改革、教育制度改革、养老制度改革的推进，人们的风险意识逐渐增强，从原先对保险的一无所知、一无所求转变为主动了解和购买保险。同时，随着我国市场经济体制的完善，人们的收入水平不断提高，以前被压制的保险需求迅速增加并呈现多样化的局面。当然，保险意识的提高也可以通过加强宣传教育来实现。保险意识的增强最终会促进保险需求的增加，而市场的专业化分工又使保险中介必然成为保险市场的重要组成部分，充当保险交易双方的桥梁和媒介。因此，保险意识的增强必然会促进对保险中介需求的增加，而这种需求的增加又会进一步体现在对保险中介服务的质量要求上。在优胜劣汰的市场经济环境中，良好的服务会刺激人们的需求从而增加保险中介的收益，劣质的服务最终会导致消费者的离去直至丧失市场生存空间。因此，社会公众的保险意识是对保险中介非常重要的一种非正式约束。

社会公众法律意识的提高无疑也会增强对保险中介的约束力。在一个法制健全的社会环境中，诚信守约能够获得应有的报酬，违法、违约则要付出巨大的代价。因此，遵纪守法是每一个公民的行为准则，人们会自觉回避各种违反市场经济规则的投机行为。在对待保险中介上，人们同样会运用法律武器维护自己的合法权益，通过查询保险中介业务档案，投诉不法保险中介，甚至用提起诉讼等手段抵制种种损害自身利益的中介行为，从而督促保险中介依法诚信经营，放弃牟取自身短期利益的不良行为动机。在保险市场上，也存在少数投保人或保险人企图借助不良保险中介牟取私利的行为，如具有逆向选择风险的投保人与保险中介合谋损害保险人的利益，个别缺乏长远发展战略的保险人为了短期利益纵容保险中介的违法、违规行为，从而助长了不良保险中介的发展。在健全的法律制度环境下，这些保险交易者的违约（法）成本会大于违约（法）收益，因此强化其法律意识会遏制这些不良行为的发生，反过来促使保险中介诚信守法经营。

5.5　保险中介制度的实施机制

如何使正式约束真正地贯彻执行，发挥外部引导和约束作用，并使非正式约束内化成为

〔1〕李洁. 中国保险中介发展研究. 西安：陕西师范大学 [D]，2002.

人们的自觉行为，关键在于制度的实施机制是否有效。根据新制度经济学的理论，制度实施机制的建立，根源于交换的复杂程度、合作双方的信息不对称程度，以及行为人的有限理性和机会主义倾向。保险交换的复杂程度高于一般商品，保险买卖双方的信息不对称程度较高，保险的射幸性极易扩张人们的机会主义倾向，因此，保险中介制度实施机制的建立尤为必要。保险中介制度的实施机制通常应包括 4 个层面：政府监管、行业自律、机构内部控制、社会监督。其中，政府监管是强化保险中介制度实施机制的核心力量，行业自律是保险中介制度正常运行的重要保证，机构内部控制是保险中介制度有效实施的基本保障，社会监督是保险中介制度规范发展的必要补充。

5.5.1　政府监管

1. 政府监管的必要性

在市场经济环境下，由于交易成本、人的有限理性、市场环境的不确定性和复杂性，以及信息传递的不完全、不对称等多方面因素的存在，市场机制并不能完全发挥其最优配置资源的功能，市场交易规则也不可能由参与竞争的诸多经济主体之间通过谈判来达成，即使在具有几百年市场经济传统的西方发达资本主义国家也是如此。因此，由代表社会整体利益并具有法律权威的政府来制定和维护公平竞争的市场交易规则就成为理所当然。

在保险市场上，各保险中介主体多以盈利为目的，在经营过程中必然表现出追求利润最大化的倾向。在这种动机的驱使下，其经营、控制行为是服从于自身经营目标的，与社会整体利益并不完全相同，在一定情况下有可能违背社会福利最大化的整体目标，从而导致市场失灵。因此，世界各国一般都制定了专门的法律、法规对保险中介的市场行为进行约束，并通过法律的形式赋予政府以权威和强制手段对保险中介进行监管，使政府成为保险中介制度顺利运行的核心力量。

2. 政府监管机构的设置

对保险中介的政府监管，没有必要设立专门的监管机构，可由保险监管机构统一进行。一般情况下，保险监管机构的设置分为两种情况：一种是设立直属政府的保险监管机构；另一种是在财政部、商业部、中央银行、金融管理局等直属政府的机构下设立保险监管机构。

由于各国具体的政治经济环境不同，各国的保险监管机构形式多样，不同国家有不同的称谓，甚至同一国家在不同时期的监管机构也不相同。例如，英国的保险监管机构是贸工部，负责对整个保险市场的监管，但寿险中介还要受财政部下属的证券及投资委员会的监管，对保险中介的监督管理主要是通过保险中介行业协会等自律组织来实现。美国实行的是双重平行监管体制。州政府监管较为发达，各州政府都设立保险局，保险局的工作由各州州长任命或参议院选举产生的保险监督官领导。全国有一个保险监督官协会，负责协调各州保险立法与监管活动，联邦机构不承担保险监管的主要责任。日本的保险监管机构是大藏省，大藏省银行局下设保险部，对各保险中介机构或个人的经营行为、财务状况等进行严格监管。1998 年日本成立了金融监督厅，接管了大藏省部分保险监管职能。其他一些国家的保险监管机构与上述国家的情况大同小异。中国的保险监管机构最初是中国人民银行非银行金融机构管理司的保险处。1995 年《保险法》颁布后，中国人民银行内部进行结构调整，成立保险司，专门负责保险市场的监管。1998 年 11 月 18 日，中国保险监督管理委员会成立，开始对包括保险中介在内的保险市场进行独立的监管。2018 年 3 月，对保险中介的监管又归属于中国银行保险监督管理委员会（原中国保险监督管理委员会撤销）。

3. 政府监管的目的

在健全的市场经济条件下，保险中介监管的第一层目标应当是保护被保险人的合法权益；第二层目标应当是维护公平竞争的市场秩序；第三层目标应当是维护保险体系的安全与稳定。其中，保护被保险人的合法权益是监管的核心目标。监管者应当紧紧围绕监管目标研究制定相应的监管法规和监管规章，明确监管内容。监管内容通常应包括：①市场准入监管，不允许先天不足的机构进入市场，防止潜在风险；②业务营运监管，督促已获准入的机构依法稳健经营，维护市场秩序，防范经营风险；③市场退出监管，监督经营不善或严重违规经营的机构依法按程序尽快退出市场，最大限度地减少市场波动，降低损失，维护被保险人利益和整个保险体系的安全稳定。

这里有以下两点需要注意：①维护整个保险体系的安全稳定是前两个目标的自然延伸，而不是独立的目标。因此，维护整个保险体系的安全稳定，不能以有损被保险人利益、抑制竞争和效率为代价。②维护保险体系的安全稳定，并不排除某些保险中介机构因经营失败而自动或被强制退出市场。监管者不应当也不可能为保险中介机构提供"保险"，因经营不善而倒闭破产，或者因违法、违规而被强制关闭，都是正常的和必要的。

4. 政府监管保险中介的特殊性

政府对保险中介的监管与对保险公司的监管在很多方面有共同之处，如在监管目标上，都以保护投保人（被保险人）利益为核心；在监管依据上，都要依法监管；在监管内容上，都包括市场准入、经营业务、财务状况和市场退出等几个主要环节；在监管手段上，都应当是现场监管和非现场监管相结合。但是，由于保险中介和保险公司的经营性质有本质的差异，所以对保险中介的监管应该是相对独立的，在监管内容和方式上必须与保险公司有所区别。

1）保险中介不同于保险公司

保险中介是依靠技术和劳务获取报酬的服务性行业，本身不对社会和公众承担相应的偿债和支付责任，不具备保险公司负债经营的金融业特征。保险中介机构的资产负债表的结构也非常简单，一般靠自有资金就可以支持企业所有资产，自求平衡，即使在特殊情况下偶尔需要借款，也是为了弥补暂时的流动性不足。因此，保险中介机构本身的偿付能力问题并不突出，即使出现问题，涉及面也很有限，不会直接引发系统性的金融风险和信用危机。

2）保险中介不同于一般的服务性行业

由于保险中介是连接保险公司和投保人、被保险人的桥梁和纽带，实际上是保险公司一部分功能的延伸，所以保险中介在市场上的行为表现，又直接关系到社会公众对保险公司乃至整个保险业的信任程度。如果保险中介行为不轨，甚至误导欺骗客户，就会侵害投保人和被保险人的利益，导致社会公众对保险公司和保险业的不信任。情况一旦严重和普遍，也同样可能引发保险业的信用危机。这一点在我国推行个人保险代理人的最初几年内体现得淋漓尽致，由于个人保险代理人的素质普遍较低，展业行为很不规范，引起社会公众对代理人及整个保险供给方的排斥和反感，极大地阻碍了我国保险业的正常发展。

由此可见，保险中介作为一种特殊的服务行业，也存在间接引发系统性风险的可能性，政府对保险中介监管的重点应该是其市场经营行为而不是其偿付能力。

5. 政府监管的方式

在对保险中介监管方式的选择上，各国根据市场经济及保险业的发育程度采取了或严格或宽松的监管方式。

英国是老牌的资本主义国家，保险业的发展相当成熟和开放，政府监管相对宽松，历史上曾采用过公示监管方式，即经营保险中介无须执照或其他特别批准，只需按正常方式取得公司登记或劳合社的会员资格即可。但由于保险中介经营性质的特殊性，公示监管方式难以真正有效地保障被保险人的利益而逐渐被放弃。2000 年，英国通过了《2000 年金融服务及市场法》，创立了金融服务监管局（FSA），对金融业（包括保险中介）实行统一监管，从而改变了原有的以行业自律为主的宽松的管理模式。金融服务管理局通过制定规则、组织培训、资格认定、对高级管理人员进行任职资格考核、监控市场、许可制度、处罚等方法和手段对保险中介市场进行监管，并由专门的执法部门对一些重大问题进行处理。

日本实行的是严格的实体监管方式，由大藏省和金融监督厅共同实施对保险业和保险中介的全面监管。大藏省及金融监督厅可以要求保险中介提供有关业务或财产的有参考价值的报告或资料，或者进入保险中介的办公场所，检查其账簿、档案、业务及财产状况，以及其他物品、事项，或者向有关人员提出质询。监管机构的检查基本上是无事先通知的突然袭击，检查周期因地域、业务而有长有短，检查时间通常是一个星期或一个月。若监管机构认定保险中介人的业务运营有危害投保人（被保险人）等利益的事实时，可在保护投保人（被保险人）等利益所需限度内，命令保险中介采取必要措施改善业务运营，情节严重的则责令其定期停止业务或吊销其登记许可证。

美国则介于英国和日本之间，实行了相对较严格的监管方式。美国州政府通过各州保险管理局对保险中介实行直接的监督和管理，并制定法律、法规对保险中介的组织形式、从业资格、业务范围、经营行为和佣金标准等进行规范。例如，大多数州都规定：保险代理人、经纪人和公估人若想从业必须通过相应的资格考试获得专业资格，并申请执照；代理人和经纪人若违反保险法或其他法律、准则时，各州法律均规定要处以经济处罚或吊销执照。每个州还由一名保险监督官负责监督保险法的执行情况。联邦政府则通过全国保险监督官协会（NAIC）来对全国保险中介业的情况进行协调。

目前，我国采取的是实体监管方式，中国银行保险监督管理委员会依法对保险中介的以下事项进行监管：保险中介机构的市场准入、从业人员的从业资格和行为、高管人员的任职条件、业务经营范围及规则、市场退出等。

5.5.2　行业自律

1. 行业自律组织的性质

保险中介行业协会（同业公会）是保险中介自己的社团组织，其职能主要是自律、仲裁和协调。在整个保险中介的监管体系中，行业自律组织的身份具有双重性，即同时是监管者和被监管者。这是因为保险中介自律组织的职能在客观上起到了协助政府对保险中介经营主体进行监管的作用，同时它又是站在保险中介经营者的立场上维护其利益的独立组织，因此要受到政府的监管。

2. 行业自律的作用

保险中介行业自律组织作为一个强有力的外部组织，对规范保险中介市场发挥着政府监管所不具备的横向和纵向的协调作用。这种作用主要体现在以下 3 个方面。

（1）行业自律组织有助于提高监管的质量和效率。相对于政府监管机构，行业自律组织对保险中介的实际运行情况以及种种逃避政府监管的行为更加熟悉和了解，在行为监督、纪律检查方面比政府监管更具灵活性和预防性。行业自律组织参与监管，无疑会在规范保险中介经营行为、反不正当竞争等方面发挥积极有效的作用，同时避免了政府过多的强制性干预。

（2）行业自律组织是连接保险中介主体和政府监管机构、消费者的桥梁。行业自律组织作为会员利益的代表，能够比较全面、系统地反映保险中介的经营状况和意见等市场信息，可以及时与政府监管机构取得联系，有助于宏观政策、法律法规的正确制定和实施。同时，行业自律组织还可以成为消费者和保险中介经营主体之间的"桥梁"和"纽带"，缓冲双方之间的矛盾，推动市场的良性运转。

（3）行业自律组织填补了政府监管的空白。行业自律组织在监管的内容上比政府监管机构范围更广。法律规范以及政府监管不可能面面俱到，总会存在一些监管的盲区，而行业自律组织制定的行业规范和准则通常包含职业伦理、道德标准等约束，可以通过制定一系列的管理措施填补政府监管和法律法规健全、配套过程中所出现的"真空"，对一些虽不违法但不道德的保险中介行为进行监管和惩戒。

3. 行业自律的内容

保险中介行业自律组织一般通过以下工作对保险中介起到引导、规范、协调的作用。

（1）积极组织各种业务培训、检查考核等工作，在会员的持续教育、资格认定、发证、年检注册等方面配合政府监管机构的工作，提高保险中介的专业知识水平、业务技术能力和职业道德素养。

（2）根据相关法律、法规拟定行业规章制度和业务准则，协调会员在市场竞争中的行为，化解因业务竞争而出现的争议。虽然这些章程或规则没有法律效力，但会员都有遵守的义务，具有一定的约束力。

（3）制定统一的保险中介手续费执行标准，抑制保险中介之间的恶性竞争，同时抵制一些行政、事业等权力机构对保险中介业务收费的干预，维护保险中介的正当权利与合法利益。

（4）建立保险中介信息档案库，对保险中介的执业情况进行全面记录，并接受消费者及社会公众对保险中介的查询和投诉，协调保险中介与保险人、投保人（被保险人）之间的关系。

（5）向政府监管机构反映行业发展的愿望和要求，对有关保险中介立法与管理措施发表意见，为政府决策提供依据。

4. 各国保险中介行业自律的比较

在保险业较发达的国家和地区，保险中介行业自律组织非常普遍，并已成为保险中介监管的主导力量。

英国是保险中介行业自律组织发育最为成熟的国家，保险中介行业协会（同业公会）依据相关法律，在政府监管机构的指导下对保险中介进行日常业务监管。例如，根据《1986年金融服务法》成立的保险经纪人注册委员会对自愿登记的保险经纪人进行监管，负责检查登记在册保险经纪人的专业标准执行情况、业务经营及财务状况等；证券及投资委员会下属的个人投资管理协会、金融中介管理协会、人寿保险和单位信托管理组织负责对寿险中介的监管，他们有权向其成员派驻业务检查人员，设置监管组织和纪律委员会，检查寿险中介的业务活动是否符合规定，如果发现违规行为，则责令其改正错误或作出相应惩罚；英国特许公估师学会负责对登记在册的保险公估人进行监管，惩罚违法、违规的保险公估人，安排同业间的学习、交流，以促进保险公估人专业技术水平的提高；劳合社的保险中介除在其他监管机构登记外，还受劳合社监管委员会的严格监管；英国特许保险学会则专门负责保险中介从业前的专业考试及资格认可。

美国同样设有相应的行业自律组织，如全国人寿保险协会、美国特许人寿保险经销商和特许金融顾问协会、百万圆桌会、美国保险代理人协会，主要对寿险中介（包括代理人和经纪人）进行监管，监管内容包括寿险中介人的业务水平、职业道德及行为规范等方面；全国保险经纪人协会是保险经纪人的行业自律组织，负责保险经纪人的职业培训、资格考试，以及同政府进行交涉、进行保险宣传教育等；独立理赔师协会是美国最具权威的保险公估人管理组织，对入会人员的专业水平要求较高，并通过不断培训和测试保证会员的素质维持在一定水准之上。

日本也通过同业间的自我制约机制对保险中介进行管理，如日本人寿保险协会和日本财产保险协会分别负责对寿险营销员和损害保险代理店进行资格考试和等级认定；两个协会的检查室还负责对保险代理人的实际运营状况、保险展业宣传材料有无误导等销售行为进行监督检查；保险中介行业协会设有共享不合格保险中介人情报的信息系统，若保险中介人出现了违规行为，将被列入黑名单，并在黑名单中保留5年；日本还有保险经纪人协会和保险公估人协会，分别对保险经纪人和保险公估人进行监管。

我国从1994年起，一些大中城市，如北京、上海、深圳、武汉等纷纷成立保险行业协会，协助中国人民银行对保险代理人进行培训和资格考试，接受社会各界的保险投诉，履行对保险中介的监管职能。1996年5月，中国保险行业协会经中国人民银行批准设立，并于2000年成立了中国保险中介行业协会保险中介工作委员会，制定并通过了《保险中介机构自律公约》，这标志着我国保险中介行业终于有了全国性的自律组织。2004年9月，深圳成立了保险中介行业协会，协会的宗旨是规范保险中介的市场行为，促进保险业的发展。

5.5.3　机构内部控制

保险中介机构的内部控制机制是保险中介为保证企业经营管理整体目标的实现，制定并组织实施的对内部各部门和人员进行相互制约和相互协调的一系列制度、措施、程序和方法，是前面两个层次的监管得以真正实现的基础。保险中介机构的内部控制机制应满足以下基本要求。

1. 坚持适度发展的经营理念

保险中介机构根据自己的发展目标和市场定位，具体的经营管理理念，或者保守，或者激进，但在其发展过程中有一点是必须注意的，即公司的扩张必须与自身的资金实力和内部控制能力相适应。在整体实力和内部控制能力不足的时候，任何盲目扩张都将大大增加其内控成本，有可能导致效益滑坡和机构失控，甚至可能引发财务危机，最终导致企业破产。因此，保险中介机构应坚持集约化和内涵扩张的发展道路，按照市场经济条件规律设置分支机构和营业网点，在科学的管理制度中要效益，在安全稳定中求发展。

2. 健全企业组织结构和决策系统

保险中介机构包括合伙制、有限责任公司制和股份有限公司制等几种形式，无论是哪种形式，都应按相关公司法的规定建立健全企业组织结构，优化董事会成员结构，合理确定董事会成员规模，明确董事会、监事会各自的职责权限，规范议事规则和决策程序，聘请必要的咨询、顾问机构，强化统一法人制度。保险中介机构还应加强其决策的科学性和民主性，探求有效的授权制度，提倡个人决策与集体决策相结合的科学决策方法。与此同时，保险中介机构要完善其高级管理人员任职资格管理办法，进一步明确保险中介机构董事长与总经理的职责，并有适当的措施保证公司的决策权和经营权不会过度集中。对于全国性的保险中介机构，由于其体系较大、机构较多，因此应建立一种有效的层层授权控制制度，以保证总公司对分支机构的整体约束能力，防止系统失控。

3. 建立分账管理制度和内部审计稽核制度

保险中介机构应建立中介业务的详细记录，逐笔记录客户名称，代理，经纪或公估的险种，代收的保费，以及收取时间和解付时间，代领的各项保险金或保险赔款，代理、经纪或公估佣金的收取金额及时间等内容。保险代理机构代收保费的，应当开设独立的保费代收账户。保险经纪公司应当开设独立的客户资金专用账户，任何人或机构不得挪用、侵占该账户上的资金。此外，保险中介机构应设立专门的内部稽核部门，配备具有相当素质的内部稽核人员，对企业的财务状况进行严格、全面的监督审查。内部审计稽核部门必须对保险中介机构的董事会负责，而分支机构的内部稽核部门在业务上要由总公司的内部审计稽核部门统一领导，从组织上保证内部稽核部门的独立性。

4. 建立健全激励约束机制

保险中介机构可以探索基于股权的动态化、长期化的激励机制，将高级管理人员个人利益、股东利益、公司利益和其他利益相关者的利益结合起来，鼓励高级管理人员更多地关注公司的长期发展，避免短期行为。对违反法律、法规和公司章程致使公司遭受损失的高级管理人员，保险中介机构董事会应积极采取措施追究其法律责任。保险中介机构应建立科学的用工及培训制度，不断提升员工的专业服务及技术水平，牢固树立诚信至上的经营理念，时刻遵循诚信原则，并将其落实到公司各方面及每个员工中。另外，保险中介机构可以建立一套等级考核指标和差异化薪酬制度，对从业人员完成业务的量和质同时进行考核，使从业人员的违规行为可能带来的收益远远小于违规的成本，从而约束其经营行为。

5. 保险公司的管理责任

除了保险中介机构建立健全内部控制机制进行自我管理外，保险公司也常常被赋予管理保险代理人的权利和义务。保险人与代理人虽然是基于委托代理合同而产生的平等主体间的民事法律关系，但一些国家的法律规定，保险人对为其代理保险业务的保险代理人有责任进行管理，这基于以下两个方面的原因。

（1）保险公司是保险业务活动最直接的指导者和监督者。保险代理人对所代理的保险公司有明显的依附性和从属性，他们的代理资格通常由保险公司代为申请，代理保险业务的范围由保险公司授权决定，其代理行为直接关系到保险公司自身业务的正常开展和保险代理市场正常秩序的建立。所以，保险公司是保险业务活动最直接的指导者和监督者。

（2）保险代理人销售的保险商品具有特殊性。保险商品是有别于其他商品的特殊商品，其特殊性不仅仅在于它是无形的，更主要的是体现在这种商品向社会大众提供风险保障，保险公司是通过订立保险合同将社会各经济主体有可能面临的各种风险承担下来，补偿各经济主体由于风险的发生可能带来的经济损失，因此，保险公司的经营具有风险性和社会性。同时，保险代理人是保险公司"延长的手"，其行为后果直接作用于保险公司，保险代理业务规范与否，直接关系到社会大众的经济利益。因此，保险公司只有加强对保险代理人业务活动的监督和管理，才能维护自身的利益和保险市场的秩序。

由此可见，对保险代理人的约束除了政府监管和行业自律外，还应由保险公司承担一部分管理责任，共同规范保险代理人的行为，促进保险代理人的发展。

5.5.4　社会监督

保险中介是一种与社会各行各业具有广泛联系的特殊的商业活动，其行为是否规范直接影响到广大社会公众，以及其他经济主体与商业保险相关的利益能否得到保障，由此也创造了一种社会监督、全民监督的环境和条件，可以作为推动保险中介制度正常运行的补充力量。社会监督广泛存在于现实生活的各个方面，甚至有些社会监督力量还十分强大，如社会公众监督、社会舆论监督、媒体监督、第三方专业力量的监督等。

1. 社会公众的监督

社会公众的监督主要是指保险中介消费者尤其是投保人（被保险人）对保险中介的监督，他们对保险中介的监督可以分为以下 3 个阶段。

（1）在委托保险中介或接受保险中介介绍的业务之前，通过调查保险中介的资信、履约等情况，筛除经营不规范、市场表现差的保险中介，选择合法经营、品质良好、市场表现佳的保险中介。

（2）在接受保险中介服务过程中，依据相关法律、法规维护自己的合法权益，发现保险中介有损害自身利益的行为时，及时终止协议，追究对方责任，严重的可以诉诸法庭。

（3）在保险中介业务完成后的一定时期，如保险合同的有效期内，发现保险中介的服务存在问题的，可以向有关部门投诉要求解决，并通过公开投诉记录的方式来约束保险中介的行为。

潜在的保险中介消费者及一般的社会公众同样可以通过以上 3 种方式对保险中介进行监督。

2. 社会舆论的监督

社会舆论的监督主要是借助媒体的力量及时披露保险中介的经营情况、财务状况、市场行为等相关信息，增加保险消费者及一般社会公众对保险中介的了解，从而影响他们对保险中介的信任度，影响保险中介的市场开发与占有率。由于社会媒体信息具有时效性和公开性，媒体关于保险中介的经营行为、财务状况的披露，尤其是对不良保险中介的典型报道，直接影响保险中介的企业（个人）形象和市场份额，广泛而潜在地引导着消费者的判断和选择，在某种程度上还会引起政府监管部门的注意，影响其政策取向。因此，社会媒体的宣传监督对保险中介有着不可忽视的约束作用，而通过媒体宣传引发的社会舆论也直接影响着保险中介的发展。例如，我国的投资连接保险产品在推出后不久，就因为个别保险代理人对预期收益率的误导，使得相当一部分投保人感觉上当受骗，进而引发了一场退保风潮，损害了保险代理人以至整个保险业的形象和信誉。

3. 第三方专业力量的监督

第三方专业力量的监督主要是依靠信用评级机构和独立审计机构来实现的。信用评级机构在对保险中介的业务质量、资信情况等进行综合评定后，确定一个评级结果，即信用等级。这个结果本身并不具有强制力，而是凭借信用评级机构自身的信用来决定人们对其评级结果的可信度[1]。保险中介的信用评级除了考察保险中介的资金实力、财务状况外，特别强调保险中介的职业道德和市场行为品质。在评级过程中，信用评级机构首先从保险中介处获得报告资料，通过严格的交叉检验程序来确保这些数据的算术准确性，然后利用定性分析和定量分析的方法，对保险中介的经营状况、信用水平作出客观的评价。应该说，信用评级的结论仅仅是评级机构根据自己的标准给出的独立意见，是保险交易中的第三方意见。但事实上，一些信誉卓著的大评级机构的评级结果的确为市场交易主体对保险中介的选择提供了非常好的建议[2]。

独立审计机构是指依法接受委托，对保险中介机构的财务报表及相关资料进行独立审计，并发表审计意见的注册会计师事务所和审计师事务所。独立审计的目的是对被审计单位会计报表的合法性、公允性和会计处理方法的一致性发表审计意见。合法性是指被审计单位会计报表的编制是否符合会计准则和其他有关财务会计规定；公允性是指被审计单位会计报表是否在所有重大事项方面公允地反映了其财务状况、经营状况和现金流量状况；一贯性是指被审计单位会计处理方法是否保持前后各期的一致性。由于独立审计的客观公正性，各国的保险监管部门都比较重视独立审计部门的意见，如很多国家规定保险中介机构向监管机构报送营业报告、财务会计报告和其他有关报告时，应提交符合条件的会计师事务所出具的审计报告。

专　栏

营销员误导、媒体助推　第一代投连险遭遇退保潮

1999 年 10 月，平安保险在国内首次推出了"平安世纪理财投资连结险"。在上海试点时，700 名投连险营销员经过了专门培训，都具有 3 年以上的司龄和保险从业经历。他们一旦被发现违规销售，将立即被取消销售资格。同时，平安保险还安排了 100% 售后电话回访，设计了第二道防线。巧合的是，投连险推出初期，中国股市经历了一段波澜壮阔的上升行情，与投资市场高度关联的投连险因为其出众的投资业绩而备受消费者青睐。其时，保监会也认可了平安保险在上海试点的成功，批准其向全国推广。很快，投连险被陆续推广到了全国 60 多个城市，成为行业最热销的商品之一。

盛况之下，平安保险的部分销售开始变形——收益被放大，风险被缩小。一些不恰当的信息到处流传，各地五花八门的宣传品层出不穷。例如，"一次性投入 5 万元，每年预期回报率如果是 20% 的话，30 年后，连本带利达 1 068.23 万元"。销售乱象愈演愈烈。

2001 年下半年，股市大幅下跌，上证指数半年间狂挫 25.79%。市场转头向下，投连账户出现不同程度的亏损。

2001 年 10 月，保监会发布公告，针对新型寿险，例如投连险、万能险和分红保险，提醒消费者要认真了解产品特性，清醒认识自己将要承担的风险。这被认为是监管部门"对投连产品的风险性给予严重警告"。

---

[1]　世界著名的信用评级机构有 A. M. Best、标准普尔（Standard & Poors）、穆迪（Moody's）。

[2]　例如，美国 A. M. Best 等信用评级机构提供的评级结果往往作为各州保险监督局决定是否对保险人及保险中介进行监管的重要考虑因素，也是保险中介消费者进行决策的重要参考依据。

2001年12月6日，《南方周末》发表了记者杜卫东撰写的调查文章《平安"世纪理财"：被隐藏了的亏损真相》。12月中旬，质疑投连险的文章陆续见报。投连险亏损的情况引起市场极大的关注。

2001年12月30日，福州的3位投保人联名向福州保监办投诉。在投诉信中3位保户表示，2000年5月份，福州平安保险公司业务员在推销"平安世纪理财投资连结保险"时，郑重承诺该保险"收益要远远高于银行存款和其他方式的投资，保证可以赚到钱，投资回报率在18％以上"。正是在保险业务员的鼓动下，她们3人购买了投资连结保险，每人还追加了5万至6万元不等。

在事件的处理过程中，随着媒体的报道跟进，平安保险福州分公司"第一起退保事件"被炒作得沸沸扬扬。《福州晚报》先后发表了《平安投资连结险福州遇险》《要退这个"保"该咋办？》等文章。《经济观察报》紧跟着刊登了以"福州退保"事件为内容的《平安保险能否平安化险》。《中华工商时报》的报道中，暗示了个别客户的退保行为可能会引发"羊群"效应。很快，投连险"退保风"吹遍整个市场。到2002年上半年，投连险保费收入降幅高达36.04％，全国投连险退保率为4.9％。

风波中的平安保险声誉备受影响，迅速启动了中国保险史上最大规模的客户回访，逐步释放了风险，集体性诉讼案件得以避免。

资料来源：作者根据公开资料进行整理．

本 章 小 结

本章主要是运用制度经济学理论对保险中介进行分析。所谓制度，是通过传统、习惯或法律约束的作用来创造出持久的、规范化行为类型的社会组织。制度经济学是以制度为框架研究人们的经济行为及经济运行机制，并假定人是有限理性的，人有机会主义行为倾向。保险中介也是一种制度安排，交易费用的存在是保险中介产生的制度根源，经济、文化环境是保险中介产生的制度基础和条件，保险中介的产生与发展实质上就是一种制度的创新与变迁。因此，保险中介同样需要进行包括正式约束、非正式约束和实施机制在内的制度建设，以促进和推动保险中介的良性发展。

本章的重点是制度经济学的基本原理及假设，如何运用制度经济学理论对保险中介进行分析，保险中介的正式约束制度、非正式约束制度、制度实施机制的基本内容。

本章的难点是运用制度经济学原理从不同角度对保险中介进行分析，保险中介正式约束制度的建立。

关 键 名 词

制度   制度经济学   有限理性假设   机会主义行为倾向   正式约束   非正式约束   制度实施机制   交易费用   市场准入   市场退出   资信评级   行业自律   内部控制   信息披露

思考题

1. 制度经济学的研究对象及基本假设是什么？

2. 如何理解保险中介产生的制度根源？

3. 为什么说保险中介制度是可以移植的？在移植的过程中需要注意什么？

4. 试论述如何建立我国的保险中介制度。

第 6 章
保险中介的职业道德

【本章导读】

保险中介的道德失范现象从保险中介的诞生之日起就与之如影随形，是一个无法回避的问题，即使是在西方保险业比较成熟的国家也同样如此。在我国，保险中介尚属新生事物，社会经济环境和保险市场环境尚不成熟，复杂的人性道德因素在缺少外部强有力的制度约束条件下，使保险中介有可能受到短期利益的诱惑，产生各种违背社会公序良俗的道德失范行为。本章首先对保险中介的职业道德进行了界定，然后分析保险中介市场上常见的职业道德问题及其影响因素，最后提出保险中介职业道德体系的构建思路。

6.1 保险中介职业道德的界定

6.1.1 职业道德的含义

职业道德是在各种社会职业中存在的伦理道德，是人们在长期的职业实践中所形成并共同遵守的行为规范，以及与之相适应的道德观念、道德感情和道德品质的总和。职业道德以人们特定的职业生活为基础，是在特定的职业活动中形成的，是一般社会道德在各种职业生活中的特殊表现，反映着行为的道德调解的特殊方向，带有具体的职业活动的特征。现代经济社会中各行各业都有自己的职业道德，如律师职业道德、医生职业道德、教师职业道德等。各行业在自身的社会实践中，根据本行业活动的特殊要求，逐渐发展形成一套稳定的道德规范和行为准则，用以引导和约束本行业的职业行为，以保证职业服务对象的利益，赢得社会公众对本行业的认可和信赖，这是每一行业得以生存和发展的必备条件。

职业道德注重职业的社会义务和职业责任感，但这并不是一种片面的责任、义务，实际上它包含着深刻的职业利益。职业生活是人类社会的生产和再生产得以实现的基本方式，是人类社会得以前进和发展的一种社会组织形式。一种职业的产生和发展，同社会生产和生活的需要及其对社会做出的贡献是分不开的。因此，社会义务和职业责任是任何一种职业发展的题中应有之义。一个人一旦从事了某个职业，他就担负着一定的职业责任，同一定的职业利益发生密切的联系，必须遵守该职业的道德规范，否则就会为本行业所不容许，并受到社会舆论的谴责。一个人在自己的职业生活中遵守职业道德，为他人、为社会尽到自己的职业责任和义务，会逐渐产生一种崇高的职业荣誉感，同时也会要求别人在共同的或不同的职业活动中遵守职业道德，以保障社会和自身的利益。

　　职业道德对于一个行业的发展和规范有着重要的影响，体现在从业人员个人和企业两个维度。对个人而言，职业道德具体体现在其职业活动中并内化为职业品格，职业品格包括职业理想、责任感、进取心、意志力和创新精神等。一个人具备良好的职业品格，会得到他人、组织乃至社会的认可；反之，缺乏责任感和进取心的人必然处处碰壁、事业受挫。因此，较高的职业道德水准是个人获得事业成功的必备条件。对企业而言，参与行业竞争必须遵守行业准则。一方面，企业本身违背基本行业道德规范采取不正当竞争手段的同时，很可能违反相关法律、法规，将会受到监管机构及相关部门的制裁；另一方面，雇用缺乏职业道德的员工不利于企业树立良好的公众形象，企业形象和美誉度的缺失必然直接影响其市场竞争力，使企业难以获得持续稳定发展。因此，职业道德建设不仅是行业健康有序发展的必然要求，更是行业相关部门和组织需要着力推动和出色完成的基础性管理工作。

　　职业道德的具体内容，与各行业的职业特征密切相关，一般要求本行业从业人员必须具备两个方面的特质：①相应的专业知识和技能；②与职业特点相适应的道德品质。例如，医生要求救死扶伤、关心病人、对病人负责；法官要求公正无私、严格执法、不枉不纵；教师要求教书育人、诲人不倦、为人师表；科技人员要求严谨求实、锐意进取、造福人类等。因为各行业有着不同的特点和服务内容，所以各自的职业道德也有其特殊的要求，并同其他职业的职业道德相互区别。

6.1.2　保险中介职业道德的含义及特点

1. 保险中介职业道德的含义

　　保险中介的职业道德是与保险中介对于社会所担负的职业责任联系在一起的，是在从事保险中介业务活动中，根据社会舆论、社会观念和社会意识的要求，从思想到行为应该履行的道德规范和行为准则，是保险中介深刻的内在信念和良好的外在行为的自觉统一。保险中介的职业道德是一个多层次的行为规范。它的最高层次是保险行业职业道德规范，是总的和最根本的要求；第二层次是介于保险职业道德规范与保险市场各利益人道德规范之间的，保险中介共同的、一般的职业道德规范；第三层次是对不同性质的保险中介所应遵循道德标准的具体行为要求。

2. 保险中介职业道德的特点

　　保险中介职业道德是社会道德在保险中介职业生活中的具体体现，除了具有一般职业所遵循的职业道德的共性外，还具有保险中介职业的职业道德特性，反映着保险中介职业区别于其他职业类型而形成的独特的职业心理、职业习惯、职业传统、职业荣誉、职业良心和职业理想。由保险中介的行业特性所决定，保险中介的职业道德具体表现出以下几个特点。

　　（1）注重诚信。保险中介介于保险人和投保人之间，通过社会认可的诚实与守信将双方联系在一起，从而在客观上实现保险资源的有效配置。如果保险中介在保险中介活动中违背最大诚信原则，他也可能得到一些暂时的利益，但最终将失去信誉，丧失客户。因此，最大诚信原则不仅是保险经营的基本原则，也是保险中介职业的最高道德境界和行为准则。

　　（2）强调专业。保险中介产生的原因之一就是保险产品（服务）或理赔的专业特殊性，无论是代表保险公司向投保人解释保险条款、帮助其选择保险产品（组合）的保险代理人，还是为投保人进行风险管理咨询、制定并安排保险计划的保险经纪人，以及作为独立、公正的第三方评估保险标的价值、估算保险损失金额的保险公估人，其业务的开展都是以相应的专业技术为基础的。如果保险中介的服务缺少了专业技术力量的支撑，将会直接损害消费者尤其是缺乏保险专业知识的投保人的利益，因此，强调专业性是保险中介职业道德的另一个特点。

（3）突显服务。保险中介本身就是一种服务，而且这种服务联系到保险产品，往往是贯穿于整个产品周期的，因此，服务质量、服务能否持续直接关系到保险中介的生存与发展。对于保险公估人，周到、细致的服务同样是赢得保险双方信任的重要法宝。

6.1.3 保险中介职业道德的内容

保险中介的职业道德是多层面的，包括对投保人和保险人均应具有的职业道德品质和素养，具体到中介行为上主要包括以下内容。

1. 诚实守信

保险中介作为沟通保险人和投保人双方信息的桥梁和媒介，是依附于保险业的健康发展的，因此，保险中介应站在保险中介职业群体及保险业的立场上，把诚实守信、维护和增进保险中介职业群体和保险业的声誉放在首位。保险中介活动应以不损害投保人（被保险人）和保险人的利益，以及保险中介职业群体的信用和声誉为原则。这一道德规范的客观依据如下。

（1）保险中介关系的确定是以法律为基础的，是建立在保险法规约束的基础上的，必须严格遵法守法，如履行合同、遵守承诺与信用等；如果不诚实守信、如约履行合同即为侵权甚至违法行为，需要承担相应的法律责任。

（2）保险经济关系的特点决定了保险经营应遵循最大诚信原则，作为与保险相伴而生的保险中介行业，在很大程度上承担着保险供给的重要职能，因此，应与保险公司的经营一样遵循最大诚信原则。

（3）在保险中介活动中，凡与之相关的个体行为，均属代表保险中介机构或保险人确立或履行法律责任，具有整体行为性质，直接关系到保险中介职业群体及保险人的声誉和信用，因此，保险中介个体的职业行为，应以保险中介合同及保险合同为依据，维护投保人（被保险人）和保险人的利益，维护整个保险中介职业群体的信誉。

2. 公开、公平、公正

保险中介是一种特殊的商业活动，无论是代表保险人利益的保险代理人，站在投保人立场的保险经纪人，还是独立公正的保险公估人，更多的是为缺少保险专业知识的投保人提供相关服务，因此要遵循公开、公平、公正原则。

（1）所谓公开，是指保险中介在提供保险中介服务的过程中，应当根据有关法律和业务制度的要求，实事求是地介绍保险商品，包括险种、保险责任、附加责任、除外责任等；公告和业务宣传要真实透明，不得随意夸大保险责任范围，或者向客户作出不切实际的承诺。作为保险经纪人，还应充分考虑客户的意愿和承担保险费的能力，为客户设计合理的保险方案，并向客户耐心地解释保险方案的优势和不足，以及选定此方案的原因，使客户在知情的情况下购买保险。保险公估人则应与保险双方进行沟通，所提供的公估报告应当是根据客观事实，通过科学的方法评估、计算后作出的，公估过程应当透明、公开。

（2）所谓公平，是指保险中介在业务活动中应该相互尊重、相互学习、取长补短、共同提高，反对相互贬低、拆台；鼓励以良好的服务质量取胜，提倡公平的业务竞争，尽量避免价格竞争，反对炒买、炒卖保险业务等不正当竞争行为；提倡业务上的相互协作，反对有损于另一方当事人合法权益的不正当交易。

（3）所谓公正，是要求保险中介在经营活动过程中，站在公正的立场上，维护保险合同双方当事人的合法权益和经济利益。保险代理人不能认为自己是保险人的代理人，就片面地维护保险人的利益，侵犯投保人（被保险人）的利益；保险经纪人不能以维护投保人（被保险人）的利益为名，损害保险人的合法权益；保险公估人同样不能为了获取佣金而偏袒某一方当事人，损害另一方当事人的利益。

3. 为客户保密

保险人和投保人之间的关系是通过保险合同联系在一起的，作为连接这种关系的保险中介，必须获得双方当事人的信赖，尤其是为投保人量身定做保险方案的保险经纪人，必须要对投保人的经济状况、经营内容、风险特点等情况进行较为深入的了解后，才能对症下药，为客户设计最佳的保险方案。如果保险中介在接受保险人或投保人的委托后，不能忠实地保守委托人的秘密，必然会侵犯投保人的隐私权从而对其精神造成伤害，或者因商业机密的泄露而给投保企业的经营造成巨大损失。因此，为客户保守秘密，不仅是保险中介普遍应遵循的职业道德，更是一种法定的义务。在现实的保险中介活动中，主要是在涉及保险标的、保险金额、人寿保险的最高给付额、受益人等直接关系到被保险人及其受益人的切身利益问题时，必须根据保险法及一般商业行为的准则，严格为客户保守秘密。

4. 廉洁自律

从业清廉、注重自身修养，维护良好的职业形象可以说是任何一个行业或职业都要具备的道德素养，保险中介活动同样强调这一原则。保险中介的收入一般由以下两部分构成。一部分是保险中介业务的直接收入，即由保险人根据保险中介行为所形成的保险费，按规定比例支付的佣金，主要是保险代理人及保险经纪人的收入；保险公估人的收入则由委托人根据公估业务的时间及金额支付佣金。另一部分是来源于保险中介向客户提供的不属于签订保险合同或保险公估范围的风险管理及保险咨询业务，客户根据咨询的业务种类、咨询时间、金额等支付咨询服务费。

由此可见，保险中介不得直接从投保人、保险人及其他客户处获得任何所谓的佣金、回扣或其他名目的报酬，甚至为了自己的私利而收受贿赂。如果保险中介不能做到从业清廉，如保险经纪人接受保险人的回扣而忽视投保人的利益，保险公估人因被某一方收买而作出不公正的评估、定损，投保人或其他知情人就会对保险中介运作的科学性提出质疑，甚至对保险中介产生信任危机，从而动摇社会公众对保险业的信心，造成恶劣的社会影响。如果受损害的一方是保险人，最直接的后果就是不再信任保险中介，拒绝与其合作，从而阻碍保险中介业务的正常发展。

5. 注重自身专业修养、努力提高业务水平

保险业务本身的专业特殊性决定了保险中介业务具有很强的专业性，要求从业人员必须具备相应的专业技能，即不仅要精通保险知识，还要根据保险中介业务类别熟悉和掌握法律、金融、财务、风险管理、资产评估等专业知识。在社会生产和科学技术迅速发展的今天，经济生活环境在不断发生变化，人们的知识更新也在加快，对保险及风险管理的要求越来越多样化和复杂化，这就要求保险中介必须不断学习、努力钻研业务，提高自己的业务水平和工作效率。

这一点对保险经纪人和保险公估人尤为重要。因为，保险经纪人主要是为客户进行风险管理咨询和保险计划安排，而科学技术的发展使得风险的类型日益复杂，要想为客户安排最佳的保险计划，过硬的专业技术知识是必备的前提条件；而保险公估人面对的价值评估和损失理算，同样随着科学技术的发展而要求其不断提高专业素养；即使是专业性要求相对较弱的保险代理人，也因为客户需求的变化而逐渐向个人（家庭）理财师或财务规划师转化，这就要求保险代理人同样要不断更新知识结构，补充最新保险知识和其他相关专业知识。

当然，一个人的专业水平高低、技术能力强弱，不能笼统地看作是道德问题。但是，怎样对待本职工作，是否努力学习、积极钻研业务知识和技能，则是个态度问题，即爱不爱岗、敬不敬业，有无事业心和专业责任感的问题。因此，一个合格的保险中介首先应当热爱本职工作，具有学习的能力和热情，并以严肃认真、刻苦努力的态度，深入学习保险、金融、信息、法律、财务等知识，熟悉所在地保险市场的基本情况，不断钻研保险中介业务，提高技能，努力使自己成为保险领域某一方面的专家。

6.2　保险中介常见的职业道德问题

保险中介的职业道德问题是始终存在的，即使是在美国这样一个保险监管制度相当完善的国家仍时常发生中介欺诈、误导行为的案例。在我国，保险中介刚刚起步，各种道德失范现象更是层出不穷。根据保监会《关于 2017 年度保险消费投诉情况的通报》，人身险销售纠纷投诉 21 329 件，占人身险投诉总量的 46.00％。投诉主要反映夸大保险责任或收益、未如实说明保险期限和不按期交费的后果、隐瞒解约损失和满期给付年限、虚假宣传等问题。人身险销售纠纷投诉中，涉及银邮兼业代理渠道 9 498 件，占比 44.59％，涉及营销员渠道 8 889件，占比 41.68％。当然，保险中介的道德失范现象与一国的社会文化环境、市场竞争秩序、法制完善程度，以及外部监管是否有效密切相关，制度环境越完善，保险中介的道德失范现象就越少。

6.2.1　保险中介常见的道德失范现象

保险中介常见的职业道德问题主要包括欺瞒投保人、保险人，采用不正当手段竞争，业务管理不规范等，具体表现在以下 4 个方面。

1. 对投保人的道德失范表现

保险代理人可能为了获取短期利益而不履行如实告知义务，宣传条款时避实就虚，对投保后的权益大加渲染，夸大产品功能和保险责任，空口承诺较高的收益率，对除外责任及客户的义务或是避而不谈，或是闪烁其词，使投保人产生一种买了保险就万事大吉的片面认识。保险标的一旦出险，往往遭到拒赔或因不知情未履行应尽义务而丧失获得赔偿的权利。另外，保险代理人在与原先的保险公司解除代理关系后，不顾投保人（被保险人）的利益为其办理转投，也是对投保人利益的损害。

保险经纪人则可能为了多拿佣金蒙骗投保人购买高额保单，或者保险经纪人本身专业素质不足，却为投保人安排保险，而不是站在投保人（被保险人）的立场，认真分析其风险类型、特征及其经济状况，根据投保人的实际需求有重点、有针对性地为其选择保险产品，设计科学合理的投保方案。此外，保险人往往会通过保险经纪人向投保人支付理赔款，一些不良保险经纪人可能会挪用甚至侵吞保险赔款，从而损害投保人（被保险人）的利益。

保险公估人大多受保险人的委托开展公估业务，佣金收入通常向委托人即保险人收取，所以，保险公估人可能为了获取佣金并维持业务关系，而作出不利于投保人的公估报告，甚至是虚假的公估报告。

2. 对保险人的道德失范表现

对保险人而言，保险中介的道德失范主要表现在以下两个方面。

（1）保险中介可能为了佣金收入而隐瞒投保人（被保险人）或保险标的的真实情况，与投保人串通起来骗取保险人的承保；或者为了讨好客户、牟取不当得利，内外勾结骗取保险赔款；或者收受投保人贿赂而故意提高保险公估金额，致使保险人多支付赔款。例如，2005年4月，我国四川省达州市渠县的帅某为其77岁的母亲投保康宁终身保险，按照规定，康宁终身险的被保险人应是70周岁以下的身体健康者。帅某之所以能够投保成功，其中一个重要原因就是保险代理人在明知事实的情况下向保险公司作了隐瞒。

（2）保险中介可能挪用、侵占投保人的保费，甚至发生撕单、埋单行为。所谓撕单或埋单，是指保险中介利用保险公司的财务漏洞，在收取投保人的保费后，既不为被保险人投保，也不向保险公司缴纳保费，若保险期内未发生保险事故，则保费就被保险中介私吞；若保险期内发生保险事故，保险中介就找一些理由向保险公司补交保费，保险公司仍需进行赔偿。例如，2003年中央电视台记者在广州白云机场的一次调查显示，大部分飞机乘客意外伤害保险的代理点都存在撕单或埋单现象，即售出去的保单并没有交给保险公司，甚至很多保单是过期失效的假保单。撕单、埋单损害的不仅仅是保险人的利益，往往也会损害投保人的利益。同时，这种不诚信的行为会使整个保险行业的信誉受到严重损害。

3. 采用不正当手段竞争

面对激烈的市场竞争，一些保险中介不是下功夫努力提高自己的专业水平和服务质量，而是采取各种不正当竞争手段拉业务、占市场，最典型的表现就是哄抬手续费，炒作保险公司（俗称"卖单"），以及支付高额回扣诱使客户投保。

所谓"卖单"，是指保险经纪人或保险代理人在取得一笔保险业务后，会比较市场上各家保险公司对此种业务支付的手续费或佣金，选择手续费或佣金高的保险公司为投保人投保；甚至以持有的业务炒作保险公司，迫使保险公司支付高额手续费或降低保费，造成市场价格信息失真，扰乱保险市场秩序。大部分险种都可能发生"卖单"行为。

例如，A是B保险公司的一名车险业务代理人，按B保险公司规定，每一单车险业务可提取30%的代理费。假设代理人A与某车行谈好了一笔保费为1万元的车险合同。若代理人A直接向其代理的B保险公司投保，可获得3 000元的代理佣金。若代理人A了解并比较了市场上其他公司的车险代理费，保险公司C为32%、保险公司D为35%、保险公司E为40%，则代理人A会选择E保险公司为车行投保（可以通过保险公司E的代理人F完成投保，并支付代理人F相应的回扣，如500元。这样，代理人A就可获得更多的代理费即3 500元）。

4. 业务管理不规范

业务管理方面的问题主要体现在保险中介机构，如没有制定严格的内部管理制度；只注重保险中介收入的增加，忽视对所属保险中介从业人员的职业道德教育，纵容甚至误导从业人员在提供保险中介服务过程中的不道德行为；没有严格区分客户资金账户和公司营业资金账户，没有详细的保险中介业务台账，坐支手续费或拖欠保费；违规承揽保险中介业务；超出经营范围和区域开展保险中介活动等。

典型案例

为讨好客户不如实告知

2005年4月16日，宋某投保的车辆发生了保险事故。事故发生后，宋某及时向保险公司报案并在数日内提供了相关材料。在查验单证材料时，保险公司发现所有需要投保企业盖章的材料都没有盖章，于是要求宋某提供企业盖章，但始终未见宋某提供。后经调查得知该投保车辆为私家车并非企业用车。

原来，2004年11月20日，宋某为其私家车投保机动车辆基本险，在其经办人也就是某公司个人代理人刘某的指导下填写投保单，当填写车辆属性一栏时，刘某指使宋某将本该填写的"私家用车"项改写为"企业用车"，并告诉宋某说"这样可以少缴保费，没事"。

刘某为了博得保户欢心，指使宋某将私家车改为企业用车，属于故意阻碍投保人履行如实告知义务。刘某为保险公司代为办理保险业务，指使宋某隐瞒车辆的真实属性，这是超越代理权限的行为。投保人宋某基于对刘某的信任，并不知道隐瞒真实情况的后果，因此保险公司承担保险责任，但后来追究了刘某的法律责任。

6.2.2 保险中介道德失范的影响因素

影响保险中介职业道德的因素多种多样，包括社会的、经济的、行业本身的及外部监管等因素[1]。

1. 保险中介活动的信息不对称

保险中介活动存在的信息不对称是保险中介产生道德失范现象的内在原因。保险中介是介于保险交易双方之间的主体，其最重要的功能之一就是传递信息，因为相对于投保人与保险人直接交易而言，保险中介掌握的信息更加全面、及时。然而在现实中，由于保险交易的专业性强、透明度低，调查取证的成本高，导致道德缺失者不能被其他潜在的市场参与者及时发现，不会对其形成有效的社会约束，因此保险中介可能会受到短期利益的驱动而不对双方尽到如实告知的义务，甚至传递错误信息，致使投保人（被保险人）或保险人的利益受损。

2. 市场竞争环境不够优化

在一定的社会经济发展水平下，市场经济发达程度、保险市场体系与市场机制较成熟和完善时，公平竞争与诚信原则可以获得充分发展。保险市场趋势越呈现出供大于求的格局，市场竞争越激烈，保险中介在竞争中的行为越是受到其他竞争者和消费者的监督与制约，就越使其感到提高职业道德水平的紧迫性。因此，市场竞争环境的优化，将为保险中介职业道德的建设提供良好的外部环境。

反之，如果市场经济发达程度较低，保险市场体系与市场机制不完善，价格信息失真，

---

〔1〕 陈璟菁. 保险营销道德决策模型及其影响因素分析. 保险研究，2005（7）.

内幕交易盛行，保险经营主体难以在市场中进行公平竞争，不正确的中介价值观和不道德的职业思想就会乘机侵蚀保险中介。我国的市场经济脱胎于计划经济，信用基础十分薄弱。改革开放以来，市场的发展对信用提出了越来越高的要求，而受制于市场经济体制的不完善，信用制度和信用管理体系的基础设施建设却远远落后于这种要求，因而欺诈、赖账等失信行为广泛发生。这也是目前我国保险中介面临的社会信用缺失问题的深层次原因。

3. 社会道德基础较薄弱

保险中介所处社会环境的整体道德水准、人文素质、文化水平直接影响到保险中介的价值观和职业道德观。例如，我国在从计划经济向市场经济转轨的过程中，由于此前人们对商业活动中的诚信意识比较淡薄，要改变传统的思维方式和做法不仅会受到短期利益的损失，并且是一个非常痛苦的过程。因此，各行各业有违基本职业道德的事件屡屡发生，在保险中介行业同样也不例外。

另外，某些保险中介行为在一种社会文化环境下被广泛认可并接受，而在另一种社会文化环境下则被视为不道德，如保险代理人通过陌生拜访推销保险在我国往往遭到拒绝。甚至在同一种社会文化环境下，公开被社会道德标准视为不道德的行为，而在保险行业的亚文化中却被不成文地认可，如保险营销中的高佣金、高返还和高手续费等行为，已成为达成交易的通常条件。在社会道德基础健全的环境中，当保险中介的职业道德水准低于社会整体道德水准的要求时，就会引起消费者的不满，受到社会舆论的谴责甚至政府的干预，形成强大的社会道德压力。

4. 市场竞争中的制度压力日趋增大

制度经济学认为，对于一项制度，如果受此制度约束的社会群体的大多数人为了自己的利益去违反该项制度，并且获得的利益大于由于违反制度得到惩罚而造成的损失，则这种制度一定会被违反。我国保险业在发展过程中，市场竞争日益激烈，保险展业难度越来越大，残酷的竞争趋势使一些保险代理人通过放弃道德原则来确立竞争优势。其他的保险中介主体也会由于竞争的加剧而逐渐放低道德标准，以谋求自己的生存空间。因此，竞争成为一种制度压力，在外部制度压力和内部生存压力的双重夹击下，总会有一些人为了生存而放弃应当遵循的职业道德原则。正如不里夫斯所说的"否定性的边缘道德"：如果所有其他的竞争者都严格遵守一定的道德标准，那么一些相对行事不道德而又没有受到制裁的人就会在竞争中取得优势。

5. 外部监督尚未完善

经济学分析表明，保险中介主体是否选择违约，主要看违约成本的高低。在道德环境差、市场监督机制不健全的社会里，道德缺失的保险中介可以获得额外收益，违约收益高于违约成本，因此其最优策略就是不讲道德。因此，保险中介立法体系是否健全，政府及保险监管机构对保险中介的资格管理、执业管理、违法行为的处罚是否严格，市场退出机制是否有效，直接关系到保险中介的外部监管是否具有一种强制性的威慑压力。例如，保险中介信息披露及"黑名单"制度的建立，会使保险中介感到，如果不按生存法则和政府立法从事中介活动，必然遭到市场规律和政府法律的制裁。另外，保险中介的行业自律组织和其他外部"压力集团"的监督，也将影响保险中介的职业道德标准取向。例如，美国的保险营销准则协会，就是针对美国寿险市场销售纠纷繁杂，社会公众对保险业印象日益恶化的现状成立的，目的是协助保险公司及保险中介在市场上建立并维持高度的道德规范。其他如各种消费者组织、新闻媒体等也通过对保险中介的非道德行为进行监督与披露，在一定程度上影响保险中介的职业道德观念和行为。

6. 保险中介的自我管理和约束不够严格

保险中介包括保险中介机构和从业人员，保险中介机构的发展目标、管理层的道德偏好、企业文化、奖惩机制等会影响保险中介从业人员的职业道德取向。

首先，当一个公司缺乏长远的发展目标，注重短期利润和短期报酬率的考核指标时，公司及其内部员工的短期行为将大大增加，作出不道德行为的可能性也将加大。

其次，只有当保险中介机构的核心管理层具备正确的经营哲学，在制定业务发展方案和经营决策时，才能在考虑公司利润目标的同时，注重保护消费者及社会公众的利益，从而体现保险中介活动的道德性。

再次，保险中介机构的企业文化是在长期经营活动过程中逐渐形成的独特的企业价值观、道德标准、企业传统、风格习惯等，它将对保险中介从业人员的道德决策产生重要影响。

最后，保险中介机构制定严格的职业道德规范和奖惩制度也会对从业人员形成有力的约束，引导其在符合道德规范的前提下进行保险中介活动。相反，如果道德的行为没有得到奖励、表扬，不道德的行为没有得到惩罚，保险中介从业人员的道德失范行为就会被暗地里鼓励和效仿，从而导致道德环境的进一步恶化。

此外，保险中介从业人员本身的文化素质、道德修养、专业水平，也会直接影响其职业道德的优劣，而这一点又受到每个人的年龄、家庭环境、教育水平、个人目标、社会经济地位、自我观念、生活经验等因素的影响。

6.3　保险中介职业道德体系的构建

一个行业道德规范的完善程度往往取决于 3 个因素，即社会道德、从业人员的职业道德和企业核心管理层的个人道德。其中，职业道德不仅是从业人员在职业活动中的行为标准和要求，而且是本行业对社会所承担的道德责任和义务。保险中介职业道德的树立不仅需要加强外部环境的建设，更重要的是建立保险中介机构自身的道德规范制度，并将道德价值观和标准作为企业文化的一部分，把企业在道德和社会责任感问题上的立场传达给每一位员工。因此，保险中介职业道德的建设体现在三个层面：①培育良好的社会文化环境和保险中介市场竞争环境，提升整体社会道德水平；②完善保险中介机构自身的道德规范和企业文化建设；③将职业道德准则转化为保险中介从业人员的自律行为。

6.3.1　营造以诚信为本的外部市场环境

无论是在西方的商业文化中，还是在我国的历史传统中，诚信思想都有着深厚久远的历史渊源，如西方企业所奉行的"诚信守约、严格自律、尽职勤勉"，中国传统文化所遵循的"仁、义、礼、智、信"等。在市场经济中，诚信更是维护公平竞争的市场秩序的必要条件，如果破坏了信用关系，就会动摇市场经济的基础，带来经济秩序的混乱，因此有人把市场经济直接称为"信用经济"或"契约经济"。诚实守信还是做人的一项基本原则，也是现代各国民法的一项基本原则，被称为民法中的"帝王原则"。由此可见，诚信是现代商业社会中道德基础的最高原则。

对于保险业，诚信同样是其存在和发展的基础，是稳定、成熟的保险市场的一个重要特征，也是保险中介健康发展的前提。虽然各国保险中介在发展过程中都存在诚信问题，但我国保险中介诚信缺失现象尤其严重，道德失范现象也非常突出。因此，提高保险中介的整体道德水准应始终围绕诚信这个核心，并通过优化市场竞争秩序，完善法律、法规体系，加强外部监管力度，积极营造社会诚信氛围等措施不断推动、促进保险中介职业道德水平的提高。

1. 建立健康、有序的市场竞争秩序

在一个粗放经营、恶性竞争的市场中，利益的争夺必然驱使保险中介作出种种违反职业道德的行为。只有当市场经济相对发达，市场竞争机制及各项制度较为成熟和完善时，公平竞争与诚信原则才可能获得充分发展。而保险市场的良性发展是加强保险中介职业道德建设的基础，这不仅需要市场上有足够多的保险供给主体，并且各供给主体之间要形成一种公平、有序的竞争秩序，还需要各方面制度的完善，如反不正当竞争行为、维护市场竞争秩序的法律体系、保险从业人员的职业道德准则等。同时，保险中介相互之间的竞争也应是规范、有序的，而且这种竞争越激烈，保险中介活动中所蕴含的道德性越会成为其在竞争中取胜的重要砝码，职业道德也就更加受到人们的重视，从而提升保险中介的整体道德水平。

2. 完善保险中介的法律、法规体系

通过法律约束，建立和完善诚信者的利益保障机制及失信者的惩罚机制，可以促使保险中介主体的行为更加规范，保障投保人和保险人的合法权益，促进保险中介健康发展。在立法上可以建立一个诚信义务的标准，对保险中介的如实告知行为、信息披露行为、推荐产品行为、持证上岗行为等进行强制性的规范，明确保险中介从业人员的责、权、利，细化保险中介的操作规程，制定详细的惩戒规定及市场退出制度。在完善立法的基础上要严格公正执法，做到有法可依、违法必究、执法必严，为约束保险中介遵守法律和职业道德规范提供良好的法律环境和强制性的外部压力。

3. 强化保险中介的外部监管力度

保险中介的外部监管是多层面的，政府监管是主要力量，行业自律是重要的补充。政府监管机构在检查保险中介的业务状况、财务状况、资金运用状况的同时，应当设立专门负责职业道德规范监督的部门，建立实施保险中介职业道德分类监管体制，加强对保险中介经营活动中是否遵守职业道德尤其是诚信执业的监管，对存在不诚信的情况要进行查处，责令限期改正，并予以一定的经济处罚。在一些保险中介发展比较成熟的国家，行业自律组织是维护行业信誉，帮助政府进行监管的重要力量。行业自律组织可以利用其地位中立、社会联系面广、信息来源充分的优势，制定行业服务标准及行业自律守则，从保险中介的专业水平、职业道德、日常行为规范等方面对其加以约束，并通过客户投诉制度、保险中介信息档案库制度、公开"黑名单"制度等，加大保险中介违反职业道德的成本，促使其诚信经营。

4. 积极营造社会诚信氛围

保险中介职业道德首先是一种理念，这种理念只有被保险中介人、保险人、投保人，以及一般社会公众在内的全社会广泛接受，才能成为保险中介的自觉行为。为此，必须在全社会范围广泛宣传诚信理念，普及信用知识，使各类市场行为主体充分认识诚信建设对企业和

个人发展的重要性。同时，进行保险中介道德规范的宣传和教育，使人们深刻认识到保险中介职业道德是社会进步与文明发展的要求，是社会伦理在保险中介活动中的延伸，是对法律、法规的补充。保险监管机构和相应的社会团体还应广泛利用各种传播媒介进行宣传，使保险中介的消费者尤其是广大的投保人（被保险人）意识到自己的权利，提高自我保护意识和道德判断能力，自觉抵制各种不道德的保险中介行为，形成全社会的道德舆论环境。另外，有关部门要加强保险中介执业信用体系建设，并将其纳入整个社会的信用体系中，积极引导保险中介争当诚信经营的榜样，营造"诚实守信、依法经营"的良好氛围，推动保险中介整体职业道德水平的提升。

6.3.2　加强保险中介机构的道德规范建设

外部环境的优化只是为保险中介职业道德建设培育了良好的土壤和环境，真正提高保险中介职业道德水平还需要每个保险中介树立正确的经营理念，导入以诚信为核心的中介道德价值观，并通过商业文化的建设将职业道德规范贯彻落实于保险中介经营管理的各个环节，切实把道德准则转化为保险中介从业人员自觉的自律行为。

1. 建立以诚信为基础的商业价值观，培育诚实守信的企业文化

保险中介作为一种社会职业，在业务发展过程中逐渐形成了自己特有的商业文化，这种商业文化的核心就是商业价值观。商业价值观是商品生产者和销售者存在的目的和意义的集中反映，也是保险中介社会现象的灵魂，它主导和制约着企业的经营思想、经营策略、职业道德和行为准则。

在现实中，有些保险中介为了获得更多的佣金，以夸大保险保障范围、承诺给回扣等不正当的欺骗或引诱手段，达到扩大保费来源的目的，完全以牟取私人利润实现其存在的社会价值。客观地说，市场经济的法则是平等竞争、优胜劣汰，商业利润的多少可以在一定程度上反映商品经营者的社会价值。但是，市场经济的繁荣与发展同时也要求商品经营者通过经营活动获得消费者的认同和信赖。因此，商品经营者必须考虑在市场中与消费者建立长期的合作和依附关系，即通常所说的"创品牌"。保险中介从事的是保险业务的媒介活动，是一种相对复杂的经济活动，对诚信的要求比其他行业要高。因此，诚信是保险中介应具备的职业道德的最高原则，也是其市场生存之本，只有建立以诚信为基础的商业价值观，实现保险中介活动经济效益和社会效益的统一，才能保持保险中介恒久的发展动力。

实质上，保险中介活动的过程，就是保险交易双方对于保险中介服务的质量与内容的认同过程。保险中介企业文化的功能，就是促使这个"认同"意识的形成。建设诚实守信的企业文化，可以给保险中介带来良好的信誉和高信任度，使保险中介获得长久稳固的业务来源和经济收入。因此，保险中介应更加关注保险交易双方的需求和希望，充分考虑双方的利益，努力从双方的实际出发，做好牵线搭桥的工作，努力实现个人利益、公司利益和社会利益的协调。保险中介要树立"顾客是上帝""真诚到永远""成己为人、成人为己"的经营理念，与保险交易双方建立相互信任的和谐、互助、互补关系。

2. 正确的职业道德观，建立科学的职业道德制度

保险中介机构的核心管理层所秉持的价值观和道德观，将在很大程度上影响公司内部从业人员的道德判断和选择，他们的经营决策也代表着公司在经营行为中的道德选择。因此，保险中介机构的核心管理层应树立正确的职业道德观，并将这种道德观通过制度建设落实到

经营管理的各个层面。把企业倡导的商业道德文化落到实处，首先需要企业的核心管理层具备科学的职业道德制度意识，这种意识应该体现出以诚信为基础的保险中介核心价值观，同时坚持实事求是的原则，对制度文化建设中的各种制约因素进行科学辩证分析，只有坚持以上原则才能顺利实现制度化。

在确立正确的指导原则后，应制定一系列职业道德制度体系，如职业道德规范、职业行为规范、售后服务规范、礼仪规范等，通过制度规范和约束保险中介从业人员的行为。职业道德制度的制定应体现出系统性、具体性和服务性。

系统性是指在制定具体的职业道德制度时，要考察保险中介机构的各类工作岗位，分析其工作性质及职责要求，在此基础上分别提出各类岗位最主要的职业道德规范要求。这是因为职业道德渗透于保险中介机构内部每一项职业活动的始终，制约着企业内部从事保险中介活动的每一个人。

具体性是指由于保险中介行为具有一定的专业性和技术性，保险中介机构在严格遵守相关行业规定的同时，还应制定具体的员工手册、操作规范等，将诚信道德观融入企业内部控制体系，建立完整的管理控制流程，使保险中介机构的所有从业人员，包括管理层和普通员工，都能按照不同的岗位行为规范要求自己，维护企业整体的诚信形象。

服务性是指保险中介作为调解保险人和投保人之间利益关系的媒介，实质上是提供一种服务，只有在职业道德制度建设中体现出这种服务性，才能达到保险中介与保险交易双方利益的共赢。保险中介职业制度确定后，应当发到每个从业人员的手中，而且也散发给重要的利益相关者，便于保险中介机构同外部的沟通和接受外部监督。

制度颁布后，还应建立配套的执行机制，通过有效的奖惩制度保证制度的严格执行。制度还应不断完善，以适应外部环境对保险中介提出的要求。

3. 将职业道德规范内化为从业人员的道德修养和行为习惯

当职业道德制度内涵未被员工心理认同时，制度只是管理者的"文化"，至多只反映保险中介机构的管理规律和规范，对员工只是外在的约束。当制度内涵已被员工心理接受，并自觉遵守时，制度就变成了一种行为文化。保险中介职业道德建设的关键就是让这种职业道德文化经历从理念到行动、从抽象到具体、从口头到书面的过程，要得到员工的理解和认同，并内化为员工自身的道德修养，转化为员工的日常工作行为和习惯。要实现这种转变可以从以下 4 方面开展工作。

（1）定期进行职业道德培训，提高保险中介从业人员遵守职业道德制度的自觉性和敏感性。培训是促使从业人员职业道德观念塑造与变革的一个重要策略，定期培训制度可以使从业人员不断接受并认可公司的商业价值观和道德观，并身体践行共同培育诚信的企业道德文化。职业道德培训是一个长期的过程，不仅包括员工上岗时的职业道德培训，还包括长期的在职职业道德培训。例如，保险代理人上岗前应通过岗前培训让他们理解什么是保险公司（针对保险营销员）或保险代理公司的核心价值观，保险代理人的职业道德准则和适用于推销保险产品的所有法律、法规。在职职业道德培训则应融入保险代理人的职级晋升培训和日常培训当中，职级晋升培训应作为保险代理人晋升的必要条件，日常的道德培训可以在每日晨会中结合发生在代理人周围的职业道德案例进行。

（2）保险中介机构的高层管理者应信守职业道德价值观念，并身体力行付诸实践。企业的职业道德价值观并不像企业战略目标一样清晰可见，也无法在短期内见效，要使企业中的每一个人相信愿景并愿意去实践共同的职业道德价值观，管理者的身体力行最为重要。企业管理者的行动是一种无声的号召，对下属成员起着重要的示范作用。如果共同的职业道德价值观只是停留在口头、文字、会议等形式上，这样的价值观是不可能被员工所接受的。因此，职业道德价值观不应该只是每天不断地说教，而应该每时每刻体现在行动上，管理者的行动更为重要。

（3）树立职业道德的正面典型，实施道德报酬的正向激励措施。发挥榜样的作用是职业道德建设的一种重要而有效的方法，榜样的典型事迹可以成为员工的道德方向指引牌，告诉他们应该做什么，不应该做什么。因此，把那些最能体现职业道德价值观念的个人和集体树为典型，大力宣传和表彰，有利于优秀企业道德文化的形成和发展。另外，对那些深刻理解公司职业道德精髓，模范遵守公司道德准则，对公司道德建设做出突出贡献的公司员工，可以给予额外的道德报酬奖励。这种奖励不同于一般的加班工资或效益奖励，主要是从肯定保险中介从业人员行为对公司伦理道德建设的积极作用而设立的。对道德高尚员工的激励是对企业道德文化的正强化，这将有效提高保险中介队伍的整体道德意识，激发保险中介从业人员遵守职业道德标准的自觉性、积极性，促进保险中介的职业道德建设。

（4）创造条件鼓励员工参与保险中介机构的职业道德建设。一个企业的商业价值观和道德观要得到员工的认同，就要征求大家的意见。具体就是在民主原则的指导下，发动广大员工积极参与、集思广益，反复酝酿讨论企业的职业道德建设问题，如有关岗位系列的职业道德规范、新环境下职业道德制度的变迁等。只有这样才能使职业道德制度观念与条文深植于员工思想当中。职业道德的建设还要与员工的日常工作结合起来，在将制度理念转化为实际行动时，不宜采取强压式的灌输，要注意与员工进行感情沟通，让员工切实体会到自己的主人翁地位，从而在职业道德方面自觉、严格地要求自己。

本 章 小 结

本章对保险中介职业道德的含义、特点及内容，常见的职业道德问题及其产生原因，保险中介职业道德体系的构建进行了阐述。保险中介的职业道德是在从事保险中介业务活动中，根据社会舆论、社会观念和社会意识的要求，从思想到行为应该履行的道德规范和行为准则，主要特点是注重诚信、强调专业、突显服务。保险中介常见的职业道德问题主要包括欺瞒投保人、保险人，采用不正当手段竞争，业务管理不规范等。影响保险中介职业道德的因素多种多样，包括社会的、经济的、行业本身的及外部监管等因素。保险中介职业道德的建设体现在三个层面：①培育良好的社会文化环境和保险中介市场竞争环境，提升整体社会道德水平；②完善保险中介机构自身的道德规范和企业文化建设；③将职业道德准则转化为保险中介从业人员的自律行为。

本章的重点是保险中介职业道德的含义、特点及内容，常见的保险中介职业道德问题及其产生原因，保险中介职业道德体系的构建。

本章的难点是保险中介产生道德失范的原因，保险中介职业道德体系的构建思路和方法。

关 键 名 词

职业道德　保险中介的职业道德　诚信　商业价值观　不正当竞争　公开　公平　公正

思考题

1. 保险中介职业道德的含义及特点是什么？
2. 保险中介的职业道德包含哪些内容？
3. 试分析保险中介产生道德失范现象的原因。
4. 试分析如何构建我国的保险中介职业道德体系。

第 7 章
保险中介监管

【本章导读】

在世界各国，为了维护保险中介市场秩序，保护保险双方及社会公众的利益，都对保险中介进行必要的监督和管理。本章包括 3 部分内容：保险中介监管的含义、特点、目标、形式等；保险中介监管的对象与具体监管内容；保险专业中介机构的分类监管。

7.1　保险中介监管概述

7.1.1　保险中介监管的含义

保险中介监管是指政府的保险监督管理部门为了维护保险中介市场秩序，保护保险双方及社会公众的利益，对从事保险中介活动的机构和人员实施的监督和管理。一个国家的保险中介监管制度通常由两大部分构成：国家通过制定有关保险中介的法律、法规，对本国保险中介进行宏观指导与管理；国家专司保险监管职能的机构依据法律或行政授权对保险中介进行行政管理，以保证法律、法规的贯彻执行。

保险中介的法律、法规是直接或间接对保险中介的市场行为、经营运作等进行规范和约束的法律、规章制度。各国对保险中介的法律、法规体系依其监管方式的取向或严格或宽松。我国则是比较严格的，对保险中介进行的监管已基本建立了较全面的法律、法规体系。一方面，《保险法》《公司法》《合同法》等是约束保险中介的基本法律，其中保险法对保险代理人和保险经纪人的法律性质进行了明确，也对保险公估人的市场地位进行了认可。另一方面，目前正在施行的《保险营销员管理规定》《保险代理机构管理规定》《保险兼业代理机构管理规定》《保险经纪人监管规定》《保险公估人监管规定》是对保险中介进行直接约束和监管的法规。

保险中介监管的主体是享有监督和管理权力并实施监督和管理行为的政府部门或机关。各国保险监管机构的形式多样，不同国家有不同的称谓。在我国，保险中介监管的主体是2018 年 4 月 8 日成立的中国银行保险监督管理委员会（后面简称中国银保监会，取代 1998年 11 月成立的原中国保险监督管理委员会），该委员会是直属国务院的事业单位，是全国商业保险的主管机关。中国银保监会根据国务院授权履行行政管理职能，依照法律、法规统一监管包括保险中介在内的保险市场。

保险中介监管的性质，可以视为是以法律和政府行政权力为依据的强制行为。保险中介监管这种强制性的行为不同于以自愿为基础的保险中介行业协会对其会员的管理，不同于以产权关系为基础的母公司对子公司的监督管理。因此，对保险中介机构及其从业人员而言，行业自律组织的协调管理、保险公司对保险代理人的管理、保险中介机构的内部管理都不能取代保险监管部门的监管。

7.1.2　保险中介监管的特点

1. 监管对象的多样性和差异性

保险中介监管的对象包括保险代理人、保险经纪人和保险公估人，这 3 类保险中介的性质、特点、法律地位各不相同，因此在监管的内容及要求上也有较大差别。同时，由于各国保险中介的发展模式不尽相同，在监管对象的侧重点上也有区别。以英国为例，由于其保险经纪人制度比较成熟，所以对保险经纪人的监管最为重要。在我国，保险代理人制度发展最早，在保险中介市场中所占比重最高，对保险业的影响也最大。因此，相对而言，我国对保险营销员和保险代理机构的监管更加完善。

2. 监管内容的广泛性

根据各国的经验，对保险中介的监管内容都比对保险公司的监管内容更加广泛。例如，从对保险中介主体的监管来看，不仅要对保险中介机构的设立、变更和终止进行监管，还要对保险中介从业人员进行资格管理，对其职业道德和执业行为进行约束和规范。在保险中介经营行为的监管方面，既包括应该如何执业的具体要求，也包括不得如何的禁止行为要求。

3. 监管重点的特殊性

各国保险监管部门对保险公司的监管重点都集中在偿付能力方面，即使对其他行为进行监管，最终目的也是保证保险公司偿付能力的充足。但是，保险监管部门对保险中介的监管主要集中在设立时的资格审查和规范保险中介行为上，对保险中介机构的资金运作等方面的要求相对宽松。之所以会有这样的差别，是因为保险中介和保险公司在营业内容和性质，以及对经济、社会安全的影响不同决定的。

7.1.3　保险中介监管的目标

保险中介监管的目标是通过对保险中介的监管，建立和保持一个健全、稳定、高效的保险中介制度，以促进保险中介及保险业健康有序的发展。具体包括以下 3 个目标。

1. 维护保险中介的消费者尤其是投保人（被保险人）的合法权益

保险中介的消费者主要是保险人和投保人（被保险人），相对于保险人，投保人（被保险人）对保险机构、保险产品和保险中介的认知程度是极为有限的，即使是一个高度透明的企业，消费者也受制于专业知识的限制难以对其了如指掌。保险中介作为保险市场上联系保险供求双方的桥梁，其最大的作用是解决双方交易中的信息不对称问题，也可以说它是保险市场的信息收集者、加工者和传递者。通过保险中介监管，一方面可以强化保险中介的信息传递职能；另一方面可以防止保险中介利用信息优势恶意侵害保险消费者的利益。因此，保险监管机构要通过强制性的信息披露等手段，积极提高市场透明度，确保信息通畅，让消费者尽量知情，以作出有效的选择。

2. 维护公平竞争的市场环境和秩序

市场经济要突出强调竞争，没有竞争就没有活力和繁荣，也就不能体现出公平，但竞争必须有规则，这样才能充分发挥市场机制的调节作用。对保险中介的监管要以发挥市场对资源的基础性配置作用为前提，通过不断完善监管规章制度，在保险公司与保险中介之间、保险中介的各种主体之间营造一个平等竞争的平台，维护保险中介主体的合法权益。各保险中介主体应当能够独立承担民事法律责任，其生命力及发展空间应当完全由其本身是否适应市场规则、是否体现了市场效率来决定。当然，监管是为了维护公平竞争的秩序，不能为了"秩序井然"而人为地限制、压制竞争。没有竞争，秩序是毫无意义的。

3. 促进整个保险体系的完善

促进整个保险体系的完善是维护消费者的合法权益、维护公平竞争的市场秩序的客观要求和自然延伸。如果保险体系的运转是安全和稳定的，保护相关消费者的合法权益和维护公平竞争的市场环境就有了必要的基础和条件；相反，如果整个保险体系的运转是不安全、不稳定的，投保人（被保险人）的合法权益就难以保障，市场秩序也难以维护。当然，维护保险体系的安全稳定，并不排除某些保险中介因违法、违规、经营失败而自动或被强制退出市场。因经营不善而倒闭破产，或者因违法、违规而被强制关闭，都是正常的和必要的。监管者所追求的应是整体的稳定，不应当、也不可能为个别保险中介保驾护航。

保险中介监管的各个目标是相辅相成的一个整体，其中维护保险中介消费者的合法权益是核心。保险中介监管者应当围绕保险中介监管目标研究制定相应的监管法律和规章，选择正确的监管形式和方法，认真履行其监管职责。

7.1.4　保险中介监管的原则

1. 依法监管原则

依法进行保险中介监管是保险中介监管机关在履行其监管职责时必须依据有关法律、行政法规和规章的规定，其监管行为不得与之相抵触，保持监管的权威性、严肃性、强制性和一致性。一方面，保险中介监管主体地位的确立和监管权力的取得来源于法律，法律对保险中介监管机关的法律地位和职责权限作出明确的规定，并充分保证保险中介监管行为符合保险法律、行政法规和规章的要求，保险中介监管的步骤、方法和环节符合法定程序。另一方面，保险中介监管主体应依法行使监管权，必须在法律授权的范围内行使权力，其监管行为无论在实体上还是在程序上都要符合保险法律、行政法规和规章的规定，不得超越权限，无端干预保险中介机构内部的经营管理决策和正常商业活动，不得侵犯保险中介机构的合法权益。

2. 维护保险中介当事人利益的原则

维护保险中介当事人的利益是指不仅要维护投保人或被保险人的利益，还要维护保险人和保险中介的利益。

1）维护投保人或被保险人的利益

由于专业性的局限及信息不对称等因素的影响，投保人或被保险人相对于保险人和保险中介处于市场弱势地位，因此，保险中介的经营行为是否规范，直接影响到投保人或被保险人的切身利益，关系到投保人或被保险人能否享受到良好的保险中介服务，以及投保人或被保险人的合法权益能否得到充分保障。根据法律、法规对保险产品供给链上的重要主体之一——保险中介进行必要的约束，可以改变消费者的信息弱势地位，防止保险中介恶意侵害投保人或被保险人的利益，更重要的是提高保险消费者获取信息的主动性和依据信息进行保险消费决策的判断能力。

2）维护保险人的利益

由于保险中介直接作用于保险当事人双方，所以在对保险中介实施监管的过程中，也必须兼顾保险人的利益。一方面，保险中介在为保险当事人双方订立或履行合同的过程中，掌握了投保人、被保险人或原保险人的第一手资料，其能否做到如实告知，直接影响到保险人承保的风险。因此，保险中介负有对保险人如实告知的义务和为保险人保守商业秘密的义务。另一方面，一些保险中介可能会以其拥有的投保人业务作筹码，向保险人提出各种苛刻的条件，影响保险人的稳定经营。因此，保险中介必须按照双方的约定或有关规定收取合理的费用。

3）维护保险中介的利益

保险中介作为保险中介市场的经营主体，其合法权益同样应受到保护。①保险代理人有权向保险人收取代理手续费；保险代理人在保险人授权范围内代理保险业务的行为所产生的法律责任，由保险人承担。②保险经纪人有权按照有关规定向保险人收取经纪佣金或向投保人收取咨询费用；由于其执业行为的过错或过失给投保人、被保险人或保险人造成损失的，应独立承担相应的法律责任。③保险公估人有权向其委托人收取公估费用，其执业行为产生的法律后果由其自己独立承担。

3. 优化保险中介市场运行机制的原则

优化保险中介市场运行机制是指在进行保险中介监管时，既要充分发挥市场机制的调节作用，又要防止保险中介之间盲目竞争和不正当竞争导致市场秩序混乱。具体而言，就是监管部门在对保险中介进行监管时，应遵循供求规律、价值规律和竞争规律，以及这些规律之间的相互作用，维护保险中介市场的正常秩序，同时积极推动保险中介产业布局和保险中介市场的均衡发展，以市场机制为基础促进公平竞争。

4. 强化保险中介自我约束的原则

保险中介监管应有助于加强和提高保险中介的内部管理能力，做到将内部自我约束和外部监管相结合。强化保险中介自我约束原则对保险中介行业至关重要。保险中介监管部门的工作之一就是在保险中介市场建立完善的资信评级制度，促进保险中介行业自身优胜劣汰机制的形成，激励保险中介机构加强内部管理，提高服务质量，诚信经营。

5. 促进保险市场健康发展的原则

保险中介是保险市场的重要组成部分，保险中介服务的质量直接影响保险产品由潜在需求向有效需求的转化，提供良好的保险中介服务最终也是为了改善、提高整个保险市场服务的质量。所以，对保险中介实施监管，要切实考虑保险市场的整体状况，制定具体可行的监管政策，以提高保险中介的服务质量，最终达到促进保险市场健康发展的目的。

7.1.5　保险中介监管的形式

各国政府对保险中介的监管形式并没有形成固定的标准，不同的国家根据其经济环境和法律环境选择不同的形式，通常有以下 3 种。

1. 公示监管形式

公示监管形式是一种宽松的监管形式，是指政府只是要求保险中介定期按规定的格式及内容，将其营业结果定期呈报给主管机关，并予以公布，对于保险中介的具体业务经营，政府不进行过多干预，保险中介经营的好坏，由消费者或一般社会公众自行判断。

公示监管的内容一般包括规定最低资本金及保证金、公告财务报表、公开披露信息等。公示监管形式将政府与大众结合起来，有利于保险中介在较为宽松的环境中自由发展，在较短的时期内迅速壮大规模。

公示监管形式也存在固有的缺陷。由于保险中介的消费者尤其是投保人（被保险人）和一般社会公众总是处在信息劣势的一方，因此他们很难掌握评判保险中介优劣的标准，对于不正当经营行为常常表现得无能为力。所以，采取这种监管形式对社会经济环境的要求较高，具体包括国民经济应有一定程度的发展，市场经济体制比较完善，法律制度相对健全；保险公司及保险中介之间能够充分竞争，保险中介具有一定的自制能力和良好的职业道德；社会公众具有较高的文化水准和参与意识，对保险中介的优劣有一定的判断能力；评级机构、审计事务所等第三方专业机构活跃，对保险中介具有适当的评估标准等。显然，我国目前的状况还达不到这一条件。

2. 准则监管形式

准则监管形式又称规范监管形式，是指国家对保险中介的经营制定一定的准则，要求保险中介共同遵守的一种监管方式。

政府规定的准则一般涉及重大事项，如保险中介机构的最低注册资本额、资产负债表的审查、法定公布事项的主要内容、监管机构的制裁方式等。这种方式强调保险中介经营形式上的合法性，比公示监管在形式上具有较大的可操作性，因此是一种比较适中的监管形式。但是，这种监管形式只注重形式上的要求，对于强调技术性和服务性的保险中介而言，难以起到严格有效的监管作用。

目前，我国的保险中介在经验、技术、人才等方面都相对缺乏，采用这种形式很难起到约束作用。

3. 实体监管形式

实体监管形式又称严格监管形式或许可监管形式，是指政府制定有完善的保险中介监督管理规则，监管机构根据法律、法规赋予的权力，对保险中介进行全面监督管理的一种监管方式。

实体监管形式的过程大致可以分为 3 个环节。第一个环节是对保险中介市场准入的监管，包括保险中介机构的许可证、注册资本金、保证金，以及保险中介从业人员的从业资格、执业要求等。第二个环节是对保险中介业务经营的监管，包括对保险中介的业务范围、行为准则等事项进行具体监督和检查，是实体监管的重心。第三个环节是对保险中介退出市场的监管，包括对保险中介机构解散、撤销、破产的监管，以及对保险中介从业人员终止从事保险中介活动的监管。

实体监管形式有较为明确的标准和规定，操作起来也比较具体实际，容易掌握，是各种监管形式中较为严格的一种，比较适合我国保险中介的现行状况。

7.1.6 保险中介监管的方法

1. 现场检查

现场检查是指保险中介监管部门派出监督管理小组到各保险中介机构进行实地调查，对其业务经营、财务状况等进行检查。现场检查分为临时检查和定期检查两种。定期检查一般都是常规检查，要对被检查机构作出综合评价。临时检查是不定时的，一般是有针对性地对某些专项内容进行检查。

现场检查的优点是可以和保险中介进行充分的沟通，并且能够做好专项的调查工作，上报可靠的信息；缺点是需要投入大量的人力。在我国目前监管能力还不足的情况下，做好现场检查的同时更要强调非现场检查。

2. 非现场检查

非现场检查是指保险中介监管部门通过审查保险中介机构按要求提供的信息材料，对保险中介机构的经营情况进行检查并作出合规性评估，从而评判是否符合监管要求并以此对违反监管规定的行为和事实进行相应的处罚。

非现场检查的优点是节省大量的人力，检查速度快、效率高；缺点是收集的报告信息资料和数据准确性较差，使风险分析和评估缺乏可靠性和科学性。因此，利用非现场检查方法进行监管，必须充分应用高科技手段，如计算机网络，通过磁盘读取和信息传递，对保险中介各经营环节的第一手资料进行全面、及时的检查和评估，对其经营过程中出现的问题及时加以指导、调整和处罚，以保证保险中介稳定、健康、合法经营。

非现场检查已成为各国对保险中介进行监管的主要方法。随着我国保险中介主体的增加，保险中介市场的日益成熟和监管技术的提高，非现场检查也将在我国发挥越来越重要的作用。

3. 委托监管

现场监管和非现场监管都是保险中介监管部门的直接监管。有时在政府监管力量不足或专业需要的情况下，监管部门也会采用委托监管的方法。委托监管包括 3 种方式：①委托保险中介机构内部审计稽核部门进行检查监督；②委托专业会计师或审计师事务所对保险中介机构进行检查监管；③委托专业资信评估机构对保险中介机构进行检查监管。保险中介监管部门根据委托检查结果，对保险中介机构提出整改要求和处罚措施。

委托监管能利用多种有效的监管资源加强对保险中介的监管，从而形成一种内部监管、社会监管和政府监管相结合的多元化的保险中介监管机制。但是，由于委托机构的独立性和权威性远远不如保险中介监管部门，因此，这种方法只在必要时才会采用。

7.2　保险中介监管的对象与内容

7.2.1　保险中介监管的对象

保险中介监管的对象是指保险中介监管机构监管行为指向的主体，包括保险中介机构、保险中介从业人员和保险人（见图 7-1）。

由于各国经济基础、市场环境、法律制度的不同，在保险中介监管的具体对象上是有差别的。

1. 保险中介机构

在有些国家和地区，如英国、澳大利亚、加拿大、新加坡及中国的香港地区，保险公估公司是按照一般企业注册登记的，未被纳入专门的保险中介监管之列。在这些国家和地区，

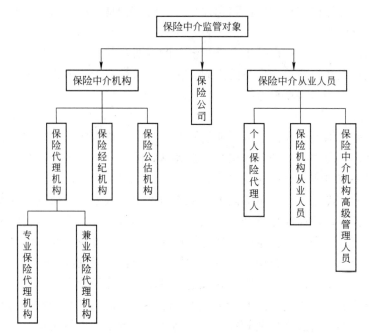

图 7-1   保险中介监管的对象

保险公估人之所以不属于保险监管范畴，主要有两个原因：①保险公估人的公估工作不完全局限于保险领域，有时还会延伸到非保险的其他行业；②保险公估人与保险代理人和保险经纪人不同，其行为不对保险合同产生直接影响，所出具的公估报告书也只是作为保险人理赔、承保的重要参考，并不具有法律权威性。所以，保险公估人可以只接受普通法律的管理，并通过市场的力量和行业自律组织对其进行规范与约束。

在我国，由于保险中介发展时间较短，市场不规范，因此对保险中介机构的监管包括保险代理机构、保险经纪机构和保险公估机构。此外，保险代理机构根据其性质的不同又包括专业保险代理机构和兼业保险代理机构两种。

2. 保险中介从业人员

在很多国家和地区，保险经纪人和保险公估人都可以以个人形式存在，如日本有个人保险公估人，韩国有个人理赔公估人，英国和美国则有大量的个人保险经纪人。在我国，目前仅允许个人形式的保险代理人存在，因此监管对象也就不包括个人保险经纪人和个人保险公估人。

另外，在保险中介机构内部，高级管理人员和具体从业人员的资格要求、执业规范等都有很大差别，因此在监管上也是分别进行的。

3. 保险公司

保险中介监管部门对保险公司的监管仅限于其与保险中介活动有关的业务。例如，对保险代理人的授权，对保险营销员进行教育培训，向保险经纪人支付佣金等。因为在这些活动中，保险公司有可能会出于维护自身利益的考虑，与保险中介共谋或放任保险中介的一些不良行为，侵犯投保人或被保险人的权益，对其造成损害。因此，保险公司也是保险中介监管的对象。

7.2.2　保险中介监管的内容

1. 保险中介从业人员的资格监管

1) 保险中介普通从业人员的资格监管

保险中介普通从业人员包括个人保险代理人及各类保险中介机构的从业人员。大多数国家的保险中介监管机构对保险代理人和保险经纪人都实行较严格的资格准入制度，对保险公估人的做法则略有不同，有的国家如英国、澳大利亚、新加坡等保险公估人是受普通法监管的，但监管的要求同样严格。

（1）对年龄、学历、从业经验、道德品行的要求。各国对报名参加相应资格考试的人员，都有一定的条件限制，主要包括年龄、专业学历、从业经验等方面。在年龄上，一般都要求申请人员必须是成年人或年满 18 周岁。在专业学历上，有的国家要求申请人员必须受过专门的教育或培训，取得监管机构认可的从事保险业务的学历资格，有的国家则要求具备普通教育的某种学历水平，如我国要求报考保险公估人的学历必须是高等院校专科以上。在从业经验上，各国主要是对保险经纪人和保险公估人有较高的要求，如英国规定要获得保险经纪人资格，必须达到法律规定的实践年限，美国纽约州规定申请人必须具有至少一年的保险承保、理赔及监管人认为应具有的经验。在道德品行上，各国都要求申请人必须具有诚实守信的道德品质、优良的信用记录，如美国要求保险公估人能够以维护公众利益的方式履行保险公估人的职责。下面以保险代理从业人员为例，进行简单的比较（见表 7-1）。

表 7-1　部分国家和地区对保险代理从业人员的基本要求比较

国家或地区	年龄要求	学历及经验要求	道德品行要求
美国	必须年满 18 周岁	必须完成规定学时的课堂学习	各州规定不同，但都对个人品行有要求，如诚实守信等
日本	必须是完全民事行为能力人	从经营规模、业绩、业务技能、个人的考试成绩等方面进行评定	不能在保险募集上犯有大量不当行为；不能是尚未得到恢复的破产者；不能是判处监禁或更重刑罚的人
新加坡	必须是 21 周岁以上	必须在受命的 3 个月内完成"代理人员发展计划"的培训课程	必须正直且诚实的人，不能是未清债务的破产者，也不应涉及任何犯罪行为、不诚实行为、违反公德行为或任何违背公共利益的行为
中国	必须具有完全民事行为能力	应当具有从事保险代理业务所需的专业能力	品行良好，且没有下列情形：因贪污、受贿、侵占财产、挪用财产或者破坏社会主义市场经济秩序，被判处刑罚，执行期满未逾 5 年；被金融监管机构决定在一定期限内禁止进入金融行业，期限未满；因严重失信行为被国家有关单位确定为失信联合惩戒对象且应当在保险领域受到相应惩戒，或者最近 5 年内具有其他严重失信不良记录
中国香港特别行政区	必须年满 18 周岁（含 18 周岁）	必须完成 5 门课程或同等学力，除非根据守则特定的准则获得豁免	保险公司应确保其保险代理符合资格要求，遵守守则，并对其提供足够的培训

续表

国家或地区	年龄要求	学历及经验要求	道德品行要求
中国澳门特别行政区	必须是成年人或不受法律限制的人，具有从事商业活动的民事行为能力	应当具有 AMCM 认可的从事保险业务的学历资格，或者由 AMCM 认可的单位签发的保险课程的资格证明，或者由授权在澳门从业的承保人证明申请人适合从事保险中介工作	应当是本地居民，应当不是保险公司或保险经纪公司的雇员，应当没有被判过刑，没有被指控有欺骗、抢劫、偷盗、监守自盗、贿赂、勒索、滥用信任、高利贷、腐败、签发空头支票等行为

（2）资格证书和考试要求。获得资格证书是几乎所有国家对保险中介从业人员的基本要求，但是有的国家和地区对资格证书实行分类等级制，这样更符合保险中介活动的特殊专业性质。例如，日本对保险代理人的资格是按寿险和非寿险划分的，并根据保险代理人的考试成绩、业务技能等将其分为特等级、上等级、普通级和初等级。

各国对保险中介从业人员取得资格的具体条件规定不尽相同，但大多数要求申请人必须通过相应的资格考试。在考试的方式上，发达国家一般采取的是面试为主、笔试为辅的方式，这主要是由各国的文化和具体情况决定的。例如，在美国加利福尼亚州申请保险公估人资格，保险监督官可以要求申请人或其管理人参加书面或口头考试，或者两者结合的形式来证明其任职资格，申请人应该在许可证颁发之前参加并通过商务部门举行的考试。我国则规定，具有大学专科以上学历的公民可以参加公估师资格全国统一考试，考试通过并符合相关道德品行方面的要求，即可申请领取资格证书。

2）保险中介机构高级管理人员的资格监管

高级管理人员是影响保险中介机构运营的重要因素，因此，世界各国均对保险中介机构高级管理人员的资格进行限定。很多国家和地区对高级管理人员的资格评定不仅考虑资格条件，更重要的是对其从业经验和经营能力的考察。例如，印度尼西亚要求保险中介机构的高级管理人员必须具有 5 年相关保险业务方面的工作经验。我国规定保险中介机构的高级管理人员的任职资格须由保险监管机构进行审查，须具备学历和资历上的其他要求。我国台湾地区要求保险中介机构的董（理）事、监察人（监事）、经理人中至少 1 人应具备相应保险中介的从业资格。

2. 保险中介机构市场准入与退出的监管

一个完善的保险中介市场不仅需要严格的市场准入机制，也需要完善的市场退出机制，因此，各国监管机构都将保险中介机构的市场准入与退出作为监管的内容予以明确，主要包括以下几个方面。

1）市场准入监管

各国对保险中介机构的市场准入监管主要是规定市场准入的条件，一般集中在资本金要求、机构组织形式、股东条件、许可证等方面。

（1）资本金。资本金是保证保险中介机构能够正常运营的基础，各国对此均有要求，但是由于保险代理人、保险经纪人和保险公估人的执业特点不同，所承担的法律责任不同，因此最低注册资本金的要求也有差别。

（2）组织形式。保险中介机构的组织形式可以采取多种形式，如股份有限公司、有限责任公司、合伙制及个人形式。在保险业发达的西方国家，合伙制和个人制的保险中介普遍存在，这主要取决于一国的保险业发展水平、人们的保险意识、法制完善程度及文化习俗等因素。我国尚处于保险中介发展的初级阶段，目前只允许个人形式的保险代理人存在。

（3）股东条件。很多国家对股东的要求并没有明确，也不作为监管的内容，但受到其他相关法规的约束，股东应具备一些最基本的条件，如信誉良好、资金充足等。我国对此有明确规定，基本要求有 3 点：保险中介机构的股东、发起人或合伙人信誉良好，最近 5 年无重大违法、违规记录；依据法律、行政法规规定不能投资企业的单位或个人，不得成为保险中介机构的发起人、股东或合伙人；最近 5 年内无严重失信行为记录。另外，一些国家对保险中介机构的股权结构也有规定，如菲律宾要求合伙组织或公司形式的保险公估人，其资产的60％必须由菲律宾公民持有。

（4）许可证。大多数国家都实行许可证制度，而且有效期最长不超过 3 年，并规定了换发制度。我国还要求保险中介机构领取许可证之后，必须办理工商登记，领取营业执照后方可正式营业。许可证制度是为了审查保险中介机构是否符合执业资格，实现市场的优胜劣汰，能够使不符合经营条件的保险中介机构尽快退出市场，优化市场经营环境。

表 7 - 2 是对部分国家保险经纪机构市场准入条件的比较。

表 7 - 2　部分国家保险经纪机构市场准入条件比较

国家	市场准入条件
英国	必须在保险经纪人注册委员会（IBRC）注册；最低金额为 1 000 英镑的营运资本（流动资产超过流动负债的金额）；最低金额为 1 000 英镑的偿付保证金；有足够的业务分部以确保其独立性；必须参加规定金额的职业责任保险等
美国	必须向其营业所在州注册并取得营业执照方可营业。取得营业执照的难易程度在各州有所不同，有的州允许申领 3～6 个月的短期执照
日本	必须向内阁总理大臣申请注册，提交的注册申请书应包括以下内容：公司名称及住址、主要负责人的姓名及住址、从事保险经纪业务的种类、其他总理府令、大藏省令规定的事项
新加坡	必须以书面形式向管理局提出注册申请，并向其提供要求的各种信息。注册局可将申请人登记为一般保险经纪人、一般再保险经纪人、直接人寿保险经纪人、人寿再保险经纪人或其中几项
中国	对资本金、组织形式、股东条件、许可证等均有要求

2）市场退出监管

保险中介机构的退出监管一般是规定退出的条件和方式。保险中介机构的退出包括强制退出和自动退出，退出方式通常有解散、撤销、破产 3 种，退出的条件各不相同。例如，韩国的金融监督委员会规定，保险经纪人有以下情形的，即可取消其营业许可：不符合许可条件或采用不正当方式获得许可；违反了金融监督委员会基于保险法所作出的命令或处理；在执业过程中存在严重的不正当行为；进行以自己或雇用自己的人作为投保人或被保险人为主要目的的保险招揽。

3. 保险中介业务经营的监管

保险中介业务经营的监管包括保险中介机构和个人形式的保险中介的业务经营监管，监管内容主要集中在以下几个方面：业务范围、执业规范、保证金或职业责任保险、财务状况等。

1）业务范围监管

各国对保险中介的业务范围都有明确规定，保险中介只能在规定的范围内从事业务活动，避免因业务范围的交叉而抵消中介作用。这不仅体现在保险代理人、保险经纪人、保险公估人的业务互不交叉，同时在各类保险中介内部，有的国家也进行了更细的划分，如日本对保险代理人就分为寿险代理和非寿险代理，英国对销售投资型寿险产品的保险中介有特殊要求，其他不具备资格的保险中介不能从事此项业务。

2）执业规范监管

在保险中介的执业规范方面，各国规定得都比较详细，主要包括保险中介必须遵守的规则、禁止的行为及法律责任等。例如，英国规定保险经纪人必须至少与5家保险公司有交易，在一个会计年度向一家保险公司安排的业务不得超过自己全部业务的35%，以保证其经营的独立性。日本规定一个寿险代理人不得同时成为另一家人寿保险公司的雇员或办事员，或者接受另一家人寿保险公司的委托，成为其从事保险募集工作的人的办事员或雇员。我国对保险中介的违法、违规行为规定了相应的法律责任，包括行政责任、民事责任和刑事责任。

3）保证金或职业责任保险监管

保证金或职业责任保险是一种事后监管制度。为了防范保险中介由于疏忽、过失甚至故意产生的各种违法、违规行为，导致投保人及被保险人的合法利益受到损害，很多国家都要求保险中介必须缴纳保证金或投保职业责任保险，以使投保人或被保险人的损失能够得到补偿。通常情况下，保险中介应当在开业之前或开业后不久就要缴纳足够的保证金或购买足额职业责任保险，并且保证金不能随便动用。以英国为例，保险经纪人在开业前不仅要缴纳至少1 000英镑的偿付保证金，还要购买固定金额的职业责任保险。

4）财务状况监管

保险中介机构的财务报告是监管部门进行非现场检查的重要内容，可以反映出保险中介机构在经营过程中的各种问题，如资本金是否充足、资产负债结构是否平衡、业务经营是否稳健等，因此，各国都要求保险中介机构定期上报财务报告。例如，日本规定保险中介机构根据总理府令、大藏省令的规定，于各会计年度编制事业报告书，并于每个会计年度结束后3个月内将其呈报内阁总理大臣。法国规定所有的保险经纪人，无论个人或公司，必须通过行业登记机关提交年度报表（资产负债表和利润表）。

7.3　保险专业中介机构的分类监管

7.3.1　分类监管的含义

我国对保险中介的监管已经积累了一定的经验，并于2008年12月出台了《保险专业中介机构分类监管暂行办法》，其目的是建立规范科学的风险预警机制，识别、评估、监测、控制保险中介市场风险，提高保险中介监管的科学性、针对性，实现监管力量的优化配置。

所谓分类监管，是指保险中介监管部门为了提高保险中介监管效率和防范风险的能力，根据客观既有信息，综合分析评估保险专业中介机构风险，依据评估结果将其归入特定监管类属，并采取针对性监管措施的方法。

分类监管的对象包括保险代理机构、保险经纪机构、保险公估机构及其分支机构。

分类监管所依据信息和数据应客观准确，主要来源包括以下渠道。

（1）保险监管部门的监管数据信息，即保险监管部门开展现场检查、调研和非现场监管掌握的有关数据信息。

（2）行业内部反映的数据信息，即保险中介机构、保险公司、各地行业协会不定期反映，并经保险监管部门核实的有关数据信息。

（3）保险公司上报的数据信息，即保险公司按规定或要求上报的监管数据信息。

（4）保险专业中介机构上报的数据信息，即保险专业中介机构按规定或要求上报的监管数据信息。

（5）外部审计机构反映的数据信息，即外部审计机构如会计师事务所在年度审计报告和其他审计材料反映的数据信息。

（6）举报投诉的数据信息，即保险从业人员、投保人、被保险人，以及其他单位、个人向有关部门举报投诉，并经保险监管部门核实的数据信息。

（7）舆情动态，即社会群众议论、媒体舆论报道等反映出的有关信息。

（8）其他真实有效信息渠道。

7.3.2　分类监管的指标体系

根据《保险专业中介机构分类监管暂行办法》，分类监管包括合规性和稳健性两大类 14 个指标，评估保险专业中介机构的合规风险、稳健风险和综合风险。合规风险分值和稳健风险分值分别为其项下各评估指标分值之和。综合风险分值为合规风险分值与稳健风险分值之和。

1. 合规性指标

合规性指标包括业务合规指标、行政许可事项合规指标、保证金与职业责任保险合规指标、报告与报表提交合规指标、高级管理人员与从业人员合规指标、其他合规指标 6 个指标体系。

1）业务合规指标

业务合规指标是评估保险专业中介机构在业务经营过程中的合规情况，主要看是否违反了相关规定中的禁止行为，并根据违反的程度记不同的分值（见表 7 - 3）。

表 7 - 3　业务合规指标

评价重点	考察保险专业中介机构在业务经营过程中的合规情况
评价内容	① 存在以下情形：欺骗保险人、投保人、被保险人或受益人；隐瞒与保险合同有关的重要情况；阻碍投保人履行法律规定的如实告知义务，或者诱导投保人不履行法律规定的如实告知义务；给予或承诺给予投保人、被保险人或受益人保险合同约定以外的其他利益；利用行政权力、职务或职业便利，以及其他不正当手段强迫、引诱或限制投保人订立保险合同；伪造、擅自变更保险合同，或者为保险合同当事人提供虚假证明材料；串通投保人、被保险人或受益人，骗取保险赔款或保险金；以保险代理人、经纪人、公估人名义从事非法活动；挪用、侵占保险费、保险赔款或保险金；泄露保险人、被保险人、投保人或受益人的商业秘密或个人隐私；利用业务便利为其他单位和个人牟取非法利益 ② 在被监管查处过程中存在欺骗、贿赂、隐瞒等行为 ③ 其他重大业务违规行为

续表

评价重点	考察保险专业中介机构在业务经营过程中的合规情况	
计分方法	涉嫌上述违规行为的	每次 5 分
	因上述违规行为被下发监管函、监管谈话的	每次 10 分
	因上述违规行为被行政罚款的	每次 15～20 分
	因上述违规行为被责令停业整顿，或者分支机构因上述违规行为被吊销业务许可证的	每次 25 分

2）行政许可事项合规指标

行政许可事项合规指标是评估保险专业中介机构落实行政许可监管要求的情况，并根据违反要求的程度记不同的分值（见表 7-4）。

表 7-4　行政许可事项合规指标

评价重点	考察保险专业中介机构落实行政许可监管要求的情况	
评价内容	未按规定向监管部门履行审批、报备手续等行为	
计分方法	涉嫌上述违规行为的	每次 2 分
	因上述违规行为被下发监管函、监管谈话的	每次 4 分
	因上述违规行为被行政罚款的	每次 6～8 分
	因上述违规行为被限制业务范围、责令停止接受新业务的	每次 10 分
	分支机构因上述违规行为被吊销业务许可证或因申请材料不真实而被撤销行政许可的	每次 12 分

3）保证金与职业责任保险合规指标

保证金与职业责任保险合规指标是评估保险专业中介机构落实保证金和职业责任保险监管要求的情况，主要看是否按时缴纳了保证金或购买了职业责任保险，并根据违规的程度记不同的分值（见表 7-5）。

表 7-5　保证金与职业责任保险合规指标

评价重点	考察保险专业中介机构落实保证金和职业责任保险监管要求的情况	
评价内容	① 未及时、足额缴存保证金或投保职业责任保险 ② 违规动用保证金 ③ 未保持职业责任保险的连续性和有效性	
计分方法	涉嫌上述违规行为的	每次 2 分
	因上述违规行为被下发监管函、监管谈话的	每次 4 分
	因上述违规行为被行政罚款的	每次 6 分
	因上述违规行为被限制业务范围、停业整顿的	每次 8 分

4）报告与报表提交合规指标

报告与报表提交合规指标是评估保险专业中介机构遵守报告、报表、文件、资料和数据制作、报送与保管监管要求的情况，主要看是否及时报送了相关的报表、资料等，并根据违规的程度记不同的分值（见表 7-6）。

表 7-6　报告与报表提交合规指标

评价重点	考察保险专业中介机构遵守报告、报表、文件、资料和数据制作、报送与保管监管要求的情况	
评价内容	① 未按照规定报送或保管报告、报表、文件、资料和数据 ② 编制或提供虚假的报告、报表、文件、资料和数据	
计分方法	涉嫌上述违规行为的	每次 4 分
	因上述违规行为被下发监管函、监管谈话的	每次 6 分
	因上述违规行为被行政罚款的	每次 7~10 分
	因上述违规行为被限制业务范围、责令其停止接受新业务的	每次 12 分
	分支机构因上述违规行为被吊销业务许可证的	每次 15 分

5）高级管理人员与从业人员合规指标

高级管理人员与从业人员合规指标是评估保险专业中介机构高级管理人员与从业人员遵守监管法规的情况，并根据违规的程度记不同的分值（见表 7-7）。

表 7-7　高级管理人员与从业人员合规指标

评价重点	考察保险专业中介机构高级管理人员与从业人员遵守监管法规的情况	
评价内容	高级管理人员与从业人员违反保险监管法规	
计分方法	涉嫌上述违规行为的	每次 4 分
	因上述违规行为被下发监管函、监管谈话的	每次 6 分
	因上述违规行为被警告，或者被责令予以撤换的	每次 8 分
	因上述违规行为被行政罚款的	每次 10 分
	因上述违规行为被取消任职资格或被行业禁入的	每次 12 分

6）其他合规指标

其他合规指标是考察保险专业中介机构遵守其他保险监管要求，以及其他政府管理部门监督管理要求的情况，并根据违规的程度记不同的分值（见表 7-8）。

表 7-8　其他合规指标

评价重点	考察保险专业中介机构遵守其他保险监管要求，以及其他政府管理部门监督管理要求的情况	
评价内容	① 保险专业中介机构违反其他保险监管要求 ② 保险专业中介机构违反其他政府管理部门监督管理要求	
计分方法	涉嫌上述违规行为的	每次 2 分
	因上述违规行为被下发监管函、监管谈话的	每次 4 分
	因上述违规行为被警告的	每次 5 分
	因上述违规行为被行政罚款的，或者单独被没收违法所得、没收非法财物的	每次 7 分
	因上述违规行为被限制业务范围、责令停止接受新业务或分支机构被吊销业务许可证的	每次 10 分
备注	没收违法所得、没收非法财物与其他处罚措施并处时不计入违规情况	

2. 稳健性指标

稳健性指标包括资产状况指标、分支机构状况指标、业务异动指标、高级管理人员状况指标、从业人员状况指标、自律状况指标、舆情与投诉状况指标、外部审计情况 8 个指标体系。

1) 资产状况指标

资产状况指标是关注保险专业中介机构资产和净资产规模的非正常变化、偿债能力不足的风险，并评估其风险分值的指标（见表 7 - 9）。

表 7 - 9 资产状况指标

评价重点	关注保险专业中介机构资产和净资产规模的非正常变化、偿债能力不足的风险
评价内容	① 资产增长率＝［（年末资产－年初资产）/年初资产］×100% ② 净资产率＝［（资产－负债）/资产］×100% ③ 客户资金余额与净资产比率＝客户账户资金年末余额/年末净资产
计分方法	属于下列情形之一，且无正当原因的，计 3～5 分： ① 30%≤资产增长率绝对值＜50%； ② 40%＜净资产率≤50%； ③ 客户资金余额与净资产比率达到 1。
	属于下列情形之一，且无正当原因的，计 6～8 分： ① 50%≤资产增长率绝对值＜100%； ② 20%＜净资产率≤40%； ③ 客户资金余额与净资产比率达到 2。
	属于下列情形之一，且无正当原因的，计 9～10 分： ① 资产增长率绝对值≥100%； ② 净资产率≤20%； ③ 客户资金余额与净资产比率达到 3。
备注	客户资金是指保险专业中介机构管理的属于被保险人、保险公司等的资金，包括代收保费、保险赔款（保险金）等。

2) 分支机构状况指标

分支机构状况指标是关注保险专业中介机构设立分支机构过快或管控不严的风险，并评估其风险分值的指标（见表 7 - 10）。

表 7 - 10 分支机构状况指标

评价重点	关注保险专业中介机构设立分支机构过快或管控不严的风险
评价内容	① 增设分支机构的速度是否正常
	② 对分支机构是否有完整管理权
计分方法	评估期内设立分支机构超过 5 家的，每增加 1 家计 2 分
	分支机构中采取加盟制、挂靠制或承包制的，每家计 4 分

3) 业务异动指标

业务异动指标是关注保险专业中介机构业务发展波动过大所掩藏的风险，并评估其风险分值的指标（见表 7 - 11）。

表 7 - 11　业务异动指标

评价重点	关注保险专业中介机构业务发展波动过大所掩藏的风险
评价内容	① 保费收入变化率＝$\dfrac{本期保费收入－上期保费收入}{上期保费收入}\times100\%$ （本评估参数不适用于保险公估机构） ② 业务收入变化率＝$\dfrac{本期业务收入－上期业务收入}{上期业务收入}\times100\%$ ③ 利润变化率＝$\dfrac{本期利润－上期利润}{上期利润}\times100\%$ ④ 连续盈利能力
计分方法	属于下列情形之一，且无正当原因的，计 3～5 分： ① 50％＜保费收入变化率绝对值≤100％； ② 50％＜业务收入变化率绝对值≤100％； ③ 50％＜利润变化率绝对值≤100％。 属于下列情形之一，且无正当原因的，计 6～8 分： ① 100％＜保费收入变化率绝对值≤150％； ② 100％＜业务收入变化率绝对值≤150％； ③ 100％＜利润变化率绝对值≤150％。 属于下列情形之一，且无正当原因的，计 9～12 分： ① 保费收入变化率绝对值＞150％； ② 业务收入变化率绝对值＞150％； ③ 利润变化率绝对值＞150％； ④ 连续亏损 3 年。
备注	保费收入是指保险代理机构的代理保费收入和保险经纪机构的经纪保费收入。 代理机构的业务收入为代理手续费收入。 经纪机构的业务收入为经纪佣金和风险管理咨询费。 公估机构的业务收入为公估手续费和咨询费。

4）高级管理人员状况指标

高级管理人员状况指标是关注保险专业中介机构高级管理人员的诚信记录，以及稳定性，并评估其风险分值的指标（见表 7 - 12）。

表 7 - 12　高级管理人员状况指标

评价重点	关注保险专业中介机构高级管理人员的诚信记录，以及稳定性
评价内容	① 高级管理人员因经济犯罪受过刑事处罚（不受评估期限制） ② 评估期前高级管理人员受过保险监管行政处罚 ③ 高级管理人员频繁变动
计分方法	评估期前高级管理人员受保险监管行政处罚的，每人次计 3 分 高级管理人员有经济犯罪记录的，每人次计 5 分 法人代表或总经理在评估期间变动超过 2 次的，每人次计 5 分 其他高级管理人员在评估期间变动人次超过高级管理人员数量 50％的，计 10 分

5）从业人员状况指标

从业人员状况指标是关注保险专业中介机构从业人员非正常变动所掩藏的风险，并评估其风险分值的指标（见表 7 - 13）。

表 7-13   从业人员状况指标

评价重点	关注保险专业中介机构从业人员非正常变动所掩藏的风险
评价内容	① 业务人员增长率＝（年末数－年初数）/年初数×100%
	② 持证率情况
计分方法	属于下列情形之一的，计3分： ① 业务人员数少于100的，增长率大于100%； ② 业务人员数超过100的，增长率大于50%； ③ 持证率介于（60%，70%）。
	属于下列情形之一的，计5分： ① 业务人员数少于100的，增长率大于200%； ② 业务人员数超过100的，增长率大于100%； ③ 持证率介于（50%，60%）。
	属于下列情形之一的，计7分： ① 业务人员数少于100的，增长率大于300%； ② 业务人员数超过100的，增长率大于200%； ③ 持证率低于50%。

6）自律状况指标

自律状况指标是关注保险专业中介机构遵守行业自律的情况，并评估其风险分值的指标（见表 7-14）。

表 7-14   自律状况指标

评价重点	关注保险专业中介机构遵守行业自律的情况
评价内容	违反行业自律的次数
计分方法	被行业自律组织纪律处分，每次计2分

7）舆情与投诉状况指标

舆情与投诉状况指标是关注保险专业中介机构被媒体曝光、被举报投诉的情况，并评估其风险分值的指标（见表 7-15）。

表 7-15   舆情与投诉状况指标

评价重点	关注保险专业中介机构被媒体曝光、被举报投诉的情况
评价内容	① 投诉指数＝本机构投诉率/行业投诉率 投诉率＝投诉件数/业务收入 ② 同一问题是否多次被投诉 ③ 媒体曝光与投诉内容
计分方法	属于下列情形之一的，计3分： ① 投诉指数超过2； ② 同一问题被投诉达5人次（含联名信、集体访）。
	属于下列情形之一的，计5分： ① 投诉指数超过4； ② 同一问题被投诉达10人次（含联名信、集体访）。
	属于下列情形之一的，计8分： ① 投诉指数超过5； ② 同一问题被投诉达15人次（含联名信、集体访）； ③ 媒体曝光和投诉的内容涉嫌非法开展保险业务、销售误导、传销、非法集资、虚开发票、挪用客户资金等。

8) 外部审计情况

外部审计情况是关注外部审计报告对被考察中介机构的评价情况，判断风险程度，并根据外部审计意见记风险分值的指标（见表7-16）。

表7-16 外部审计情况

评价重点	关注外部审计报告对被考察中介机构的评价情况，判断风险程度
评价内容	会计师事务所在外部审计报告上出具的意见
计分方法	外部审计报告为保留意见的，计8分
	外部审计报告为否定意见或无法表示意见的，计15分

7.3.3 分类评价方法及分类监管措施

1. 分类评价方法

监管机构依据合规性风险分值和稳健性风险分值之和，计算出综合风险分值，分值越大，表示风险越高。在进行分类评价时，原则上是按照综合风险分值从高至低，有时也可根据监管实际，以合规风险分值和稳健风险分值作为辅助分类依据，将保险专业中介机构划分为以下3种类型。

（1）现场检查类机构。

（2）关注性非现场检查类机构。

（3）一般非现场检查类机构。

其中，现场检查类机构、关注性非现场检查类机构的数量应分别不少于辖区内保险专业中介机构总数的5%和20%。

2. 分类监管措施

监管机构将根据各机构分类评价情况，分别采取不同的监管措施。

（1）对于一般非现场检查类机构，原则上采取定期收集、分析、监测市场运行数据，关注市场反应等非现场检查方式。

（2）对于关注性非现场检查类机构，在实行非现场检查的同时，应加强风险监测、重点关注，可进一步采取以下监管措施：①进行风险提示或监管谈话；②提高报表报送频率；③要求对存在风险的领域提交专项报告、报表；④要求聘请合格会计师事务所对所提供信息进行专项外部审计，提交专项审计报告；⑤组织现场检查；⑥其他必要的监管措施。

（3）对于现场检查类机构，除采取关注性非现场检查类机构的监管措施外，每年还应至少进行一次现场检查。

此外，在分类监管的基础上，监管机构还应积极关注市场、关注风险、关注舆情动态和举报投诉，并对涉嫌违法、违规的保险专业中介机构，根据实际及时采取现场检查等有效监管措施，不受年度分类结果约束。

阅读资料

保险中介监管现代化建设的构想

继2015年9月17日保监会下发《关于深化保险中介市场改革的意见》（以下简称"保险中介新政"）之后，保监会又召开了关于保险中介市场改革的专题会议。保险中介新政和专题会议，都强调发挥现代信息技术促进保险中介经营、监管转型升级作用，鼓励保险专业中介机构探索"互联网＋保险中介"，开发新型业务平台，要求保险监管部门依托大数据等手段搭建现代监管平台。

根据保险中介新政，保险中介监管现代化建设内涵是指在保险监管部门主导下，运用大数据、云计算等现代技术手段，建立以监管部门为"指挥中心"，依托新型监管信息平台，实现保险公司、中介机构和从业人员之间保险业务信息的无缝对接，实时监控相关人员、业务、资金"三流动"信息，在平台上实现机构人员统一、交易实时清晰、监管及时有效、服务公开透明，监管关口前置，提高监管的效率和效能。

从逻辑结构上讲，保险中介监管现代化建设构想包括数据种类、标准和系统。由于保险中介监管是从属于保险监管的一个子系统，而保险监管也应该在不远的将来提出"互联网＋保险监管"的概念，所以构想以"互联网＋保险中介监管"架构的保险中介监管现代化应尽量全面、细致。

一是数据海量性。包括保险中介机构自身的信息、业务情况、资金情况。

二是逻辑勾稽性。按照一定的逻辑关系看，保险中介渠道实现的业务，包括保险公司、保险中介和投保人（含被保险人、受益人，下略）三方主体。海量的数据体系，从保险中介机构的条线上，能够得到保险中介和投保人的相关信息；从保险中介的条线上看，能够反映保险公司和投保人的相关信息；从投保人的条线上看，能够反映保险公司和保险中介的信息。构建的系统数据之间，具有逻辑关系。

三是系统兼容性。从"互联网＋保险中介监管"与现有的系统相关看，坚持衔接的原则。经过梳理，现行的保险监管信息呈现出一个个关联度不高的"信息孤岛"，例如在监管实务操作，保险个人代理人的人数直接源于保险中介从业人员管理系统，因此构想的"互联网＋保险中介监管"系统，应当能够兼容。

四是信息实时性。从信息的时效性看，要求各个系统之间能够对接，实时上传整套相关信息。通过完善相关监管规定，对拒不进行或者拖延进行系统改造的保险中介机构作出责令限期整改、暂停业务等行政处理，以督促所有保险中介机构的信息化建设和执行符合保险中介监管现代化的要求。

王小韦，马丽娟. 浅谈保险中介监管现代化建设之路. 中国保险报，2016－03－08.

本 章 小 结

本章主要对保险中介监管进行了阐述。保险中介监管可以视为是以法律和政府行政权力为依据的强制行为，通常由两部分构成：①国家制定有关保险中介的法律、法规；②国家专司保险监管职能的机构依据法律或行政授权对保险中介进行行政管理。保险中介监管的目标是通过对保险中介的监管，建立和保持一个健全、稳定、高效的保险中介制度，以促进保险中介及保险业健康有序的发展。保险中介监管的对象包括保险中介机构、保险中介从业人员和保险人，监管内容包括保险中介从业人员的资格监管、保险中介机构市场准入与退出的监管、保险中介业务经营的监管等。我国保险专业中介机构实行分类监管，目的是建立规范科学的风险预警机制，提高保险中介监管的科学性、针对性。

　　本章的重点是保险中介监管的含义、特点、目标、形式、方法，保险中介监管的对象及内容，保险专业中介机构分类监管的指标体系及分类监管措施。

　　本章的难点是保险中介监管的特点和目标，保险中介监管的内容，保险专业中介机构分类监管的指标体系。

关 键 名 词

　　保险中介监管　公示监管　准则监管　实体监管　现场检查　非现场检查　委托监管　分类监管

思考题

1. 保险中介监管的含义及特点是什么？
2. 如何理解保险中介监管的目标？
3. 保险中介监管的对象包括哪几个？为什么说保险人也是其监管对象之一？
4. 保险中介监管的主要内容是什么？
5. 什么是保险中介分类监管？我国的分类监管包括哪些指标？

第 8 章
保险代理人概述

【本章导读】

保险代理人俗称为保险人"延长的手"，在扩展保险销售、增加保险需求方面起着不可替代的作用。本章主要对保险代理人的含义、特点、种类，保险代理合同的主要内容，保险代理人的职业道德要求，保险代理中的特殊情形，以及我国保险代理人发展中的问题进行阐述和分析。

8.1 保险代理人的含义

8.1.1 代理及其法律特征

根据一般代理理论，代理行为是指代理人根据法律规定或依据被代理人的授权，以被代理人的名义同第三者进行的民事法律行为。

一般民事代理的法律特征表现为：①代理行为的合法性，即代理行为是代理人与第三人实施的民事法律行为；②代理行为的权限性，即代理人必须在代理权限范围内实施民事法律行为；③代理意表的独立性，即代理人在代理权限内独立地向第三者作出意思表示；④代理名义的注重性，即代理人必须以被代理人的名义而不能以自己的名义实施民事法律行为，若代理人以自己的名义进行民事法律行为，则法律后果由代理人自己承担；⑤代理行为后果的法律归属性，即代理人进行代理行为所产生的权利和义务归属于被代理人享有和承担，因此而造成的损失亦由被代理人承担。

8.1.2 保险代理及其法律特征

所谓保险代理，是指根据保险人的委托，在保险人授权范围内代为办理保险业务，并向保险人收取代理手续费的行为。保险代理除具备一般民事代理的基本特征外，还具有以下特性。

1. 保险代理的当事人具有特殊性

一般民事代理的当事人只需具备代理行为所要求的行为能力，无须具备其他特殊资格。保险代理中的被代理人必须是经合法批准成立经营保险业务的保险公司，其他任何单位和个人均不得担任保险代理中的被代理人。保险代理中的代理人必须是完全民事行为能力人，限制民事行为能力人和无民事行为能力人因其不能达到保险代理所要求的认识及行为能力，均不得担任保险代理中的代理人。除此之外，从事保险代理的单位或个人还必须具备特殊的资格条件，如取得业务许可证，具有从事保险代理业务所需的专业能力，缴存保证金或投保职业责任保险。

2. 保险代理为委托代理和有偿代理

在大陆法系国家，一般民事代理包括法定代理和意定代理（即委托代理）两种。我国《民法总则》将代理分为法定代理和委托代理。保险代理是根据保险人的委托授权从事保险业务的，应属于委托代理。另外，一般民事代理既可以是有偿的，也可以是无偿的，而保险代理均为有偿代理，向保险人收取代理手续费或佣金是保险代理人的基本权利。

3. 保险代理均为非全权代理

代理人能够全权处理代理实务的，为全权代理；代理权受到限制的，为非全权代理。按照国际保险惯例，保险代理人的代理权总是受到限制的，因此，保险代理人均为非全权代理人。在一般情况下，保险代理人的代理权为招揽业务和收取保费，保险代理人代理权的限制为不得签发保单，不得更改保险合同的条款。

4. 保险代理人的权利和义务具有特殊性

一般民事代理中当事人的权利、义务仅需依照代理法[1]的一般规定即可，且其代理一般情况下不对第三人负有任何义务。保险代理中当事人的权利和义务不仅要遵循代理法的一般规定，还必须遵循保险代理合同的规定和保险特别法的规定，且保险代理人对客户负有法律规定的义务，如必须如实讲解保险条款，不得进行错误陈述等。

5. 保险代理须遵循国际惯例

为保护善意投保人的利益，保险代理形成两则国际惯例：①保险代理人的知晓转嫁，即保险代理人在业务范围内所得知有关订约的主要事项，即使未转告保险人，亦视为保险人已知悉；②保险代理人在业务范围内所为之违法或欺诈行为，虽未经保险人指示或同意，亦有约束保险人的效力。一般民事代理则没有这样的规定。

8.1.3 保险代理人及其法律地位

保险代理人是指从事保险代理业务的单位或个人。关于保险代理人有不同的界定方式。1976 年，《欧共体中介人服务指南》把保险代理人界定为：通过职业行为，在一个或多个合同的指导下，或者以被授权一个或多个保险经营人的名义并代表其利益，从事保险合同制定的介绍、建议和实施准备工作，或者协助合同的管理与执行。我国《保险法》将保险代理人定义为：根据保险人的委托，向保险人收取佣金，并在保险人授权的范围内代为办理保险业务的机构或者个人。

保险代理属民法代理理论中的委托代理，反映的是三方主体之间的法律关系，即代理人与被代理人之间、代理人与第三人之间、被代理人与第三人之间的法律关系。对保险代理而言，保险代理人的法律地位主要体现在保险代理人与保险人之间的代理权关系，以及保险代理人与投保人（第三人）之间的代理行为关系两个方面，而保险人（被代理人）与投保人（第三人）之间的关系是一种保险契约或合同关系。

---

〔1〕 我国的代理法包含在《民法总则》中。

1. 保险代理人与保险人之间的代理权关系

保险代理人与保险人之间的法律关系是一种代理与被代理的关系，即保险人作为被代理人，与保险代理人订立保险代理合同，授权给代理人；保险代理人则以保险人的名义，从事保险业务，其行为后果，由保险人承担。保险代理人相对于保险人的法律地位体现如下。

1）保险代理人在代理权限内为保险人的业务代表

保险代理人经保险人依法授权后，在授权范围内可代表保险人，其以保险人的名义所作的意思表示，可直接对保险人产生法律效力。具体表现在 4 个方面。①保险代理人在授权范围内进行合法行为所产生的任何后果直接归属于保险人。②保险代理人从事保险代理必须在保险人的授权范围内进行，保险人则必须依据法律规定，以书面形式将自己的授权范围等事项明确。③保险代理人在授权范围内所知悉的有关签订保险合同的一切重要事项，如投保标的、风险特征等，即使未转告保险人，亦视为保险人业已知悉。④保险代理人在业务范围内自动放弃一项已知的合法权利，如接受了被保险人的口头出险通知，则此后，保险人不得以该项权利被侵犯为理由，拒绝被保险人的索赔要求，但保险代理人因自己的过错（故意或过失）而给保险人造成的损失，须负责赔偿。

2）保险代理人独立、平等于保险人

保险代理人虽然是保险人的代理人，但作为民事主体，无论是独立保险代理人还是专用保险代理人，相对于保险人，他们都是独立、平等的民事主体。具体体现在：①保险代理人并不隶属于保险人，如保险代理机构并非保险人的下设分支机构，通常个人保险代理人亦非保险人的受雇人员；②保险人委托保险代理人代为开展业务，必须与保险代理人签订保险代理合同，并且合同的签订必须在遵循平等自愿的基础上协商进行；③在保险代理活动中，保险代理人与保险人同等地接受保险代理合同的约束，即同等地享有和承担保险代理合同所规定的权利和义务；④保险代理人和保险人之间产生争议时，双方可在平等自愿的基础上协商解决，如协商不成，则可同等地行使民事诉讼法所规定的各项诉讼权利，如起诉、应诉、举证等。

2. 保险代理人与投保人（被保险人）之间的代理行为关系

保险代理人与投保人（被保险人）之间的代理行为关系是基于委托人（保险人）的授权而产生的，保险代理人应在保险人的授权范围内积极行使代理权，但不得滥用代理权及进行无权代理。根据各国的相关保险法规，保险代理人相对于投保人的法律地位主要体现在以下两个方面。

1）保险代理人不能作为投保人（被保险人）的代理人

前已述及，保险代理人不得同时担任保险人和投保人（被保险人）双方的代理人，以避免双方利益的冲突。保险代理人既然是保险人的代理人，便不能再同时作为投保人（被保险人）的代理人，否则，即为双重代理，保险人可基于此而拒绝承担代理人行为的法律后果。但是，如果保险人明知保险代理的双重代理的事实并表示同意（明示或默示），那么保险代理人的行为即属有效，保险代理人所知悉的有关重要事项亦视为保险人和投保人（被保险人）双方均已知悉。实践中，双重代理的情形多发生在保险合同的订立过程中。

2）保险代理人在代理权限内同一于保险人

保险代理人在代理权限内为保险人的业务代表，这是保险代理人和保险人的内部关系。从外部看，即相对于投保人（被保险人）而言，由于存在上述内部关系，两者则是同一的，即投保人（被保险人）与有代理权的保险代理人如有法律意义的行为，就等于投保人（被保险人）与保险人有法律意义的行为，两者的法律效果是相同的。例如，投保人向有权代收保险费的代理人交纳了保险费，就等于已向保险人交纳了保险费，保险合同即已成立，而不管代理人是否已按保险代理合同规定将保险费上缴给保险人。

8.1.4　保险代理人的种类

1. 按保险代理人销售的险种分类

按保险代理人销售的险种，可将保险代理人分为产险代理人和寿险代理人。

产险代理人是指接受保险人的委托，从事财产保险业务销售的保险代理人。由于某些财产保险的技术性相对较强，保险标的的金额较大，加之保险代理的管理需要，因此，产险代理人主要采用保险代理公司的形式。

寿险代理人是指接受保险人的委托，从事人寿保险业务销售的保险代理人。寿险市场一般比较分散，其业务的对象通常是个人、家庭，这决定了寿险代理人一般以个人代理为主，从而能够为投保人提供更为"个人化"的服务。目前，在我国和亚洲其他国家或地区的寿险市场上，寿险代理人主要采用个人代理人的形式。

2. 按保险业务活动的程序分类

按保险业务活动的程序，可将保险代理人分为承保代理人、理赔代理人和追偿代理人。

承保代理人是指接受保险人的委托代为办理承保业务的代理人。承保代理人根据委托书的授权，代理规定限额以下的各种承保业务。委托书授权范围外的承保业务，均须征得保险人的同意后方可接受。承保代理人一般无权签发保险单，但保险人特别约定的除外。

理赔代理人是指接受保险人的委托，从事保险事故现场的检验、索赔计算、追偿和处理损余的保险代理人。

追偿代理人是指接受保险人的委托，专门从事向第三者责任方或其他责任方追偿的保险代理人。

3. 按职权范围的不同分类

按职权范围的不同，可将保险代理人分为专用代理人和独立代理人。

专用代理人是指仅为一个保险公司或一个保险集团代理保险业务的保险代理人，是寿险市场上较普遍的保险代理人形式。专用代理人通常不拥有终止保单和续保的权利，其佣金一般要高于独立代理人。

独立代理人是指独立经营的、能够同时为多家保险公司代理保险业务的保险代理人，常见于美国的财产保险市场和责任保险市场，故又称美式保险代理人。独立代理人的权限一般为签发保险单、收取保险费、招揽续保的独占权等。

4. 按从业性质不同分类

按从业性质不同，可将保险代理人分为专业代理人（保险代理机构）、兼业代理人和个人代理人（保险营销员）3 种形式。这也是我国保险代理人的分类方式。

保险专业代理人是指根据保险人的委托，在保险人授权的范围内代为办理保险业务的单位。保险代理机构的组织形式可以是合伙公司、有限责任公司、股份有限公司。一般情况下，保险代理公司经授权后，可以代理销售保险单、代理收取保险费、进行保险和风险管理咨询服务、代理损失查勘和理赔等业务。

保险兼业代理人是指受保险人委托，在从事自身业务的同时，为保险人代办保险业务的单位。常见的保险兼业代理人主要有银行代理、行业代理和单位代理等。保险兼业代理人的业务范围是代理销售保险单和代理收取保险费。

保险个人代理人是指根据保险人的委托，向保险人收取代理手续费，并在保险人授权的范围内代为办理保险业务的个人。个人代理人经保险人授权后，可以代理销售保险单和代理收取保险费。个人代理人通常只能为一个保险人代理保险业务。

5. 国际上对保险代理人的分类

国际上通常将保险代理人分为总代理人、营业代理人、特别代理人、自我代理人、保险再代理人、劳合社代理人等。

总代理人是指保险总代理人与保险人或保险集团签订合同，由保险人授权总代理人在一定地区范围内代表保险人或保险集团开展业务，并相应取得佣金收入。总代理人有权任用再代理人，并对其支付佣金。

营业代理人是指根据代理合同或授权书，向保险人收取酬金并代表保险人经营保险业务的保险代理人。根据国际惯例，营业代理人从事招揽保险业务、出具暂保单、代收保险费等工作。

特别代理人是指就特别事项或某项保险业务接受委托的保险代理人，如理赔代理人、海损代理人等。海损代理人是专门从事船舶或货物受损时的查验、估算及赔款处理的专业保险代理人。海损代理人既有事前与保险人签约接受委托的正式保险代理人，也有临时接受委托的海损代理人，如劳合社代理人。

自我代理人是指保单持有人为自己安排保险时由保险人指定为保险人的代理人。自我代理人是为了避开保险同业公会的规定而产生的。保险人采取自我代理的办法，主要是为了避开"禁止回扣"的规定，在形式上与同业公会保持一致，从而在竞争激烈的市场上以优惠的条件战胜竞争对手。严格地说，自我代理人并不属于保险代理人的范畴。

保险再代理人是指保险代理人将代理事项转委托第三人，第三人即为再代理人。在原则上，保险代理不宜转委托他人。但在紧急情况下，为了实现保险人的利益，保险代理人能转委托第三人再代理。

劳合社代理人是指由英国劳合社聘请的分布于世界各主要港口的社团代理人。其主要职责是将船舶航行动向、海事和其他涉及保险人利益的事项及商界动态，及时通知劳合社。劳合社代理人并非都是保险代理人，但当今各国的保险人也常常利用劳合社代理人从事受损船舶的查验、估算或代为处理索赔事宜。

8.2　保险代理合同

8.2.1　保险代理合同的概念及特征

1. 保险代理合同的概念

保险代理合同是合同的一种，是保险代理人与保险人明确双方享有权利和承担义务的协议。保险代理人根据保险代理合同以保险人的名义为保险人开展业务，并据此收取代理手续费。

保险代理合同签订的目的是明确双方当事人各自享有的权利和承担的义务。一方面，它通过规定保险代理人的代理权限和违约责任，约束代理人的行为，从而在法律上保护保险人的利益；另一方面，它规定保险代理人在合同规定的代理权限内所从事的代理业务活动，保险人必须承认并承担责任，且按合同规定支付代理手续费，从而保护保险代理人的利益。

保险代理合同的签约范围非常广泛，既可以发生在法人之间，即保险人和保险专业代理人或兼业代理人之间，也可以发生在法人和自然人之间，即保险人和保险个人代理人之间。

我国《保险法》第一百二十六条规定：保险人委托保险代理人代为办理保险业务，应当与保险代理人签订委托代理协议，依法约定双方的权利和义务。

2. 保险代理合同的特征

保险合同是双方当事人在公平互利、协商一致、自愿订立的基础上签订的，除了具有一般经济合同的特点外，还具有以下特点。

(1) 保险代理合同是有偿合同。保险代理人要取得一定的劳务手续费，就要进行有效的业务活动；保险人要通过保险代理人开展业务活动，就要支付一定比例的手续费，以补偿保险代理人付出的劳动。

(2) 保险代理合同是双务合同。在保险代理合同中，双方当事人都要承担各自的义务和享受应有的权利，双方的权利和义务有着相互关联、互为因果的关系。

(3) 保险代理合同的特殊性。保险人在不违背保险代理人基本利益的前提下，可以单向调整委托-代理业务范围，如保险人决定停办某种业务、调整费率等。这种单向调整，可以征求保险代理人的意见，也可以不征求保险代理人的意见。

8.2.2　保险代理合同的要素

保险代理行为关系是一种民事法律关系，因而其同样具有构成民事法律关系中不可或缺的三要素：主体、客体和内容。

1. 保险代理合同的主体

保险代理合同的主体是指在保险代理合同中享有权利、承担责任的人。

1）保险代理人

如前所述，保险代理人是指根据保险人的委托，向保险人收取代理手续费并在保险人授权的范围内代为办理保险业务的单位或个人。在我国，保险代理人有专业代理人、兼业代理人和个人代理人 3 种形式。

2）保险人

保险人是指保险活动中经营保险业务的各种组织。《保险法》中明确规定：保险人是指与投保人订立保险合同，并按照保险合同约定承担赔偿或给付保险金责任的保险公司。

2. 保险代理合同的客体

保险代理合同属于民事法律关系范畴。一般民事法律关系的客体是指民事法律关系主体在享有权利与承担义务时的共同指向，主要包括：物、行为（或不行为）、智力成果、人身利益、精神利益等。

就保险代理合同而言，保险代理人与保险人权利与义务所指向的对象既不是某种物，也不是非智力成果和精神利益，而是保险代理行为。所谓保险代理行为，是指保险代理人从事的有意识的代理活动。

3. 保险代理合同的内容

狭义上看，保险代理合同的内容是指保险代理合同当事人之间由法律确认的权利和义务。广义上看，保险代理合同的内容包括合同上列明的所有条款，这些条款通常包括以下内容。

1）合同双方的名称

合同双方的名称即保险人、保险代理人双方当事人的法定名称。

2）代理权限范围

代理权限范围也即保险代理合同规定的授权范围，是对保险代理人行为的约束。保险代理人必须在规定的授权范围内从事代理活动，不得进行无权代理或越权代理。同时，保险人的授权范围不得超越国家有关法规的规定。

3）代理期限

代理期限是指保险代理人为保险人提供代理业务活动的期间，也是保险代理合同依法存在的效力期限。代理期限一般按年计算。此外，代理期限还应规定保险代理合同的时效，即在合同当事人双方协商的基础上确定的合同的具体起讫日期。明确保险代理期限和代理合同时效，在特定的情况下将有助于判别保险代理行为责任的归属问题。

4）代理地域范围

代理地域范围是保险代理合同对保险代理人的地域限制。保险代理人必须在规定的地域范围内从事保险代理活动，不得跨区域代理业务。

5）代理的险种

在规定的权限范围内，保险代理合同还必须明确授权代理的业务险种，如家庭财产保险、机动车辆保险、人寿保险等。

6）手续费的支付标准和支付方式

手续费是指保险人在接受保险代理人代理业务成果的同时付给代理人的劳务报酬，保险人往往根据代理业务的数量、质量，以及不同的险种规定不同的手续费支付标准。此外，合同中还应明确代理劳务报酬的结算和支付方式。除个人代理外，手续费必须以转账支票方式支付。

7）代收保险费的转交时间和方式

保险代理合同还应规定保险代理人转交保险费的时间期限和方式。一般保险代理人需要与被代理保险公司定期结算，支付方式可以是现金结算也可以是转账支付。

8）违约责任

违约责任条款列明当事人双方违背合同规定时所应承担的违约责任。如保险人若不按合同规定给付保险代理人劳务报酬，保险代理人若违背保险人授权范围开展业务，受害方有权解除代理合同并要求赔偿损失。

9）争议处理

保险代理合同应列明一旦当事人发生争议时适用的处理方法，通常有协商、调解、仲裁和诉讼 4 种方式。

8.2.3　保险代理合同当事人的权利和义务

保险代理合同双方当事人的权利和义务是由双方当事人协商确定的。通常，保险代理合同双方当事人的权利和义务主要包括以下内容。

1. 保险代理人的权利和义务

1) 保险代理人的权利

保险代理人的权利是由接受保险人的委托并签订保险代理合同而产生的。由于保险代理人进行的是民事活动，因此其权利的产生必须符合法律程序并受法律保护。保险代理人的权利主要包括保险人授予的独立开展业务活动的权利及其他权利，具体内容如下。

(1) 独立开展业务活动的权利。保险代理人在代理合同规定的授权范围内，有权独立地进行业务活动，独立地进行意思表示，即有权决定如何同投保人洽谈业务。例如，保险代理人在保证承保质量的前提下，有权自主选择投保人，在承保时间和地区上也有相对的自主权。并且，保险代理人有权以保险人的名义接受投保和签发保险单。

保险代理人的这种权利只能在保险人的授权范围内行使，不能越权代理甚至无权代理。保险人授予代理权的行为，可以是明示的，也可以是默示的。大多数情况下，保险人通过保险代理合同明确规定保险代理人可代理的险种，代为接受投保、收取保费的方法，可否签发保单等，这是一种明示授权。默示授权是指对于保险代理人未经授权的某种行为，保险人明知却未加拒绝，或者以自己的行为默认了代理人的行为。例如，保险人虽未明确授权，但将空白的暂保单交给保险代理人，这实际上默许了代理人有权代为签发这种暂时的保险合同。无论是明示授权还是默示授权，各国保险立法一般都要求保险人公开授权，以便相对人知道保险代理人的代理权限。否则，即使代理人越权代理甚至无权代理，只要相对人有理由相信代理人拥有相应的代理权，保险人就应承担法律责任。

(2) 其他权利。保险代理人在与保险人签订保险代理合同后，还享有以下权利。①获取劳务报酬的权利，即保险代理人在保险人授权范围内完成代理事务后，有权要求保险人按代理合同确定的标准和方式支付相应的报酬。②要求提供相关资料的权利，即保险代理人有权要求保险人及时提供开展代理业务所必需的保险条款、费率表、实务手续，以及各种单证的权利。③要求保险人承担违约责任和赔偿损失的权利，即如果保险人违背了代理合同的规定，保险代理人有权要求保险人承担违约责任；如果由于保险人的原因而给保险代理人造成了损失，保险代理人有权要求保险人赔偿自己的损失。

2) 保险代理人的义务

保险代理人的义务是保险代理人依据代理合同约定，必须进行某种代理活动或不得进行某种代理活动，以实现保险人的合法权益。保险代理人的义务具体内容如下。

(1) 维护保险人利益的义务。保险代理人不得与相对人串通或合伙隐瞒真相，损害保险人的利益。在代理过程中，保险代理人有义务维护保险人的利益。这是保险代理关系和代理活动的特点所决定的。因此，从某种意义上，保险人的利益就应是保险代理人的利益。

(2) 诚实守信的义务。一方面，保险代理人应对保险人诚实守信，将自己在开展业务过程中所知悉的投保人（被保险人），以及保险标的的所有情况如实告知保险人，以免影响保险人的承保质量。另一方面，保险代理人还应对投保人（被保险人）诚实守信，将保险公司的基本情况和保险条款的内容及其含义如实告诉投保人（被保险人），不得夸大保险责任或作错误的陈述和解释；同时要提醒对方注意免除或限制保险责任的条款，并按照对方的要求，对该条款予以说明，否则该条款不能约束投保人或被保险人。

（3）亲自代理的义务。除非情况紧急并为保险人的利益外，保险代理人不得擅自将代理权转让给他人。如果出于业务需要确实要委托其他代理人的，应遵守相关民法中关于再代理的规定，并事先征得保险人的同意。

（4）及时转交保险费的义务。保险代理人有权依代理合同取得佣金，但不能谋取其他非法收入。保险代理人应按代理合同规定的时间和方式及时将代收的保险费交给保险人，不得拖欠、挪用，更不得据为己有，否则，将会受到相应的处罚甚至承担刑事责任。

（5）不得双重代理的义务。即保险代理人不能同时担任保险人和投保人（被保险人）双方的代理人。

（6）保守秘密的义务。即保险代理人不得将在开展业务中知悉的投保人（被保险人）的个人隐私或商业秘密泄露给第三人，否则将承担相应的法律责任。

此外，各国保险法对保险代理人的义务还有一些特别要求。例如，我国《保险法》第一百二十五条规定：个人保险代理人在代为办理人寿保险业务时，不得同时接受两个以上保险人的委托。有的国家则在法律中明确规定，保险代理人不得给予客户非法的保险费回扣；不得使用不正当手段引诱客户转投保；不得伪造保险单证及相关文件；有及时通知保险人的义务等。

2. 保险人的权利和义务

1）保险人的权利

（1）规定代理权限的权利。保险人有权规定保险代理人代理本公司的保险业务种类及业务范围。保险人也有权要求保险代理人按照保险人规定的条款、费率及实务手续开展业务活动。保险代理人无权擅自变更保险费率或保险条款，以及代理业务范围。

（2）监督保险代理人代理行为及业务的权利。因为保险代理人的代理行为后果直接作用于保险人，所以，在不干涉保险代理人独立开展业务的前提下，保险人有权监督代理人的行为及业务活动状况。例如，一般保险代理合同都规定在一定期限内代理人应该完成的最低保险业务量，保险人则有权监督这一量化指标的完成情况。

2）保险人的义务

（1）支付代理手续费的义务。保险人在接受保险代理人为其代理的业务成果的同时，必须按代理合同规定的标准和方式支付保险代理手续费。一般代理手续费的支付既要考虑代理业务数量，也应考虑其业务质量，即考虑退保率、赔付率等因素，这些因素的考虑应在保险代理合同中有关手续费的支付标准和方式上加以体现和明确。此外，任何形式的代理佣金的拖欠和减少均视为保险人的违约行为。

（2）提供辅助资料的义务。保险人必须及时向保险代理人提供开展代理业务所必需的保险条款、费率、实务手续说明及各种单证等。

（3）对保险代理人进行业务培训的义务。虽然保险人与保险代理人以平等的合同当事人身份签订代理合同，但在代理关系建立的初期，保险代理人对保险人的业务险种及公司的其他事项是完全陌生的。为了更好地让保险代理人了解公司的宗旨，以便积极地为公司开展业务活动，保险人有义务对保险代理人进行岗前培训；为了提高保险代理人素质，增强其遵纪守法的意识，保险人有义务在代理期限内对代理人进行定期或不定期的业务培训，技术、技巧训练和法律、法规教育。

8.2.4　保险代理合同的订立、变更和终止

1. 保险代理合同的订立

保险代理人和保险人在平等的基础上，其中一方向另一方提出要约，即缔约一方向另一方发出订立合同的提议，并提出订立合同的主要条件，双方就代理权限、代理险种、代理范围，以及代理手续费等项目进行协商，另一方作出承诺，即对要约内容作出完全同意的意思表示，双方在达成一致意见的前提下，签订保险代理合同。订立保险代理合同应遵守诚信原则、合法原则、自愿公平原则和对价有偿原则。

2. 保险代理合同的变更

保险代理合同依法成立后，当事人双方不得擅自变更和解除代理合同，但对原代理合同可以进行必要的修改和补充。保险代理合同的变更包括主体的变更和内容的变更。主体的变更是由于当事人的合并、分立、解散等事由引起的，一般情况下很少发生。内容的变更主要表现为代理合同条款事项的具体变更，如代理期限、手续费支付标准和方式、代理权限、代理险种、保险费支付方式等约定事项的变更。

3. 保险代理合同的终止

保险代理合同的终止是指合同主体之间的法律关系消失，合同确定的权利、义务关系不再继续，包括自然终止和解除两大类。自然终止是指保险代理期限届满时，由于双方不再续订代理合同而使代理权自行终止，合同的法律效力自行消灭的法律事实。解除是指保险代理合同有效期限内，合同一方当事人依照法律或约定行使解除权，提前终止合同效力的法律行为，分为约定解除和法定解除。约定解除是指合同当事人在保险代理合同订立时约定当某项事项发生时，任何一方都可以行使解除权，使合同效力消灭。法定解除是指当依照法律规定的解除事项出现时，合同一方当事人或双方当事人都有权或自觉解除合同。

知识链接

保险代理合同样本

保险代理合同

（　　）_____代字第_____号

委托方：_____保险公司_____分公司（以下简称甲方）

（被代理人）

住所：_____

负责人：_____

受托方：_____保险代理有限公司（以下简称乙方）

（代理人）

住所：_____

负责人：_____

甲、乙双方根据《中华人民共和国保险法》《保险代理人监管规定（征求意见稿）》等有关法律、法规，本着平等自愿的原则，经协商一致，签订本保险代理合同。

第一条　总　　则

1. 甲方委托乙方在甲方授权范围内，以甲方的名义代理甲方办理人身保险业务，乙方在本合同有效期内，按照约定范围从事代理活动所产生的保险合同责任由甲方承担，甲方按本合同约定支付乙方代理费用（指代理业务的佣金、手续费，下同）。本合同及相关文件均不直接或间接构成甲方与乙方的员工之间有雇主和雇员关系。

2. 乙方只为甲方代理人身保险业务，不得为甲方以外的保险公司代理人身保险业务。

第二条　代理范围

（一）业务范围

1. 乙方代理推销甲方指定的保险产品（具体险种见附件一）；

2. 乙方代理甲方收取代理产品的首期暂收保险费；

3. 乙方代理收取甲方指定的保险产品的续期保险费；

4. 甲方以书面形式委托的其他特定事项。

（二）地域范围＿＿＿＿＿＿＿行政区域内。

第三条　代理期限

本合同有效期为＿＿＿＿年，自＿＿＿＿年＿＿＿＿月＿＿＿＿日起至＿＿＿年＿＿＿月＿＿＿日止。合同到期日前6个月双方需就合同的续签或终止等相关事宜进行协商，合同到期日前未达成书面续签协议的，本合同即行终止。

第四条　代理费用

1. 代理费用按甲方上级公司规定的标准（详见附件一）支付给乙方，甲方上级公司规定的标准如有调整，甲方支付的代理费用也作相应调整。

2. 甲方以转账形式向乙方支付代理费用。

3. 乙方设立独立的代理费用账户，并在每月的10日前（遇节假日顺延）向甲方提交上个月的业务结算表；甲方核实后，在20日前（遇节假日顺延）将上个月的代理费用全额划入乙方账户。

4. 乙方收到甲方支付的代理费用时，应向甲方开具税务部门认可的保险中介服务专用发票。

第五条　权利与义务

一、甲方的权利与义务

（一）甲方的权利

1. 对乙方在代理范围内招揽的保险业务具有最后确认权，对符合承保条件的签发保险单；

2. 按本合同约定收取保险费；

3. 有权根据甲方上级公司对代理费用标准的调整而调整，并通知乙方；

4. 有权制定和修改与本合同代理业务相关的各项管理办法和规章制度；

5. 有权对乙方的代理活动进行监督、管理、检查。

6. 有权根据需要调整代理权限范围。

（二）甲方的义务

1. 按本合同约定向乙方支付代理费用；

2. 负责对乙方员工进行必要的相关保险实务知识培训；

3. 对在甲方核保权限内且单证齐全、符合甲方业务管理规定的投保单，甲方应在 10 个工作日内作出核保决定；

4. 乙方新单保费划入到甲方后，因甲方原因未出单，在此期间被保险人遭受意外责任赔偿事故，由甲方负责处理；

5. 对新出台的有关法律、法规，保险监督管理部门的管理规定和甲方上级公司及甲方的规定，甲方负有告知乙方的义务；

6. 对获悉的乙方的商业秘密负有保密义务。

二、乙方的权利与义务

（一）乙方的权利

1. 有权按本合同约定收取代理费用；

2. 有权获得必要的相关保险实务知识培训；

3. 有权从甲方处获取与代理业务相关的保险监督管理部门的管理规定和甲方上级公司及甲方的有关管理规定；

4. 有权要求甲方及时签发符合承保条件的保险单。

（二）乙方的义务

1. 未经甲方同意，不得与甲方现有的业务渠道或业务关系单位发生团体的、同险种的业务往来；

2. 承担与代理业务有关的一切费用；

3. 不得聘用甲方未解除劳动合同（协议）或代理合同的员工、个人代理人或专管员，不得聘用与甲方解除劳动合同（协议）或代理合同后 6 个月内的员工、个人代理人；

4. 未经甲方同意或授权，不得向客户作出任何承诺或签订协议；

5. 在收取客户保险费后，按本合同规定及时将保险费划转给甲方；

6. 接受甲方的业务检查、监督和指导，并按照甲方的要求进行整改；

7. 在代理甲方的保险业务时，必须遵循国家法律、法规及保险监督管理部门的管理规定和甲方上级公司及甲方的管理要求；

8. 必须使用甲方提供的宣传资料、条款、费率、单证、各种表格等资料文件，且不得修改；

9. 根据甲方需要，协助甲方做好理赔工作；

10. 对获悉的甲方商业秘密负有保密义务；

11. 本合同终止后，乙方须及时将所有的客户资料、各种单证、未交接的保险费及其他材料完整地送交甲方，并通知相关客户，不得以任何理由损害客户的利益。

第六条　代理业务操作规程

根据中国_____保险公司_____分公司的规定，保险代理业务的具体操作流程包括以下几个方面。

（一）单证管理（附件二）。

（二）新单业务操作流程（附件三）。

（三）续期业务操作流程（附件四）。

（四）首期暂收保险费和续期保险费的划转：

1. 乙方必须按甲方要求开设独立的保险费账户，在交接投保资料的同时，将乙方已收取的首期暂收保险费划入到甲方指定的账户；

2. 乙方在收取指定的续期业务保险费的2个工作日内将保险费全额划入到甲方账户；

3. 保险费账户：_____

户名：_____

账号：_____

开户行：_____

4. 甲方根据交接的清单总金额来核对确认乙方的实际划款金额。

（五）甲方应为乙方单独编制代理业务计算机编号，以方便双方业务流程的操作、各类结算及相关业务的查询。

第七条　合同的变更、解除

1. 本合同生效后，甲、乙双方均不得擅自变更。确有特殊原因需变更的，经双方协商一致后，以书面形式变更。

2. 甲、乙双方可在合同有效期内要求解除合同，但必须提前6个月以书面形式通知另一方，另一方在接到解除合同的通知之日起6个月，本合同解除。

3. 乙方违反本合同第五条第二款第二项规定的义务的，甲方有权解除合同。

4. 甲方违反本合同第四条第三款的规定的，乙方有权解除合同。

第八条　违约责任

1. 乙方违反本合同第五条第二款第二项规定的义务的，乙方应承担甲方因此遭受的损失。

2. 乙方在为甲方代理业务过程中，有违规行为的，应当承担相应的损失赔偿责任。

3. 甲方违反本合同第四条第三款的规定，按银行同期贷款利率承担违约责任。

4. 甲乙双方因其他违法行为给对方造成损失的，应予赔偿。

第九条　争议的解决

本合同项下发生的任何争议，双方应协商解决，协商不成的，同意提交_____仲裁委员会仲裁，仲裁裁决对双方均有终局法律约束力。

第十条　其　他

1. 本合同未尽事宜，甲、乙双方协商另行签订补充协议，补充协议与本合同具同等法律效力。

2. 本合同涉及保险业的专用名词，按有关法律、法规的规定解释，法律、法规无规定的，按保险行业惯例解释。

3. 本协议附件包括：附件一至附件四（略）系本协议的组成部分。

4. 本合同一式6份，甲、乙双方各执3份。

5. 本合同自签订之日起生效。

甲方：（签章）_____ 　　乙方：（签章）_____

代表：_____ 　　　　　代表：_____

　　　　　　　　　　　　　　　　　　_____年___月___日

8.3　保险代理人的职业道德

保险代理人的职业道德是指在保险代理业务活动中应当遵循的，体现保险代理职业特征的，调整保险代理职业关系的行为准则和规范。从本质上，保险代理人的职业道德是保险代理从业人员在从事保险代理过程中逐步形成的、普遍遵守的道德原则和行为规范，是社会对从事保险代理人的一种特殊道德要求，是社会道德在保险代理职业生活中的具体体现。

根据《保险代理从业人员职业道德指引》，保险代理人在执业活动中应当做到：守法遵规、诚实守信、专业胜任、客户至上、勤勉尽责、公平竞争、保守秘密。

1. 守法遵规

守法遵规是最基本的职业道德，保险代理人在执业生活中守法遵规主要表现为以下四个方面。

（1）遵守《保险法》及其他相关法律法规。《保险法》是调节保险关系的专门法，是所有从事保险交易活动主体的行为准绳，保险代理机构和保险代理从业人员必须严格遵守。另外，保险代理人从业过程中，可能会涉及《民法总则》《海商法》《继承法》等相关法律法规，均应严格遵守。同时，保险代理人的行为要遵守社会公德，不得从事违背社会公共利益的活动。

（2）遵守保险监管及其派出机构的相关规章和规范性文件，服从保险监管机构的监督与管理。2018 年 7 月，中国银保监会发布了《保险代理人监管规定（征求意见稿）》，预计不久将会正式出台，并将成为保险代理人从事经营活动的主要规章。目前，保险代理人的监管归属于中国银保监会的保险中介监管部。该部门负责保险中介机构的准入管理、制定保险中介从业人员行为规范和从业要求、检查规范保险中介机构的市场行为、查处违法违规行为等。

（3）遵守行业自律组织的规则。行业自律组织包括中国保险行业协会（下设保险营销专业委员会、银行保险专业委员会）、地方性的保险行业协会（同业公会）、地方性的保险中介行业协会等。保险代理机构和从业人员应遵守各级行业协会制定的规则。

（4）遵守所属机构的管理规定，不得损害所属机构的利益。根据《保险代理人监管规定（征求意见稿）》，除独立个人代理人不依附于任何团队，直接与保险公司形成委托代理关系外，其他保险代理从业人员必须归属于某家保险专业代理机构、保险兼业代理机构或某个团队，执业行为应符合所属机构的利益。独立个人代理人的执业行为应遵守所代理的保险公司关于代理业务的管理规定。

2. 诚实守信

诚实守信是保险代理人职业道德的核心，应贯穿于保险代理人执业活动的各个方面和各个环节，具体要求有以下几个方面。

（1）在执业活动中主动出示相关执业证件，并将本人或所属机构与保险公司的关系如实告知客户。

（2）客观、全面地向客户介绍有关保险产品与服务的信息，对保险责任和除外责任条款进行特别说明，不隐瞒对客户不利的信息。

（3）向客户推荐的保险产品应符合客户的需求，在客户要求的情况下对不同的保险产品进行客观比较，不诱导、不强迫客户购买自己所代理的保险产品。

（4）向所属机构及所代理的保险公司如实告知与投保有关的客户信息，不拖延、不隐瞒，不与客户合谋侵害保险公司的利益。

3. 专业胜任

专业胜任是对任何从事特定职业的人员的基本专业要求。对保险代理人而言，主要体现在以下几点。

（1）保险代理机构应取得保险监督管理机构颁发的经营保险代理业务许可证，保险代理从业人员应当具有从事保险代理业务所需的专业知识与能力。

（2）在执业活动中加强业务学习，参加所属机构、所代理保险公司、行业协会组织的后续教育课程，及时更新业务知识和法律知识，不断提高业务技能。

4. 客户至上

客户至上是服务行业从业人员正确处理与客户之间关系的基本准则，基本要求如下。

（1）为客户提供热情、周到和优质的专业服务。

（2）不影响客户的正常生活和工作，言谈举止文明礼貌，时刻维护职业形象。

（3）在执业活动中主动避免利益冲突。

5. 勤勉尽责

勤勉尽责是从工作态度方面对保险代理从业人员所做的规范，具体要求如下。

（1）秉持勤勉的工作态度，努力避免执业活动中的失误。

（2）忠诚服务，接受所属机构或所代理保险公司的管理，切实履行对所属机构或所代理保险公司的责任和义务，不侵害所属机构或所代理保险公司的利益。

（3）设立专门的保费代收账户，不挪用、不侵占保费，不擅自超越代理合同的代理权限或所属机构的授权。

6. 公平竞争

公平竞争是市场经济的内在要求，主要表现在以下方面。

（1）尊重竞争对手，不诋毁、不贬低或负面评价其他保险公司、保险中介机构及其从业人员。对专属个人保险代理人，因为我国《保险法》规定只能代理一家寿险公司的产品，很容易出现贬低其他保险公司以促进自己销售的现象；对兼业代理人，因为拥有行业客源优势，也容易出现垄断加价等现象。但是，不公平竞争最终危害的是所有参与保险交易的主体的利益，因此，应坚决杜绝。

（2）依靠专业技能和服务质量展开竞争，竞争手段应正当、合规、合法，不借助行政力量或其他非正当手段开展业务，不向客户给予或承诺给予保险合同以外的经济利益。

7. 保守秘密

保守秘密是保险代理人的基本义务，包括以下两个方面。

（1）对有关客户的信息，应向所属机构或所代理保险公司以外的其他机构和个人保密，更不能以此作为营利手段。法律法规另有规定的除外。

（2）应当保守所属机构或所代理保险公司的商业秘密。法律法规另有规定的除外。

8.4　保险代理的特殊情形

在复杂的社会经济活动中，委托代理关系通常是有一定限制的民事法律关系，如代理期限、代理范围等，当这些限制条件出现时，可能由于代理人的不当行为而产生特殊的代理活动，包括无权代理和表见代理。

8.4.1　无权代理

1. 无权代理的含义

无权代理是非基于代理权而以被代理人名义实施的旨在将效果归属于被代理人的代理。委托代理以被代理人授予代理权为要件，无权代理与有权代理的区别就是没有代理权。无权代理包含三种情况：没有代理权、超越代理权、代理权终止后的代理。

(1) 没有代理权。是指行为人自始没有代理权，包括被代理人没有做出代理授权行为，代理授权行为本身无效或被撤销具有溯及自始的效力、被代理人和行为人之间的基础关系无效或被撤销等具有溯及自始的效力导致代理授权行为无效等情形。

(2) 超越代理权。是指代理人虽然享有代理权，但在实施代理行为时却超越了代理权的范围从而丧失代理权。

(3) 代理权终止后的代理。是指行为人原来有代理权，但由于代理合同到期或其他原因使行为人丧失代理权。

第三种情况实际上可以归入第一种情况之中，因为在代理权终止以后，行为人就丧失了代理权，故其以被代理人的名义实施的代理行为，就构成没有代理权的无权代理。不过，在第三种情况下，由于代理人曾经享有过代理权，所以，代理人在代理权终止后实施的无权代理行为，比在第一种情况下更容易成立表见代理。

2. 无权代理的构成要件

无权代理的构成要件如下。

(1) 行为人没有代理权，即行为人未经被代理人授权，或超越代理权限，或在代理权消灭后而为代理行为。

(2) 行为人以被代理人名义与相对人订立合同，合同已成立。

(3) 相对人须为善意，即不知行为人无代理权。

(4) 行为人的行为不违法。

(5) 行为人与相对人具有相应的民事行为能力。

其中，越权代理与另外两种无权代理的构成要件有所区别，主要表现在以下两个方面。

(1) 代理人在实施代理行为时，具有一定的代理权限。这是越权代理与其他无权代理的本质区别，也是构成越权代理的前提。如果代理人没有获得委托人的任何授权，或者其所享有的代理权已经终止，就只能构成没有代理权的无权代理或者代理权终止后的无权代理，而不能构成越权代理。

(2) 代理人在实施代理行为时，超越了被代理人的授权范围，增加了被代理人的合同义务负担。如果代理人的代理行为在代理权限之内，就属于有权代理，而不会构成无权代理。

如果代理人的代理行为中只有一部分属于越权代理，其余的部分仍然在代理权的范围之内，那么就仅仅是该超越代理权的部分构成无权代理，其他部分仍应认定为有权代理。

3. 无权代理的法律后果

根据《民法总则》第一百七十一条，无权代理的法律后果如下。

1) 被代理人的追认权和拒绝权

对于行为人实施的无权代理行为，被代理人有权根据自己的利益决定是否予以追认。如果被代理人予以追认的，行为人欠缺的代理权就得以弥补，无权代理因此而转化为有权代理，其法律后果应由被代理人承担。追认行为通常应以明示的方式作出，即通过口头或者书面形式，明确地向行为人或相对人表示承认无权代理行为。不过，被代理人虽未明确表示追认，但其通过自己的行为表示追认的，例如主动履行行为人与相对人订立的合同中规定的债务或者行使其中规定的权利，也应产生追认的效力。如果被代理人拒绝追认，无权代理行为即不能发生有权代理的效力，由此产生的一切法律后果由实施无权代理的行为人自行承担。

2) 相对人的催告权和撤销权

催告权是指在被代理人追认前，相对人可依自己的意志请求被代理人对是否追认代理权作出明确的意思表示的权利。被代理人未作表示的，视为拒绝追认。撤销权是指相对人在被代理人行使追认权之前撤回其对无权代理人已经作出的意思表示的权利。如果被代理人已经追认或者拒绝追认无权代理行为，相对人即不得再行使撤销权。若相对人明知行为人无权代理还与行为人为民事行为时，不享有撤销权。撤销应当以通知的方式作出。合同一旦撤销即不生效。

3) 行为人或相对人的民事责任

行为人实施的行为未被追认的，善意相对人有权请求行为人履行债务或者就其受到的损害请求行为人赔偿，但是赔偿的范围不得超过被代理人追认时相对人所能获得的利益。因为无权代理行为直接侵害了相对人的合法权益，使相对人既无法实现现实利益又可能得不到期待利益，从维护相对人的合法权益出发，行为人向相对人承担的民事责任既是一种负履行的责任，又是一种负赔偿的责任。如果相对人知道或者应当知道行为人无权代理的，相对人和行为人应按照各自的过错承担责任。

4) 保险代理中的无权代理

根据《保险代理人监管规定（征求意见稿）》，保险代理人与被代理的保险人应当签订书面委托代理合同；保险代理从业人员应当在所属机构的授权范围内从事保险代理业务，不得销售非保险金融产品；保险代理人从事保险代理业务不得超出被代理保险公司的业务范围和经营区域。如果保险代理人出现了违反上述规定的行为，就属于无权代理。

关于无权代理的法律后果，《保险代理人监管规定（征求意见稿）》没有专门规定。根据《民法总则》第一百七十一条，无权代理行为如果被保险公司追认，可以产生法律效力；相反，对被代理人不发生效力；善意相对人（即投保人）有权撤销该行为或就其受到的损害请求行为人赔偿。

8.4.2　表见代理

1. 表见代理的含义

表见代理又称表示代理，是指行为人虽无代理权，但善意相对人客观上有理由充分相信行为人具有代理权，而与其产生民事法律行为，该民事法律行为的后果直接由被代理人承担。

表见代理实质上是广义的无权代理。若无权代理行为均由被代理人追认决定其效力的话，会给善意第三人造成损害，因此，在表见代理的情形之下，规定由被代理人承担表见代理行为的法律后果，更有利于保护善意相对人的合法权益，维护交易安全，并以此加强代理制度的可信度。

2. 表见代理的构成要件

表见代理区别于狭义的无权代理，不仅要具备无权代理的一般要件，还要具备特别的法律要件。

1）行为人无代理权

成立表见代理的第一要件是行为人无代理权，即行为人实施代理行为时无代理权或者对于所实施的代理行为无代理权。如果行为人拥有代理权，则属于有权代理，不发生表见代理的问题。

2）行为人与相对人之间的民事行为具备代理的表面要件和民事行为的有效要件

表见代理作为代理的一种，它应当符合代理的表面要件，即行为人须以被代理人的名义进行活动，与相对人缔结民事关系；否则，只是行为人与第三人之间形成的民事法律关系，只对缔约双方存在法律效力，不能称其为代理，亦不涉及他人。

行为人与相对人之间的民事行为，须具备成立的有效条件，即行为人具有相应的民事行为能力、意思表示真实、内容不违背法律或者社会公共利益。如果不具备民事行为的有效要件，则不成立表见代理。

3）客观上有使相对人相信行为人具有代理权的事实或理由

这一要件是以行为人与被代理人之间存在某种事实上或者法律上的联系为基础的。这种联系是否存在或者是否足以使相对人相信行为人有代理权，应依一般交易情况而定，并能够使相对人在主观上形成该代理人不容怀疑的具有代理权的认识。

通常，相对人在善意且无过错的情况下，根据商业习惯、交易习惯，基于诚实信用原则，可以有充分的理由相信行为人有代理权，具体包括以下情形：①被代理人明知行为人以本人名义订立合同而不否认的；②被代理人的工作人员超越职务范围以被代理人名义从事相关的民事活动的；③行为人用被代理人的合同专用章或者加盖公章的空白合同书、介绍信订立合同，被代理人不能证明是盗用或虽能证明但不能证明自身无过错的；④被代理人授权范围不明的；⑤代理权被终止或者被限制，被代理人应当通知但未及时通知相对人的；⑥其他足以使相对人有理由相信行为人有代理权的情形。

4）相对人主观上为善意且无过失

相对人不是明知行为人没有代理权而仍与之签订合同，也不是由于自己疏忽大意，缺乏应有的谨慎而轻易将没有代理权的行为人认作有代理权的人。如果相对人出于恶意，即明知行为人为无权代理，仍与其实施民事行为，就失去了法律保护的必要，故表见代理不能成立。

3. 表见代理的法律后果

1）表见代理成立，订立的合同有效

表见代理与狭义的无权代理不同，只要存在相对人有理由相信行为人有代理权的事实，

表见代理即成立，行为人的代理行为就应当按有效代理来看待。在此情况下，所签订的合同就应当是有效合同。

2）被代理人对相对人承担民事责任

表见代理被认定成立后，其在法律上产生的后果同有权代理的法律后果一样，即由被代理人对代理人实施的代理行为承担民事责任。

3）行为人对被代理人承担民事赔偿责任

被代理人因表见代理成立而承担民事责任，因此给被代理人造成损失的，被代理人有权根据是否与代理人有委托关系、代理人是否超越代理权以及代理权是否已经终止等不同的情况，以及行为人的过错情况，依法请求行为人给予相应的赔偿。

4）行为人对被代理人的费用返还请求权

表见代理的法律后果使被代理人的利益受到损害时，行为人应依法赔偿。同时，并非所有的表见代理的法律后果都必然对被代理人不利，当表见代理的法律后果是使被代理人从中受益时，根据公平原则，权利义务应当对等，行为人有权要求被代理人支付因实施代理行为而支出的相关的合理费用。

8.4.3　保险代理中的表见代理

典型案例 1

李某在通过了国家保险代理人资格考试后，与某保险公司签订了保险代理合同，并领到了该保险公司核发的展业证书。李某加入寿险营销队伍后非常努力，但业绩却一直不太好。半年之后，李某不再从事保险代理工作，并与保险公司解除了保险代理合同。保险公司要求李某务必在解除合同三日内向保险公司交回其核发的展业证书、各类保险合同条款、投保单等业务资料。然而就在合同解除后的第二日，李某以前展业时开发的一位潜在客户王某打电话给李某，表示自己决定投保，希望能够尽快签订保险合同。李某为了获取不当收入，隐瞒了自己已经与保险公司解除保险订立合同的情况，带上全套的投保资料来到王某家中，指导客户填好投保单，并向客户收取保费 3 000 多元，告知客户正式的保险单保险公司会在几日内寄来。但是，李某并没有将客户的投保资料以及收取的保费交给保险公司。过了一段时期后，客户王某仍没有收到正式的保险单，又联系不到李某，就直接找到了保险公司，才知道李某已不是该保险公司的代理人。王某就自己遭受的损失要求保险公司赔偿，但保险公司认为，公司早已解除与李某的保险代理合同，李某私收保费的行为完全是一种欺骗行为，而不是保险公司的授权代理行为，因此，保险公司不对李某的行为负任何责任。

但是，这对投保人王某来说，显然不够公平。李某以前在向王某展业时确实是保险公司的合法代理人，后来在为王某办理保险收取保费之时，王某有理由相信他仍然是保险公司的代理人，因为李某仍然持有各类展业证件和投保资料，能够像合法保险代理人一样为其顺利办理前期的投保手续，至于李某已与保险公司解除代理合同一事，王某并不知情也没有能力知情。根据《民法总则》，王某是善意的相对人，李某的行为应属于表见代理行为，而保险公司没有及时收回李某的展业证书和各类投保资料，是有过失责任的。我国《保险法》对此也有明确的规定。

至此，可以得出这样的结论：投保人王某有理由认为李某仍是保险公司的合法代理人，王某是不知情的善意相对人，因此李某的代理行为有效，保险公司应承担李某的行为责任，开具正式的保险单或者退还王某已支付的保费；保险公司则有权向李某依法追究责任。

1. 保险表见代理的含义及构成要件

保险表见代理是指行为人没有保险代理权，表面上却足以令人相信其有保险代理权，该保险代理行为应当有效，其法律后果由行为人声称的被代理人（即保险人）承担。保险表见代理的构成要件如下。

（1）行为人并没有获得保险公司授予的代理权

这可以有以下几种情况：行为人自始就没有获得保险公司的任何代理权；行为人曾经有一定的代理权但后来灭失了；行为人只有部分代理权却行使了更多的权利。

（2）行为人与保险公司之间客观上存在的密切联系使投保人足以相信其有保险代理权

这种密切联系可以通过多种形式或事实表现出来，如保险公司与行为人签订有保险代理合同，行为人确实具有某种保险代理权；保险公司为行为人提供投保资料、临时收据、保险代理展业证、名片等；行为人在公共场所宣传、推销保险，甚至深入居民住宅、单位办公场所进行推销；行为人曾为投保人办理过保险业务等。

（3）投保人应为善意且无过失

所谓善意，是指投保人不知道行为人没有代理权。如果投保人知道行为人没有代理权仍与其办理保险业务，则为恶意，非但不构成表见代理，还应与行为人一起承担保险公司由此受到损失的连带责任。所谓无过失，是指投保人通过对行为人的代理权进行审查，没有发现可疑之处。

事实上，保险公司对保险代理人的授权是很复杂的，随着保险相关法律、法规及保险公司业务政策的变化而变化，保险代理人不可能向投保人出示全部的授权内容。对于保险代理人的陌生推销，投保人基于对保险公司及保险代理的正当、合理的信任，只要对其代理证号、展业证书或公司名片经过审查无误即应视为无过失，而受到法律保护。如果投保人由于轻信或疏于审查，应当知道行为人无代理权却不知道，或者无正当理由相信行为人有代理权，则为有过失，不属于表见代理，法律对此不予保护；否则容易导致投保人滥用表见代理，将其疏于履行签约时应尽的注意义务带来的后果转嫁给被代理人承担。

2. 保险表见代理的产生原因

保险代理中的表见代理通常表现为以下几种情形。

1）因保险代理人越权行为而产生的表见代理

因保险代理人越权行为而产生的表见代理以一定的代理权为基础。代理权属于被代理人与代理人之间的内部关系，相对人很难彻底了解清楚。如果保险代理人具有代理权，只要相对人基于善意，与保险代理人所进行的超出其真实代理权限的行为，即可构成表见代理。在实践中一般有以下两种情形。

（1）保险代理人因被代理人授权不明而进行的代理活动。所谓授权不明，是指保险人进行授权时，没有对代理权限、代理事项等内容进行明确的规定，保险代理人依此作出的行为即为表见代理。

（2）有限制的代理权。代理权的限制，是指被代理人对保险代理人原有或应有的真实代理权加以限制。即使这种限制有效，但这种限制并不能被善意相对人所了解，因此对超越这种限制的行为已构成了表见代理。对此，我国台湾地区规定，代理权之限制或撤回，不得以之对抗善意相对人，但因相对人的过失而不知其事实者，不在此限。

2）因保险代理人行为延续而产生的表见代理

保险代理人原来具有一定的代理权，后与保险公司解除保险代理合同因而原有代理权灭失，由于代理权的授权和代理权的限制或撤回并不是尽人皆知的，所以保险代理人行为的惯性和影响足以造成代理权依然存在的假象。如果相对人对该假象无过失，仍与保险代理人进行的法律行为即构成表见代理。也就是说，即使代理权已实际灭失，只要相对人善意不知而与原代理人发生法律行为即可构成表见代理。例如，保险代理人原有代理权已经终止，保险人没有通过合理的方式使投保人（被保险人）获悉，使得保险代理人又以保险人名义从事的保险代理活动。

3）因保险人有表见授权而产生的表见代理

因表见授权而产生授权表象是指保险人以自己的行为表示造成一种授予他人代理权的表象，如将公司招牌、图章、投保单、印有公司名称的信笺或其他文件交予他人；或者保险公司明知他人以保险公司名义从事经营行为而未表示异议。如保险代理权终结后，保险人没有及时收回保险代理证或名片等。

在现实中，表见代理的发生往往与被代理人的过错有一定关系，但是表见代理的成立却不以被代理人主观上有过错为要件。只要相对人有理由相信行为人有代理权，则无论是否由于被代理人的过错所致，被代理人都要承担委托授权的责任。例如，被代理人事先履行了声明义务，在新闻媒体上公开声明与某代理人解除代理合同，终止其代理权，但是，由于新闻媒体覆盖范围的局限性，更由于相对人没有看报纸、电视的法定义务，因此被代理人应对行为人的代理行为承担法律责任，而不能以未授予行为人代理权且自己无过错为由与之对抗。

3. 保险表见代理的法律后果

保险表见代理一旦构成，其法律后果包括以下 3 个方面。

1）表见代理的行为效果应归属于保险公司

保险公司应承受因保险代理人的代理行为而带来的一切法律后果。在此应当注意的是，在表见代理关系成立后，考察相对人与被代理人的权利、义务及责任时，不存在所谓混合过错的问题，被代理人不能以相对人有一定的过失为由主张减轻自身的表见代理责任。如果认为相对人有过失或不善意，也只能主张表见代理不成立。

2）保险公司可以向保险代理人进行责任追偿

在表见代理中，保险公司与无代理权或限制代理权的行为人并没有对未来的行为进行预见性的约定，而且表见代理中的保险公司往往也遭受了损失，故表见代理的法律后果不得不涉及保险公司的损失赔偿问题。如果保险公司对相对人履行契约义务使自己遭受了损失，则有权向行为人进行追偿。但由于表见代理的构成保险公司一般也有过错，分清其与行为人的过错性质和程度对损失的负担具有重要的意义，遵循的法律原则应是"过错责任原则"：①有过失的一方应承担责任，如果双方都有过失，损失由双方分担；②如果一方过失重大，另一方过失轻微，则由过失重大的一方承担主要责任，另一方承担次要责任；③如果是被代理人的授权意思不明确，保险代理人无过失而为代理行为并构成表见代理的，保险代理人不赔偿被代理人的损失；④如果被代理人无过失，行为人的代理行为构成表见代理的，应由行为人向被代理人赔偿全部损失。

3）代理人与相对人之间无法律关系

表见代理已成立，即构成有效代理关系。代理人与第三人之间不发生法律上的权利和义务关系。

4. 我国《保险法》对表见代理的规定

我国《保险法》第一百二十七条规定：保险代理人根据保险人的授权代为办理保险业务的行为，由保险人承担责任。保险代理人没有代理权、超越代理权或者代理权终止后以保险人名义订立合同，使投保人有理由相信其有代理权的，该代理行为有效。保险人可以依法追究越权的保险代理人的责任。这一规定具有两方面的意义。

（1）投保人的善意无过失可以受到法律保护

保险公司既是保险合同的主体，也是保险代理合同的主体，其权利受到法律保护，任何他人不得侵犯，保险公司无过失不应承担法律责任。这种法律上的保护是静态的保护。投保人通过保险代理人的行为与保险公司签订保险合同，取得保险保障，属于利益的流转，这种动态的法律关系也应当受到保护，善意无过失的投保人不应受到利益损害。当动态的保护、交易安全的保护与静态的保护相矛盾或冲突时，应优先保护前者，即优先保护投保人的利益。

（2）有利于保险公司的长远发展

保险代理人通过表见代理形成的业务不一定都对保险公司造成损害，有的经过追认仍然可以形成保险公司的收益。对于确实造成损害的表见代理业务，如果保险公司一概拒不承担责任，将会导致社会公众对保险代理人的信任危机，从而拒绝与保险代理人接触，最终使保险公司的业务量下降。因此，从保险公司的长远发展考虑，承担表见代理的法律责任不仅能减少纠纷，缓和与投保人的矛盾冲突，为公司赢得良好的信誉和口碑，从而吸引更多的潜在客户，而且可以依法追究行为人的侵权责任，保护保险公司的利益。

5. 保险表见代理的防范

当然，如果保险公司被动地接受各种形式的表见代理，则可能使保险公司被迫承保本不予承保的标的，或者以不适当的条件承保保险标的，增加保险公司的经营风险，损害保险公司的经济利益。因此，保险公司应通过各种方式避免或减少表见代理的发生，具体措施包括两个方面。

1）加强对保险代理人的管理

保险公司在对保险代理人的管理上，要做到以下几点：①必须与保险代理人签订授权明确的代理合同，代理权限变更时应及时通知保险代理人，并由保险代理人签字认可；②代理合同中可以规定当发生表见代理而损害公司利益时，保险代理人的赔偿数额与赔偿方式；③要求保险代理人每次进行代理活动时必须向投保人出具相关的代理证明；④与保险代理人解除合同后要及时收回展业证书和各种投保资料、保费收据等，并及时予以公告；⑤加强对保险代理人的法制教育，对严重违反代理合同的保险代理人，应严肃处理，不能姑息迁就。

2）使投保人尽可能知情

对于投保人，保险公司可以通过以下方式提醒投保人尽到注意义务：①在为保险代理人提供的名片或投保单上印上监督电话，便于投保人对代理人的审查；②在展业材料中增加一份书面声明，告知投保人在填写投保单和缴纳保费时要查看保险代理人的代理证明，证实代理人身份的存在和有效；③当解除或变更保险代理人的代理权时，应通过信件或电话及时通知该代理人负责的现有客户。

典型案例 2

此为无效代理还是表见代理？

1995 年 4 月 24 日，某房产公司委托 A 保险咨询顾问有限公司（以下简称 A 公司）为其办理储金型团体人身意外伤害保险，并将保险储金 20 万元交给中港公司，以该笔储金的利息作为保险费。A 公司收到储金后遂向房产公司出具了盖有 B 保险公司业务专用章的储金型团体人身意外伤害保险单一份，以及 20 万元的保险储金收据一份，保险期限自 1995 年 5 月 1 日起至 1996 年 4 月 30 日止。

保险期满后，房产公司凭有关凭证向 B 保险公司索要 20 万元的保险储金，B 保险公司以未收到保险储金为由拒绝退还。经了解后才得知，A 公司因经营不善在 1996 年 2 月 15 日解散，其主要负责人卷款而逃。

房产公司以自己持有的保险合同坚持要求 B 保险公司退还保险储金。B 保险公司却提出其与 A 公司的代理协议早于 1995 年 1 月 17 日已经终止，因此 A 公司的代理是无效代理，B 保险公司不应承担任何责任。

诉讼期间，法院向某印章厂调取了 B 保险公司向该厂订造的业务专用章样本 2 个，经司法鉴定，证实保险储金收据及保险单上的业务专用章与上述两样本完全吻合。

法院进一步调查后证实：B 保险公司于 1994 年 1 月 17 日与 A 公司签订过保险代理协议，代理期限为 1 年。但代理合同期满后，B 保险公司没有及时收回投保单、保险单、保险储金收据等保险单证，以及保险业务专用章。

根据表见代理的相关规定，本案中的代理行为属于表见代理，B 保险公司应立即退还房产公司保险储金及延期利息。

8.5　我国保险代理人发展面临的问题

根据国际经验，保险业的快速发展往往伴随着各种问题的集中暴露和突显。我国的保险代理人作为保险中介行业产生最早、规模最大、影响最广的一个分支，出现的相关问题也最多。这些问题影响到整个保险业的健康发展，甚至成为保险业发展的瓶颈。

8.5.1　保险营销员发展面临的问题与改革方向

出于文化、地理等方面的相似性，大陆现行的保险营销员主要借鉴的是我国台湾地区的模式，而台湾模式又来源于日本市场的经验。保险营销员制度的重大作用不可否定，但是这一制度在与中国保险业结合的过程中，由于制度本身的缺陷以及与本土环境的不适应出现了一些"水土不服"的问题，使保险营销员遭遇了严重的发展瓶颈，急需进行改革与创新。

　　1. 保险营销员发展面临的问题

　　1）保险营销员的准入门槛太低

在国内寿险业刚刚起步的时期，各寿险公司为了提高保费收入规模，得到更大的市场份额，纷纷采取了"跑马圈地"的办法，实施"人海战术"迅速扩大寿险营销员队伍。2015 年取消保险代理人资格考试后，行业门槛进一步较低，保险营销员规模从 2014 年的 325 万增加到 2017 年的 807 万。然而，人海战术的采用，直接导致了两个后果：一是保险营销员的整体素质较低，竞争手段低级化，甚至产生"劣币驱逐良币"的现象，使真正优秀的代理人带着对保险业的负面印象离开，保险业的行业形象和公众信誉也因此不断下降，严重威胁行业自身发展的基础。二是保险营销员的脱落率和流动率过高，一年的留存率不足 30%，为一家保险公司服务 5 年以上的营销员更是少之又少，这不仅增加了公司大量的培训和管理成本，而且造成了大量的"孤儿保单"，影响了保险业的稳定发展。

2）佣金制度不够合理

前，国内各保险公司仍然只以保费收入为依据向保险营销员支付佣金，支付方式通常采取第一年最高，第二年到第五年逐年减少，同时实行"金字塔"式的利益分配方式，上层可以分享下属佣金。这样的佣金制度最大限度地刺激了保险营销员不断开拓新客户以增加保单业务量、努力增员以扩大销售队伍的积极性，但也诱发了保险营销员的各种短期行为，产生了很多负面影响。具体表现在以下 4 个方面。

（1）更多关注保费收入，忽视承保质量。一些代理人为了完成业绩指标或为了获取更多的佣金收入，采取误导、蒙骗等手段强拉业务，损害投保人（被保险人）的利益；或者故意在高风险人群中展业（如在医院的住院病人中展业），帮助客户隐瞒健康资料，进行保险经营中最忌讳的逆向投保，损害保险公司的利益。

（2）更多关注业务开拓，忽视后续服务。由于大部分佣金集中在第一年，所以保险营销员都把前期业务作为追求目标，采取各种技巧和手段促成保单签订。同时，由于续期佣金很少甚至没有，导致保险营销员的售后服务不到位，有的保险营销员在佣金停止支付后就对客户不再理睬，根本就没有为客户服务的意识。这种消极服务不仅损害了投保人（被保险人）的利益，而且严重破坏了保险业的整体形象。

（3）为了获取佣金收入采取各种不正当竞争手段，扰乱市场秩序。部分保险营销员为了拉拢客户投保，不惜将寿险公司支付给他的首年佣金提取一部分，作为回扣支付给投保人，破坏公平的市场竞争秩序；或者为了推销保单，肆无忌惮地贬低其他寿险公司及其产品，甚至恶意贬低自己所服务公司的其他保险营销员，在同业中进行低级的恶性竞争。

（4）"金字塔"式的利益分配方式影响了业务质量，伤害了底层保险营销员的积极性。这种上层坐享下属佣金的不合理利益分配制度，导致不顾营销员素质盲目"拉人头"的现象十分普遍，许多保险营销员的主要精力不是用在提高业务水平上，而是忙于发展下线，通过增员来增加收入。同时，这种利益分配方式，对新入行的保险营销员很不利，也会促使他们不去努力提高专业素质和服务质量，而是努力增员以提高自己的级别和收入。

3）保险营销员的职业归属感和安全感较弱

在现行保险营销员制度下，保险公司对营销员在内部法律地位、劳动关系等问题上不够明确，在外部又缺乏社会认可度，似乎成了一种公司和社会都无法定位的"边缘人"，没有职业归属感。保险营销员尽管通过自己的努力能够获得丰厚的佣金收入，但这种收入很不稳定，尤其在刚入行的时候甚至可能出现收入透支，而且公司不给他们提供基本的社会保障，这使其职业安全感大大削弱。这样，保险营销员与保险公司的价值取向往往会发生差异，保险公司追求的是健康、长远的发展，保险营销员追求的是自身短期利益的最大化，很难将保险代理作为一种职业甚至事业终身为之奋斗。这也正是目前我国保险代理行业诚信严重缺失、各种道德风险层出不穷的主要原因。

4）互联网保险营销的冲击

随着互联网技术在保险行业的应用，越来越多的保险公司开始开发互联网营销渠道，同时，百度、阿里巴巴和腾讯等国内互联网巨头纷纷加速进军保险业。截至 2016 年底，我国共有 124 家保险公司经营互联网保险业务，这意味着我国已有 76% 的保险公司通过自建网站、与第三方平台合作等不同方式开展互联网保险业务。互联网巨头拥有庞大的用户流量和多元的场景入口，加之可以利用自身长期积累的业务资源、品牌口碑及跨界合作渠道，其在产品宣传、潜在客户吸引等方面拥有保险营销员无法比拟的渠道优势。依托互联网，客户可以实现线上咨询、线上投保和线上理赔，全流程在线服务已经成为常态，不再需要像传统渠道一样，花费漫长的时间等待代理人或保险公司进行烦琐的单证办理工作，实现了"当即下单，当即生效；当即申报，当即理赔"。相对于保险营销员人海战术、团队管理、佣金激励的传统营销方式，互联网保险营销平台大大拓展了营销范围、节约了交易时间和成本、提高了交易效率。据统计，2016 年保险代理人渠道贡献率为 59.81%，首次跌破 60%，而网络渠道贡献率为 21%，同比增长 118%。

2. 保险营销员制度的改革方向

1）适当提高保险营销员准入门槛

实践证明，实行"人海战术"的招聘模式存在很多弊端，如高产不高质、平均效率低、业务持续率差、代理人队伍不稳定、淘汰率高等。要改变这种状况，应尽快恢复并升级我国保险代理人资格考试。借鉴日本、我国台湾地区的做法，可以将保险代理人资格考试按照难度划分为低、中、高三个等级，并且赋予不同等级的保险代理人不同的权利，实行差别佣金。高级保险代理人能够享有复杂或新型保险产品的代理资格且佣金相对较高，中级和低级依次降低。但是，低级难度的资格考试应成为保险代理人入行的基本要求。此外，保险营销员在其从业期间还应该接受由行业自律组织提供的周期性业务培训和职业道德教育。等级考试、差别佣金与持续教育这三项制度有利于提高保险营销员的整体素质，鼓励保险营销员进行合理的职业规划。

2）改革佣金制度

首先，改革目前佣金集中提前支付的方式，可以考虑适度降低首年度和第二年的佣金率，并将佣金支付期限拉长，在第三年或第五年后的较长时期内支付等额较低的续期佣金。但是，考虑到新入行的保险营销员收入不稳定，为保障其基本生活需求，可采用"固定金额＋佣金率"的方式。其次，改革佣金提取只与保费挂钩的做法，可以考虑与保险营销员的保单持续率、退保率、客户投诉率以及保险公司的经营状况等指标挂钩，推行保险营销员与公司利润共享机制。这样做，可以从制度上约束其遵纪守法经营，最大限度地避免或减少保险营销员展业过程中的各种短期行为和道德风险。

3）改革保险营销员管理体制

在用工制度上，可以借鉴日本的员工制和我国台湾地区的收展制，即对于达到一定级别和年限、业绩突出、经考核合格的保险营销员转为保险公司的合同制业务员。合同制业务员的收入包括底薪和绩效工资，底薪较低但相对固定，绩效工资按佣金形式支付。同时，合同制业务员还享受与公司其他员工一样的社会保险及待遇（如提拔、休假等）。这样做，既能解决保险营销员的归属感问题，留住优秀的保险营销人才，保持保险营销队伍的相对稳定，又能避免因员工增加而使公司经营成本上升的问题。针对普通的保险营销员，保险公司可为其办理基本的社会医疗、养老保险，以解决其后顾之忧，同时设计合适的激励制度鼓励其努力工作，争取转为合同制业务员。

4）尝试建立个人独立代理人制度

近几年，独立代理人因其具有的各种制度优势而为各界人士所推崇，其中吸引力最大的一点就是，避免了原来保险营销员"王婆卖瓜"的道德风险，有利于维护投保人的利益。但是，独立代理人需要具备更高的专业素质和管理能力，需要强大的监管机构和细致的监管工作，且可能带来新的道德风险（如诱导客户转投保），短期内尚不具备全面发展的条件。保险营销员制度的改革却是紧迫的。考虑到制度的路径依赖，可先在保险营销员制度基础上建立个人独立代理人制度，实现保险营销员的扁平化管理，解决底层营销员的佣金困境，提高营销员队伍的整体素质，待条件具备时再发展真正的独立代理人。

5）充分利用互联网实现服务升级

互联网保险销售以简易化、场景化、标准化产品为主，其客户服务的智能性目前仍体现在模式化和程序化方面上。但是，保险作为家庭理财的基础，个性化需求很强，具有复杂性、独特性和长期性，需要保险营销员运用专业知识和沟通技能，为客户进行需求分析和长期服务。同时，保险产品种类繁多，很多条款比较复杂、投保人难以理解的产品无法通过互联网直接进行区分和比较，宜采用传统模式销售。可见，保险营销员在行业中的地位是难以完全被取代的。认清这一点，保险营销员应调整业务方向，提升专业素养，为客户提供长期性、综合化的保险产品，以及更优质的售前、售后服务。同时，充分利用互联网也可以为保险营销员带来新的增长空间，如借助互联网保险营销平台、微信、微博、自媒体等方式拓展自己的客户规模；根据互联网提供的消费者数据，实现精准营销、定制服务；与互联网平台合作提供网络获客后更专业的保险服务。

8.5.2　保险兼业代理人发展面临的问题与规范措施

1990 年以后，各商业保险公司陆续成立，根据当时视业务量设分支机构的规定，各公司为抢占地盘，纷纷建立了一批兼业代理点，充当起了在保险营销中主力军的角色。之后，随着航意险和车险需求的增加，车商类保险兼业代理人得到了快速发展。20 世纪 90 年代后期，银行、邮政开始进入保险销售领域，并后来居上，迅速成为兼业代理机构中的主力。兼业代理人依靠其机构网点多、行业便利、展业成本低廉等优势在我国保险市场占据了半壁江山，但由于我国的兼业代理人多年来违规现象不断，在一些行业具有特殊的垄断地位，阻碍了规范有序的保险中介市场的形成。

1. 保险兼业代理人发展面临的问题

1）垄断投保现象严重

兼业代理人都有自己的本行业，自然拥有了其他代理人所不具备的客户资源，在代理保险业务时容易产生垄断投保，即兼业代理人建议甚至强制客户投保指定保险公司的具体险种。例如，在城市，人们在办理住房按揭贷款、汽车消费贷款时很难自己选择保险；在农村，一些保险公司因开办"贷款人人身意外险""小额贷款保证保险"等业务与农村信贷机构结盟，农民申贷时有可能被强制投保。"强制投保"来源于最初的单位兼业代理，因具有浓厚的行政色彩，通常与政府及其职能部门有直接或间接的关系，垄断了本行业的保险业务。随着经济体制改革的不断深入，这种单位兼业代理的性质也在不断演变，但其本质仍没有脱离"关系代理"的模式。

2）手续费畸高，竞争无序

由于兼业代理人占据渠道优势，在合作中处于强势地位，一些兼业代理人趁机索取畸高的手续费，推高保险交易成本。在选择被代理人时，兼业代理人往往以手续费的高低而非保险公司的偿付能力、资信程度作为衡量保险公司的主要标准。在执业过程中，为了获得更高的手续费，兼业代理人倾向于对手续费高的保险产品进行重点销售，如车商推荐手续费更高的保险公司的车险保单，银行理财专柜选择性推荐佣金比例高的险种。在短期利益的驱使下，一些兼业代理人倚靠客户资源优势向保险公司讨价还价、炒卖保单、哄抬手续费，扰乱市场秩序。

3）无证代理等违规经营现象较多

由于兼业代理机构分布广泛且松散，保险公司及行业协会等对其约束力小、监管难度大，"多、小、乱、差"是我国保险兼业代理市场的突出特点。一些非法机构在未取得保险兼业代理资格或保险兼业代理许可证已过期的情况下违规经营，因为表面上不受监管机构的监管，他们往往以低成本和低手续费抢占市场，造成"劣币驱逐良币"的现象，扰乱保险市场秩序。同时，在激烈的市场竞争下，一些兼业代理人不求专业合规，内控薄弱，销售误导甚至欺诈，恶意挪用、拖欠保险公司保费，损害整个行业的形象和声誉。

4）银保渠道业务增长放缓

银保渠道得益于银行无可比拟的网点优势和较高的客户信用度，在销售特定的保险产品方面具有较强优势，因而在引入之初获得快速发展。然而，近年来，银保渠道业务增长放缓，甚至出现负增长，主要原因有 3 个方面：①银保销售误导及客户服务不足等问题日益突出，严重影响销售效率和服务质量；②银行外部选择权过大，保险公司为了争取银行渠道而进行恶性竞争，提高手续费率，导致银保渠道成本不断攀升；③银保产品多为趸缴或短期储蓄型产品以及投连险，产品结构单一且雷同，保费的内涵价值较低，对投保人和保险公司的吸引力都在下降。

2. 保险兼业代理人的规范措施

1）重塑保险兼业代理机构

通过监管机构和行业协会的监管、评级等方式推动兼业代理机构树立诚实守信的经营理念、完善内控制度建设、增强保险专业化培训、在执业过程中始终维护客户的利益、提高服务质量和自身信誉。对一些发展成熟、经营规范的兼业代理机构，可以鼓励其转型为专业代理公司，或者由专业代理公司收购、兼并某些经营不善的兼业代理机构。这样，兼业代理机构的数量逐步减少，经过改造后的专业代理机构以全新的形象面对客户和保险公司，有助于打破兼业代理人的行业垄断格局，净化保险中介市场。

2）强化保险公司管控责任

长期以来，兼业代理人与保险公司的合作关系严重扭曲。保险公司"以保费论英雄"的考核导向，使其不愿意主动履行对兼业代理人的管控责任，甚至纵容和参与违法违规行为，如委托无兼业代理资格或许可证过期的机构开展业务、账外支付手续费等。要强化保险公司对兼业代理机构的管控责任，首先要加强对保险公司法人层面的监管，可以在处罚出现违规行为的兼业代理机构时，一并处罚保险公司的监督失职，改变其以"保费论英雄"的考核导向，避免基层机构在考核压力下对兼业代理"卑躬屈膝"；其次要适度提高保险公司在代理合作中的话语权，可通过开发更多差异化产品、提供优质服务等，实现双方权责利对等。

3）加强监管法规建设，实行分类监管

保险兼业代理机构的监管法规滞后于行业发展，应在市场准入、经营规则、信息化、违规处罚和市场退出等方面制定明确标准，并严格监管要求。在监管方式上，可按照主营业务规模、网点数量、内控完备程度、诚信记录等因素，将兼业代理进行分类，按照不同级别，从机构准入退出、许可证延续、日常行为监管等多方面实现分类管理。在市场准入上，坚持商业企业性、窗口便利性、业务兼营性和主业相关性准入标准。对于具有明显行业优势和庞大市场资源的兼业代理，适当放宽准入条件，只审批到法人机构，由其自行统筹管理分支机构的兼业代理业务，不再审批资格。同时加强对其法人机构的日常监管，明确法人主体责任，实行书面合规承诺和合规责任人制度。

4）创新银保合作方式

我国的银行保险还处于简单的协作模式。缺少共同利益和长期合作的模式是导致恶性竞争的原因。鉴于银保共同代理的模式导致银行外部选择权过大，进而导致代理费虚高、违规支付代理费等问题，中大型保险公司可以尝试独家代理的合作模式，激励银行与保险公司进行深入合作，提高银保合作效率。当银行和保险公司具有了共同的利益，就会共同开发满足客户要求的产品，改变产品单一带来的市场吸引力下降、同行恶性竞争等问题；银行在保险公司的监督下也会减少销售误导，提升服务质量，促进银行保险业务的发展。

8.5.3　保险专业代理人发展面临的问题与规范措施

从近 20 年的实践来看，保险专业代理机构数量有了大幅增加，有了一定的社会认知度，在财产保险尤其机动车辆保险占有一定的市场份额，但总体竞争力不足，相对个人代理人和兼业代理人的市场空间较小，在经营过程中尚未充分发挥其专业优势，存在着诸多发展困难。

1. 保险专业代理人发展面临的问题

1）资源型公司多，专业型公司少

从目前已经准入的保险代理公司看，多数是本身就拥有相当丰富的保费资源的，或者其投资者自身就是有着巨大保险业务量的大型企业集团，或者公司的创立者与某些大客户素有联系，或者本身就是由过去保险营销部门演变过来的。因此，组成保险代理公司后，他们具有相对稳定和充实的业务来源作为生存发展的基础。但是在市场竞争越来越激烈的情况下，无论是股东还是老客户都不可能永远保证将所有的保险业务交给一家固定的保险代理公司来做，保险代理公司要想获得长远的发展，必须自力更生，树立自己的品牌，在市场中站稳脚跟。

2）"公关型"公司多，"服务型"公司少

保险代理公司仍然沿用以往"关系＋金钱"的展业手段，而忽视保险服务的质量和水平。保险代理是依附于保险公司的经营发展而产生和发展的服务性行业，其唯一的产品是代理服务，即利用其专业知识为客户选择最为合适的、质优价廉的保险产品，提供周到的售前、售中、售后服务，甚至是一些与签订保险合同关系不大的附加服务。然而，目前大多数保险代理公司并没有真正将提高服务水平作为其经营战略的核心，仍然是通过公关活动疏通人际关系，利用某些人的贪欲惠之以利，从而获得保险业务。此外，保险公司重保费、轻服务的佣金提成制也使得这种现象短期内无法得到改变，这将给保险代理公司的发展带来以下困难：一是成本支出较大，难以维持正常经营；二是丧失经营特色，失去对客户的吸引力；三是内部管理难度增大，营销人员容易相互攀比。

3）短期行为多，长远规划少

多数保险代理公司更看重短期内的保险代理费收入，缺少长期健康发展的经营理念。从现已设立的公司和正在筹建公司的情况看，无论是从机构的定位、高级管理人员的选择，还是从内部组织架构、未来三年的规划安排等方面看，代理机构的起步普遍不高，市场调研、客户分析、内部制度建设、人员招聘培训等基础性工作存在明显的短期行为。许多公司内部管理还未完全到位，展业人员在对目前市场状况还不完全了解的情况下，便着手就佣金比例等事项，与各保险公司讨价还价，而不是研究市场，争取以优质服务取胜。最典型的例子就是在一些保险代理公司热衷于在保险公司之间打牌，通过挑起保险公司竞价的方法抬高代理费标准，赚取高额佣金。

4）市场扩张迅速，内部管理薄弱

保险代理公司匆匆成立且以各种名义设立分支机构，但内部制度建设却非常滞后，存在很多漏洞。大部分保险代理公司成立以后就把增加代理业务量、抢占市场份额作为重点工作来抓，内部管理制度并未真正建立起来，管理漏洞很多，如缺乏系统、全面的培训制度，严密、高效的业务管理制度，以及与之相配套的会计制度和财务制度等。一些保险代理公司急于扩展业务，在条件不具备的情况下，通过加盟等方式建立了许多延伸机构，甚至还有一些投机者也涉足保险代理行业，导致机构建设一开始就走上歧途，致使违法违规经营、误导消费者乃至携款潜逃的案例在代理公司中时有发生。

5）市场定位不准，业务渠道狭窄

尽管保险代理公司在与各保险公司签订代理合同之后，可以同时向客户提供财产险、人身险等相关可代理险种或产品，以起到保险超市的作用，供投保人选择。但是很多保险代理公司的主要营销方向还是在财产险市场，只有少数与寿险公司签订了代理协议，实际成交量也非常少。即使在财产保险领域，多数保险代理公司也只是选择了车险等少数几个产品，与财产保险公司的直销部门、有关行业兼业代理机构形成短兵相接的竞争。对于其他需求潜力巨大的市场，如中小企业财产险市场、家庭及个人财产险市场、人身保险市场等，多数保险代理公司则无心问津，这势必会影响整个保险代理行业的健康、均衡发展。

2. 保险专业代理人未来的发展展望

产销分离与政策导向使保险专业代理人迎来了发展的新契机，保险专业代理人的经营模式也须满足行业变革的需要，向专业化、规模化与服务多元化转型，深化与保险公司的战略性合作，为保险消费者提供更多的增值服务。

1）产销分离促进保险专业代理人发展

近年来，保险业靠"人海战术"的粗放式增长模式进入瓶颈期，保险营销员制度面临"广增员、高脱落、高成本、低产能"的困局，产销分离将是保险业实现专业化、精细化、市场化的一个重要发展方向。所谓产销分离，就是保险公司专职开发产品，把销售外包给以专业代理机构、经纪公司等为主体的保险中介机构。在这种模式下，保险公司无须将过多精力放在如何造就一支精干的销售团队上，只需全神贯注于用户体验，研发出适销对路的保险产品即可。专业代理机构则能从客户角度出发，提供多元的产品选择和体验，为客户升级的需求提供量身打造的服务。原来直接受保险公司管理的保险营销员也可以转为保险专业代理公司的正式员工，由保险专业代理公司进行培训和管理。产销分离模式不仅有助于保险公司优化经营成本，充分利用中介机构的渠道优势，实现低成本、高产能，保险专业代理人的市场发展空间也将大大拓展。

2）政策导向推动保险专业代理人转型

2016 年 8 月，中国保监会发布了《中国保险业发展"十三五"规划纲要》，提出建立多层次、多成分、多形式的保险中介服务体系，培育具有专业特色和国际竞争力的龙头型中介机构，发展小微型、社区化和门店化经营的区域性专业代理机构；提升中介机构的专业技术能力，在风险定价、产品开发、防灾防损、理赔服务、反欺诈等方面发挥积极作用，提供增值服务。2013 年以后，保险专业代理公司的注册资本要求由原先的 200 万元提高到了 5 000 万元[1]，监管机构亦鼓励专业中介机构兼并重组，这意味着保险专业代理人的准入门槛提高，未来会向规模化发展。同时，未来保险专业代理人不再局限于简单的保单销售业务，而要向专业化和服务多元化方向转型。国家在政策层面释放了对规范保险中介行业及鼓励创新升级、打造行业典范的信号，这为保险中介结构转型升级和创新发展提供了政策支持和发展机遇。

3）消费者需求升级要求保险专业代理人服务升级

无论是保险专业代理人还是保险人，得以生存和发展的基础都是消费者。随着经济的发展和人们保险意识的提高，消费者对保险的需求不再限于被动地接受营销，开始有了主动选择和购买保险、优化保险方案、要求附加服务等需求。要想赢得保险消费者的信任，培养他们的品牌忠诚度，保险专业代理人要摆脱粗放型的经营模式，树立起全面服务的经营理念，由低水平的推销型向专业顾问型、功能型服务转变。一方面，保险专业代理人要打破单一的业务结构，突破车险销售的舒适区，根据自身的市场定位，深度挖掘企财险、责任险、家财险、寿险、年金险等潜力巨大、内涵价值高的保险产品，丰富所代理的保险产品种类，甚至为客户专业化量身定制保险产品。另一方面，保险专业代理人要打破重业绩轻服务的观念，为客户提供更多、更好的增值服务，包括投保前为客户提供专业的分析和建议，投保后为客户提供风灾防损的合理建议，出险后协助客户做好损失鉴定和索赔工作，以此提升业务的内涵价值。

阅读资料

互联网保险"下半场"：回归保障 走向融合

在保险回归保障本源、增效提质的大环境下，互联网保险也经历着"挤水分"的过程。2013—2016 年，理财险爆发助长了互联网保险行业的高速发展；但在强监管约束下，2017年互联网保险规模出现负增长；延续至 2018 年上半年，互联网人身险市场规模同比下降15.61%，保费和渗透率明显下滑。由此可以看出，随着保险保障功能的凸显、保险科技的

---

〔1〕　2018 年的《保险代理人监管规定（征求意见稿）》规定，根据保险专业代理公司的经营区域不同，注册资本分为 5 000 万元和 1 000 万元两档。

广泛应用，行业风险防控能力持续增强，业务结构加快调整，互联网保险长远发展的根基与环境更趋有利。

互联网保险发展至今大致经历了三个阶段：1.0简单渠道阶段、2.0场景阶段和3.0生态圈阶段。但无论处在何种阶段，互联网业务都高度依赖流量资源。目前，互联网流量多被巨头把控，成寡头之势，涉足保险领域的互联网巨头也在变换打法：早期热衷的简单、粗暴流量平台模式，烧钱严重、客户转化难度大，难以为继；随着互联网模式迭代升级，市场关注点转向消费者本身，以定制化"严选"模式为代表，聚焦产品，聚焦用户真实需求，给予用户优质体验，充分提升其获得感，如借助活动实现"高频化"，加快投保、展业、理赔等"透明化"，成为行业发展主流。

从监管政策层面看，当前互联网保险还有不少模糊地带，在理解上也存在一定分歧，因此引来不少消费者投诉，也成为引发监管趋严的重要诱因。2018年上半年，监管机构发出了多项互联网保险风险与消费提示；发布《关于规范互联网保险销售行为可回溯管理有关事项的通知（征求意见稿）》，详细规定了互联网保险销售行为可回溯管理，并对销售界面管理做了明确要求。可以预计，随着新的监管政策正式发布实施，互联网保险在业务流程更加规范、业务边界逐渐清晰的同时，投保将变得更烦琐，受到的限制会越来越多。

　　　　　　　　　　　资料来源：马振涛，中国保险报，2018-09-14.

本 章 小 结

本章包括5个部分的内容。①保险代理人的含义、法律特征、种类等。保险代理人是指从事保险代理业务的单位或个人。保险代理属民法代理理论中的委托代理，反映的是三方主体之间的法律关系，即代理人与被代理人之间、代理人与第三人之间、被代理人与第三人之间的法律关系。②保险代理合同。保险代理合同是保险代理人与保险人明确双方享有权利和承担义务的协议，包括主体、客体、内容三大要素。③保险代理人的职业道德，包括守法遵规、诚实信用、专业胜任等。④保险代理中的特殊情形主要是表见代理，包括保险表见代理的构成要件、产生原因、法律后果等。⑤我国三大类保险代理人发展中面临的问题、改革方向或未来展望。

本章的重点是保险代理人的含义及法律特征，保险代理人的种类，保险代理人的权利与义务，保险表见代理的含义、种类及防范措施，我国保险代理人发展面临的问题。

本章的难点是保险代理人的法律特征，保险代理人的权利、义务关系，保险表见代理产生的原因及防范措施。

关 键 名 词

保险代理　保险代理人　保险代理合同　无权代理　越权代理　表见代理　保险表见代理　专业代理人　兼业代理人　保险个人代理人

思考题

1. 保险代理人的含义及法律特征是什么?
2. 保险代理人可以分为哪些种类?
3. 保险代理合同的含义及特征是什么?
4. 保险代理人的权利、义务分别有哪些?
5. 试分析保险表见代理的产生原因及防范措施。

第 9 章
保险代理人的经营

【本章导读】

我国将保险代理人分为个人保险代理人、保险兼业代理人和保险专业代理人，各种代理形式都有其独特的优势，它们互相协调配合，共同促进保险市场的繁荣、发展。本章主要对个人保险代理人的经营、保险兼业代理机构的经营、保险专业代理机构的经营分别进行阐述，包括各种代理人的准入资格、业务流程、执业规范等内容。

9.1　个人保险代理人的经营

9.1.1　个人保险代理人的特点与优势

根据《保险代理人监管规定（征求意见稿）》，个人保险代理人包括团队型个人保险代理人和独立个人保险代理人。团队型个人保险代理人是指与其他个人保险代理人组成团队，接受团队的组织管理的个人保险代理人；独立个人保险代理人是指不依托任何团队的个人保险代理人。其中，团队型个人保险代理人就是业内通称的保险营销员。1996 年，中国人民银行举办了第一次保险代理人资格考试，寿险营销的个人代理制开始在我国被普遍采用，并带动了我国保险业尤其是寿险业超常发展。自 1996 年以来，我国寿险保费收入以年均 30％的速度增长，其中个人代理人的作用功不可没。与保险公司直销及其他保险代理方式相比，保险个人代理人的特点是人数众多、地域分散、灵活机动、专业性较强。保险营销员的优势主要表现在以下几个方面。

1. 宣传了保险知识，增强了社会公众的保险意识

我国长期以来由于计划经济体制的影响，社会公众已习惯于由国家提供全面的保障，保险意识尤其是寿险意识极其淡薄。1982 年，我国重新恢复了国内寿险业务，距今不过发展 30 余年，而且个人寿险业务的真正发展实际上是在 20 世纪 90 年代以后。因此，国内寿险市场仍然是一个潜力巨大的初级寿险市场。在这种情况下，个人代理人营销方式是一种较好的选择。因为公众保险意识的淡薄是初级保险市场的基本特点，而保险营销员分散、灵活、覆盖面广的优势，使其能够直接深入潜在投保人的居住小区或工作单位，面对面地宣传保险的理念和投保的必要性。相对于新闻媒体的知识普及和公告宣传，这种方式融入了人与人交往时的情感因素，更生动和直接，给人们留下的印象也会更深刻。同时，保险代理人的展业活动不是一次性的，也不是单一不变的，而是一个循环往复、渐入佳境的过程，这样，即使

是原先对保险一无所知的人，也会逐渐了解并正确认识保险这种商品。

2. 有利于节约保险公司的经营成本，提高经营效率

过去，我国的保险公司都是采取"大而全"的发展模式，包揽了保险产品的开发设计、展业销售、风险管理、资金运用、定损理赔等各个环节，而展业销售环节不仅成本高昂，而且效率低下。这是因为，一方面，保险公司的直销员工没有成本核算的压力，各种展业、公关费用都可以按规定报销，因此成本开支往往很难控制，特别是在市场不太规范的情况下，更容易造成经营成本的节节攀升和经营上的不稳定；另一方面，保险公司的直销员工缺少高额佣金的诱惑和刺激，展业的动力不强，同时又有基本工资和各种社会保障，展业的压力不大，因此单个业务员的销售量很难有大的提高。更主要的是，员工直销制受到保险公司人事制度用人指标的限制，业务员人数不可能无限量地扩大，所以保险公司的保费收入也难以取得质的飞跃。个人代理人按保费收入获取佣金的制度，使保险公司减少了大量的固定工资支出和各种展业费用支出，较好地控制了经营成本。同时个人代理人制度突破了公司业务员最多只有几百人的局限，营销队伍以几十倍的速度增长，迅速地扩大了保险业务量和保费收入规模，有利于其保持经营上的稳定。

3. 按劳取酬、多劳多得的佣金制度具有较好的激励作用

个人代理人营销方式进入我国后，不仅带来了全新的营销机制，同时也带来了新的经营机制、管理机制和用人机制，是一种全面的引进，其中效果最为明显的是用人机制的引进。用人机制的核心就是按个人代理人招揽到的保费金额的一定比例获取佣金，收入多少由自己做主，下不保底，上不封顶，真正体现了按劳分配、多劳多得的特点，并且使从业人员的个人发展前景清晰化，与工作业绩结合得更加紧密。这种佣金制度与直销员工的低额固定工资＋手续费相比有着巨大的诱惑力，使个人代理人的工作有了获得超额经济利益的动力，同时个人代理人的职级晋升制度也是调动个人代理人积极性的一种强大的内在驱动力，它促进个人代理人不断地提升业绩，以实现其事业成就感。另外，在对个人代理人进行激励的同时，配合营销业绩的考核，使其工作又具有了相应的压力，动力与压力构成了良性循环，极大地调动了营销人员的工作积极性，有力地推动了我国保险事业的高速发展。

9.1.2 个人保险代理人（保险代理机构从业人员[1]）的准入条件

根据《保险代理人监管规定（征求意见稿）》，个人保险代理人是指与保险公司签订委托代理合同，从事保险代理业务的人员；保险代理机构从业人员是指在保险专业代理机构、保险兼业代理机构中，从事销售保险产品或者进行相关损失查勘、理赔等业务的人员。保险公司、保险专业代理机构、保险兼业代理机构应当聘任或者委托品行良好的个人保险代理人、保险代理机构从业人员，同时符合以下条件。

1. 招录要求

保险公司、保险专业代理机构、保险兼业代理机构应当加强对个人保险代理人、保险代理机构从业人员招录工作的管理，制定规范统一的招录政策、标准和流程。有下列情形之一的，保险公司、保险专业代理机构、保险兼业代理机构不得聘任或者委托。

（1）因贪污、受贿、侵占财产、挪用财产或者破坏社会主义市场经济秩序，被判处刑

---

[1] 保险代理机构从业人员和保险个人代理人一样都是自然人，在准入条件上基本相同，在此一并介绍。

罚，执行期满未逾 5 年；

（2）被金融监管机构决定在一定期限内禁止进入金融行业，期限未满；

（3）因严重失信行为被国家有关单位确定为失信联合惩戒对象且应当在保险领域受到相应惩戒，或者最近 5 年内具有其他严重失信不良记录；

（4）法律、行政法规和国务院保险监督管理机构规定的其他情形。

2. 专业能力和培训

个人保险代理人、保险代理机构从业人员应当具有从事保险代理业务所需的专业能力。

保险公司、保险专业代理机构、保险兼业代理机构应当加强对个人保险代理人、保险代理机构从业人员的岗前培训和后续教育，培训内容至少应当包括业务知识、法律知识及职业道德。

保险公司、保险专业代理机构、保险兼业代理机构可以委托保险中介行业自律组织或者其他机构组织培训。

保险公司、保险专业代理机构、保险兼业代理机构应当建立完整的个人保险代理人、保险代理机构从业人员培训档案。

3. 执业登记

保险公司、保险专业代理机构、保险兼业代理机构应当按照规定为其个人保险代理人、保险代理机构从业人员进行执业登记。

个人保险代理人、保险代理机构从业人员只限于通过一家机构进行执业登记。

个人保险代理人、保险代理机构从业人员变更所属机构的，新所属机构应当为其进行执业登记，原所属机构应当及时注销执业登记。

9.1.3　个人保险代理人的业务流程

保险营销员在进行展业活动时，通常遵循以下的业务流程（见图 9-1）。

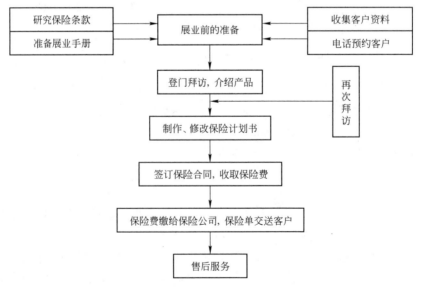

图 9-1　保险营销员业务流程图

1. 展业前的准备

保险营销员在展业前必须做好充分的准备，制订一个完整细致的拜访计划。保险营销员一定要明确几个问题：拜访的对象是谁？拜访的目的是什么？什么时间拜访最恰当？选择什么地点最有利于拜访？应该采用什么样的推销策略和方法？为此，在拜访之前应做好以下准备。

1）收集准保户的资料

（1）准保户的基本情况，包括姓名、性别、年龄、文化程度、职业、地址、电话、作息时间等。

（2）准保户的身体状况，包括身高、体重、目前的健康状况、既往病史等。

（3）准保户的精神状况，包括性格特征、兴趣、爱好、社会活动等。

（4）准保户的经济状况，包括资产、负债、收入水平、支出情况等。

（5）准保户的家庭状况，如家庭成员的数量，配偶的职业、收入、年龄，子女及父母的年龄、健康、生活状况等。

（6）准保户以前投保的情况、理赔的记录等。

（7）准保户是否具有财务决策权，即在家庭财务支出方面是否能做主。

2）准备相关的展业资料

（1）身份证明，包括身份证、保险代理人从业资格证书或展业证、所属公司印制的名片等。

（2）保险公司的有关资料，包括公司宣传资料、有关公司的报道、理赔案例、公司实力和信誉的证明材料等。

（3）产品的有关资料，包括产品宣传单、投保单、保险单样本、保险费率表、模拟建议书、收据等。

（4）其他资料，包括计算器、文具、通信工具、小礼品等。

3）修整仪表，提升素质

保险营销员推销保险产品的第一步首先是推销自己，给保户留下良好的第一印象，因此整洁的仪表、文明的谈吐、良好的素质非常重要。谈吐和素质是日积月累形成的，仪表则较容易改善，但也要注意根据不同的对象、不同的时间和场合选择合适的衣着与打扮。

2. 登门拜访，介绍产品

保险营销员在征得准保户的同意登门拜访时，可以先通过闲聊拉近与准保户的距离，然后逐渐进入主题，即介绍保险产品。对产品的介绍主要包括几个方面：产品的保障内容、保险费率、免责条款、适用对象、与市场同类产品的比较等。介绍产品时应该做到以下几点。

（1）介绍内容简要而完整。

（2）介绍要有说服力。

（3）确定客户完全理解介绍的内容。

（4）能够准确回答客户所提的问题。

（5）禁用忌讳语言。

此外，保险营销员还应当对所属公司其他产品甚至非保险类理财产品比较熟悉，在准保户面前展现出专业的形象。

在互联网环境下，保险营销员可以通过微信、语音、视频等方式与准保户进行初步交流，并简要介绍保险产品，待客户有进一步需求或条件便利时，再与客户面对面深入交流。

3. 制作、修改保险计划书

保险计划书是指保险从业人员根据客户自身财务状况和理财要求，为客户推荐合适的保险产品，设计最佳的投保方案，为客户谋求最大保险利益，同时又有助于客户理解和接受保险产品的一种文字材料。

保险营销员与客户初步洽谈成功之后，就要根据客户提供的准确资料及投保要求为其制作保险计划书。制作计划书时，应该遵循 3 个原则：①保额最大；②保障最全；③保费适合客户能力。制作计划书的步骤如下。

1）信息的收集和整理

制作计划书之前，首先收集并确认客户的基本资料，包括职业、年龄、住所、婚姻状况、兴趣与嗜好、所得或收入、抚养人口等。

2）判断准保户的需求

准保户的需求因人而异，可供判断其需求的指标如下。

（1）人生阶段。在不同的人生阶段，人们所面临的风险重点有所不同，所需要的保障内容也有差别。例如，在 30～40 岁阶段的准保户，最关心的可能是子女的教育费、自己的健康状况、晚年的养老费等。因此，保险营销员应根据准保户所处的不同人生阶段作不同的保险搭配并加以说明。

（2）生活目标。每个人的生活目标各不相同，可能是购房、旅游、储蓄或投资，不同的生活目标会影响其财务安排的计划，也是考虑险种选择的重要因素。

（3）收支曲线。保险营销人员必须以最小的成本为客户谋取最大的利益。在人身保险中，通常是以准保户年收入的 5～10 倍为保额，以其年收入的 5%～10% 为保费的计算标准。

3）制定保险计划书

有了以上资料以后，保险营销员必须把自己的利益归于零，完全站在客户的角度来考虑，并且以专业的保险知识为客户进行合理的险种选择与搭配。以人身保险为例，在保险产品的选择上，应遵循先保障、后储蓄或投资的顺序进行安排。

（1）保障型保险。这类保险保障高、保费低，如果被保险人出现万一，可以给家人留下一笔可观的生活资金。

（2）健康及养老保险。这类保险以健康状况或储蓄养老为保险目标，以便在身体健康出现问题或晚年时有一笔丰裕的资金补偿。

（3）投资型保险。这类保险兼有保障和投资双重功能，适于有较多闲钱，既希望有一定保障，又希望获得较高投资收益的人群。

（4）子女教育金。这类保险相当于一种强制储蓄，为子女将来的教育支出事先做准备。

（5）应急准备金。这类保险主要补偿由于意外事故引发的医疗费、住院费、紧急救援费等支出。

4）保险计划书格式上需注意的问题

（1）做一个温馨健康、与客户需求相关的计划书封面，给客户一个良好的印象，有助于引导客户关注为自己制作的保障计划的详细内容。

（2）计划书要思路简洁、语言流畅、逻辑性强、明晰易懂。

（3）计划书中不要出现专业术语，如现金价值、保险金额等字样。

（4）营销员的姓名和服务电话要清晰明确地写在计划书上。

保险计划书制作好之后，保险营销员要和准保户进行沟通，看计划书是否符合准保户的需求，还有哪些不足的地方需要完善。因此，保险计划书的制作是一个不断修改、完善的过程。

5）举例

某三口之家：丈夫，38 岁，某私营企业老板，企业年纯利润 100 万元；妻子，36 岁，家庭主妇，主要负责孩子的教育和家庭琐事；孩子，13 岁，在校就读初中。

第一步：分析客户资料。

在这个家庭中丈夫是家庭经济的主要来源，丈夫在家庭中的经济地位非常重要，家庭中所有的开销均由丈夫支撑。同时值得注意的是以下几点。

（1）丈夫作为企业老板，难免有很多的应酬、生意往来、出差等。同时，还要考虑企业未来的经营风险。

（2）个人资产与企业资产的剥离。

（3）家庭中丈夫不是国家公务员，不享受国家医疗和养老金保险待遇，完全靠自己家庭的预防，因此应注意意外伤害保障最大化、大病健康保障、企业储备资金的预留。

妻子在家庭中的地位不容忽视，起到了衔接的作用。因为没有工作、没有收入来源，在日常的生活中应注意身体健康及养老问题。

孩子在未来教育方面的投资应当是家庭中最重要的，孩子的未来是家庭的希望。

第二步：判断客户需求。

在此家庭中，因为成员均不享有国家有关福利待遇，故均应考虑健康问题。

丈夫作为家庭的经济支柱和企业的负责人，自身的安危将直接影响家庭的安定和企业的稳定，所以在家庭保险计划中，他的保险一定要符合家庭和企业的要求，提供较高的意外保险和健康险。

妻子的意外风险相对较小，应注重自身的大病医疗和养老。

孩子的教育应当作重点投资，一方面可以当作企业和家庭的后备基金；另一方面可以当作孩子的教育储备，每年的返还可作为孩子的教育费用支出。

第三步：制定保险计划书。

一般保险理财的比例分配应在家庭年收入的 5％～10％为宜。同时，根据客户以前是否买过保险，准保户目前的年龄，已购买的险种，以及客户的经济承受能力，确定具体的保险计划。

假定该家庭的年收入是 30 万元，可以做以下规划：40％作为家庭正常开支，40％用于投资，10％存入银行作为应急现金，10％用于保险投入。这样，该家庭每年可以投入 3 万元用于购买保险（具体的保险计划书略）。

4. 说明条款，订立保险合同

保险营销员向客户详细介绍保险计划书，介绍要全面、详细。当客户购买保险的意向明确后，保险营销员应当及时对客户的投保决定做出反应，与客户订立保险合同。在订立保险合同时，需按流程解释保险产品的主要条款，尤其是保险责任和责任免除条款，必要时需完成"双录"[1]。订立保险合同的程序主要包括：①填写投保单并签名；②如免体检则填写告知书，如需体检在安排好体检手续；③协助客户缴纳保险费。

5. 将保险单交送客户

业务成交后，保险公司出具正式的保险单，保险营销员应及时将保险单送交给客户，并向客户解释保单条款，如保险金额、缴费方式、宽限期、冷静期、保险责任、责任免除、保单贷款等，确认客户对保单的了解程度。

6. 售后服务

保险产品是一种特殊的产品，保单签订后意味着保险公司的责任刚刚开始，延续的时间因产品而异，有的只有几十分钟或几个小时，有的则长达一年甚至几十年，因此保单后续的服务非常重要。保险营销员应当定期与自己的客户联系，了解客户风险状况及保险需求的变化，介绍更新的保险产品，做好保单维护工作。

9.1.4　个人保险代理人的执业规范

根据《保险法》和《保险代理人监管规定（征求意见稿）》，个人保险代理人在执业过程中应遵守以下规则[2]。

1. 业务范围

个人保险代理人、保险代理机构从业人员不得销售非保险金融产品，经相关金融监管部门审批的非保险金融产品除外；前述主体销售符合条件的非保险金融产品前，应当具备相应的资质要求。

个人保险代理人、保险代理机构从业人员应当在所属机构的授权范围内从事保险代理业务。

2. 合同授权

保险代理人从事保险代理业务，应当与被代理保险公司签订书面委托代理合同，依法约定双方的权利义务，并明确解付保费、支付佣金的时限和违约赔偿责任等事项；委托代理合同不得违反法律、行政法规及国务院保险监督管理机构有关规定。

个人保险代理人在代为办理人寿保险业务时，不得同时接受两个以上保险人的委托。

保险公司兼营保险代理业务的，其个人保险代理人可以根据授权，代为办理其他保险公司的保险业务；个人保险代理人所属保险公司应当及时变更执业登记，增加记载授权范围等事项。

3. 基本义务

保险代理人应当遵守法律、行政法规和国务院保险监督管理机构有关规定，遵循自愿、诚实信用和公平竞争的原则。

保险代理人应当向保险公司提供真实、完整的投保信息，并应当与保险公司依法约定对投保信息保密、合理使用等事项。

保险代理人应当妥善管理和使用被代理保险公司提供的各种单证、材料；代理关系终止

---

〔1〕　根据 2017 年 11 月 1 日起实施的《保险销售行为可回溯管理暂行办法》，保险营销员向 60 周岁（含）以上年龄的投保人销售保险期间超过一年的人身保险产品，或销售投资连结保险产品，应对关键环节进行录音录像。

〔2〕　其中关于"保险代理人"的规定适用于个人保险代理人、保险专业代理机构和保险兼业代理机构。

后，应当在 30 日内将剩余的单证及材料交付被代理保险公司。

保险代理人应当向投保人全面披露保险产品相关信息，并明确说明保险合同中保险责任、责任减轻或者免除、退保及其他费用扣除、现金价值、犹豫期等条款。

4. 禁止行为

保险代理人从事保险代理业务不得超出被代理保险公司的业务范围和经营区域。

保险代理人不得擅自修改被代理保险公司提供的宣传资料。

保险代理人及其从业人员在办理保险业务活动中不得有下列行为：

（1）欺骗保险人、投保人、被保险人或者受益人；

（2）隐瞒与保险合同有关的重要情况；

（3）阻碍投保人履行如实告知义务，或者诱导其不履行如实告知义务；

（4）给予或者承诺给予投保人、被保险人或者受益人保险合同约定以外的利益；

（5）利用行政权力、职务或者职业便利以及其他不正当手段强迫、引诱或者限制投保人订立保险合同；

（6）伪造、擅自变更保险合同，或者为保险合同当事人提供虚假证明材料；

（7）挪用、截留、侵占保险费或者保险金；

（8）利用业务便利为其他机构或者个人牟取不正当利益；

（9）串通投保人、被保险人或者受益人，骗取保险金；

（10）泄露在业务活动中知悉的保险人、投保人、被保险人的商业秘密。

个人保险代理人、保险代理机构从业人员不得聘用或者委托其他人员从事保险代理业务。

保险代理人及其从业人员在开展保险代理业务过程中，不得索取、收受保险公司或其工作人员给予的合同约定之外的酬金、其他财物，或者利用执行保险代理业务之便牟取其他非法利益。

保险代理人及其从业人员不得违反规定代替投保人签订保险合同。

保险代理人不得以捏造、散布虚假事实等方式损害竞争对手的商业信誉，不得以虚假广告、虚假宣传或者其他不正当竞争行为扰乱保险市场秩序。

保险代理人不得与非法从事保险业务或者保险中介业务的机构或者个人发生保险代理业务往来。

保险代理人不得将保险佣金从代收的保险费中直接扣除。

保险代理人不得以缴纳费用或者购买保险产品作为招聘从业人员的条件，不得承诺不合理的高额回报，不得以直接或者间接发展人员的数量作为从业人员计酬的主要依据。

5. 责任归属

保险代理人根据保险公司的授权代为办理保险业务的行为，由保险公司承担责任。

保险代理人没有代理权、超越代理权或者代理权终止后以保险公司名义订立合同，使投保人有理由相信其有代理权的，该代理行为有效；保险公司可以依法追究越权的保险代理人的责任。

个人保险代理人、保险代理机构从业人员开展保险代理活动有违法违规行为的，其所属保险公司、保险专业代理机构、保险兼业代理机构依法承担法律责任。

6. 所属保险公司或机构的管理职责

保险公司、保险代理机构应当对个人保险代理人、保险代理机构从业人员进行执业登记信息管理，及时登记个人信息及授权范围等事项以及接受处罚、聘任或者委托关系终止等情况，确保执业登记信息的真实、准确、完整。

保险公司、保险代理机构应当承担对个人保险代理人、保险代理机构从业人员行为的管理责任，强化日常管理、监测、追责，防范其超越授权范围或者从事违法违规活动。

保险公司应当制定个人保险代理人管理制度；明确界定负责团队组织管理的人员（以下简称团队主管）的职责，将个人保险代理人销售行为合规性与团队主管的考核、奖惩挂钩；个人保险代理人发生违法违规行为的，保险公司应当按照有关规定对团队主管追责。

个人保险代理人所属团队的各级团队主管应当忠实履行职责，加强对团队成员的培训和管理，督促其遵守法律法规、规范销售行为。

有下列情形之一的，保险公司、保险代理机构应当在5日内注销个人保险代理人、保险代理机构从业人员执业登记：①个人保险代理人、保险代理机构从业人员受到禁止进入保险业的行政处罚的；②个人保险代理人、保险代理机构从业人员因其他原因终止执业的；③保险公司、保险代理机构停业、解散或者因其他原因不再继续经营保险代理业务的；④法律、行政法规和国务院保险监督管理机构规定的其他情形。

阅读资料

保险"双录"解惑

所谓"双录"，顾名思义，即录音和录像。2017年6月，保监会发布了《保险销售行为可回溯管理暂行办法》，于2017年11月1日起实施保险销售行为可回溯管理，即保险公司、保险中介机构通过录音录像等技术手段采集视听资料、电子数据的方式，记录和保存保险销售过程关键环节，实现销售行为可回放、重要信息可查询、问题责任可确认。

1. 什么产品需要"双录"

保险公司、保险中介机构开展电话销售业务的应实施全险种全过程录音；开展互联网保险业务的，应依照互联网保险业务监管的有关规定开展可回溯管理。

保险公司通过保险兼业代理机构销售保险期间超过一年的人身保险产品的（包括利用保险兼业代理机构营业场所内自助终端等设备销售的），需要对关键环节进行录音录像。

通过其他渠道销售，向60周岁（含）以上年龄的投保人销售保险期间超过一年的人身保险产品，或销售投资连结保险产品，应对关键环节进行录音录像。

2. "双录"产生的背景

（1）理赔纠纷不断：骗保拒保、编制虚假材料、虚构保险中介业务成为保险行业被罚的主要原因。

（2）理赔举证难：大多缺乏客观证据，导致此类投诉往往陷入保险客户"说不清"、保险机构"辨不清"、监管部门"查不清"的尴尬境地。

3. "双录"的内容

（1）出示：销售人员有效证件；投保提示书、产品条款和免除保险人责任条款的纸质版。

（2）说明：向投保人履行明确说明义务、产品、责任等相关信息。

（3）答复：投保人对说明告知内容做出明确肯定答复（清楚、明白、知道了等）。

（4）签单：投保人相关文件签字过程，包括抄录投保单风险提示语句等。

9.2 保险兼业代理机构的经营

9.2.1 保险兼业代理机构的种类

兼业代理是在经营自己主业的同时，利用一些行业便利条件代理保险业务，因此涉及的行业种类较多。目前，我国的兼业保险代理机构可分为以下三大类。

1. 银行邮政代理

银行邮政代理是保险公司与银行、邮政部门签订代理销售协议，利用此类机构与各行各业接触广泛的特点，在柜台为客户代办保险业务。银行和邮政部门因其拥有众多的营业网点，而且在公众中的信誉较高，便于代理保险公司销售各类分散性保险产品。此外，由于许多金融产品和邮政服务需要附加保险以增强其安全性，因此银行和邮政代理保险具有多方面的优势。

2. 行业代理

行业代理是利用某一行业对保险的特殊需求，以及该行业业务开展的便利条件为保险人代理保险业务。行业代理的保险业务一般与本行业的业务经营具有相关性，如货物运输部门代理货物运输保险，汽车销售部门代理销售汽车保险，水路、陆路交通站点代理旅客人身保险，航空售票点代理航空旅客人身意外伤害保险，旅游部门代理境内外旅游人身意外伤害保险等。

3. 单位代理

单位代理是保险公司委托企事业单位的工会或财务部门代为办理一些与职工生活密切相关的保险业务，如职工补充养老保险、职工补充医疗保险、职工家庭财产保险等，为职工投保提供便利。

9.2.2 保险兼业代理机构的特点与优势

兼业代理人在我国保险业的恢复发展过程中一度发挥着非常重要的作用，如中国人民保险公司曾经在全国各地发展过大大小小不计其数的兼业代理人，很多大宗的团体险保单都是通过兼业代理人制作的。目前，通过兼业代理机构实现的保费收入与个人保险代理人不相上下，约占 40%。由于兼业代理机构必须依托某一特定行业，代理与行业相关的保险业务，因此呈现出数量多、分布广、行业复杂、机构网点分散的特点。与其他代理方式相比，保险兼业代理机构的优势主要体现在以下几个方面。

1. 拥有丰富的客户资源，利于保险业务的拓展

无论是银行、邮政、企事业单位，以及航空、铁路等其他行业，都天然地拥有广泛的客户群，而且与客户的关系是相对稳定、互相信任的。通过这类机构代理保险业务，双方可以实现资源共享，大大增加了潜在客户的数量，与客户的接近也更加容易。

2. 有现成的机构网点，展业更加便利

兼业代理机构都有经营主业的场所和人员，一些机构如银行、邮局、铁路、航空等更是拥有众多的营业网点。利用这些现有的销售渠道，不仅可以节省展业成本，使展业更加便

利，还可以为投保人提供更加便利、快捷的服务，达到事半功倍的效果。

3. 代理产品与行业相关，容易被客户认同

保险兼业代理机构只能销售与其主营业务相关的保险产品，可以看作是其主营产品或服务的延伸，两者有一定的趋同性。例如，银行业务与所代理的保险业务都是为客户提供具有预防和投资性质的金融产品，航空售票点销售的旅客航空意外伤害保险是为航空飞行提供安全保障的。因此，通过保险兼业代理机构销售保险产品正好迎合了消费者的心理，更容易获得客户的认同。

4. 市场进入成本及营业成本较低

兼业代理机构的建立比较容易，不需要额外的投资，只需对保险代理从业人员进行必要的业务培训，就可以开展业务。同时，由于是兼业，其业务场地、人员、设备具有通用性、共享性，与保险营销员和保险专业代理机构相比，营业成本是最为低廉的。

9.2.3 保险兼业代理机构的准入条件

根据《保险代理人监管规定（征求意见稿）》，保险兼业代理机构是指利用自身主业与保险的相关便利性，依法在自身经营场所兼营保险代理业务的企业。保险兼业代理机构经营保险代理业务，应符合以下条件。

（1）有工商行政管理机关核发的营业执照，其主营业务依法须经批准的，应取得相关部门的业务许可；

（2）主业经营情况良好，最近 3 年内无重大行政处罚记录；

（3）有同主业相关的保险代理业务来源；

（4）有敞开式店面、网点等提供便民服务的营业场所；

（5）具备必要的软硬件设施，保险业务信息系统与保险公司对接，业务、财务数据可独立于主营业务单独查询统计；

（6）有完善的保险代理业务管理制度和机制；

（7）有符合本规定条件的保险代理业务责任人；

（8）法律、行政法规和国务院保险监督管理机构规定的其他条件。

保险兼业代理机构因严重失信行为被国家有关单位确定为失信联合惩戒对象且应当在保险领域受到相应惩戒的，或者最近 5 年内具有其他严重失信不良记录的，不得经营保险代理业务。

保险兼业代理法人机构及其分支机构应当分别委派本机构分管保险业务的负责人担任保险代理业务责任人；保险代理业务责任人应当品行良好，熟悉保险法律、行政法规，具有履行职责所需的经营管理能力。

保险兼业代理机构具备以上条件并申请经营保险代理业务的，保险监管机构应当采取谈话、询问、现场验收等方式了解、审查申请人股东的经营、诚信记录，以及申请人的市场发展战略、业务发展计划、内控制度建设、人员结构、信息系统配置及运行等有关事项，并进行风险测试和提示。申请人取得许可证后，方可开展保险代理业务。

保险兼业代理分支机构获得法人机构关于开展保险代理业务的授权后，可以开展保险代理业务；保险兼业代理法人机构授权工商注册登记地以外的省、自治区、直辖市或者计划单列市的分支机构经营保险代理业务的，应当指定一家分支机构负责该区域全部保险代理业务

管理、保险代理机构从业人员执业登记和培训等事宜。

9.2.4　保险兼业代理机构的业务流程

保险兼业代理机构的业务流程如图 9-2 所示。

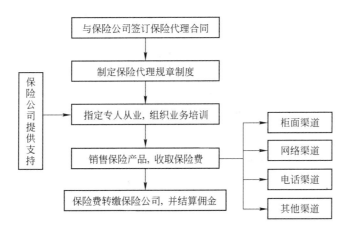

图 9-2　保险兼业代理机构的业务流程图

1. 与保险公司签订保险代理合同

和其他代理形式一样，保险兼业代理机构在开展保险业务之前，首先要与保险公司签订委托代理合同，明确兼业代理机构代理保险业务的范围，包括销售产品的种类、销售区域等，明确佣金的计算标准及支付方式，以及其他的权利和义务关系。

2. 制定保险代理规章制度

保险兼业代理机构的主营业务与保险业务毕竟有着本质的差别，因此，必须制定单独的规章制度，用以约束其代理行为，规范其业务活动。规章制度要以《保险法》《保险代理人监管规定》等为依据，结合所代理保险公司的具体要求来制定，既要形成必要的业务规则，又要有利于代理业务的开展。

3. 指定专人从业，组织业务培训

保险兼业代理机构应从内部指定或从外部招聘专门的业务人员销售保险产品，要求从业人员参加保险代理人资格考试取得资格证书，定期进行必要的专业培训。通常保险公司会给予专业技能培训方面的支持，有时会派出专门的客户经理对兼业代理机构的从业人员进行业务指导。

4. 销售保险产品，收取保险费

保险兼业代理机构可以利用主业的优势，通过柜面、网络、电话等渠道推销保险产品。在销售方式上，既可以将保险产品单独销售，也可以将保险产品与其主营产品捆绑销售。有的兼业代理机构和保险公司的计算机终端连接，所销售的保单直接进入保险公司的业务系统，保险费也可直接转到保险公司的账户，通过核保后即可打印出保险单和收据。

5. 保险费转缴保险公司，并结算佣金

如果投保人的保费不是直接转到保险公司的账户，而是先缴付给兼业代理机构，则兼业代理机构应当定期将保险费转缴保险公司。保险公司根据兼业代理机构所实现的保费收入，按月计算并支付佣金。

9.2.5 保险兼业代理机构的执业规范

根据《保险法》和《保险代理人监管规定（征求意见稿）》，除保险代理人应共同遵守的执业规则外，保险兼业代理机构在执业过程中还应遵守以下规则。

1. 许可证放置[1]

保险代理机构应当将许可证、营业执照置于住所或者营业场所显著位置；其分支机构应当将加盖所属法人公章的许可证复印件置于营业场所显著位置。

保险代理机构不得伪造、变造、出租、出借、转让许可证。

保险兼业代理机构不得在主业营业场所外另设代理网点。

2. 业务范围

保险兼业代理机构的业务范围包括：

（1）代理销售保险产品；

（2）代理收取保险费；

（3）国务院保险监督管理机构批准的其他业务。

保险公司兼营保险代理业务的，除同一保险集团内各保险子公司之间开展保险代理业务外，一家财产保险公司在一个会计年度内只能代理一家人身保险公司业务，一家人身保险公司在一个会计年度内只能代理一家财产保险公司业务。

3. 执业行为[2]

保险代理机构应当建立专门账簿，记载保险代理业务收支情况；代收保险费的，应当开立独立的代收保险费账户进行结算；应当开立独立的佣金收取账户。

保险代理机构应当建立完整规范的业务档案，记录应当真实、完整。业务档案至少应当包括下列内容：

（1）代理销售保单的基本情况，包括保险人、投保人、被保险人名称或者姓名，保单号，产品名称，保险金额，保险费，缴费方式，投保日期，保险期间等；

（2）保险费代收和交付被代理保险公司的情况；

（3）保险代理佣金金额和收取情况；

（4）为保险合同签订提供代理服务的保险代理机构从业人员姓名、领取报酬金额、领取报酬账户等；

（5）国务院保险监督管理机构规定的其他业务信息。

保险代理机构在开展业务过程中，应当制作并出示客户告知书。客户告知书至少应当包括以下事项：

（1）保险代理机构及被代理保险公司的名称、营业场所、业务范围、联系方式；

（2）保险专业代理机构的高级管理人员与被代理保险公司或者其他保险中介机构是否存在关联关系；

（3）投诉渠道及纠纷解决方式。

---

[1] 该要求也基本适用于保险专业代理机构。

[2] 该要求同时适用于保险兼业代理机构和保险专业代理机构。

保险代理机构应当对被代理保险公司提供的宣传资料进行记录存档。

保险代理机构应当妥善保管业务档案、会计账簿、业务台账、客户告知书以及佣金收入的原始凭证等有关资料，保管期限自保险合同终止之日起计算，保险期间在 1 年以下的不得少于 5 年，保险期间超过 1 年的不得少于 10 年。

保险兼业代理机构应当按照国务院保险监督管理机构的规定投保职业责任保险或者缴存保证金。

4. 市场退出[1]

保险代理机构应当在许可证有效期（3 年）届满 30 日前，向保险监管机构申请延续许可。保险监管机构对其前 3 年的经营情况进行全面审查和综合评价，并作出是否批准延续许可证有效期的决定。

保险代理机构应当自收到准予延续有效期的决定之日起 10 日内领取新许可证，或者自收到不予延续许可证有效期的决定之日起 10 日内向保险监管机构缴回原证。

有下列情形之一的，保险监管机构依法注销许可证，并予以公告：

（1）许可证有效期届满未延续的；

（2）许可证依法被撤回、撤销或者吊销的；

（3）因解散或者被依法宣告破产等原因依法终止的；

（4）法律、行政法规规定的其他情形。

被注销许可证的保险代理机构应当终止其保险代理业务活动，并及时交回许可证原件；许可证无法交回的，保险监管机构在公告中予以说明。

保险兼业代理机构被保险监管机构依法吊销许可证的，3 年之内不得再次申请许可证；因其他原因被依法注销许可证的，1 年之内不得再次申请许可证。

保险代理人终止保险代理业务活动，应妥善处理债权债务关系，不得损害投保人、被保险人、受益人的合法权益。

阅读资料

银行违规从事保险代理业务为哪般？

近日，上海保监局公布了对两家银行的行政处罚决定书，处罚原因与经营保险代理业务以及向投保人促销时的违规操作有关。其中，某股份制银行的两家支行均存在未取得经营保险代理业务许可证从事保险代理业务的行为，而该行上海分行则存在代理销售保险产品过程中欺骗投保人的情况；某大型银行则在电话销售保险产品时，使用与事实不符的表述向投保人促销。

单从内容上看，这些银行犯的都是什么事儿呢？上述股份制银行的两家支行均在未取得经营保险代理业务许可证期间仍从事保险代理业务。没有得到许可证可能存在两种情况，一种是许可证还没有到位，但是银行打了"提前量"，另一种是拿不到许可证，也就是做不了保险代理业务。如果是第一种情况，在许可证没有到位之前就不能等一等吗？非要"抢跑"不可吗？如果是第二种情况，压根儿拿不到许可证，那么这是在"顶风作案"，即使躲过了"初一"，也躲不了"十五"。

---

[1]　市场退出要求同时适用于保险兼业代理机构和保险专业代理机构。

再看该行上海分行的违法内容，即欺骗投保人。相比两家支行，该分行好不容易有了保险代理业务许可证，但却"持证骗人"。难道持有许可证不应该以更高的标准要求自己吗？不然许可证的含金量又在哪里？看来相关监管部门在往后发放许可证的时候，对金融机构一定要进行更谨慎的考察。

部分银行从事违法行为，看似短期可以得到一定的利益，但从长期来看一定是有损害的，而且害人害己。如果是这样的话，为什么一开始就不考虑从正规渠道去争取？另外，从银行的违法行为也可看出社会诚信的缺失。社会主义核心价值观里就有"诚信"两字，这不仅应该成为公民个人层面的价值准则，也应该是各行各业包括金融机构都应该遵循的基本要求。

资料来源：奇日月．上海金融报，2018 - 10 - 30．

9.3　保险专业代理机构的经营

9.3.1　保险专业代理机构的特点与优势

2000 年，以北京国民代理公司为首的 43 家专业保险代理公司成为全国第一批正式的专业保险代理人，经过多年发展，现在已达到 1 700 多家。从欧美及日本等国家的经验来看，健康、有序的保险代理市场应当以保险专业代理机构为主，这是因为保险专业代理机构具有独立性、服务性和专业性的特点。与个人代理人和兼业代理人相比，保险专业代理机构具有无法比拟的优势，主要表现在以下几方面。

1. 产权明晰，独立经营

保险专业代理机构是独立的法人组织，有最低注册资本金的限制，这就使其市场进入和退出有了严格的资本约束，有利于企业经营者树立长期经营观念，克服短期行为。

2. 专业性强，信誉较高

保险代理公司有充分的物质、人才条件为其员工提供完善、系统的专业培训，保证其员工始终保持较高的业务技能和职业道德水平，为保户提供高质量的代理服务。保险代理公司在信誉和能力上都强于个人代理人和兼业代理人，在规模和展业方式上有不可替代的优势，尤其是在技术难度大、承保风险高的险种上。

3. 管理规范

保险代理公司统一负责保险代理从业人员的人事关系、档案资料、业务培训和管理，既有利于稳定代理人队伍，又可简化其与保险公司之间的代理关系，减少保险公司开设营业网点和大量培训代理人的费用，避免了资源浪费。

4. 有利于改善保险代理人形象

保险代理人以法人形式存在，有利于最大限度地解决当前保险营销员出于短期利益驱动导致的各种机会主义行为，重塑营销员在保险需求者心目中的正面形象，有利于重建并强化保险代理人与保险供给人之间的委托-代理关系，增加社会公众的信任感。

5. 业务范围更广

与保险营销员主要进行寿险营销不同，保险代理公司能够同时兼顾产寿险的代理需求。因为产险涉及的财产种类多、风险差异大、技术复杂，保险营销员往往不能胜任；而保险代理公司在某一方面具有较强的专业技术优势，易与被保险人沟通，从而能为被保险人提供优质的服务。

9.3.2　保险专业代理机构的准入条件

根据《保险代理人监管规定（征求意见稿）》，保险专业代理机构是指依法设立的专门从事保险代理业务的保险专业代理公司及其分支机构。保险专业代理机构经营保险代理业务，应符合以下条件。

1. 组织形式

保险专业代理公司应当采取下列组织形式：

（1）有限责任公司；

（2）股份有限公司。

2. 注册资本

经营区域不限于工商注册登记地所在省、自治区、直辖市、计划单列市的保险专业代理公司的注册资本最低限额为 5 000 万元；经营区域为工商注册登记地所在省、自治区、直辖市、计划单列市的保险专业代理公司的注册资本最低限额为 1 000 万元。

保险专业代理公司的注册资本必须为实缴货币资本。

3. 股东资格

单位或者个人有下列情形之一的，不得成为保险专业代理公司的股东：

（1）最近 5 年内受到刑罚或者重大行政处罚；

（2）因涉嫌重大违法犯罪正接受有关部门调查；

（3）因严重失信行为被国家有关单位确定为失信联合惩戒对象且应当在保险领域受到相应惩戒，或者最近 5 年内具有其他严重失信不良记录；

（4）依据法律、行政法规不能投资企业；

（5）保险监管机构根据审慎监管原则认定的其他不适合成为保险专业代理公司股东的情形。

保险公司的工作人员、保险专业中介机构的从业人员投资保险专业代理公司的，应当提供其所在机构知晓投资的书面证明；保险公司、保险专业中介机构的董事、监事或者高级管理人员投资保险专业代理公司的，应当根据有关规定取得股东会或者股东大会的同意。

4. 高管人员的任职资格

保险专业代理机构的高级管理人员包括：保险专业代理公司的总经理、副总经理；省级分公司主要负责人；对公司经营管理行使重要职权的其他人员。保险专业代理机构的高级管理人员应当通过保险监管机构认可的保险法规及相关知识测试，接受其考察或者谈话，并具备下列条件：

（1）大学专科以上学历（从事金融工作 10 年以上的人员以不受此限制）；

（2）从事金融工作 3 年以上或者从事经济工作 5 年以上；

（3）具有履行职责所需的经营管理能力，熟悉保险法律、行政法规及国务院保险监督管理机构的相关规定；

(4) 诚实守信，品行良好。

有下列情形之一的人员，不得担任保险专业代理机构的高级管理人员：

(1) 担任因违法被吊销许可证的保险公司或者保险中介机构的董事、监事或者高级管理人员，并对被吊销许可证负有个人责任或者直接领导责任的，自许可证被吊销之日起未逾3年；

(2) 因违法行为或者违纪行为被金融监管机构取消任职资格的金融机构的董事、监事或者高级管理人员，自被取消任职资格之日起未逾5年；

(3) 被金融监管机构决定在一定期限内禁止进入金融行业的，期限未满；

(4) 受金融监管机构警告或者罚款未逾2年；

(5) 正在接受司法机关、纪检监察部门或者金融监管机构调查；

(6) 因严重失信行为被国家有关单位确定为失信联合惩戒对象且应在保险领域受到相应惩戒，或者最近5年内具有其他严重失信不良记录；

(7) 法律、行政法规和国务院保险监督管理机构规定的其他情形。

5. 其他条件

保险专业代理公司经营保险代理业务，还应当具备下列条件：

(1) 股东出资资金自有、真实、合法，不得用银行贷款及各种形式的非自有资金投资；

(2) 注册资本按照保险监管机构的有关规定托管；

(3) 营业执照记载的经营范围符合保险监管机构的有关规定；

(4) 公司章程符合有关规定；

(5) 公司名称中应当包含"保险代理"字样；

(6) 有符合保险监管机构规定的治理结构和内控制度，商业模式科学、合理、可行；

(7) 有与业务规模相适应的固定住所；

(8) 有符合保险监管机构规定的业务、财务信息管理系统；

(9) 法律、行政法规和保险监管机构规定的其他条件。

6. 申领许可证

保险专业代理公司符合上述条件并申请经营保险代理业务的，保险监管机构应当采取谈话、询问、现场验收等方式了解、审查申请人股东的经营、诚信记录，以及申请人的市场发展战略、业务发展计划、内控制度建设、人员结构、信息系统配置及运行等有关事项，并进行风险测试和提示。申请人取得许可证后，方可开展保险代理业务。

9.3.3　保险专业代理机构的组织结构

保险专业代理机构都有相应的组织结构，因组织形式和规模大小不同而不同。以公司形式的保险代理机构为例，通常都设有权力机构股东会及其执行机构董事会，由公司总经理负责具体经营业务。总经理室下设若干个职能部门。

(1) 行政事务部。主要负责公司的各种行政事务，如后勤服务、会计出纳等。一般中小型的保险代理公司将财务、法律、计算机等职能归于行政部，以使机构精简、高效。大型的保险代理公司也可另设财务部、法律部、计算机部等机构，主要根据公司的业务规模而定。

(2) 市场开发部。主要负责公司的公关宣传和调研工作，与各保险公司和相关单位建立良好的关系，调查研究市场情况和同业信息，配合业务拓展部门做好各种公共关系活动，提交各种市场分析和预测报告等。

（3）销售业务部。主要负责公司的业务拓展工作，下设若干个销售部或销售组，每一个销售部（组）由一名资深代理人担任销售经理，下辖几十名保险销售员。保险销售员的主要工作是将公司所代理保险公司的产品销售出去，业绩优秀同时表现出较强组织能力的保险销售员可升任销售经理，在自身销售保险产品的同时组织和指导所辖销售员拓展业务，业绩优秀但不具备领导才能或不愿意担任销售经理职务的销售员可升任高级保险代理人。

（4）客户服务部。主要负责接待客户的各种咨询和投诉。客户服务部一般设有咨询专柜、投诉热线、接待处等，对上门需要投保的客户给予咨询和专业指导，并推荐优秀的代理人为其服务，对不满意本公司代理人行为而通过电话或上门投诉的客户给予解释和劝慰，并将相关信息传递至销售业务部，由涉案代理人的上级主管妥善处理。

图9-3是某保险代理公司的组织架构图。

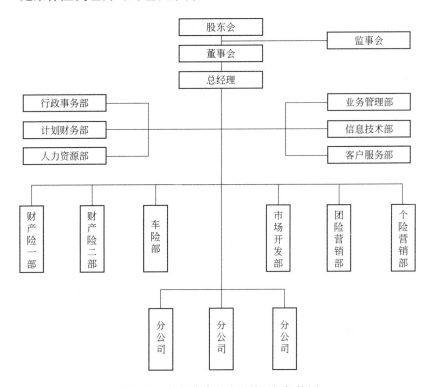

图9-3　某保险代理公司的组织架构图

9.3.4　保险专业代理机构的业务流程

保险代理公司的业务经营主要包括3项内容：销售所代理保险公司的保险产品；代理收取所销售保险产品的保险费；协助保险公司进行保险案件的查勘和理赔工作。其中，销售所代理保险公司的产品是所有保险代理机构的主要工作。在机构数量越来越多，竞争越来越激烈的市场环境下，保险代理机构要想尽快拓展市场，并且健康、长久地发展下去，首先要进行市场细分，确立自己的目标市场。

1. 市场细分

市场细分是保险代理公司销售过程中的首要问题。市场细分可以避免销售的盲目性，通过分析市场发现商业机会，增强销售的针对性和成功率。保险代理公司可以依据不同的标准进行市场细分。

1) 按投保人类型细分

按照投保人的类型可以将保险需求市场细分为团体单位市场和家庭个人市场。针对团体单位市场主要向其销售企业财产保险、团体养老保险、团体意外伤害保险、公众责任保险、雇主责任保险等产品。针对家庭个人市场主要向其销售个人养老保险、消费贷款定期寿险、少儿平安保险、老年护理保险、重大疾病保险等产品。

2) 按保险需求层次细分

按照投保人的需求层次可以将保险需求市场细分为高保障需求市场、中等保障需求市场和低保障需求市场。高保障需求市场主要包括一些规模大、效益好的企业，如银行、计算机公司、电力公司、烟草公司、投资公司，以及高收入家庭和人群；低保障需求市场主要是一些规模小、效益较差的企业，以及低收入家庭和人群；介于高保障需求市场和低保障需求市场之间的称为中等保障需求市场。

3) 按保险需求类别细分

按照投保人所需保险的类别可以将保险需求市场细分为财产保险需求市场、人身保险需求市场、责任保险需求市场和信用保险需求市场。例如，厂房机器设备保险、汽车保险、房屋保险等属于财产保险需求市场；企业雇员团体养老保险、学生团体平安保险、家庭个人养老医疗保险等属于人身保险需求市场；企业公众责任保险、产品责任保险、职业责任保险等属于责任保险需求市场；进出口信用保险、忠诚保险等属于信用保险需求市场。

4) 按投保人所处地域细分

按照投保人所处的地域可以将保险需求市场细分为城区保险需求市场、城郊保险需求市场和农村保险需求市场。保险代理公司可以根据不同地域保险需求市场的情况和不同特点，有侧重地销售保险产品。

此外，保险代理公司还可以按照投保人的性别分为男性保险需求市场和女性保险需求市场；按投保人的年龄分为儿童保险需求市场、成年保险需求市场和中老年保险需求市场等。

通过保险需求市场的细分，保险代理公司结合所代理保险公司的产品特点、自身所处地理位置、雇员人数与结构、自身技术专长等因素确立公司的目标市场，有选择、有重点地开展销售活动。

2. 业务流程

确定了目标市场，保险专业代理机构就可以按照以下的流程开展业务（见图9-4）。

1) 宣传保险产品

保险代理公司可以通过柜台、公告、网络平台、电话、邮件等方式宣传公司的理念，以及所代理保险产品的种类，以使更多的潜在客户熟悉自己的公司，了解更多的保险产品，增强其投保的意愿。

2) 解释说明保险产品

保险代理公司的从业人员接待自己的准客户时，首先要发挥自己的专业优势，为客户分析、评估可能存在的各种风险，然后根据客户的经济状况、投保需求等，为其选择合适的保

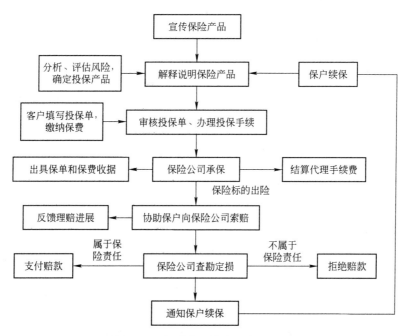

图 9-4　保险专业代理业务流程图

险产品，最后要向客户解释、说明保险产品的具体内容，尤其是保险责任范围、免责条款、宽限期等内容。如果是续保业务，则应说明续保单与原保单有什么不同。

3）审核投保单、办理投保手续

保险代理公司在与客户达成一致意见之后，就要办理投保手续。业务员要指导客户正确填写投保单，并由客户在投保人和被保险人处亲自签名。业务员根据客户的投保金额和费率表计算出应缴保费，并向客户代收保费。代理公司的内勤人员在对保单进行初步审核后，及时将保单和保费转交给保险公司，等待保险公司核保。

4）保险公司承保

保险公司经核保后接受承保的保单，向保险代理公司出具正式的保险单和保险费收据，再由保险代理公司将其转交给客户，并向客户提供保单保全服务。保险代理公司按月根据代理保费收入和手续费标准向保险公司结算代理手续费。

5）协助保户向保险公司索赔

如果在保单有效期内，保险标的发生保险事故，投保人可以向保险公司直接报案，也可以通过保险代理公司提出索赔。在整个理赔过程中，保险代理公司应将保险公司的理赔进展及时告知给客户，并将客户的要求反馈给保险公司。有时，保险公司也会直接委托保险代理公司进行查勘定损。

6）保险公司查勘定损

保险公司通过现场查勘、单据审核后，如果确定不属于保险责任，直接拒赔；如果属于保险责任，根据定损金额给予赔付。赔款可以由保险公司的理赔部门直接支付，也可以通过保险代理公司代为支付。

7）通知保户续保

客户保单到期之前，业务员要及时通知客户续保，并根据保险标的、客户经济状况，以及客户需求的变化等因素，为客户调整保单。

9.3.5　保险专业代理机构的执业规范

根据《保险法》和《保险代理人监管规定（征求意见稿）》，除保险代理人应共同遵守的执业规则和保险代理机构应共同遵守的执业规则外，保险专业代理机构在执业过程中还应遵守以下规则。

1. 业务范围

保险专业代理机构可以经营下列全部或者部分业务：

（1）代理销售保险产品；

（2）代理收取保险费；

（3）代理相关保险业务的损失勘查和理赔；

（4）国务院保险监督管理机构规定的与保险代理有关的其他业务。

2. 公司制度

保险专业代理机构应当根据法律、行政法规和国务院保险监督管理机构的有关规定，依照职责明晰、强化制衡、加强风险管理的原则，建立完善的公司治理结构和制度；明确管控责任，构建合规体系，注重自我约束，加强内部追责，确保稳健运营。

3. 执业行为

除保险代理机构需共同遵守的执业要求外，保险专业代理机构还应当自取得许可证之日起 20 日内投保职业责任保险或者缴存保证金。

保险专业代理公司投保的职业责任保险应当持续有效，且对一次事故的赔偿限额不得低于人民币 100 万元；一年期保单的累计赔偿限额不得低于人民币 1 000 万元，且不得低于保险专业代理公司上年度的主营业务收入。

保险专业代理公司应当按照注册资本的 5% 缴存保证金；增加注册资本的，应当按比例增加保证金数额；保证金应当以银行存款形式专户存储到商业银行，或者以保险监管机构认可的其他形式缴存；有下列情形之一的，可以动用保证金：①注册资本减少；②许可证被注销；③投保符合条件的职业责任保险；④保险监管机构规定的其他情形。

另外，保险专业代理公司应当在每一会计年度结束后聘请会计师事务所对本公司的资产、负债、利润等财务状况进行审计，并在每一会计年度结束后 4 个月内向保险监管机构报送相关审计报告；并按规定向保险监管机构提交专项外部审计报告。

4. 市场退出

被注销许可证的保险专业代理公司，其应当自许可证注销之日起 15 日内书面报告工商注册登记所在地的工商行政管理部门。公司继续存续的，不得从事保险代理业务，并应当依法办理名称、营业范围和公司章程等事项的工商变更登记，确保其名称中无"保险代理"字样。

其他关于市场退出的要求参见 9.2 相关内容。

阅读资料

"泛鑫"骗局真相还原

上海泛鑫是一家成立于 2007 年的保险代理公司，在最初两三年里，其在业界默默无闻。

2009 年，曾供职于太平洋安泰人寿保险的陈怡加入泛鑫，泛鑫也开始主营个人寿险代理业务。其 2011 年完成新单保费 1.5 亿元，业务规模在上海保险中介市场排名第一；2012 年新单保费超 4.8 亿元，新单期缴占比超过 90％。2013 年 8 月，有传闻称泛鑫保险代理公司资金链断裂，公司总经理陈怡携款跑路加拿大，涉及金额近 5 亿元。

案发后，泛鑫的经营骗局真相得以还原，其核心就在于采用"期缴变趸缴"的方式收取保费。泛鑫一般会与客户签订两份合同，一份是保险合同，另一份是自制的理财产品合同。泛鑫将 20 年期的保险产品虚构为年收益率 10％左右的 1～3 年期的理财产品，承诺一年后返还本金及 8％～10％的年化收益，提出让客户一次性缴纳保费，骗取客户资金；之后将骗取的资金仍然以期缴方式向保险公司分期缴纳保费，套取保险公司高达 80％～150％的佣金；佣金收入除一部分作为理财收益或返佣支付给客户外，其余则盗用"新客户"的名义购买新保单，循环套取保险公司的佣金。由于续期保费的佣金比例远低于首期保费的佣金，当客户资金枯竭时，泛鑫不能继续缴纳续期保费，就可能导致资金链断裂。

泛鑫与客户签订的合同有 3 种情形。第一种是只签订了保险合同，返佣是业务员口头承诺的；第二种是只签订了固定收益的理财产品合同而未签订保险合同，因此有客户从一开始就不知道自己买的不是保险；第三种是签订了双合同，但以为自己买的是趸缴保险，实际上却是 10 年期或 20 年期的期缴保险。

2013 年 8 月 19 日，陈怡因涉嫌经济犯罪在斐济被抓获并被押解回国。2015 年 12 月 8 日，陈怡被判处无期徒刑，剥夺政治权利终身，并处没收个人全部财产。

资料来源：作者根据公开资料进行整理．

本 章 小 结

本章主要从业务流程、执业规范、组织结构等方面对保险代理人的经营进行了介绍，主要内容包括以下 3 个部分。①个人保险代理人的经营。个人保险代理人的特点是人数众多、地域分散、灵活机动，因此在执业要求方面相对严格，且保险公司有监督管理的责任。②保险兼业代理机构的经营。兼业代理人依靠其机构网点多、行业便利、展业成本低廉等优势在我国保险市场占据了半壁江山，但因为是兼业经营，同时涉及行业众多，在市场准入、退出、执业等方面都有严格的要求。③保险专业代理机构的经营。保险专业代理人具有产权明晰、专业性强、信誉较高、管理规范等特点，在注册资本、股东资格、高管任职条件、执业规范、市场退出等方面的要求较其他保险代理人更高。

本章重点是个人保险代理人、保险兼业代理人、保险专业代理人各自的特点及优势，各种保险代理人的市场准入、业务流程、执业规范、市场退出等。

本章难点是三种保险代理人各自的特点与优势、业务流程、执业规范。

关 键 名 词

保险展业　保险计划书　单位代理　行业代理　银行代理　市场细分　执业登记　许可证　职业责任保险　保证金

思考题

1. 保险营销员的特点和优势是什么？
2. 保险营销员是如何开展业务的？基本流程是什么？
3. 试举例说明如何撰写保险计划书。
4. 保险兼业代理人包括哪些种类？银行代理有什么特殊优势？
5. 您认为我国对保险专业代理机构的市场准入要求是高还是低？

第 10 章
保险经纪人概述

【本章导读】

保险经纪人是维护投保人或被保险人利益的保险中介，在西方往往被称为是客户的"保险顾问"。本章首先介绍保险经纪人的含义、特点、法律地位等基础知识，再对保险经纪合同的相关问题、保险经纪人的职业道德进行阐述，最后对我国保险经纪人发展中面临的困境进行探讨。

10.1 保险经纪人的含义

10.1.1 保险经纪人的概念

"经纪人"的概念来自英美法系的 broker。英美法理论认为，经纪人是市场上介于交易双方之间的中间人，其基本职能是沟通交易双方，提供交易机会，促成交易实现，通常是收取佣金为买方或卖方购买或出卖股票、债券、商品或劳务。保险经纪人是经纪人的一种，是经纪人在保险领域的体现。

关于保险经纪人，英国《保险法词典》定义为：保险经纪人是保险人和被保险人之间以安排保险为目的的中介人。他是被保险人的代理人，而非保险人的代理人。

美国全国保险经纪人协会拟定的《保险经纪人示范法规》第三部分第 1 条规定：保险经纪人是基于被保险人的利益，为保险双方订立合同提供介绍、咨询服务或接受其委托洽订原保险或再保险的任何个人、合伙组织、公司或其他法人实体，但保险经纪人无权代表被保险人或原保险人使原保险合同或再保险合同生效。任何经许可成为保险经纪人的个人、合伙组织、公司或其他法人实体代表他人招揽原保险或再保险保单，或者在保险公司和他人之间传递原保险和再保险投保单或参与上述保险和再保险的协商，将属于本法所称保险经纪人。

我国《保险法》第一百一十八条规定：保险经纪人是基于投保人的利益，为投保人与保险人订立保险合同提供中介服务，并依法收取佣金的机构。

10.1.2 保险经纪人的特点

保险经纪人与保险代理人同属保险中介范畴，均凭借自身的保险专业知识和优势活跃于保险人与被保险人之间，尤其在保险营销的功能上是部分重合的，但是两者区别明显。与保险代理人相比，保险经纪人具有以下特点。

1. 保险经纪人是投保人或被保险人利益的代表者

各国的法律都明确规定，保险经纪人应该基于代表投保人或被保险人的利益，为投保人或被保险人提供防灾防损或风险评估、风险管理咨询服务，安排保险方案，办理投保手续，并在出险后为投保人或受益人代办检验、索赔的机构。保险经纪人忠实维护投保人、被保险人的合法利益是其职业的基本要求。保险代理人则是受保险人的委托为其办理保险业务，维护的是保险公司的根本利益。

2. 保险经纪人能为客户提供专业化、全方位的服务

保险经纪人在为客户服务过程中，通常是由各方面（如保险、精算、财税等）的专业人士组成业务团队，通过了解客户风险状况，对客户的保障需求进行充分分析，然后凭借其对保险条款的精通、理赔手续的熟悉，以及对保险公司信誉、实力、专业化程度的了解，与保险公司进行诸如条款、费率方面的谈判和磋商，必要时突破保险公司"格式化"保单条款限制，设计最符合客户实际情况的保险方案，以期使客户花费最少的保费获取最大的保障。此外，保险经纪人还可以为客户提供风险管理咨询、损失评估与分析、索赔处理、自保风险的管理、投保方案设计等服务。保险代理人的服务虽然也有较强的专业性，但受其身份限制，他们不可能为了投保人的利益与保险公司进行谈判；同时，保险代理人的服务内容一般仅限于代理销售保单和代收保费。

3. 保险经纪人的投保范围不受限制

保险经纪人可以为客户量身订制合理的风险管理和保险方案，并在市场上寻找最合适的保险公司予以承保。在对保险公司及保险产品的选择上，保险经纪人不受任何限制，甚至可以通过招、投标的方式获得最优的保险方案。保险代理人代理的保险公司数量有限，同时也只能代理销售保险人授权的保险产品。

4. 保险经纪人的服务具有规模效应和成本优势

由于保险经纪人通常拥有一个客户群，相对单个客户，保险经纪人对保险公司形成规模购买效应，保险公司视保险经纪公司为一个特殊的客户，通常会给予保险经纪公司更优惠的承保条件，保险经纪公司的每一个客户也会因此而受益，获得最优惠的价格、最全面的保障、最完善的服务。同时根据国际惯例，保险经纪人为客户安排保险，不向客户收费，而是由保险公司按一定比例支付佣金。只有当保险经纪人为客户提供投保之外的其他相关服务时，由客户支付保险经纪人顾问服务费用。对于保险代理人而言，佣金也是由保险人支付的，但因其面对的是单个分散的客户，因此不具有规模效应。

5. 保险经纪人独立承担法律责任

作为独立的专业机构和投保人的代理人，法律规定因保险经纪人在办理保险业务中的过错，给投保人、被保险人造成损失的，由保险经纪人独立承担民事法律责任。正是由于保险经纪人承担了较高的职业责任风险，世界各国一般都强制保险经纪人购买保险经纪人职业责任保险或缴纳保证金，并对保险经纪人的行为承担过错赔偿责任，确保客户的利益不受损失。保险代理人的行为则被视为保险人的行为，只要是保险代理人根据保险人的授权代为办理保险业务的行为，均应由保险人承担责任。

6. 保险经纪人的市场准入条件及监管要求较高

由于保险经纪人直接代表投保人（被保险人）的利益，其专业性、法律责任强于保险代理人。因此，许多国家对保险经纪人的市场准入规定了比保险代理人更高的条件，监管要求

也比保险代理人更加严格，这表现在从业资格取得、机构设立、保证金或职业责任保险要求等方面。相对而言，保险代理人尤其是个人代理人和兼业代理人的要求要低一些。

10.1.3　保险经纪人的法律地位

关于保险经纪人的法律地位，在英美法理论中，保险经纪人与投保人的关系是代理人与被代理人的关系，保险经纪人是投保人的代理人。我国目前主要有两种观点：一种观点认为，保险经纪人既是保险人和投保人的媒介，又以保险咨询专家的身份出现，带有明显的居间性质；另一种观点认为，保险经纪人是投保人的代理人，是一种广义的保险代理人。下面通过保险经纪人与类似市场主体的对比，对保险经纪人的法律地位进行分析。

1. 保险经纪人与居间人

居间人是向委托人报告订立合同的机会或提供订立合同的媒介服务，并从委托人处收取报酬的人，包括报告居间人和媒介居间人。居间行为具有以下基本特征：①居间行为是一种有偿行为；②居间不是一种要式行为，具有随意性的显著特点，当事人的行为可以采取口头、书面等不同形式，如果当事人约定不详，应遵循有关商业习惯及他们以前合作形成的习惯；③居间行为的展开是以承诺作为其始点，而不是以居间契约的履行作为其始点，故居间合同为诺成性合同；④居间人在居间活动过程中，必须遵循忠实义务，应将其所知道的关于订立合同的情况或商业信息如实告知委托人，不得对订立契约实施不利影响，影响合同的订立或损害委托人的利益，对于所提供的信息、成交机会，以及后来的订约情况，负有向他人保密的义务。

主流观点认为，保险经纪人属于媒介居间人，即保险经纪人根据投保人的委托，居于投保人与保险人之间，为投保人与保险人订立保险合同提供中介服务并依法收取佣金。在实践中，这是保险经纪人主要的业务内容之一。保险经纪人开展此项业务的目的是为委托人与保险人提供订约的机会，为他们的缔约牵线搭桥。此时，保险经纪人是以自己的名义展开活动，提供保险信息，撮合保险人与投保人订立保险合同，而不是以双方中的任何一方的名义参与合同的谈判和订立。就这一点来看，保险经纪人与居间人具有以下共同点：①两者都不参与合同，成为合同的当事人，只是为基本合同的订立提供中介服务；②两者的行为都是有偿行为，都必须承担对委托人的谨慎尽职义务；③两者的行为目的相同，都是促成基本合同的订立，缩短市场信息的传递时间。然而，保险经纪人与居间人又有着明显的区别，主要表现在以下方面。

（1）保险经纪人应当维护投保人的利益，为其提供保险咨询等中介服务，以最低价格寻求最大保险保障；而居间人并不固定维护某一方的利益，双方均可委托居间人以达到其订约的目的，这是两者最大的区别。

（2）居间人必须承担隐名义务，即如果当事人一方或双方指定居间人不得将其姓名（或商号）告诉对方的，居间人应当遵守；而保险经纪人无此项义务。

（3）在一般情况下，保险经纪人的佣金来源于保险人，只有在代理签订保险合同、咨询等事务中，才有权向投保人或保险人收取佣金；而居间人一般是谁委托，就向谁收取佣金。

（4）在实践中，保险经纪人存在的意义是为委托人提供保险专业服务，而委托人委托给保险经纪人的事项一般不会仅局限于媒介，往往还包括咨询、设计投保方案，代为投保、续保、索赔等。

因此，仅用居间来说明保险经纪人的法律地位是难以包容保险经纪人的全部行为的。

2. 保险经纪人与代理人

在英美法中，代理包括广义的代理和狭义的代理。广义的代理泛指由一人代另一人为法律行为，产生的法律效果归于被代理人。广义的代理包括直接代理和间接代理两种。直接代理又称显名代理，是指以被代理人名义进行民事法律行为，其后果直接归属于被代理人。间接代理亦称隐名代理，是指代理人以自己名义进行民事法律行为，其后果间接归于被代理人，如行纪即为典型的间接代理。狭义的代理仅指直接代理。我国的代理概念采用大陆法的狭义代理概念。我国《民法总则》第 161 条规定：民事主体可以通过代理人实施民事法律行为；代理人在代理权限内，以被代理人名义实施的民事法律行为，对被代理人发生效力。

在保险经纪实务中，保险经纪人除了进行居间媒介业务外，还经常代理委托人（投保人或被保险人）进行保险合同谈判、订立保险合同、检验保险标的物、向保险人主张保险责任、办理续保等业务。此时，保险经纪人所从事的业务具有以下两个特点。

（1）代理性，具体表现为保险经纪人须以委托人的名义进行活动，委托人明确约定委托事务的范围以及保险经纪人的权限，保险经纪人在委托人的授权范围内独立进行意思表示，其对有关事实的陈述直接约束投保人（被保险人），保险经纪人实施的一切代理行为后果由委托人承担。

（2）介入性，即保险经纪人可依授权，直接介入合同的具体谈判，甚至完全由保险经纪人独立地以委托人名义完成保险合同的谈判和签订、代为索赔、收取赔偿金、续保等全部事项。在这种情况下，保险经纪人较之于投保人，完全符合代理人的要件，可以看作是投保人（被保险人）的代理人，这时其地位与国际保险惯例中的保险经纪人相似。

但是，保险经纪人并非任何时候都是投保人的代理人。如前所述，保险经纪人有时仅在保险当事人之间从事媒介居间行为，或者根据投保人的委托进行保险风险评估和咨询活动。在这些情况下，很难说保险经纪人的行为是代理行为。因此，将保险经纪人定位为代理人显然界定过窄，不能全面说明保险经纪人的法律地位。

3. 保险经纪人与行纪人

在我国的民法理论中，行纪人又称信托人，是指根据委托人的委托，以自己的名义为办理业务并收取佣金的民事法律主体。行纪人与保险经纪人的相同之处主要表现在 4 个方面：①两者提供的服务均为一种中介服务，是有偿的民事行为；②两者都是为委托人的利益而办理事务，在行为目的上具有一致性；③两者的法律后果相同，都是行为人把其中介活动产生的最终后果转移给委托人；④两者都必须经过严格的法律审核，在我国，行纪人和保险经纪人都必须是经审核而成立的单位，个人是不能为行纪与保险经纪行为的。然而，行纪人与保险经纪人又有明显的不同，主要体现在以下方面。

（1）两者服务的客体不同。行纪人服务的对象为有形物中的动产；而保险经纪人服务的客体是保险这一无形商品。

（2）两者的行为模式不同。行纪人要以自己的名义参与合同的订立，成为合同的一方当事人，并在合同生效后将其结果转移给委托人；而保险经纪人并不以自己的名义参与合同的订立，不会成为合同的一方当事人，只是提供一种纯粹的中介服务。

（3）两者与第三人的法律关系不同。行纪行为的结果使得行纪人与第三人之间存在一种基础合同关系，而委托人与第三人之间并无直接的法律关系，他们之间是一种结果归属关系；而保险经纪人与第三人（保险人）之间不存在一种基础合同关系，这种关系直接存在于委托人（投保人）与第三人（保险人）之间。

（4）在委托人有误解、欺诈、胁迫等法定情形下，第三人行使的权利有所不同。行纪人是以自己的名义和第三人发生法律关系的，承担该法律关系中的权利和义务，其委托人即使有误解、欺诈等事由，也不能成为其行为得以撤销或无效的原因，即委托人与第三人之间的法律关系不因委托人与受托人之间的欺诈事由而撤销、无效；但在保险经纪行为中，委托人的以下法定事由则会影响其与第三人（保险人）之间的法律关系：①对保险合同内容有重大误解；②存在保险欺诈的法定情形；③乘人之危等法定情形。

由此可见，保险经纪人与行纪人虽然有相似之处，但将其与行纪人等同起来显然不够客观。

4. 保险经纪人与委托人之间的服务合同关系

在保险经纪实务中，保险经纪人还经常接受委托，为意欲投保的人提供防灾防损或风险评估、风险管理咨询，拟订投保方案等服务。在这种情况下，保险经纪人根据委托人的要求对特定的保险项目提供预测、论证或解答，为投保人拟订投保方案，为被保险人或受益人索赔提供咨询服务等。此时，保险经纪人与投保人（被保险人）的关系是不涉及第三人的服务合同关系，保险经纪人作为受托人为委托人处理一定的事务。而在通常情况下，这类业务被附带于保险经纪人的居间媒介业务或代委托人从事的各种业务中，只在极少数情况下，保险经纪人为客户单独提供此业务。因此，在考虑保险经纪人的法律地位时，可以不作为一种独立情况进行考虑。

5. 保险经纪人是一种特殊的商事主体

按照我国目前的法律规定，保险经纪人应属于商事主体，即具有商事权利能力和商事行为能力，能够以自己的名义独立从事商事行为，在商事法律关系中享有权利和承担义务的个人和组织。其中，商事行为与民事行为相区别，是商事主体所为的以营利为目的的经营性行为。这是因为：①保险经纪人的法律地位在我国《保险法》及《保险经纪人监管规定》中有明确规定；②保险经纪人的权利能力与行为能力都遵从我国《民法总则》的有关规定，同时也适用《保险法》及《保险经纪人监管规定》；③保险经纪人的行为是一种典型的商事行为；④保险经纪人作为行为主体，享有一定的权利，同时承担相应的义务。

但是，区别于一般商事主体，保险经纪人是一种在商事交易中具有特殊性，融居间、代理、行纪等各种民事、商事行为为一体，并受商法中的特别法规所调整的特殊商事主体。

10.1.4　保险经纪人的种类

1. 根据委托人划分

根据委托人不同，保险经纪人可分为直接保险经纪人和再保险经纪人。

（1）直接保险经纪人。直接保险经纪人是指介于投保人和保险人之间，接受投保人委托，基于投保人或被保险人的利益，为其提供保险经纪服务的保险经纪人。

（2）再保险经纪人。再保险经纪人是指介于再保险分出公司与接受公司之间，接受再保险分出公司委托，基于再保险分出公司的利益，为双方办理再保险业务提供中介服务，并按约定收取佣金的保险经纪人。再保险经纪人不仅介绍再保险业务、提供保险信息，而且在再保险合同有效期间对再保险合同进行管理，继续为分出公司服务，如合同的续转、修改、停止等问题，并可向再保险接受人递送分保账单。

再保险经纪人应该熟悉保险市场的情况，对保险的管理技术比较内行，具备相当的技术咨询能力，能为分出公司争取较优惠的条件。他们与众多的投保人、保险人和再保险人保持着广泛和经常的联系，以便及时获取有用的信息，为分出公司争取再保险交易。事实上，许多巨额的再保险业务具有较强的国际性，对巨额再保险业务的分保尤其重要。

2. 根据业务性质划分

根据业务性质不同，保险经纪人可分为寿险经纪人和非寿险经纪人。

（1）寿险经纪人。寿险经纪人是指在人身保险市场上代表投保人选择保险人、代办保险手续并从保险人处收取佣金的保险经纪人。寿险经纪人必须熟悉保险市场行情和保险标的的详细情况，掌握专项业务知识，还要懂法律，并且会计算人身保险的保费，以便为被保险人获得最佳方案。在国外，寿险经纪人主要从事公司员工福利计划中的团体寿险和高收入者养老金保险的经纪业务。

（2）非寿险经纪人。非寿险经纪人是指为投保人安排各种财产、责任保险，在保险合同双方间斡旋，促成保险合同订立并从保险人处收取佣金的保险经纪人。由于保险产品的复杂性，非寿险经纪人必须掌握相关的专业知识，以便能与业务投保人进行沟通，为投保人提供风险评估、风险管理、选择最佳保险人和索赔等服务。非寿险是保险经纪人活动的主要领域。

3. 根据人员规模划分

根据机构规模不同，保险经纪人可分为小型保险经纪人和大型保险经纪人。

（1）小型保险经纪人。根据英国法律规定，小型保险经纪人是指员工少于 25 人的保险经纪人。由于其所有人或经营者十分了解本公司的日常经营，小型保险经纪人往往不需要建立正式的组织机构。一般小型保险经纪人的传统业务有 3 类：①个人业务，主要是指家庭保险和私人汽车保险；②商业业务，是指所有的制造业及工商业保险；③人寿保险的年金业务。

（2）大型保险经纪人。大型保险经纪人是相对于小型保险经纪人而言的，其特点是人员多、机构全和业务广。大型保险经纪人通常都采用公司形式的组织结构，并有健全的管理层次和组织机构，因而可以从财务、预算、费用、管理权限等方面对企业进行更好的管理，以适应不断变化的市场环境。

4. 根据组织形式划分

根据组织形式不同，保险经纪人可分为个人保险经纪人、合伙保险经纪人和保险经纪公司。

（1）个人保险经纪人。大多数国家都允许个人保险经纪人从事保险经纪业务活动，在英国、美国、日本、韩国等国家，个人保险经纪人是保险经纪行业中的重要组成部分。为了保护投保人的利益，各国保险监管机关都要求个人保险经纪人参加保险经纪人职业责任保险或缴纳营业保证金。例如，英国保险经纪人注册委员会规定了个人保险经纪人的最低营运资本额和职业责任保险的金额。日本劳合社则要求个人保险经纪人缴存保证金或参加保险经纪人赔偿责任保险。目前，我国尚不允许个人形式的保险经纪人存在。

（2）合伙保险经纪人。英国等一些国家允许以合伙方式设立合伙保险经纪组织，并且要求所有的合伙人必须是经注册的保险经纪人。合伙保险经纪组织是由各合伙人订立合伙协议，共同出资、合伙经营、共享收益、共担风险，并对合伙企业债务承担无限连带责任的营利性组织。合伙组织是企业组织的一种重要形式，特别适合需要专门技术的服务性行业，如律师、会计师、建筑师等。

（3）保险经纪公司。保险经纪公司一般是有限责任公司和股份有限公司形式，这是所有国家都认可的保险经纪人组织形式，也是我国《保险经纪公司管理规定》认可的形式。各国对保险经纪公司的清偿能力都有要求，规定保险经纪公司要有最低资本金，并缴存营业保证金或购买职业责任保险。我国也要求保险经纪公司按其注册资本的 15% 缴存营业保证金或购买职业责任保险。

10.1.5　保险经纪人的作用

1. 对投保人、被保险人的作用

保险经纪人的功能已经从最初的单纯协助投保人、被保险人安排保险，发展达到协助他们进行风险管理及投资理财等活动。

1）为投保人、被保险人提供风险管理服务

人类所处的自然、社会环境存在着大量各种类型的风险，各种经济主体都不得不面对这些风险，尤其是市场经济中的企业，必须独自承担经营过程中发生的一切风险和损失。因此，各经济主体尤其是企业对风险管理的需求十分强烈。保险经纪人是客户的风险管理顾问、化险为夷的工程师，有能力站在客户的立场为其全面识别、评估和管理风险，保险经纪人可以通过风险自留、风险回避、风险控制、风险分离、风险集合、风险转移等提供风险管理服务。

2）为投保人、被保险人安排保险计划

保险经纪人能为客户提供与保险采购（含续保）相关的风险识别、保险方案设计、市场询价或招标、投保安排（特殊项目可安排共保），以及保险期内的咨询、培训、研讨、定期风险回顾等服务。其中，比较重要的服务是为客户选择保险公司。保险经纪人会在综合评价保险公司的服务水平、保险范围、承保能力、信息网络、理赔速度、技术能力、价格费率、投资收益等基础上，为客户选择信誉良好、服务周到、价格合理、保障充分的保险公司。保险经纪人在协助客户选择好保险公司后，可代理客户办理投保手续、缴纳保险费，以提高投保效率，节约客户的精力和时间。在保险有效期内，保险经纪人可以通过举办咨询、培训、研讨等活动来提高客户的风险管理水平，还可以和客户一起作定期风险回顾，发现问题及时纠正。

3）为投保人、被保险人提供专业索赔服务

保险经纪人在客户出险后应尽快通知保险人，取得初步处理意见并立案记录，如有必要立即赶赴现场，协助客户减少损失，可向客户提出专业建议，协助客户准备相关索赔资料，协调事故责任认定和最终赔偿结果的达成，如有需要可代客户从保险人处收取赔偿，如遇重大赔案还可参与保险人及公估人的谈判等。索赔结束后，如有追偿问题，可会同客户协助保险公司行使代位追偿权。

4）为投保人、被保险人提供保险经纪增值服务

保险经纪人可以向有特殊需求的客户，提供风险转让、转包、出租、担保和项目融资，建立健全索赔机制，编制应急计划，建立设备及车辆管理系统，以及应用金融工程技术，利

用资本市场转移风险等服务。

5）为保险人提供再保险经纪服务

保险经纪人在接受保险公司或再保险公司委托后，可以安排分保合同或提供临时分保服务。再保险采购可以在我国保险公司的承保能力普遍不高的情况下，为一些高风险或特殊风险项目找到解决途径，确保客户的利益得到保证。

2. 对保险人的作用

虽然保险经纪人是投保人的利益代表，但是通过保险经纪人的服务可以为保险人带来更多的业务，因此，保险经纪人是保险人重要的销售渠道。

1）扩大保险需求

保险经纪人专业、周到的服务，可以在一定程度上改善保险公司因为服务不周到等给投保人、被保险人造成的负面影响，提高保险行业的整体形象，增加人们投保的意愿。同时，保险经纪人充当的是客户的"保险顾问"，在帮助投保人选择保险公司、保险产品时，也为保险公司解决了很多销售的障碍，使得保险销售更加顺畅，进而增加了保险人的保费收入。

2）降低展业成本

保险经纪人不占用保险公司的人员编制、办公用房，主要的成本就是支付给保险经纪人的佣金，而且保险经纪人分布面广，不受保险公司代理网点的地区限制。因此，通过保险经纪人展业可以节约保险人的经营成本，同时更具有规模优势。

3）促进产品创新

保险经纪人可以在多家保险公司之间进行选择，这有利于促进保险公司通过创新来参与市场的良性竞争。同时，随着人们保险意识和生活水平的不断提高，保险需求越来越多样化，通过保险经纪人可以把投保人的需求信息及时传递给保险人，促使保险人加大研发力度，不断开发出更多新产品满足市场需求。

10.2　保险经纪合同

10.2.1　保险经纪合同的概念及特点

保险经纪合同是指投保人或被保险人与保险经纪人之间约定保险权利和义务关系的一种协议。保险经纪合同一旦订立，便受到法律的约束和保护。

保险经纪合同具有以下几个方面的特点。

1. 保险经纪合同是双务合同

保险经纪合同的主体互为权利、义务的相对方，即一方的合同权利就是另一方的合同义务；反之，亦相反。

2. 保险经纪合同是特殊的有偿合同

保险经纪人为投保人或被保险人提供订立、履行保险合同的服务，有权获得相应的佣金，但不是从投保人处获得而是从保险人处获得。只有保险经纪人提供的是单纯的风险管理咨询或其他非投保类的服务时，才可以从投保人处获得佣金。

3. 保险经纪合同是非格式合同

格式合同是以格式条款为基础订立的合同；否则，就称为非格式合同。我国的相关法律、法规没有对保险经纪合同预先拟定格式条款，因而属于非格式合同。

4. 保险经纪合同是非要式合同

所谓非要式合同，是指当事人订立的合同不需要采取法律规定的某种形式，可以任意约定合同的形式。我国相关的法律、法规也没有规定保险经纪合同必须采取一定的形式方能生效，因而属于非要式合同。

10.2.2　保险经纪合同的类型

由于保险经纪人的行为具有居间、委托代理和咨询的内容，因此，其合同也可以相应地分为居间型保险经纪合同、代理型保险经纪合同和咨询型保险经纪合同 3 种。

1. 居间型保险经纪合同

居间型保险经纪合同是指保险经纪人根据投保人或被保险人的委托，基于投保人或被保险人的利益，为投保人或被保险人与保险人订立保险合同提供中介服务，并依法收取佣金的协议。居间型保险经纪合同的法律特征表现为以下两个方面。

（1）服务内容的中介性。保险经纪人的任务是利用自己熟悉保险市场的优势，帮助投保人或被保险人寻找合适的保险人和合适的保险产品，为投保人或被保险人充当订立保险合同的介绍人。居间型保险经纪合同订立的目的，不在于实施订立保险合同的行为，而是保险经纪人根据投保人或被保险人的委托，为其提供与保险人的订约机会，为签订保险合同牵线搭桥。

（2）服务对象的直接性与间接性相结合。保险经纪人是直接受投保人或被保险人的委托，基于投保人或被保险人的利益为其提供服务，体现的是服务对象的直接性。同时，保险经纪人在为投保人与保险人之间进行介绍活动并促成保险合同的订立时，为保险人拓展了保险业务，增加了保费收入，体现的是服务对象的间接性。也正是由于这个原因，居间型保险经纪人不是向投保人或被保险人收取佣金，而是向保险人收取佣金。

2. 代理型保险经纪合同

代理型保险经纪合同是指保险经纪人根据投保人或被保险人的委托，以自己的名义进行保险活动的协议。代理型保险经纪合同的法律特征表现为以下两个方面。

（1）服务内容的代理性。保险经纪人接受投保人或被保险人的委托，以委托人的名义进行各种代理活动，包括代理投保人向保险人办理投保手续，订立保险合同；代理被保险人或受益人向保险人进行索赔；代理受害人（即被保险人）向责任人索取赔偿等。在代理型保险经纪合同中，保险经纪人必须与委托人明确约定代理的范围及权限，必须以委托人的名义进行活动，并且在其授权范围内所实施的代理行为，其法律后果应由委托人即投保人或被保险人承担。

（2）服务方式的介入性。不同于居间型保险经纪合同，代理型保险经纪人根据约定，可以直接介入保险合同具体条款的谈判，办理投保手续，发生保险事故后向保险人索赔等事宜，甚至完全由保险经纪人独立地以委托人的名义完成保险合同的谈判和签订，以及保险定损和索赔等事项。

3. 咨询型保险经纪合同

咨询型保险经纪合同是指保险经纪人根据委托人（投保人、被保险人、受益人或再保险分出人）的要求，对特定保险项目提供预测、论证或解答，如为投保人提供防灾防损或风险评估、风险管理咨询服务；以订立保险合同为目的，为投保人订立投保方案；为被保险人或受益人索赔提供咨询服务等，委托人则按约定支付咨询费的合同。保险经纪人提供咨询服务的形式可以有多种，如口头的简单分析、正式书面的咨询意见或投保方案等。

咨询型保险经纪合同的法律特征主要表现为服务的专业性，因为无论是风险管理咨询，还是保险投保和理赔咨询，都必须凭借保险经纪人在风险管理和保险领域的专业知识和良好经验，才能真正解决客户的问题，或者为其提供一个合适且可行的处理方案。

10.2.3　保险经纪人的权利与义务

无论是哪种类型的保险经纪合同，保险经纪人都可以依照合同约定行使自己的权利，同时依法履行自己的义务。

1. 保险经纪人的权利

1) 收取报酬权

保险经纪人在完成投保人委托的咨询、评估、投保、续保或索赔等有关事项后，有权从保险人或投保人处获取报酬，这是保险经纪人最基本的权利。当保险经纪人接受投保人委托向保险公司办理投保手续时，应向保险公司收取佣金，这是几百年来保险经纪行业的习惯做法，也是保险经纪人获取报酬的主要形式。在英美法中，认为佣金虽由保险人支付，但实际来自于投保人缴纳的保费，这已成为一个惯例或默示约定。当保险经纪人接受委托为委托人提供咨询、评估，设计投保方案、风险管理方案，或者为委托人管理多项保险合同、代委托人向保险人索赔时，应向委托人收取服务费或报酬。当然，对一些小型的风险项目，保险经纪人受托为其安排保险，为了适当投保而进行的风险调查、评估等工作一般不再向委托人收取服务费，因为这本身就是安排保险工作的一部分，其报酬应包含在投保后保险人支付的佣金中。

2) 要求提供协助权

保险经纪人在提供保险经纪服务过程中，有权要求投保人对自己处理受托事务提供合理的协助。例如，对于保险经纪人现场勘察保险标的物提供必要的便利和介绍，对保险经纪人就投保事宜提出的有关事实问题及其他问题的询问给予正确回答；提供保险经纪人进行评估、预测或投保所必需的有关资料，甚至包括会计账目等机密资料；对保险经纪人的询问、请示及时作出回答或决定（在这个意义上给予指示也是委托人的义务）；对保险经纪人提交的完成委托事务的成果除有正当理由外，应及时接受。

3) 自主展业权

保险经纪人在保险经纪活动中，拥有以下自主展业权：①寻找客户，并争取客户信任的权利；②接受客户委托的权利；③代客户与保险公司签订合同的权利；④为客户办理相关委托事项的权利。

4) 保单留置权

按照保险业惯例，保险经纪人代为投保时，为投保人向保险人垫缴保费而取得保单的，在投保人偿付保险费之前，有权留置保单，拒绝交给投保人。除了海上保险外，一般认为保险经纪人对投保人的留置权仅是特别留置权，即对某笔保险中投保人应偿付而未偿付给他的保费或其他费用，仅能留置该笔保险的保单，不能及于保险经纪人为投保人取得的其他保单，甚至不能及于同一保险标的的后续保单，除非在某项交易中可以推定经纪人有一般留置权。

2. 保险经纪人的义务

1）忠诚义务

由于投保人与保险经纪人之间有一种委托关系，两者之间基于信赖签订了一种信义合同，因此，保险经纪人的首要义务便是忠诚于委托人的利益，为委托人的利益行事。这就决定了保险经纪人不得利用受托人的地位而为自己获取非法利益；不得与保险人串通损害投保人的利益；不得收取保险人的密佣，如收取则应向投保人报告并转交投保人；不得泄露在受托过程中获知的投保人的商业秘密或个人隐私等。

2）遵照指示义务

一般委托人的指示是有关投保条件、保险金额、保险期限等的指示，学理上可分为 3 种：命令性指示、指导性指示和任意性指示。如果是命令性指示，受托人不得违反或突破，否则便是违约，如投保人根据贸易合同的约定，指示保险经纪人必须在中国人民保险公司投保，保险经纪人就不得在其他保险人处投保。但由于保险的专业性，在大多数情况下，都是以指导性指示或任意性指示为主，尤其在国外保险公司众多、条款费率差异较大的情况下，一般投保人对保险所知不多，只能委托保险经纪人处理，仅在少数问题上以命令性指示，如船舶定期保险中的保险期限问题。

3）亲自处理义务

在西方，保险经纪人被看作是专业人士。投保人之所以将保险事务交由某保险经纪人处理，是相信其的经验和能力。因此，在原则上，保险经纪人应亲自处理委托事务，但如经委托人同意，或者紧急情况下为维护委托人利益也可以转委。另外，应将"转委托"与"第三辅助人"区别开来。转委托是将委托事务部分或全部地交由第三人（次受托人），即另一保险经纪人处理。"第三辅助人"则是保险经纪人雇用为自己处理委托事务提供劳力或体力上的服务。辅助人与委托人无直接的法律关系，其活动完全在保险经纪人指示下进行，属于保险经纪人亲自处理的范畴，如保险经纪公司的雇用人员。

4）勤勉尽职义务

保险经纪人应当运用自己的全部知识、经验、技能，勤勉为投保人处理委托事项，并尽到合理的注意义务。由于保险经纪人为有偿的中介人，且是专业从事保险经纪的人士，因此其注意义务的标准在理论上称为"善良管理人的注意"。首先，保险经纪人在行为时需具有善意的心理状态；其次，保险经纪人在处理事务时负有在类似情形、处于类似地位的、具有一般性谨慎的人在处理自己事务时的注意；最后，保险经纪人有理由相信其是以一种为了委托人的最大利益的方式来处理事务的。

勤勉尽职是一项默示义务，是由委托合同的性质及保险经纪人的专业性决定的，不因合同中未明确规定而免除。作为一种专业化的中介人，保险经纪人是否履行了该义务，应以"具有专业经验和技能的人，在他所被雇用行事的类似情况下会怎样行事"的标准来衡量，具体体现在以下方面。

（1）是否就投保人询问的有关保险事项提供了合理的意见。如果保险经纪人提供了不合理的意见，就会被认为是有过失，除非已经以合理谨慎取得了使他足以得出该意见的信息。如果保险经纪人尚有疑问或认为尚需作进一步的调查，应向投保人说明。

（2）保险经纪人是否以最优惠的条件为投保人寻求最佳的保险保障。此种保险保障包括保险人的信誉、服务状况、财政状况、承保的责任范围、费率、免赔额等因素。这可以说是保险经纪人最重要的义务，也是投保人委托保险经纪人的最主要原因。如果没有做到这一点，保险经纪人则为有过失。

（3）保险经纪人是否尽到了如实告知义务。由于保险经纪人代为投保时是投保人的代理人，对于保险法上告知义务的客体"重要事实"，投保人已知即视为保险经纪人已知，反之，保险经纪人已知也视为投保人已知。因此，如果由于保险经纪人未告知或误述有关重要事实，导致保险人解除保险合同或拒赔，投保人只要证明经纪人对未告知或误述有过失，即可从保险经纪人处获得赔偿。在原则上，如果投保人已将有关重要事实告知保险经纪人，而经纪人未将其告知保险人或错误地告知，保险经纪人就有过失，违反了勤勉义务。

（4）保险经纪人应当知道要使一张保险单成为合法有效的法律文件所必须遵循的一切通常细节。如果由于其过失未能取得有效保单，从而使投保人无法向保险人索赔，则保险经纪人应对投保人的损失负责。

5）报告义务

保险经纪人作为受托人为委托人即投保人处理有关保险事务，由投保人承担行为的后果，事务处理的进展程度如何直接关系到委托人的切身利益。因此，保险经纪人应及时报告，以使委托人了解委托事务的进展状况，从而能够对保险经纪人及时作出指示或变更指示，以妥善地维护自身权益。

如果保险未能获取或保险安排中有一些障碍，保险经纪人有义务及时通知其委托人，以便投保人有机会作另外的安排，但直到保险经纪人有合理的时间以合理的勤勉确认其不能按指示完成委托事项时，才需要通知。如果保险经纪人基本上都完成委托事务，但在细节上（如投保人原先期望的保险条款）有重大的不同，保险经纪人应提醒投保人注意，否则应对由此引起的损失负责。保险续展时，如条款相对原先有所变更，也应通知投保人。

根据保险业惯例，保险经纪人并无当保险安排完成或承保通知一准备好就通知或递交给被保险人的义务，如无特别委托，保险经纪人完成投保后，在保险到期时无义务给续保通知或提醒投保人保险将到期，但如双方另有特殊关系就不同。例如，在加拿大，如果保险经纪人过去曾为委托人续展过合同或发过续保通知，他就在法律上承担了续保或至少是通知委托人有关保险将到期的义务。

6）移交财产和权益的义务

根据保险经纪人的特点，其作为受托人，可能移交给委托人的主要是有关风险调查、评估、管理报告，或者保险方案设计意见、保单、从保险人处代收的赔款。关于保单的移交，则受保险经纪人保单留置权的影响。另外，在保险经纪业发达的国家，很多保险经纪人实力雄厚，提供的服务非常全面，有些投保人或被保险人甚至就将保单留在保险经纪人手里，由其代为管理，并处理有关保险的续展、索赔等工作。此外，保险经纪人还应准确、及时地向保险人提供业务账单和进行保费解付。

阅读资料

保险经纪合同样本

保险经纪服务委托协议书

甲方（委托方）：＿＿＿＿＿＿

办公地址：＿＿＿＿＿＿

乙方（受托方）：＿＿＿＿＿＿

注册地址：＿＿＿＿＿＿

根据《中华人民共和国保险法》《保险经纪人监管规定》的有关规定，甲乙双方本着平等自愿、诚实信用的原则，经友好协商，就甲方委托乙方提供保险经纪服务达成如下协议：

一、甲方同意聘请乙方为保险经纪人，乙方同意为甲方提供保险经纪服务

二、乙方同意在本协议有效期内根据甲方要求提供下列服务

1. 根据甲方的具体需求，设计保险招标方案；

2. 按照"保费合规、服务优质"的原则，协助甲方就保险条款、费率、优惠条件、后期服务等制定招标细则及评分标准，并负责追踪落实。

3. 协助甲方根据招标文件与保险公司签订保险服务合同；

4. 根据合同条款，协助甲方用车单位办理投保手续及结算事宜，确保财政支出的安全；

5. 协助甲方及保险公司解答车辆使用单位在实际操作中遇到的问题；

6. 在发生引致保险索赔争议或需要乙方处理的事件发生时，提出处理建议，协助甲方准备相关文件，在授权范围内代表甲方与保险公司进行谈判，全程处理相关事宜；

7. 根据甲方授权全程监督保险公司投保流程、保险价格、服务承诺、理赔服务进程并定时将情况报告甲方；

8. 与保险公司、被保险人及其他关系方沟通协调。

三、乙方责任

乙方受甲方委托通过招标方案设计、保险政策咨询、保单事后稽查、重大事故现场监督、车辆保险信息统计分析等工作，确保甲方投保单位和车辆保险费率不高于合同规定，享受的保险服务不低于合同的规定，并根据合同执行出现的情况，及时向甲方提供建议，以确保甲方利益的最大化。具体内容如下：

1. 在履行协议过程中，忠实维护甲方的合法权益；在完善服务条款的同时，在政策许可的范围内争取最低费率。

2. 负责提供甲方及用车单位对保险业务及政策的咨询。

3. 根据保险合同约定的投保险种及中标价格审核保单，如有差错，及时督促保险公司纠正并定时报告甲方。

4. 监督保险公司按照服务承诺认真履行合同。在收到甲方车辆使用单位关于保险服务质量投诉的 3 个工作日内，对保险公司的反应进行监督，督促其在最短的时间内尽快查处并做出书面答复。超过 3 个工作日内没有弥补缺陷，乙方将协助用车单位按照合同的约定，采取必要的补救措施以保证甲方用车单位的合法权益。

5. 重大事故接到甲方用车单位或保险公司的通知后，必须在第一时间赶到现场，负责对现场查勘、施救及善后事宜的监督，以确保甲方用车单位的合法权益。

6. 督促保险公司定期对甲方车队管理人员及驾驶人员进行安全培训。

7. 在每个月度结束的 5 个工作日内（法定节假日顺延），负责汇总《投保车辆保费结算情况表》《投保车辆出险理赔情况表》并报告给甲方。

8. 在每个季度结束的 10 个工作日内，负责召集有保险公司、甲方代表参加的"合同履行及服务质量分析例会"；并撰写分析报告给甲方。

9. 在第一个保险年度结束前的一个月，撰写下一年度保险调整建议书给甲方，征得甲方同意后负责落实。

10. 为单位提供理赔指导服务，对有理赔争议或估损金额在 5 万元以上（含 5 万元）的赔案，乙方负责全程索赔服务及有关善后事宜。

11. 乙方接受甲方及用车单位的监督，如工作中出现如下情况之一，每次支付违约金××元：

（1）未能及时发现保单错误；

（2）办理相关业务超出上述规定时限；

（3）用车单位投诉，经确认属实的；

（4）财政认为的其他工作失误或违约行为。

12. 由于乙方的重大过错，给甲方造成的直接经济损失，乙方负担赔偿责任。

四、甲方责任

1. 保险合同生效后，负责通知用车单位按合同的约定投保；

2. 向乙方提供与委托事项有关的信息与资料，并在乙方提供服务过程中给予必要的协助；

3. 指定专人协助乙方开展工作；

4. 当需要乙方处理的事件发生时，尽快通知乙方。

五、保密条款

除非下列情况，甲、乙双方在执行本协议过程中不得将获得的费率、保险方案、理赔数据等任何保密信息泄露给第三方。

六、报酬与费用

1. 双方同意，在甲方将保险业务交由乙方安排后，乙方从保险人处取得与甲方保险合同有关的佣金作为报酬，不向甲方收取费用。

2. 如甲方要求乙方提供超出本协议委托事项以外的服务，具体事宜由双方协商后，签订补充协议进行约定。

七、争议的解决

甲乙双方就执行本协议发生的争议，应通过友好协商解决。如协商无效，可向_____市仲裁委申请仲裁。

八、协议期限

1. 本协议自双方签章之日起生效，有效期为_____年，自 200_____年_____月_____日_____时至 200_____年_____月_____日_____时止。

2. 本协议有效期内，任何一方欲提前解除本协议，应提前 30 天书面通知另一方，并妥善处理善后事宜。

九、依据本协议，甲方应向乙方提供授权委托书，以备乙方为甲方安排保险时使用。

十、本协议一式四份，甲乙双方各持二份，具有同等法律效力。

甲方签章：_____　　　　　　　乙方签章：_____

主要负责人：_____　　　　　　法定代表人：_____

_____年____月____日　　　　　_____年____月____日

10.3　保险经纪人的职业道德

保险经纪人的职业道德是指在保险经纪业务活动中应当遵循的，体现保险经纪职业特征的，调整保险经纪职业关系的行为准则和规范。从本质上，保险经纪人的职业道德是保险经纪从业人员在从事保险经纪过程中逐步形成的、普遍遵守的道德原则和行为规范，是社会对从事保险经纪人的一种特殊道德要求，是社会道德在保险经纪职业生活中的具体体现。

根据《保险经纪从业人员职业道德指引》，保险经纪人应遵守 7 个基本道德准则，即守法遵规、诚实信用、专业胜任、勤勉尽责、友好合作、公平竞争、保守秘密。这 7 个基本道德准则的具体内容和要求与保险代理从业人员的要求大同小异，这里仅就保险经纪人的特殊要求进行阐述。

1. 守法遵规

对于保险经纪人而言，守法遵规同样是最基本的职业道德，具体要求主要表现为：遵守《中华人民共和国保险法》，遵守《民法总则》《继承法》《海商法》等其他相关法律和行政法规；遵守中国银保监会及其派出机构的相关规章和规范性文件，服从中国银保监会保险中介监管部的监督与管理；遵守社会公德；遵守保险经纪行业自律组织（包括中国保险行业协会下设的保险经纪专业委员会、地方性的保险中介行业协会等）的规则；遵守所属机构的管理规定，不得损害所属机构的利益。其中，直接约束保险经纪人行为的规章主要有《保险经纪人监管规定》。

2. 诚实守信

诚实守信是保险经纪人职业道德的灵魂。保险经纪人虽然代表的是投保人或被保险人，但在具体业务中经常涉及第三方，即保险人。保险经纪人是投保人与保险人之间沟通与联系的桥梁和纽带，因此，应对保险人和投保人或被保险人同时做到诚实守信。

对投保人而言，保险经纪人的意义在于帮助其弥补保险专业知识的不足，为其制定合理有效的风险管理计划、保险投保方案，甚至帮助其向保险公司索赔。因此，保险经纪人是否诚实守信直接关系到投保人的利益是否会受到损害。现实中，保险经纪业务完成后，保险经纪人往往是从保险公司处获得佣金，这可能会促使一些保险经纪人不能真正从投保人利益角度出发，为其提供良好的服务。

同样，保险经纪人在积极维护投保人利益的同时，也要对保险人诚实守信，不能为了客户的利益而对保险公司隐瞒重要事实，甚至与客户合谋欺骗保险公司。

保险经纪人应该以维护和增进保险经纪、保险业的信用和声誉为重，以卓著的信用和良好的道德形象，赢得客户、保险人以及全社会的信任。

3. 专业胜任

保险及其产品的特殊性要求保险经纪人员首先要有扎实的基础知识，如基础文化知识、政策法规基础知识等；其次要有精熟透彻的保险专业知识，如保险基础知识、保险法律知识、保险经纪知识等；最后要有广博的与保险经纪相关的知识，如风险管理、投资理财、医疗知识、工程技术知识等。由此可见，保险经纪人的职业性质决定了对其专业素质和职业技能的要求较高。在执业过程中，保险经纪机构应当加强对保险经纪从业人员的岗前培训和后续教育，培训内容至少应当包括业务知识、法律知识及职业道德。保险经纪从业人员应主动进行业务学习，不断更新知识，提高业务素质和技能。

4. 勤勉尽责

勤勉尽责是对保险经纪从业人员工作态度的基本要求，除了秉持勤勉的工作态度，积极尽职，为客户提供最优的服务；接受所属机构管理，不侵害所属机构利益；在执业活动中主动避免利益冲突外，还应做到以下两点。

（1）始终代表客户利益。保险经纪人对客户的各项委托应尽职尽责，确保客户利益得到最好的保障，且不因佣金来源于保险人而疏于尽责，甚至做出不利于客户的行为，从而影响客户利益。

（2）不擅自超越客户的委托范围或所属机构的授权。保险经纪人的业务范围较保险代理人更广，除了促成保险交易外还包括风险管理与咨询、协助客户索赔等服务，但具体服务内容以客户的委托范围为限，保险经纪人不能擅自提供或随意搭售客户不需要的服务。

5. 友好合作

保险经纪从业人员在从事保险经纪活动时，既要与有关关系方保持密切友好的合作关系，也要与保险经纪机构内部人员保持融洽和谐的合作关系。第一，要与投保人、被保险人、保险人等有关各方友好合作，确保执业活动的顺利开展；第二，要注重市场分工条件下与其他保险中介机构，如保险代理机构、保险公估机构的友好合作，实现共同发展；第三，要加强同业人员之间的交流与合作，实现优势互补，形成群体的协同效应。

6. 公平竞争

保险经纪人在执业过程中，应尊重竞争对手，不诋毁、贬低或负面评价其他保险中介机构及其从业人员，不以股东资源或其他垄断资源向保险公司漫天要价，避免打"价格战"等低端竞争方式。保险经纪人之所以有市场生存空间，就是因为保险产品的专业性和服务性，从业人员应结合所属机构的业务范围或产品类型，通过专业知识和技能的不断提高、售前售后周到细致的服务来赢得客户，增强自己的竞争力。

7. 保守秘密

保守秘密是保险经纪人的基本义务，包括以下两个方面。

（1）为客户保守秘密，如企业客户的经营行为、业务特征、风险控制等信息，个人客户的收入、资产、健康等信息。

（2）为所属机构保守商业秘密，如客户的信息资料、重要的内部文件等。

10.4　我国保险经纪人发展面临的困境

保险经纪人是保险专业分工深化和市场规模扩展的产物，其存在有利于促进保险市场机制的完善和保险公司的规范化经营。2000 年，我国首批经原保监会批准的 3 家保险经纪公司（即上海东大、北京江泰、广州长城）相继成立，此后更多的保险经纪公司产生，截至 2015 年底，我国已有保险经纪公司 445 家。通过近 20 年的实践，保险经纪公司在推动中国保险市场的规范发展方面起到了相应的作用，但总体发展水平不高，与世界其他国家和地区同行业的发展相比仍存在较大差距。在欧美一些成熟的保险市场，通过保险经纪公司实现的保费收入占总保费收入的比例接近 50%，在中国则只有 2%～3%。造成这种状况的原因有很多，但主要是由于我国的保险市场体系尚不完善，保险经纪业发展时间较短，依然面临很多发展困境。

10.4.1　我国保险经纪人发展中面临的困境

1. 保险市场竞争不够充分

保险经纪人素有"投保人利益代表"之称，可以利用其对市场、险种、条款极为熟悉的优势，通过批量采购、招标谈判等形式，为投保人争取到尽可能充分的保险条款和优惠的价格。保险经纪人产生的前提是市场上有足够多的保险公司和丰富的保险产品，各保险公司之间形成了一种充分竞争的格局。然而，我国目前的保险市场尤其是财产保险市场的集中度较高，保险产品的差异化程度较低，充分竞争的市场格局尚未形成。

在保险经纪业相对发达的国外保险市场上，保险公司的数量都很多，如英国有 800 多家保险公司，法国有 500 多家保险公司，美国有近万家保险公司。相比之下，我国保险公司的数量虽然已从 2000 年的 20 余家增加到 2018 年的 200 余家，但相对如此庞大的市场空间而言，保险公司的数量并不算多。同时，经过保险业恢复后近 40 年的发展，保险市场的竞争格局虽已初步形成，但市场集中度依然较高。以 2017 年为例，美国排名前十的财险公司市场份额为 45%，我国排名前十的财险公司市场份额为 85%；美国排名前十的寿险公司市场份额为 54%，我国排名前十的寿险公司市场份额为 70%。相对集中的市场格局使得保险经纪人发挥作用的空间有限，尤其是在保险经纪人更擅长的财产保险领域，过高的集中度会降低对保险经纪服务的需求，并影响保险经纪人的服务质量。

正因为保险供给主体较少，市场上保险商品的品种自然就有限，这从我国车险保费收入占财产险保费收入之比常年高达 70% 以上可以看出。同时，各家公司的产品系列非常相似，很难发现某一家保险公司有其独特的产品或服务，即使对外宣传时有所谓的"主打产品""明星产品"等，也都只是公司的一种促销策略。另外，在保险条款和保险费率方面，我国目前实行的是相对严格的监管制度，保险公司没有足够的自主权和灵活性，市场上同类产品的条款、费率几乎相同，差异化程度很低。这样，保险经纪人就很难真正根据客户的需求，利用自身的专业知识和经验去为投保人设计保险方案，与保险人进行谈判争取合理费率、增加客户个性化需求的保险条款等。因此，保险经纪人的专业优势和职业特点不能充分地显现出来，所行使的职能与保险代理人并无多大差别，又不具有保险公司在直接业务中的优势，业务开展自然是困难重重、举步维艰。

2. 保险公司的职能界定不清

国际上许多保险公司在进行展业成本核算时，发现一个共同的现象：使用公司内部展业人员的成本通常超过公司全部费用的 20%，这个数字还不包括展业管理费用。因此，国外的保险公司大多愿意支付 20% 的佣金给保险经纪人以获得业务。事实上，在一个成熟的保险市场上，保险经纪人的介入，可以降低保险公司经营成本、提高承保效率，使保险公司避免在承保、理赔等实务环节消耗太多精力，而把主要精力放在险种创新、风险管理、资金应用等核心领域。

然而，国内的保险公司大多沿袭了计划经济体制下小而全、大而全的经营模式，内部功能齐全，涵盖了保险业务过程的各个环节，机构繁杂，冗员庞大，对成本核算不细。一方面，他们认为保险经纪人不仅要收取手续费，不能明显地节约保险公司的展业成本，还要站在投保人一边，与保险人在费率、条款上进行博弈，因此，保险公司对保险经纪人的认识存在着一定偏见。另一方面，保险公司习惯于自己直接开展业务或通过保险代理人开展业务，而将保险经纪人视为其竞争对手。这是因为在保险经纪人出现以前，保险公司大多已建立了自己的营销网络，各基层公司或营业处面临着完成业务指标的考核任务，许多保险公司展业人员的收入直接与业务挂钩，保险经纪人的介入无疑会加剧彼此间的竞争，因此，保险公司的有关人员就会想方设法阻止保险经纪人进入。但是，在保险业产销分离的大趋势下，越来越多的保险公司尤其是中小保险公司倾向于把相关业务剥离，这将有利于保险经纪人的发展。

3. 社会公众的保险消费观念不成熟

从理论上，保险经纪人本是代表投保人利益，帮助其以最小的保费支出获得最大的保险保障的中介人。在许多国家，保险经纪人的社会认知度非常高，他们与医生、律师一样，已成为家庭的三大顾问之一。然而，我国的现实情况却是大多数人对保险经纪人知之甚少，有相当一部分人不清楚保险经纪人的性质和法律地位，对保险经纪人在保险业务中对广大投保人发挥的协助作用更是一无所知，以至于把保险经纪人与保险代理人混为一谈。其原因主要有以下3个方面。

（1）保险业在我国的发展历史本来就不长，加上多年来计划经济条件下，全社会风险意识的淡漠，我国公民的保险意识比较薄弱，对保险需求的层次较低，甚至有许多单位和个人认为缴纳保险费是一种额外的开支。因此，除了一些强制性的保险外，社会公众或企事业单位主动投保的不多，对保险经纪人的需求也就非常有限。

（2）受计划经济体制的影响，保险经纪人长期缺位，而保险经纪人的重新出现又带有明显的政府计划的考虑，不是出于市场自发的需求。因此，广大投保人对保险经纪人的认知远远低于对保险代理人的认知，不能正确理解保险经纪人的作用。即使是一些了解经纪人作用的公司客户，也往往是直接与保险公司联系，或者设立保险兼业代理部门，负责本单位的保险事务，认为这样可以节省更多的佣金。

（3）受中国传统文化自律、内敛的影响，大多数人倾向于自己直接与保险公司进行交易，或者被动地接受保险代理人的推销，认为这样的交易方式才是最可靠的。在中国古代虽然已有通过"牙人"进行商品交易活动的行为，但毕竟不是中国的主流文化，也不为大多数人所接受。加之在新中国成立初期，保险经纪人（"掮客"）曾被冠以投机倒把的罪名，时至今日，这种影响依然存在，人们对保险经纪人仍持有一种不信任的态度，有着自然的抵触情绪。

4. 保险经纪人市场定位模糊

从理论上，保险经纪人参与保险市场的经营既有利于客户的选择，又刺激了保险市场的竞争，这种良性循环可以促进保险市场机制的完善。然而，目前我国保险经纪人发挥的作用却是微乎其微，这与保险经纪人自身的战略定位不明、业务结构单一等因素是分不开的。

保险经纪业在我国属于幼稚产业，一些保险经纪人缺乏明确的战略定位和长远的发展规划，加之发展初期普遍面临的生存压力，对于业务发展大都采用"拿来主义"，无论什么业务先"拿来"再说，因而在业务结构上形成了与代理公司趋同的倾向，在业务种类上也没有充分利用自己的专业优势突破某些重点领域，这对于发展初期资源比较有限的保险经纪人来说，在一定程度上限制了其发展速度和业务质量。

由于缺乏长远的发展战略，保险经纪人除了投入较多精力经营股东业务外，所从事的市场探索，不少是一些关系业务，没有真正进入相互竞争的市场环境中，从而导致投保人和保险人，乃至整个社会都没有充分认识到保险经纪人的真正作用，保险经纪人在保险市场中的主体地位也难以彰显。

5. 保险经纪专业人才缺乏

在现实中存在各种各样的风险，分散、可标准化的潜在风险，容易设计成标准化保险产品，但对于很多大型商业风险来说，例如建筑工程保险、企业特保财产保险，以及跨地域、跨领域的大额统括保险，因为结构复杂，简单的一张保单难以实现风险转移，而且影响费率因子多和潜在损失巨大，需要专业的保险经纪人为投保人提供顾问式的风险咨询与管理服务。保险经纪人的服务往往贯穿于风险管理的整个过程，包括前期风险管理与咨询、中期保单维护和后期协助索赔服务上，即投保前根据不同的风险制定不同的风险管理方案和保险投保计划，甚至定制保险产品；签约后负责维护、完善保单；出险后协助客户索赔，必要时参加事故查勘、索赔谈判等工作。

但是，由于我国保险经纪人的准入门槛相对较低，专业的风险管理人才严重不足，特别是熟悉某一特定行业风险知识又懂得保险技术的专业人才。从历史原因看是由于保险经纪业发展初期多数保险经纪公司依然定位于保险营销，大量的从业人员是来自保险公司或保险代理公司的营销人员，导致整体服务水平较低。从现实情况看使保险经纪业发展较缓慢，保险经纪公司经营绩效普遍较差，很难吸引到高水平、高素质的专业技术人员。

10.4.2 我国保险经纪人的发展建议

1. 明确发展方向与发展方式

保险经纪人发源于英国，盛行于欧美，是与其以基督文化为核心的西方文化传统密不可分的；而中国文化圈内的我国及日本、韩国由于不具备欧美国家的历史文化背景，决定了其在保险中介发展的初期不可能照搬欧美模式，必须走一条适合自己国情的保险中介发展之路。因此，不能以"经济世界化，保险市场日趋国际化"来断定"保险经纪制度优于代理制度"，更不能以此得出"传统做法（指保险代理人）已不足以应付变化多端的客观形势"的结论。日本 20 世纪末期保险经纪人组织的设立，并不一定是保险代理人组织落后了，还有其他更深层的原因，主要有以下 3 点：①迫于西方国家对市场开放的要求，特别是来自美国的压力；②日本已具备了较完善的保险法律体系和较强的政府监管能力；③日本国民已有了相当强的保险意识，对保险中介的服务内容和水平有了更高的要求。

在我国的保险经纪人制度应该如何建立这个问题上，既不能照搬欧美国家模式来大力推行保险经纪人，也不宜依照日本以前完全杜绝保险经纪人的做法，而应该分阶段、分步骤地建立我国的保险经纪人制度。这是基于以下原因。

（1）我国受儒家文化熏陶的民族心理特征，市场经济的相当不完善，以及人们并不十分强烈的保险意识，决定了保险经纪人在保险发展初期不可能像欧美国家那样盛行。

（2）我国的民族文化心理与日本又不完全相同。日本民族有着更为强烈的责任感和集体主义精神，习惯于遵从政府的使命，并且长期以来日本保险业的内向型发展使得发端于欧美的保险经纪人难以闯入日本的保险市场。而我国保险市场已初步形成了一个多元化的竞争局面，对外开放也是必然之势；社会公众的保险意识正逐步得到提高；保险经纪人的初步发展已积累了一定的经验；关于保险经纪人的法律、法规也相继出台；保险条款、费率的规定也已初步放开。

2. 把握发展节奏

目前，由于我国发展保险经纪人的环境条件尚未完全成熟，保险经纪人的市场容量有限，因此，保险经纪人的发展不宜全面铺开，发展速度不宜过快，应严格控制保险经纪人的发展质量，做到宁缺毋滥、循序渐进。

首先，在经济比较发达、市场规则较为完善、社会公众保险意识较强的地区，如深圳、广州、上海、北京等城市试点，待取得经验后再向其他中心城市，如大连、武汉、成都等推行，之后再大面积推广。这样做既有利于保险经纪人的成长，又可以积累经验，对不尽合理的做法及时改进、规范和完善，避免或少走弯路。

其次，应先从习惯于接受保险经纪人服务的三资企业和涉外工程项目拓展业务，逐步扩大到内资企事业单位的财产保险、团体人身保险等传统保险领域，同时积极拓展利润损失险、产品责任险、员工福利计划等新兴保险市场，进而开发风险评估与咨询、高收入者的理财方案设计与安排等咨询服务型市场。

最后，应优先发展股份有限公司制或有限责任公司制的保险经纪人，保证保险经纪人发展的高起点、高质量，待市场培育相对成熟后，再发展合伙制甚至个人制的保险经纪人，填补小型的、零散的保险经纪市场空白。

3. 走市场化、专业化发展道路

据统计，我国现有的保险经纪公司50％左右为股东资源型保险经纪公司，业务发展依赖股东资源，缺少市场拓展的意愿或能力。要走出当前发展模式的桎梏，必须解放思想，完全按市场化原则运作，努力提高专业技术水平，打造核心竞争力。

首先，保险经纪公司要充分运用市场机制和手段，通过各种营销策略、价格策略、服务策略、资本运营策略等，进行保险经纪功能的深度开发，从单纯地提供保险居间服务转向提供风险咨询、管理等多元化服务，在品牌、技术、人力资源等方面形成自己独特的核心竞争力。

其次，保险经纪公司在注意保持公司发展战略的继承性与连续性的同时，还要时时关注公司内部与市场环境将要发生的重大变化，以便随时应对这种变化。例如，充分利用"一带一路"倡议提供的全新经济环境给中国保险业带来的重要发展机遇，通过服务"一带一路"建设的中国企业，开拓国际化市场。再如，随着信息化建设的深入，要尽快建立业务发展和内部管理的电子信息化平台，借助网络资源为客户提供全面的风险评估和管理服务，并以此作为市场竞争优势之本，体现保险经纪公司的"专业化、现代化、标准化"。

最后，保险经纪公司的决策者要根据人力资源的构成、资金的丰裕程度、公司的市场定位等多方面因素，权衡公司现有的技术优势，确定未来技术发展的重点，进行资金、制度上的支持，从而保持长久的技术优势。而决定保险经纪公司技术力量的是人才，因此，要建立一套教育培训制度，培养既有全面专业知识和较高文化素养，又熟悉保险市场，深谙保险经纪技术及操作流程，同时具有良好职业道德的保险经纪人才。

4. 完善外部发展环境

对保险经纪人发展所面临的外部环境不佳的问题，应通过政策进行引导和疏通。

（1）在推动保险市场做大、做强、有序发展的前提下，批准更多具备资金实力和技术条件的保险供给主体进入，鼓励现有保险公司向集约化、专业化的经营方向转变，将经营重点放在产品开发、风险控制、保险投资等核心领域，促进保险公司之间的产品差异化竞争。

（2）调整保险产品价格政策，逐步实行费率市场化，建立符合市场规律的价格体系。可以参照国外的做法，将保险费率分为 3 种，即法定保险费率、协会保险费率、市场保险费率。市场化的第一步是逐步减少和废除法定保险费率，放宽协会保险费率的使用范围；第二步是逐步由协会保险费率取代法定保险费率，创造适于市场保险费率调节保险市场供求关系的机制和环境；第三步是市场保险费率在保险市场的供给和需求中发挥主导作用，协会保险费率在某些险种中发挥特定作用，法定保险费率除在法定业务中，基本上不再发挥决定和指导作用。

（3）通过市场力量逐步理顺保险经纪人与保险公司、投保人之间的关系，让投保人意识到保险经纪人存在的市场意义，自主产生对保险经纪服务的需求，让保险公司把保险经纪人看作合作伙伴而非竞争对手，促进保险市场体系的完善。

知识链接

航天员借助保险经纪人购买保险

2003 年 10 月 15 日，中国第一个载人飞船"神舟"五号发射成功。2003 年 10 月 20 日，新时代保险经纪有限公司向中国人寿保险公司发出通知：所有执行"神舟"五号飞行任务的航天员身体健康，未曾出险。2003 年 10 月 30 日，新时代保险经纪有限公司向媒体透露，该保险经纪公司于 7 月 18 日接受北京航天医学工程研究所（投保人）的委托，为中国航天员及其家属提供全程保险经纪服务，历时 3 个月的神秘保险方案终于得以部分解密。

为航天员提供保险经纪服务不仅是一项专业性极强、操作复杂、要求精细的工作，而且为航天员设计保险方案在国内没有先例，美、俄等航天大国大都采用格式条款，并没有专项保险方案，加之各国对航天员的训练安排和执行飞行任务期间的操作流程各有特点、自成体系，保险方案的设计无处借鉴。因此，要做好航天员保险的经纪工作，除了必须具有丰富的保险经纪服务工作经验外，还必须对航天科技，以及与航天员有关的工作具有相当深度的了解。

由于新时代保险经纪有限公司的主要发起人是中国新时代控股（集团）公司，原隶属于中国人民解放军总装备部，具备得天独厚的技术条件。该保险经纪公司详细了解了航天员的工作训练和生活等情况，以及"神舟"五号载人飞行的具体操作技术细节。在掌握了各环节的风险点后，设计了长短结合，以长为主，重点突出，阶梯式累计赔偿责任的航天员保险方案。航天员的最高风险点是在飞行的准备阶段和发射、回收的瞬间，所以，公司代表委托方和保险公司就发射前倒计时的准备阶段和太空舱返回着陆阶段的保险责任认定作出了明确的界定。这套保险方案不仅考虑到航天员本人，还涉及航天员的家属和子女，全套方案由一个协议和 4 个附件组成。

　　在设计保险方案的过程中，项目小组的专家将航天员的保险过程分为4个阶段：日常生活与训练、航天员执行任务、航天员航天飞行和成功后的奖励性保险安排。经过四易其稿，终于协调各方签订了保险合同，即《航天员及家属人身保险协议书》，该合同包括4个附件，分别是《航天员及家属保险计划》《国寿团体人身保险条款》《中国人寿康宁定期保险条款》《人身保险残疾程度与保险给付比例表》，签字生效日期为2003年9月16日。从已知的资料分析，该方案是当今团体人身保险层次最明晰的保险方案。

　　航天员保险是中国保险业的一件大事，是中国保险业逐渐走向成熟的标志，同时也意味着中国的保险经纪人将越来越多地介入高科技保险领域。

本 章 小 结

　　本章对保险经纪人进行了概述。在我国，保险经纪人是基于投保人的利益，为投保人与保险人订立保险合同提供中介服务，并依法收取佣金的机构。保险经纪人应是一种特殊的商事主体，其经纪行为是一种典型的商事行为，但这种商事行为又涵盖了代理、居间、行纪等行为的法律特点。保险经纪人的功能已经从最初的单纯协助投保人、被保险人安排保险，发展达到协助他们进行风险管理及投资理财等活动。保险经纪合同可以分为居间型保险经纪合同、代理型保险经纪合同和咨询型保险经纪合同3种。通过多年的实践，保险经纪人在推动我国保险市场的规范发展方面起到了相应的作用，但总体发展水平不高，面临诸多困境，未来需在发展方向、道路、环境等方面作出改变。

　　本章的重点是保险经纪人的特点、法律地位、种类、作用，保险经纪合同的类型，保险经纪人的权利和义务，我国保险经纪人发展面临的困境。

　　本章的难点是保险经纪人的特点及法律地位，保险经纪合同的类型，我国保险经纪人发展中面临的困境及对策。

关 键 名 词

原保险经纪人　再保险经纪人　寿险经纪人　非寿险经纪人　保险经纪合同　居间型经纪合同　代理型经纪合同　咨询型经纪合同

思 考 题

　　1. 保险经纪人与保险代理人的区别有哪些？

　　2. 如何理解保险经纪人的法律性质？

　　3. 保险经纪合同包括哪几种类型？各种类型之间有什么区别？

　　4. 如何理解保险经纪人的作用？

　　5. 试分析我国保险经纪人发展中面临的主要问题，并提出相关建议。

第 11 章

保险经纪人的经营

【本章导读】

在我国，保险经纪人只能采取公司形式，因此，保险经纪人的经营就是指保险经纪公司的经营。本章主要包括4个方面的内容：保险经纪人的设立和组织结构；保险经纪人的经营范围、业务流程、执业规范；保险经纪人的主要业务内容，如风险评估、协助投保等；再保险经纪人的业务经营。

11.1　保险经纪人的设立和组织结构

11.1.1　保险经纪人的设立

根据我国《保险法》和《保险经纪人监管规定》，保险经纪人应当在组织形式、股东、注册资本等方面具备相应的条件，才能设立并从事保险经纪活动。

1. 组织形式

除保险监管机构另有规定外，保险经纪人应当采取下列组织形式：

（1）有限责任公司；

（2）股份有限公司。

2. 注册资本

经营区域不限于工商注册登记地所在省、自治区、直辖市、计划单列市的保险经纪公司的注册资本最低限额为 5 000 万元。

经营区域为工商注册登记地所在省、自治区、直辖市、计划单列市的保险经纪公司的注册资本最低限额为 1 000 万元。

保险经纪公司的注册资本必须为实缴货币资本。

3. 股东资格

单位或者个人有下列情形之一的，不得成为保险经纪公司的股东：

（1）最近 5 年内受到刑罚或者重大行政处罚；

（2）因涉嫌重大违法犯罪正接受有关部门调查；

（3）因严重失信行为被国家有关单位确定为失信联合惩戒对象且应当在保险领域受到相应惩戒，或者最近 5 年内具有其他严重失信不良记录；

（4）依据法律、行政法规不能投资企业；

（5）保险监管机构根据审慎监管原则认定的其他不适合成为保险经纪公司股东的情形。

保险公司的工作人员、保险专业中介机构的从业人员投资保险经纪公司的，应当提供其所在机构知晓投资的书面证明；保险公司、保险专业中介机构的董事、监事或者高级管理人员投资保险经纪公司的，应当根据有关规定取得股东会或者股东大会的同意。

4. 高管人员任职资格

保险经纪公司的高级管理人员包括总经理、副总经理，省级分公司主要负责人，对公司经营管理行使重要职权的其他人员，应当通过保险监管机构认可的保险法规及相关知识测试，接受保险监管机构的考察或谈话，并具备以下任职条件：

（1）大学专科以上学历（从事金融工作 10 年以上的人员可不受此限制）；

（2）从事金融工作 3 年以上或者从事经济工作 5 年以上；

（3）具有履行职责所需的经营管理能力，熟悉保险法律、行政法规及中国保监会的相关规定；

（4）诚实守信，品行良好。

保险经纪人任用的省级分公司以外分支机构主要负责人应当具备前两款规定的条件。

有下列情形之一的人员，不得担任保险经纪人高级管理人员和省级分公司以外分支机构主要负责人：

（1）担任因违法被吊销许可证的保险公司或者保险中介机构的董事、监事或者高级管理人员，并对被吊销许可证负有个人责任或者直接领导责任的，自许可证被吊销之日起未逾 3 年；

（2）因违法行为或者违纪行为被金融监管机构取消任职资格的金融机构的董事、监事或者高级管理人员，自被取消任职资格之日起未逾 5 年；

（3）被金融监管机构决定在一定期限内禁止进入金融行业的，期限未满；

（4）受金融监管机构警告或者罚款未逾 2 年；

（5）正在接受司法机关、纪检监察部门或者金融监管机构调查；

（6）因严重失信行为被国家有关单位确定为失信联合惩戒对象且应当在保险领域受到相应惩戒，或者最近 5 年内具有其他严重失信不良记录；

（7）法律、行政法规和中国保监会规定的其他情形。

保险经纪人高级管理人员和省级分公司以外分支机构主要负责人不得兼任 2 家以上分支机构的主要负责人。

保险经纪人高级管理人员和省级分公司以外分支机构主要负责人兼任其他经营管理职务的，应当有必要的时间履行职务。

非经股东会或者股东大会批准，保险经纪人的高级管理人员和省级分公司以外分支机构主要负责人不得在存在利益冲突的机构中兼任职务。

5. 其他条件

除上述条件外，保险经纪人还应具备以下条件：

（1）股东出资资金自有、真实、合法，不得用银行贷款及各种形式的非自有资金投资；

（2）注册资本按照中国保监会的有关规定托管；

（3）营业执照记载的经营范围符合保险监管机构的有关规定；

（4）公司章程符合有关规定；

（5）保险经纪人的名称中应当包含"保险经纪"字样；

（6）有符合保险监管机构规定的治理结构和内控制度，商业模式科学合理可行；

（7）有与业务规模相适应的固定住所；

（8）有符合保险监管机构规定的业务、财务信息管理系统；

（9）法律、行政法规和保险监管机构规定的其他条件。

6. 申领许可证

保险经纪人在满足上述条件并向保险监管机构提出申请后，保险监管机构应当采取谈话、函询、现场验收等方式了解、审查申请人股东的经营记录以及申请人的市场发展战略、业务发展计划、内控制度建设、人员结构、信息系统配置及运行等有关事项，并进行风险测试和提示。保险监管机构依法作出批准保险经纪公司经营保险经纪业务的决定的，应当向申请人颁发许可证。

11.1.2　保险经纪人的组织结构

保险经纪公司通常都设有权力机构股东会及其执行机构董事会，由公司总经理负责具体经营业务。总经理室下设若干个职能部门。每个公司因其业务范围和市场定位不同，所设职能部门也不相同。下面以某保险经纪公司的组织架构（见图 11-1）为例进行说明。

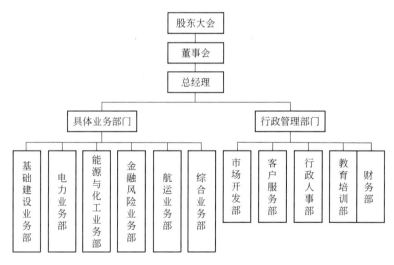

图 11-1　某保险经纪公司的组织架构

1. 股东大会

股东大会由保险经纪有限责任公司或股份有限公司的股东组成，是公司的最高权力机构。股东大会会议由选举的董事会负责召集，董事长主持，一般每年召开一次，特殊情况下可以召开临时股东大会。股东大会行使的职权一般是有关公司的重大决策，如对公司的合并、分立、解散和清算等事项进行投票表决。

2. 董事会

董事会由股东选举产生，一般由 5～19 名成员组成，设董事长 1 名，副董事长 1～2 名。董事长是公司的法定代表人，负责主持股东大会和召集、主持董事会会议，检查董事决议的实施情况，签署公司股票和公司债券等。董事会是公司的主要决策机构，受股东的委托执行决策大权，并对重大过失、欺诈、使用公司资产为个人目的而损害公司利益的行为向股东负责，但对正常业务经营不负直接责任。董事会主要是负责重大方案、政策的制定，决定收益留存的比例和股息的支付方式，并决定扩大或缩减生产和经营规模，任命高级管理人员。董事会每年至少要召开两次会议，也可以召开临时董事会会议。

3. 总经理

总经理由董事会聘任或解聘，通常是保险经验丰富的专家和资深保险经纪从业人员。总经理经公司董事会授权制订公司发展计划，执行公司的经营方针，负责日常经营管理，并向董事会负责。总经理直接领导各行政管理部门和具体业务部门。

1）行政管理部门

行政管理部门一般包括市场开发部、客户服务部、行政人事部、教育培训部、财务部等。各部门的基本职责如下。

（1）市场开发部。市场开发部主要负责公司的公关宣传和调研工作，与各保险公司和相关单位建立良好关系，调查研究市场情况和同业信息，配合业务拓展部门做好各种公共关系活动，提交各种市场分析和预测报告等。

（2）客户服务部。客户服务部主要负责协助客户索赔，给予客户各类保险索赔的指导，客户资料保管、保单审核和日常维护、风险提示和相关法律咨询。

（3）行政人事部。行政人事部主要负责日常行政管理、网络管理及办公设备维护、后勤保障、前台接待、办公用品采购、办公环境维护等，人事管理包括员工的业绩考核、员工招聘、员工培训和福利安排。

（4）教育培训部。教育培训部主要负责对本机构保险经纪从业人员的专业知识、业务技能、法律知识、职业道德等方面的教育培训。

（5）财务部。财务部主要负责公司日常财务管理，执行国家和地方的各类财务政策和财务会计制度，进行保费结算和佣金结算，为业务一线提供服务。

2）具体业务部门

具体业务部门是根据保险经纪公司的市场定位和主要业务范围来设置的，各家公司不尽相同。以图11-1为例，该公司的具体业务部门主要有基础建设业务部、电力业务部、能源与化工业务部、金融风险业务部、航运业务部、综合业务部等。

（1）基础建设业务部。该业务部主要在城市轨道交通、铁路、高速公路等工程建设领域，以工程风险管理和保险索赔管理为服务重点，为项目业主、工程承包商、项目融资方等提供大型基础建设项目风险管理与保险咨询意见和解决方案。

（2）电力业务部。该业务部关注新能源产业，以核电及风力发电项目为服务重点，为核电、风电及传统电力项目提供建设期和运营期一揽子风险与保险管理方案，保险服务贯穿业主设备采购、运输、安装、运营等各个环节，同时参与项目的合同风险控制。

（3）能源与化工业务部。该业务部为化工与新型能源行业领域的建设项目提供相关风险管理及保险咨询服务。例如，应用化工行业安全评价事故模型（蒸汽云爆炸模型、池火灾模型、泄漏扩散模型等），进行大型化工项目的保险风险评估、风险单位划分、保险技术条件设计，以及安全生产管理等工作。

（4）金融风险业务部。该业务部主要协助企业客户优化经营风险管理结构、提高企业客户经营风险管理水平，通过有效的国别和行业风险分析渠道、财务分析工具和数据管理平台，协助企业客户量化风险，并辅助运用各种金融保险工具为企业提供提升企业经营效能的风险解决方案。

（5）航运业务部。该业务部为全球航运、物流及相关配套企业提供一揽子保险方案的设计安排，包括保险项目的风险管理和保险事故的索赔等在内的整体性保险专业服务，还为客户提供非保险方面的航运及海事海商法律咨询服务等。

（6）综合业务部。该业务部为政府机构和各类工商企事业单位提供全面的风险管理及保险安排服务，即分析、评估客户所面临的财产与责任风险，根据客户的需求，提供各类专业化的保险解决方案和其他风险转移建议，从而最大限度地保障客户在生产、生活中免受相关风险带来的影响。

11.1.3　保险经纪从业人员的准入条件

保险经纪从业人员应当具有从事保险经纪业务所需的专业能力，并且品行良好。有下列情形之一的，保险经纪人不得聘任：

（1）因贪污、贿赂、侵占财产、挪用财产或者破坏社会主义市场经济秩序，被判处刑罚，执行期满未逾 5 年；

（2）被金融监管机构决定在一定期限内禁止进入金融行业，期限未满；

（3）因严重失信行为被国家有关单位确定为失信联合惩戒对象且应当在保险领域受到相应惩戒，或者最近 5 年内具有其他严重失信不良记录；

（4）法律、行政法规和保险监管机构规定的其他情形。

保险经纪人应当自己或委托保险中介行业自律组织或者其他机构组织对保险经纪从业人员的岗前培训和后续教育，培训内容至少应当包括业务知识、法律知识及职业道德，并建立完整的保险经纪从业人员培训档案。

保险经纪从业人员只限于通过一家保险经纪人进行执业登记；如果变更所属保险经纪人的，新所属保险经纪人应当为其进行执业登记，原所属保险经纪人应当及时注销执业登记。

11.2　保险经纪人的业务经营

11.2.1　保险经纪人的业务范围

保险经纪人产生之初，其业务主要就是为客户安排投保。后来，随着保险经纪行业的日益发展壮大，以及市场需求的多元化，保险经纪人的业务范围逐渐扩展到投保以外的其他服务。如今，在保险业成熟的发达国家，保险经纪人被称作投保人的"保险顾问"，就是因为保险经纪人可以为客户提供从风险评估到索赔等有关风险管理与保险的全方位服务。

1. 风险管理咨询

由经验丰富的风险管理专家，通过实地勘察等方式了解客户所面对的风险，为客户识别、衡量、评价自身存在的各种风险，向客户提供专业的建议，协助客户建立全面风险管理体系。其具体内容包括：辨识、评估客户风险，制定风险分析报告；了解客户的风险偏好、对各种风险的容忍度和承受能力；提出控制、分散、转移风险的建议和具体计划；协助客户落实风险管理计划。

2. 保险方案设计

保险方案即保险合同，事关被保险人切身利益，理赔时，保单的约定是非常重要的依据，因此，运用专业的知识设计一份具有完善保障功能的保单是保险经纪人的基本服务内容。保险经纪人应当根据项目的特点、客户的风险情况和实际需要，为客户设计保险方案，选择合适的保险单条款，以确保提供的保险计划符合客户的利益和要求。

3. 投保安排

保险经纪人可以通过其业务网络或招标方式向多家保险公司同时询价，利用保险专业知识对各承保人的报价条件、承保范围、财务状况、服务水准作出专业评估意见后，协助客户选择承保人并获得优越的承保条件，经客户确认后协助其办理投保所需的一切手续。根据客户的选择向选定的保险公司投保，并代办投保手续，或者协助客户选择承保人和办理投保手续。

4. 保单管理与维护

客户投保后，保险经纪人为客户提供详细解释保单条款和内容的有效培训，以便客户详尽了解保单条款及应注意的事项，阶段性地回顾客户的保险计划，避免由于疏忽，造成保单价值降低，客户利益受损。其具体内容包括：密切关注客户的风险变化情况和保障需求变化情况，并提出相应的保单条件变更建议；协助客户办理保单变更事宜；及时提醒客户履行保单项下的义务，行使保单项下的权利；向客户提供与其保险相关的最新市场信息。

5. 索赔服务

保险经纪人对于经过其办理的保险业务往往比较了解，同时又对保险市场情况和各项索赔程序较为熟悉，可协助客户向保险人要求赔偿和结付。保险事故发生后，保险经纪人可以为客户制定详尽的索赔管理程序，并根据赔偿的进展，帮助客户争取及时、公平和适当的赔偿。其具体内容包括：协助客户对发生的灾害和事故进行调查；协助客户准备索赔资料，并向保险公司提出索赔；必要时协助客户选择公估人进行事故调查和损失鉴定；利用专业知识和经验协助客户与保险公司进行索赔谈判。

6. 再保险安排

保险经纪人可以为保险公司选择最适合的再保险方案，协助客户的承保人安排再保险业务，并提供再保险索赔服务。其具体内容包括：帮助承保人寻找分保渠道，代表保险公司与再保险公司就分保条件、分保价格进行谈判，在国内、国际再保险市场寻找合适的再保险接受公司，并向分出及接受公司提供资料及分析，负责合同管理、续转、修改、终止等服务。

此外，保险经纪人还可以为客户提供特殊险种设计、灾害事故预防管理、风险基金管理、协助开辟项目融资渠道、协助客户利用资本市场分散风险等。

11.2.2　保险经纪人的业务流程

保险经纪人可以协助客户进行专业化的保险安排，改变客户与保险公司之间信息不对称的地位，根据客户的风险特点并结合风险管理的需要，利用其规模购买优势，在保险市场上择优选择保险公司，为客户争取以最小的保险成本获得最完善的保险保障。保险经纪人的基本业务流程如下。

1. 与客户进行保险需求沟通

保险经纪人在决定是否接受客户委托之前，首先要与客户进行简单的保险需求沟通，了解客户的基本情况，判断是否属于自己的业务范围，以及本机构的专业力量是否能够胜任客户的服务要求。

2. 接受客户委托

保险经纪人与客户进行简单的保险需求沟通并决定接受客户委托后，应在双方友好协商的基础上，确立合作关系，必要时应签署书面合同。客户则把委托标的的风险管理或其他工作全权委托给保险经纪公司，由后者对委托事项进行分析、处理。

3. 风险分析和评估

在取得客户委托后，保险经纪人对风险标的进行研究，并进行现场查勘以识别和分析风险，作出风险评估报告。

4. 设计风险管理方案

保险经纪人在风险评估报告的基础上，结合客户的风险控制要求，以及客户的经济能力和自负额水平，制订风险转移和自留的方案，并确定哪些风险需要进行投保。

5. 制订保险计划书

保险经纪人根据客户所面临的风险及其支付能力确定所需投保的风险后，以专业化的服务为客户制订投保计划书，并在征询客户意见后修改完善计划书。

6. 协助询价或招标

保险经纪人在取得客户的书面授权后，依据客户确认的保险方案制作询价单或招标书，按照客户的要求向当地或海外的保险公司进行询价或招标，并由专业人员对各保险公司的报价进行比较，制作报价分析报告，全面、客观地对保险责任和服务体系进行分析，最后向客户推荐合适的承保人及相应的保险产品。

7. 协助投保

在保险购买建议经客户确认后，保险经纪人协助客户办理各险种的投保手续，促成保险合同的签订。完成投保手续后，保险经纪人可向承保人收取一定比例的佣金，因为虽然保险经纪人主观上是为投保人服务，但客观上为承保人提供了业务来源。

8. 保单审核与维护

在保险公司出单后，保险经纪人依据自身的专业知识，对保险内容和条款、附加条款进行认真的审核，审核无异议后再将保单递交给客户。在保险合同有效期内，保险经纪人将对保单跟踪维护，如遇客户人员增减、保费增减、索赔、退保等问题时，协助客户与保险公司交涉并办理相应手续。

9. 协助索赔

保险事故发生后，保险经纪人将协助客户向承保公司报案并及时了解事故情况；应客户委托，代客户向保险公司索赔，包括同保险公司的联系和索赔文件的准备；应客户委托，利用丰富的保险经验和专业技巧，就索赔事宜与保险公司谈判，为客户争取最大利益。

10. 提供必要的风险管理和相关法律咨询

如果客户有需求，保险经纪人还要为聘任其担任风险管理顾问的客户或通过其投保的客户提供各种咨询服务，包括日常的风险管理咨询，以及与保险相关法律的咨询，如工伤保险、执业责任风险的相关法律。

某保险经纪公司的业务流程如图 11 - 2 所示。

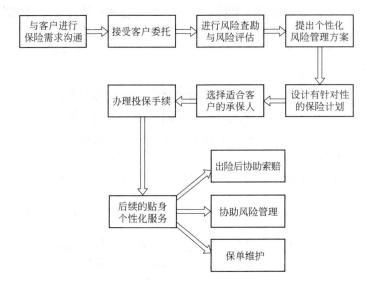

图 11 - 2   某保险经纪公司的业务流程图

11.2.3   保险经纪人的佣金

作为保险市场的参与者，保险经纪人必须有合理的收入以维持其良性发展。保险经纪人的佣金一般取决于介绍成功的保险业务的数量和质量，保险业务数量多、质量高，佣金就多；反之，佣金就少。从各国的情况看，保险经纪人的佣金收取标准各有差异，但在佣金的公开与透明方面，各国做法都是一致的，即要求保险经纪人在客户要求的情况下公开其收取的佣金比例。

在英国，保险经纪人的佣金是由保险公司和保险经纪人协商确定的，监管机构不规定佣金率的幅度，但为了防止由于保险公司所支付的佣金比例过高所引起的客户对保险产品的偏见，监管机构要定期对保险公司支付的佣金比例进行检查，同时保险经纪人也有应客户要求向其披露佣金金额的义务。同时，保险经纪人在接受保险公司按照保险合同金额的一定比例支付的佣金后，不能再接受任何回扣，接受礼物的价值不得高于 25 英镑。

在美国，保险经纪人收取佣金的方式有 3 种：①按照保险费比例收取佣金，不同险种收取佣金的比例也不同；②根据赔付率支付利润分享佣金；③采用双方协商的服务收费制度，即保险公司先提出保费的数额，然后根据保险经纪人投入的努力程度，协商一笔服务费。目前，第一种方式因本身存在的缺陷而受到很多批评，因为按这种方式，如果把业务安排给保费低的保险人会减少保险经纪人的佣金，这会促使经纪人寻求费率高的保险人，从而损害被保险人的利益。同时，佣金数额不一定与保险经纪人花费的努力成正比，因为有些业务保费虽低但并不意味着容易做。第二种方式有利于提高保险经纪人业务的质量，减少保险人不必要的损失。第三种方式由于考虑了保险经纪人的工作努力程度，目前在美国已有部分保险经纪人开始采取与客户协商的办法收取佣金。例如，一些大的保险经纪公司在提供风险管理服务时，建议客户增加自留风险额，目的就是节约客户的保费支出，同时也为了提高客户的责任心、减少保险事故的发生，继而提高自己向保险公司推介业务的质量。如果按保费比例提取佣金，保险经纪人的收入就会减少，因此采取双方协商的方式更为合理。

在德国、日本、韩国等国家，均规定保险经纪人可以依据为客户提供的服务，向保险人收取佣金，佣金数额和支付的方式可以由保险人与保险经纪人双方协商确定。

根据国外的经验，保险经纪人的收入主要有两种办法：一种是从保险公司的保费中提取一定的比例即"经纪佣金"作为报酬；另一种是从客户即投保人处直接收取"顾问咨询费"的办法。比较而言，收取顾问咨询费必须要参照保险市场的发展情况和客户的接受程度，而且对于未来可能发生的理赔服务等所需的时间、人力无法准确界定，在我国目前的保险市场环境中不太容易实行。所以，现在我国保险市场上比较通行的是直接从保险费中划分固定比例作为经纪佣金的办法。这种佣金支付方式虽然不够全面和灵活，但符合保险经纪业务的特点，以及我国保险市场的现状，这主要是基于以下原因。

（1）保险经纪人是保险公司的客户源。来自保险经纪人的业务节约了保险公司的大量业务成本（展业费用），也间接地节约了保险公司的公关、广告宣传费用等，提高了工作效率，进一步扩大了保险公司面对的市场空间。因此，从保险费中划分固定比例作为保险经纪人佣金是完全合理的，而且，保险公司的业务成本占保费收入的比例也是确定保险经纪人佣金的重要参照。

（2）保险经纪人的业务来源相对规范。经过保险经纪人为保险标的提供风险管理方案，以及对投保人、被保险人等的培训与讲座，保险标的的安全系数会得到显著提高，相同条件下发生保险事故的概率和索赔额亦会趋于合理化，这也有助于提高保险公司的利润率。

（3）保险经纪人业务的良好切入点。保险经纪人在保险市场中的介入无疑会将保险公司与客户之间相对立的"买、卖"关系作微妙的疏导，会消除某些客户与保险公司之间的不信任、不理解；尤其保险经纪人在索赔处理时的专业性将有助于减轻保险公司直接面对客户的各种压力并节约了大量时间，从而有助于保险公司的业务开拓。

当然，随着我国保险市场的进一步完善和发展，保险中介市场日益规范，保险经纪人被更多的客户所接受，采用其他佣金标准，如双方协商的方式也可以逐渐推行。

11. 2. 4 保险经纪人的执业规范

根据《保险法》和《保险经纪人监管规定》，保险经纪人在执业过程中应遵守以下规则。

1. 许可证放置

保险经纪公司应当将许可证、营业执照置于住所或者营业场所显著位置。

保险经纪公司分支机构应当将加盖所属法人公章的许可证复印件、营业执照置于营业场所显著位置。

保险经纪人不得伪造、变造、出租、出借、转让许可证。

2. 业务范围

保险经纪人可以经营下列全部或者部分业务：

（1）为投保人拟订投保方案、选择保险公司以及办理投保手续；

（2）协助被保险人或者受益人进行索赔；

（3）再保险经纪业务；

（4）为委托人提供防灾、防损或者风险评估、风险管理咨询服务；

（5）保险监管机构规定的与保险经纪有关的其他业务。

保险经纪人从事保险经纪业务不得超出承保公司的业务范围和经营区域。

保险经纪人及其从业人员不得销售非保险金融产品，经相关金融监管部门审批的非保险金融产品除外。

保险经纪从业人员应当在所属保险经纪人的授权范围内从事业务活动。

3. 公司制度

保险经纪人应当根据法律、行政法规和保险监管机构的有关规定，依照职责明晰、强化制衡、加强风险管理的原则，建立完善的公司治理结构和制度；明确管控责任，构建合规体系，注重自我约束，加强内部追责，确保稳健运营。

4. 执业行为

1）对投保人（委托人）负责

保险经纪人从事保险经纪业务，应当与委托人签订委托合同，依法约定双方的权利义务及其他事项；委托合同不得违反法律、行政法规及保险监管机构有关规定。

保险经纪人在开展业务过程中，应当制作并出示规范的客户告知书。客户告知书至少应当包括以下事项：

（1）保险经纪人的名称、营业场所、业务范围、联系方式；

（2）保险经纪人获取报酬的方式，包括是否向保险公司收取佣金等情况；

（3）保险经纪人及其高级管理人员与经纪业务相关的保险公司、其他保险中介机构是否存在关联关系；

（4）投诉渠道及纠纷解决方式。

保险经纪人向投保人提出保险建议的，应当根据客户的需求和风险承受能力等情况，在客观分析市场上同类保险产品的基础上，推荐符合其利益的保险产品；并向投保人披露保险产品相关信息。

2）对保险公司负责

保险经纪人应当向保险公司提供真实、完整的投保信息，并应当与保险公司依法约定对投保信息保密、合理使用等事项。

保险经纪人从事保险经纪业务，涉及向保险公司解付保险费、收取佣金的，应当与保险公司依法约定解付保险费、支付佣金的时限和违约赔偿责任等事项。

3）业务档案

保险经纪人应当建立完整规范的业务档案，业务档案至少应当包括下列内容：

（1）通过本机构签订保单的主要情况，包括保险人、投保人、被保险人名称或者姓名，保单号，产品名称，保险金额，保险费，缴费方式，投保日期，保险期间等；

（2）保险合同对应的佣金金额和收取方式等；

（3）保险费交付保险公司的情况，保险金或者退保金的代领以及交付投保人、被保险人或者受益人的情况；

（4）为保险合同签订提供经纪服务的从业人员姓名，领取报酬金额、领取报酬账户等。保险经纪人应当建立专门账簿，记载保险经纪业务收支情况。

4）独立账户

保险经纪人应当开立独立的客户资金专用账户，专门用于存放：①投保人支付给保险公司的保险费；②为投保人、被保险人和受益人代领的退保金、保险金。

保险经纪人应当开立独立的佣金收取账户。

5）再保险经纪业务

保险经纪人从事再保险经纪业务，应当设立专门部门，在业务流程、财务管理与风险管控等方面与其他保险经纪业务实行隔离。

保险经纪人从事再保险经纪业务，应当建立完整规范的再保险业务档案，业务档案至少应当包括下列内容：①再保险安排确认书；②再保险人接受分入比例。

6）禁止行为

保险经纪人不得委托未通过本机构进行执业登记的个人从事保险经纪业务。

保险经纪人及其从业人员在办理保险业务活动中不得有下列行为：

（1）欺骗保险人、投保人、被保险人或者受益人；

（2）隐瞒与保险合同有关的重要情况；

（3）阻碍投保人履行如实告知义务，或者诱导其不履行如实告知义务；

（4）给予或者承诺给予投保人、被保险人或者受益人保险合同约定以外的利益；

（5）利用行政权力、职务或者职业便利以及其他不正当手段强迫、引诱或者限制投保人订立保险合同；

（6）伪造、擅自变更保险合同，或者为保险合同当事人提供虚假证明材料；

（7）挪用、截留、侵占保险费或者保险金；

（8）利用业务便利为其他机构或者个人牟取不正当利益；

（9）串通投保人、被保险人或者受益人，骗取保险金；

（10）泄露在业务活动中知悉的保险人、投保人、被保险人的商业秘密。

保险经纪人及其从业人员在开展保险经纪业务过程中，不得索取、收受保险公司或者其工作人员给予的合同约定之外的酬金、其他财物，或者利用执行保险经纪业务之便牟取其他非法利益。

保险经纪人不得以捏造、散布虚假事实等方式损害竞争对手的商业信誉，不得以虚假广告、虚假宣传或者其他不正当竞争行为扰乱保险市场秩序。

保险经纪人不得与非法从事保险业务或者保险中介业务的机构或者个人发生保险经纪业务往来。

保险经纪人不得以缴纳费用或者购买保险产品作为招聘从业人员的条件，不得承诺不合理的高额回报，不得以直接或者间接发展人员的数量或者销售业绩作为从业人员计酬的主要依据。

5. 保证金与职业责任保险

保险经纪公司应当自取得许可证之日起 20 日内投保职业责任保险或者缴存保证金。

保险经纪公司投保职业责任保险的，该保险应当持续有效；投保的职业责任保险对一次事故的赔偿限额不得低于人民币 100 万元；一年期保单的累计赔偿限额不得低于人民币 1 000 万元，且不得低于保险经纪人上年度的主营业务收入。

保险经纪公司缴存保证金的，应当按注册资本的 5％足额缴存，以银行存款形式专户存储到商业银行，或者保险监管机构认可的形式缴存；增加注册资本的，应当按比例增加保证金数额；有下列情形之一的，可以动用保证金：

（1）注册资本减少；

（2）许可证被注销；

（3）投保符合条件的职业责任保险；

（4）保险监管机构规定的其他情形。

6. 市场退出

保险经纪公司应当在许可证有效期（3 年）届满 30 日前，按照规定向保险监管机构申请延续许可；保险监管机构对保险经纪人前 3 年的经营情况进行全面审查和综合评价，并作出是否准予延续许可证有效期的决定。

准予延续许可证有效期的，保险经纪公司应当自收到决定之日起 10 日内向保险监管机构领取新许可证；不予延续有效期的，应当自收到决定之日起 10 日内缴回原证。

保险经纪公司有下列情形之一的，保险监管机构依法注销许可证，并予以公告：

（1）许可证有效期届满未延续的；

（2）许可证依法被撤回、撤销或者吊销的；

（3）因解散或者被依法宣告破产等原因依法终止的；

（4）法律、行政法规规定的其他情形。

被注销许可证的保险经纪公司应当及时交回许可证原件；许可证无法交回的，保险监管机构在公告中予以说明。

被注销许可证的保险经纪公司应当终止其保险经纪业务活动，并自许可证注销之日起 15 日内书面报告工商注册登记所在地的工商行政管理部门；公司继续存续的，不得从事保险经纪业务，并应当依法办理名称、营业范围和公司章程等事项的工商变更登记，确保其名称中无"保险经纪"字样。

有下列情形之一的，保险经纪人应当在 5 日内注销保险经纪从业人员执业登记：

（1）保险经纪从业人员受到禁止进入保险业的行政处罚的；

（2）保险经纪从业人员因其他原因终止执业的；

（3）保险经纪人停业、解散或者因其他原因不再继续经营保险经纪业务的；

（4）法律、行政法规和保险监管机构规定的其他情形。

保险经纪人终止保险经纪业务活动，应当妥善处理债权债务关系，不得损害投保人、被保险人、受益人的合法权益。

11.3　保险经纪人的业务内容

11.3.1　保险经纪人的目标市场定位

保险经纪人在经营过程中，应当以市场为中心，以消费者的需求为导向，并根据自身的情况，选择适当的客户群，针对该客户群的需求制定相应的经营策略。

保险经纪人的客户类型可划分为小型商业保险购买者（包括个人保险购买者）与中、大型商业保险购买者。两类客户之间有很大的区别。

1. 小型商业保险购买者

小型商业保险购买者（包括个人保险购买者）的需求相对简单，他们具有以下特征。

（1）需要购买标准的保险保障产品。

（2）对保险条款并不熟悉。

（3）在无充分保险的情况下对损失的承受能力非常有限。

（4）大多数人视保险为一种商品。

（5）他们往往处于单一场所。

以这类保险购买者为目标客户的保险经纪人，组织结构可以相对简单，但需要足够的具备综合专业知识和能力的从业人员，能够为客户提供包括风险管理、各类保险产品的有效组合、保单维护、协助索赔等一系列服务。

2. 中、大型商业保险购买者

中、大型商业保险购买者明显不同于小型商业保险消费者（包括个人保险购买者），他们具有以下特征。

（1）对风险管理和保险经纪人的经营方法非常熟悉。

（2）往往需要适合其特殊需要的保险保障计划而非传统的定式保险合同。

（3）有些从事国际性业务，有众多的营业场所。

（4）有众多的人力和财力资源保证，因而能够选择运用除传统保险机制外的其他风险转移方法。

（5）大多数企业往往需要专业化的风险管理服务。

以这类保险购买者为目标客户的保险经纪人，组织结构较为复杂，必须拥有各类专业技术人员，包括熟悉保险市场变化发展的市场开拓人员，具有精深保险专业知识与经验的保险精算师，有较高的相关行业技术知识的风险管理工程师，为客户提供保单维护及索赔服务的客户服务人员等。各类专业人员之间应具有很强的团队协作精神，并且能够在全国乃至全世界范围内为客户提供此类服务。特别是当客户在海外具有一定利益时，要求保险经纪人也应设有相应的营业网点以支持客户在当地的经济活动。

11.3.2 为客户制定风险管理策略

客户的保险安排往往与其风险管理计划是密不可分的，因此，在决定购买保险产品之前，保险经纪人通常都要为客户进行风险分析和评估，协助客户进行风险管理，其基本程序如图11-3所示。

1. 风险的类别

风险是指一种客观存在的、损失的发生具有不确定性的状态。风险具有3个基本特性：客观性、损失性和不确定性。对保险经纪人的客户尤其是中、大型客户而言，风险的主要类别如下。

（1）市场风险。市场变数极多，因市场突变、人为分割、竞争加剧、通货膨胀或紧缩、消费者购买力下降、原料采购供应等事先未预测到的风险，导致市场份额急剧下降，或者出现反倾销、反垄断指控。

（2）产品风险。因企业新产品、服务品种开发不对路，产品有质量和缺陷问题，产品陈旧，或者更新换代不及时等导致的风险。

（3）经营风险。由于企业内部管理混乱、股东撤资、资产负债率高、资金流转困难、三角债困扰、资金回笼慢、资产沉淀，造成资不抵债或亏损的困境。

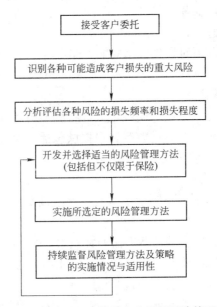

图 11-3　保险经纪人协助客户进行风险管理流程

（4）投资风险。各类投资项目论证不力、收益低下亏损、股东间不合作或环境变化导致项目失败。

（5）外汇风险。因外汇汇率波动而使以外币计价的企业资产与负债价值上涨或下降的风险。

（6）人事风险。企业对董事、监事、经理和管理人员任用不当，无充分授权，或者精英人才流失，无合格员工，员工大面积（集体）辞职造成损失。

（7）体制风险。企业因选择企业制度、法人治理结构、组织体系、激励机制不当而运作困难或内耗增大，或者公司期限届满而面临解散清算。

（8）购并风险。企业的股权发生变化或转移，从而引起善意或恶意的收购和企业间的合并。

（9）自然灾害。因自然环境恶化、地震、洪水、火灾、台风、暴雨、沙暴、雪暴、天文异变、交通事故、危险品泄漏、环境污染、地质（地基）变动等造成损失。

（10）公关危机。企业因多种原因，如产品质量不合格、劳资纠纷、法律纠纷、重大事故案被公众媒体曝光，而使企业公信力和美誉度急剧下降。

（11）政策风险。因政府法律、法规、政策、管理体制、规划的变动，税率、利率变化或行业专项整治，加入世界贸易组织、双边或多边贸易摩擦等造成的影响。

（12）外交风险。我国与其他国之间政治、外交关系的恶化，导致正常经济贸易和技术合作的中断或终止。

2. 风险识别

风险识别是指对潜在的和客观存在的各种风险系统地、连续地进行识别和归类，并分析产生事故的原因和过程。风险识别的方法主要有风险清单分析法、流程图分析法、事故分析法等。

1）风险清单分析法

风险清单分析法是通过设计编制一种收集有关风险信息的表格、框架，借以识别风险的方法，如保险调查问卷法、保单对照法、风险分析问卷法、资产损失分析法等。风险清单的作用类似备忘录，清单上逐一列举客户面临的风险，并将这些风险与客户的经营活动联系起来进行考察，包括可保的和不可保的。例如，洪水风险项下要考虑客户标的主体部分所处的地理位置，以及发生泥石流、山洪暴发、河水倒灌、排水系统阻塞、河堤决口等意外事件时，对每一建筑物和场所的影响。

风险清单的具体格式应该包括以下内容。

（1）客户资产。客户所有的（包括使用的和负责的）全部资产，不仅包括有形资产，如房屋、机器、存货、仓库、车辆、船舶、矿产资源、管道、土地等，而且包括无形资产，如专利、版税、特许权、设计和信息系统和人员。

（2）客户经营所需的其他要素。例如，公共事业的供给、公路和铁路条件、河流湖泊等水源条件，客户活动所处的物质、自然、社会、经济、法律和政治环境。

（3）发生致损事故的危险源。不但要考虑可保风险，而且要考虑到那些可能对客户造成重大威胁的不可保灾害和事故。

（4）影响损失程度的因素。例如，在考虑产品责任风险时，要检查生产过程的性质（批量生产或连续生产）、控制质量的检验标准和检验次数，使用产品的国家对产品缺陷的法律责任，以及对因产品缺陷造成的人身伤害或财产损失赔偿限额的有关规定。

利用风险清单法识别风险，可以比较全面地了解经济主体所面临的风险，避免忽略了重要风险的可能性。其不足之处是只帮助人们罗列出风险的种类，至于其影响范围、风险发生的原因及损失程度等却难以从中获得。

2）流程图分析法

流程图分析法比较适合企业使用，是指将企业的全部生产经营活动，按照其内在的逻辑关系画成作业流程图，针对流程图中的关键环节、薄弱环节调查和分析风险，如产品流程图、服务流程图、财务会计流程图、生产营销流程图、分配流程图等。流程图分析法是一种用于识别企业面临潜在损失风险的常用动态分析方法。企业的组织规模越大，生产工艺流程越复杂，该方法越能体现出其特殊的优势。

通过对流程图的分析，风险管理者可以比较清晰地意识到企业所面临的损失风险。但是，因为流程图是建立在过程分析的基础上，要通过一幅图就认识到企业整个生产过程的损失风险是相当不易的事，它往往需要若干个流程图才能描绘单位的整个生产经营过程。同时，流程图只能进行定性分析，不能进行定量分析，从而需要与其他方法结合起来运用。

3）事故分析法

事故分析是对可能引起损失的事故进行研究，并探究其原因和结果的一种方法，原因和结果之间联系的变化是事故的函数。以锅炉运行事故为例，有多种潜在的事故原因，如锅炉爆炸、水管破裂、主供水泵故障等，而这 3 种原因所引起的影响是完全不同的。锅炉爆炸会造成生产过程的重大停顿，财产毁损和人员伤亡，并可能引起对第三者的责任；水管破裂可能引起生产的短暂中断，但不会引起财产损失和人员伤亡；主供水泵发生故障时，如果能立即开启备用泵，则可能丝毫不影响正常生产的进行。

此外，事故分析还可以用风险逻辑树加以补充，即用图解的方式，调查致损事故发生前产生的那些失误事件的情况，以及哪些失误可能发生，然后进行具体分析，其形式如图11－4所示。

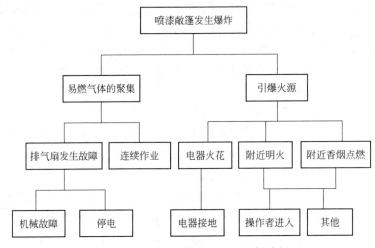

图 11-4　喷漆敞篷爆炸的失误树分析

在图 11-4 中可以看出，引起爆炸要具备两个必要条件：易燃气体在爆炸限度内的积累和引爆火源。根据分析，进一步调查可能存在的火源。火源可能是电器火花或附近明火，也可能是点燃的香烟；吸烟者可能是操作者本人，也可能是进入工作间的外人；电器火花则可能是由电器设备接地系统缺陷所致。如此追查下去，直至将发生事故的所有原因调查清楚为止。

运用风险逻辑树方法可能识别出各种促成致损事故的风险因素。建立风险逻辑树的优点之一是使保险经纪人把对发生致损事故的潜在原因的分析追溯到最小因素，它是实行风险控制措施的一个必要前提。在实际生活中，要具体情况具体分析。由于经常发生人们意想不到的事件，所以不能忽略任何微小的风险和风险因素。

4）财务报表分析法

财务报表分析法是通过分析资产负债表、损益表、现金流量表，以及一些支持性文件，识别和分析经济主体的财产风险、责任风险和人力资本风险等的静态分析方法。财务报表可以反映出企事业单位的各种经营信息，包括企业或事业单位资产分布的具体情况，企业对供货方和消费者的依赖程度，财务安排计划与执行情况，以及企事业单位实行风险管理的各种费用情况等。因此，对这一系列的财务报表进行综合整理和分析，可以形成全面、概括反映企事业单位经济活动过程和结果的报告性文件，从而掌握单位损失风险变化的状况。

在利用资产负债表进行风险识别时，不仅应关心资产价值的变化，还应注意负债的变化，分析负债是否全部因意外事故的发生而增加。此外，资产负债表往往指出了损失的存在，离风险管理的直接目标尚有差距，因而需要与其他财务报表结合起来进一步调整和分析。

5）实地调查法

实地调查法是通过事先设计有关损失风险问题的调查表格，到现场进行调查获得第一手资料，进而进行风险识别和分析的方法。实地调查法对于损失风险管理制度不太完善的中小企业或事业单位是比较适用的方法，同时，对于一些潜在风险多、机构庞大、工艺复杂的企业，保险人也希望采取实地调查的方法对风险标的进行更详细和直接的了解。该方法的不足之处是，调查表往往是从企事业单位所面临风险的普遍性角度来考虑，并非站在特定企业的角度来设计。同时，因为保险公司的介入，调查表可能会忽略不可保风险或其他风险。

上述各种分析方法比较起来，各有其优缺点。在实践中，保险经纪人要对客户的潜在风险进行较为完整的分析，需要将上述几种方法进行综合运用。

阅读资料

保险经纪人如何进行火险风险调查

保险经纪人作为投保方的顾问，其最重要的义务就是为客户提供投保前的风险调查服务，了解投保标的风险因素尤其是物质风险因素和心理风险因素，尽量帮助客户采取措施消除或减少风险因素。在针对火险的投保服务中，保险经纪人应区分不同类型的标的，进行谨慎而详尽的风险调查。

对于比较小的房屋，保险经纪人在得到客户的允许后将独自进行调查。调查完成以后，再向客户核实所发现的疑点，并请客户注意需要采取措施的特殊危险。

对于较大或较复杂的保险标的，保险经纪人应让某个负责人陪同调查，负责人将向他指出哪个是要调查的建筑物，也许还会提供某种形式的平面图（保险经纪人也可以按自己的需要进行绘制），负责人还会向他介绍建筑物做什么用，处理哪类物品，等等。在此之后，保险经纪人将画出平面图，详细检查建筑物的情况并做必要的记录，告诉客户检查完以后他还要回来，以便对还需要进一步了解的情况提出问题。保险经纪人应找诸如车间主任和工长等人，进一步了解他所需要知道的情况。

如果投保人以使用者的身份想给建筑物的一部分和其中物品投保，那么，保险经纪人不仅应对整个建筑物进行详细检查，而且也要对与之构成同一风险单位的其他建筑物进行同样详细的检查，而不管那些建筑物是不是由投保人全部占用或部分占用。换言之，在构成一个风险单位的建筑物或部分建筑物的限度之内，建筑物的每部分都必须详细检查，不管占用者是什么人，也不管有多少个占用者。这是因为在多家占用的建筑物中，危险性最大的占用者的保险费率决定着整个建筑物的保险费率。

保险经纪人需要检查各种各样的保险标的，因此，他不仅应熟悉那些"普通风险"，诸如由建筑结构、衬层、高度、体积、采暖、电力等所引起的风险，而且还应熟悉"特别风险"，即由某些行业所特有的工艺过程以及储存或使用某类物品所引起的风险。为了能正确鉴别这些风险，他应了解并懂得化学、电学等学科的基本知识。

保险经纪人通过对火险风险的调查与分析，既可以使客户防患于未然，又可帮助客户得到较为优惠的费率，促使保险协议顺利完成。

资料来源：作者根据相关资料进行整理．

---

3. 风险估测与评价

风险估测是指在风险识别的基础上，通过对所收集的大量详细损失资料加以分析，运用概率论和数理统计，估计和预测风险发生的概率和损失幅度。风险估测不仅使风险管理建立在科学的基础上，而且使风险分析定量化。损失分布的建立、损失概率和损失期望的预测值，为风险管理者进行风险决策，选择最佳管理技术提供了可靠的科学依据。

风险评价是指在风险识别和风险估测的基础上，把风险发生的概率、损失严重程度，结合其他因素综合起来考虑，得出系统发生风险的可能性及其危害程度，并与公认的安全指标比较，确定系统的危险等级，然后根据系统的危险等级，决定是否需要采取控制措施，以及控制措施采取到什么程度。风险评价通过定性、定量分析风险的性质，以及比较处理风险所支出的费用，确定风险是否需要处理和处理的程度。

4. 选择风险管理技术

保险经纪人应根据风险评价结果，设计系列组合措施，为客户选择最佳、最适合的风险管理技术，把客户的风险总损失降到最低程度。风险管理技术分为控制型和财务型两大类。

1）控制型风险管理技术

控制型风险管理技术的目的是降低损失频率和减少损失幅度，重点是改变引起意外事故和扩大损失的各种条件，包括风险避免、损失预防和损失抑制。其中，风险避免是指对于那些潜在风险成本高于收益的投资项目应予以放弃或回避；损失预防是指在风险损失发生前通过消除或减少风险因素而达到降低损失发生频率的目的；损失抑制是指在损失发生时或之后为缩小损失幅度而采取的各项措施。

2）财务型风险管理技术

财务型风险管理技术的目的是以提供基金的方式，消化发生损失的成本，即对无法控制的风险所作的财务安排，包括风险转移和风险自留，风险转移又包括保险风险转移和非保险风险转移。其中，风险自留是指经济单位通过内部资金的融通，如将损失摊入经营成本、建立意外损失基金、企业借款等方式，自己承担由风险事故所造成的损失；非保险风险转移是指经济单位将自己可能的风险损失所致财务负担转移给保险公司以外的其他经济单位，以补充风险事故发生所造成的损失；保险风险转移是指经济单位或个人以缴纳保险费为前提，把自身可能遭受的风险事故造成的损失转嫁给保险公司的处理方法。

典型案例

某超级市场的风险识别与分析

1. 风险标的

（1）材料：食品、冷冻食品、服装、家具、器具、家用、鞋、珠宝、化妆品、家用电器、包装材料、油漆。

（2）主要设备：垃圾捣碎机、包装机、烤箱、电梯、空调、条码扫描仪、冷柜、绞肉机等。

2. 风险识别

1）雇主责任风险

在销售旺季，拥挤的过道、杂乱的存货区域容易滑倒；兼职的和不熟练的雇员；在较危险的区域使用梯子搭建展览品或从事维修工作；在储藏室和仓库搬运货物；使用动力设备；运货电梯等事故。

2）公众责任风险

商场设计不合理；拥挤的走道；货物堆积在门口；破旧、杂乱、易滑的地板；楼梯或斜坡标志不明显；较少的出口、出口的安全门标志不明显；展示柜玻璃不安全；商店内悬挂物固定不稳固；旋转门、自动扶梯和电梯失修；昏暗的人行道等。

3）火灾和爆炸风险

烤箱等厨房用具，电线老化、温度过高引起火灾，煤气泄漏引起爆炸；化妆品展示柜内化妆品离照射灯等热源过近；乱拉接电线、照明及电器装置；吊顶内电线被老鼠和虫咬；商场内缺少灭火器材；无人值守的仓库内无自动喷淋装置或火灾探测系统；无明显禁烟标志；抽烟、纵火；清洁剂、油漆、燃料的储存不合理；易燃品的管理不严；无紧急情况的工作流程。

4）盗窃风险

大量现金；贵重商品无特别安全措施；对存货缺乏有效的管制；防盗门窗不牢固；无人值守；员工的不忠诚；监守自盗。

5）其他风险

停电的主要原因：供电系统故障；电力局故障拉闸；电力设备遭雷击等（自有发电设备）。停电的主要损失：生猛海、河鲜的死亡与变质；冷冻食品的溶化与变质。

水灾的主要原因：暴雨；水管爆裂；消防水泄漏；清洗外墙等。水灾的主要损失：商品、装修等的水湿。

3．风险评估

对上述风险的评估如表11－1所示。

表 11－1　某超级市场的风险评估

风险项目	风险等级
雇主责任	较高
公众责任	高
火灾和爆炸	高
盗窃	较高
水灾、停电等	高

4．风险处置方案

1）避免或预防

对一些风险过大的方案应加以回避。例如，避免雇用业务不熟练的雇员、设置醒目的安全标志、配备灭火设施、实行设备预防检修制度等。

2）自留风险

企业要量力而行，在力所能及的范围内承担风险；企业用自我保险把风险接受下来，如每月积存一笔基金用于发生事故时抵偿损失。

3）转移风险

方案1：转包，即把部分经营管理权转包给其他企业，如将熟食制作的经营权外包，实现风险的部分分散。

方案2：向保险公司投保，即将发生频率低但损失程度高的风险通过购买相应的保险，如购买公众责任保险，实现相应风险的转移。

11.3.3　为客户选择保险人

对于许多客户，无论是个人还是单位，要自己对众多的保险人进行深入的了解是不太可能的，尤其是在一个拥有众多保险人的市场上，保险经纪人能够利用其专业优势，以及对保险市场的了解，为客户选择最合适的保险人。保险经纪人对保险人的评估主要包括以下几个方面。

1. 服务质量

保险人为了生存与发展，不仅要维持已有的客户，而且要不断寻找新的客户。如果他们不能提供优质的服务，则将失去部分甚至全部的客户，因此服务质量对保险公司而言至关重要。保险人应该具备以下条件以保障对客户承诺的服务质量。

（1）快速而综合的核保报价系统。

（2）高效率的业务登记备案系统。

（3）高效率的损失查勘理赔系统。

（4）高效率的业务资金周转系统。

（5）高效率的产品开发和推销系统。

（6）及时准确的信息传递系统。

（7）高水平的专家咨询服务系统。

（8）高素质的人力资源保障系统。

保险经纪人在选择保险人时，应当根据实际情况来评估保险人的服务质量。

2. 承保责任范围

保险经纪人的目标应是争取最大可能的承保责任范围，以满足客户多方面的保险需求。事实上，许多保险合同都是根据保险经纪人的要求设计和制定的。保险经纪人应该了解不同保险人承保责任范围的差别，以及不同报价和承保范围之间的关系。应该注意的是，即使某个保险人提供的承保责任范围非常优越，保险经纪人也不应放弃与其他保险人谈判的机会，经比较后再形成最后的保险方案。

3. 承保能力

保险标的的风险程度不同，对保险人承保能力的要求也会有所不同。对于大型保险标的，保险人的承保能力是保险经纪人进行决策时至关重要的因素。保险人的承保能力主要取决于保险人对风险的判别、保险人的资本金规模、再保险安排、赔案的大小和频率等因素。同时，保险经纪人除了考虑保险人在保单中规定的条款和条件以外，还应考虑保险人在承保时是否具有灵活性，如降低免赔额、实行费率优惠等。

4. 机构网点

保险经纪人在选择保险人时还应考虑保险人营业场所的地域分布状况，这不但方便客户在标的所在地就地安排保险，还有利于得到迅捷的保险售后服务。特别是对跨国公司的客户，对保险人机构服务网点的要求更高。如果保险经纪人在作某项全球保险计划而对保险人进行选择，应当考虑以下几方面。

（1）保险人在全球范围内有足够的营业网点以支持被保险人在当地的经济活动。

（2）保险人对全球保险计划管理有足够的了解。

（3）保险人有能力提供中央承保服务以控制其在海外的业务活动。

（4）保险人能够在当地提供专业的索赔处理服务。

（5）保险人在必要时能够提供与全球保险计划条款不同的保单以承保当地业务。

（6）保险人能够在全球范围内灵活地分配保费。

（7）保险人能高效率地进行国际会计的操作。

（8）保险人具有足够的承保能力。

5. 理赔服务

理赔服务质量同样是保险经纪人选择保险人时必须考虑的一个重要因素。理赔不及时准确不仅会影响保险人，同时也会损坏保险经纪人的声誉。因此，保险经纪人一定要十分了解保险人理赔服务的情况。保险经纪人可以从以下几个方面来判断保险人的理赔状况。

（1）能否迅速委派理赔人员到事故现场查勘定损。

（2）能否兑现保险合同中的承诺保证，准确判定保险责任归属。

（3）能否迅速作出理赔决策而不有意拖延。

（4）能否保证理赔工作公开、公平和公正。

6. 技术支持

大型保险公司往往拥有大量的保险专业技术人员和熟悉各行业的业务专家，技术实力雄厚，可以凭借自己的力量为客户提供综合性的、高水平的技术服务。一些中、小型保险公司市场定位非常明确，虽然技术力量不够全面，但在某些保险领域具备专业性很强的技术力量，甚至在这个行业中处于领先地位。因此，保险经纪人在选择保险人时应根据客户的实际需要，有针对性地物色适合客户要求的保险人。

7. 承保价格

承保价格往往是保险合同能否达成的关键因素。保险经纪人应该根据自己的专业知识和对市场的了解，弄清楚什么样的费率具有真正的竞争性，或者通过广泛询价的方式，选择较为理想的报价供客户参考。需要注意的是，保险经纪人不能以牺牲保险责任范围来获取低廉的保险价格，除非客户对这种情况有所了解，因为低价格低保障的保单会使客户在遭受损失后得不到足够的赔偿。因此，保险经纪人不但要注意保险人提供的承保价格，还要注意将保费和保险责任、风险状况、理赔服务、免赔额等因素一并考虑，避免只追求低价格，而忽略了保险的真正目的——保障风险和经济补偿。

8. 勘察和风险管理

保险费率的计算和保险责任的划定来自于保险人对保险标的的查勘结果，来自于风险识别和风险评估的过程，这是为客户安排保险方案的关键。小型保险经纪人一般难以雇用自己的勘察人员，因此，保险人提供的风险管理建议的质量就显得十分重要。这种重要性体现在风险管理建议反映了对客户需求的理解，并且这种建议具有很强的实用性。这种附加风险管理建议的保险可能会十分有用，但是如果保险人的勘察人员要求投保方作出改进的费用超过了节省的保费，则投保方就得不偿失了。因此，保险经纪人应该在购买保险之前安排勘察工作，或者向保险人提供足够的信息以便采取可行的改进方案。在大多数情况下，保险经纪人应当陪同勘察人员一起工作。

9. 财务稳定性

对保险人进行评估时，保险人的财务可靠性是保险经纪人最关心的问题。虽然，保险经纪人不会因保险人的倒闭而对客户承担赔偿责任，但是保险经纪人也要对与其有业务往来的保险人的财务稳定性进行监控，因为保险人的财务稳定性是保险人偿付能力的体现，关系到保险人的信誉和服务承诺，也关系到保险经纪人的声誉和发展。因此，财务制度健全、执行规范、赔款及时、没有不良记录、讲求商业信誉的保险人，是保险经纪人为客户选择保险人的主要条件。

对保险人财务稳定性的检测，依赖于保险经纪人的规模和实力。大型保险经纪人一般都设有安全评估委员会，委员会的成员必须具有会计背景，对本国及国外有关保险公司的会计制度有详细的了解。安全评估委员会负责收集市场上保险人的情报和资料，并为保险经纪人如何使用这些资料提供建议。相比之下，中、小型保险经纪人往往缺乏足够的人力和技术来详细评估保险公司的财务稳定性，只能依靠外部的信息资源，如某些商业组织公布的数据，或者官方机构发布的信息等。

10. 声誉和经验

无论一个保险人能够承保多大范围内的风险，在一个确定的保险市场上，不同的保险人总会在承保某种风险上有自己的声誉和经验。不同保险人的声誉和经验一般是有着显著差别的，对于保险经纪人来说，关键是鉴别和把握不同的保险人的声誉与经验。

11.3.4　为客户办理投保手续

客户自己办理投保手续往往是一件较烦琐的事，特别是当其对保险不甚了解时，因此通常会委托保险经纪人协助或代为办理投保手续。具体而言，保险经纪人为客户投保时需要做以下工作。

1. 帮助客户填写投保单

对于许多大型和复杂的风险，投保单一般没有太大用处，取而代之的是查勘的结果，以及保险经纪人的意见。但是，对于中型和小型的风险而言，投保单则是必需的，如机动车保险、忠诚保证保险、职业责任保险、各种形式的个人寿险等。

保险经纪人在投保单方面的职责，主要是指在完成投保单时为客户提供帮助。所谓帮助，并非是指保险经纪人自己完成投保单，而是对客户的疑问进行解答，向客户指出投保单中相关的重要信息。保险经纪人不得签署投保单，除非他得到了客户的明示授权。

但是，对一些小型的商业保险，如车辆险、家庭财产险，保险经纪人通常先完成投保单，然后再要求投保人签章。在这种情况下，以下几点十分重要。

（1）每个问题都必须解释清楚，不能含糊。例如，在投保家庭财产险时，保险经纪人必须解释什么是"标准"的建筑。

（2）在建议客户签署投保单之前，保险经纪人应该与客户一起就投保单的内容再复查一遍。

（3）必须明确签署投保单是投保人的义务和职责。

（4）一份投保单完整的副本必须立即交给客户，最好附上关于投保单中重要问题的评注。

2. 获取其他投保信息

除了投保单之外，保险经纪人还可以通过其他方式获取更多的投保信息，这些方式包括保险人附加的调查问卷、保险经纪人的调查问卷、与客户面谈、查勘、电话采访等。

保险人附加的调查问卷与投保单具有相同的作用，而且问卷上的内容同样具有法律效力，如车辆险种附加的驾驶员问卷。

对于拥有多个营业场所或多个子公司的投保人，保险经纪人为了尽可能收集大型风险或跨国风险的信息，通常设计他们自己的调查问卷。这些问卷不会只提出一些表面化的问题，而是会涉及很具体的信息，如营业额、工资额、建筑物价值等。

在某些情况下，调查问卷是客户续保时收集信息的一种简单而有效的方法，还可以节省成本，具有一定的经济效益。但是，保险经纪人不能过度依赖调查问卷，因为调查问卷不可能涵盖所有问题。毕竟，获取全面准确的信息是保险经纪人向客户提供的各种服务中最关键的要素。

3. 实施查勘

保险经纪人之所以应实施查勘是基于两点考虑：①为实施风险管理做准备；②为了获取详尽的承保信息，以争取有利的承保条件。

承保查勘为保险经纪人提供了一种获取信息的有效渠道，而在争取有利的承保条件方面，查勘也是至关重要的，因为大多数保险人只有在了解风险的全部信息后才可能提供优惠的承保条件。

4. 信息披露

向保险人披露风险信息时，保险经纪人应注意以下几点：①披露所有重要的和相关的信息；②最大限度地代表客户的利益；③确保最终以书面的形式披露所有信息，并使保险人以书面的形式了解并记录这些信息。

信息披露的具体要求有以下几点。

（1）与保险人之间所有的电话会谈和一些碰头会都应准确地记录下来，对于一些重要问卷要再用传真或信件确认。

（2）在处理有关数量方面的问题时，如在处理某人非标准车辆险的询价时，最好使用一个清单列明相关事实（年龄、以往驾驶记录和信誉程度等），以保证所有相关信息确切地传递给保险人。

（3）保险经纪人向保险人递交投保单时，必须以书面形式保留副本，同时寄送的记录也应留底，以便证明投保单已经及时地递交给保险人。

（4）其他书面的说明和陈述必须清楚与准确，至关重要的信息不得销毁或遗失。

（5）投保单上的用词应与保险人标准保单上的用词一致。

（6）应指出保险公司超出标准条款以外的所有变动。

（7）当有的责任范围在承保时使用"待定"（应尽量避免使用该词）的，应尽快安排使之成为"确定"。

（8）当保险双方达成一致意见后，保险经纪人应尽快交排保单。

5. 确认保险人出单

保险公司的承保确认应该用书面形式记录下来并争取得到确认。有时一些紧急的承保确认是通过电话达成的，此时，保险经纪人必须立即对电话作出书面记录，并以最快速度递送书面的确认意见。

6. 向客户解释条款

保险经纪人应当向客户解释条款的具体含义，征得客户的最终确认。具体要求有以下几个方面。

（1）准确无误地传达条款内容。

（2）确保客户对保单、条款及条件，特别是其中重要的方面有准确的理解。

（3）向客户提供所提建议的书面记录。

（4）提醒客户注意特殊支付条款和标准信贷条款。

在实务操作中，要做到以上几个方面的确很困难，但为了防备发生错误和遗漏，这一点又是十分重要的。需要强调的是，全部条款和有关情况必须用书面形式转达清楚，无论其是否在电话中表述过。

解释保单的程度要根据保险经纪人的判断。通常保单条件对于被保险人十分重要，如对于投保公共责任险的投保人必须解释有关安全防范条件。

大型保险经纪人还应对每份保单进行登记和总结，并作出保单概览，简要介绍每份保单的细节，如联系人、合同名称、索赔程序和一些有用的程序。作保单概览没有一定之规，主要是便于客户在没有保单的情况下能够快速地获得保险的有关信息。当然，如果保险人已经签发了保单，那么一切以保单为准。保单概览主要包括以下内容：①保险标的价值明细表；②不得使用缩写，除非公认的一些缩写；③必须对某些比较新颖的条款作详尽的描述；④与标准保单的不同之处必须重点突出，并不得随意概括；⑤与费率核定有关的内容；⑥对索赔程序作一个大致的介绍；⑦在给客户发出之前，保单概览应由第二人复查。

11.3.5　保单维护服务

客户保单维护是客户服务的一项日常工作，是保险经纪人专业服务的重要体现。通常，保险经纪人按月或按季度制作保单维护表，并由客户服务中心直接发给相关客户。保单维护表的提示内容主要包括保险条款及承保条件所规定的相关变更内容的申报，如雇员、资产、货运量统计、营业场所的变更等。

对客户回复过来的相关资料进行整理，汇总后统一交由市场部报价出单联系人，由其向保险公司备案，或者作进一步处理联系。在客户保单维护表发出一定时间后，如客户无任何反馈，应通过电话或其他有效方式跟进和确认是否有资料需要变更，如有情况，应重新发保单维护表提示给客户，作再次提醒。客户提供的变更资料应妥善保管，进行必要的统计汇总，并及时将每月的季度提示在完成后进行整理归档。图11-5是某保险经纪公司的客户季度维护流程。

11.3.6　协助客户进行索赔

保险经纪人在接到出险通知后的第一步工作应是查找记录并判断损失是否属于保单的承保范围。虽然不同性质、不同损失程度的索赔有不同的程序，但应保证的是无论何种索赔，保险经纪人都要立即通知保险人，除有特殊协议以外，保险经纪人收到索赔通知并不能被视为保险人也收到了索赔通知。

保险经纪人必须提醒客户注意相关的特别文件，或者提醒客户哪些属于客户必须完成的工作。例如，在寿险保单或意外险保单下出现死亡索赔时，被保险人应出示有关的医疗证明，等等。

在索赔谈判的过程中，保险经纪人有义务保证被保险人被公正地对待，以便能根据保单条款使被保险人得到公正、合理的补偿。对于任何类型的理赔案件，保险经纪人都必须尽其所能密切关注，促使可以让双方都接受的索赔结果达成。大型保险经纪人有时还对客户提供额外的服务，如损后勘察、委派有处理复杂索赔经验的员工协助客户索赔谈判等。保险经纪人在涉及索赔时最基本的职责可以归纳为以下几点。

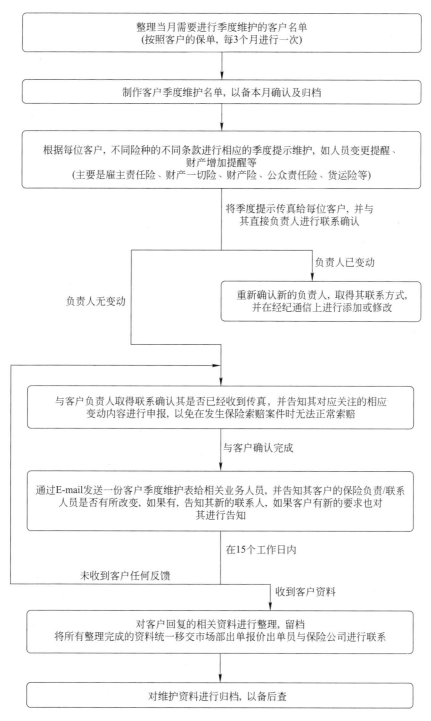

图 11-5 某保险经纪公司的客户季度维护流程

(1) 迅速向保险人递交出险通知书。

(2) 根据保单提醒被保险人注意自己的权利和义务。

(3) 安排完成索赔申请。

（4）确定是否已指定公估人，并告知客户公估人的作用。

（5）协助被保险人准备证明该索赔的文件和信息。

（6）如遇重大损失，保险经纪人应出席公估人和保险公司员工参加的现场会议。

保险经纪人应为每一位客户做关于理赔全部细节的详细记录，因为这些记录有利于帮助考虑是否改进或扩展条款。另外，由于理赔记录是制定费率的一个基础，因此，良好的理赔记录有利于将来争取较为有利的费率或条款。对于责任风险，特别是雇主责任风险，保留以往的理赔记录具有更重要的意义，这些记录可以监视某些重大案件发展情况，了解保险人的运作状况，了解保险人理赔所花费的时间。许多大型保险经纪人还提供理赔分析系统，这对于风险管理计划的运作至关重要。图 11-6 所示为基本索赔流程。

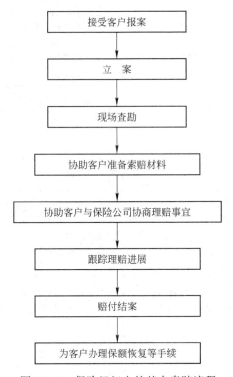

图 11-6　保险经纪人的基本索赔流程

以下是几类典型案件索赔中需注意的事项。

1. 国内案件的索赔

对于小型或国内财产险索赔案件，保险经纪人将提供必要的索赔表格并向客户解释应如何填写这些表格。有时保险经纪人可以根据自己的记录填写部分表格，然后再让客户确认表格内容的准确性。如果保险人认为应该对受损财产进行修理且该意见对客户较为有利时，保险经纪人应建议客户接受该意见。

保险经纪人首先应准备完整的索赔表格或相关证明文件，然后再将其递交给保险人。如果对索赔的有效性或对损失的赔偿程度存有疑问，保险经纪人必须运用其知识和技巧为客户的利益与保险人进行谈判。

2. 汽车保险的索赔

在汽车保险中，发生保险事故后完成事故报告是一项必需的工作。被保险人应尽快估计修理费用并告知保险人以便早日开始修理工作。如果涉及第三方，则被保险人应该将有关情况汇报给保险人。如果损失是由第三方导致的，保险经纪人可以帮助客户追回未得到保险人赔偿的损失部分，如免赔额部分的损失、在修理受损汽车期租用其他车辆的费用等。保险经纪人的义务仅限于根据保单条款促成理赔工作的圆满完成，然而为了维护与客户之间良好的关系，有些保险经纪人愿意为客户提供更多的服务。保险经纪人通常不参与由第三方组织的索赔谈判，除非这种谈判规模很小。大型保险经纪人的第三方参与的索赔谈判是由保险人完成的，保险经纪人可以根据客户的要求提供相应的指导。

3. 责任保险的索赔

当涉及责任保险时，保险经纪人一般难以在索赔谈判中发挥多大作用，因为这些工作大多是通过法律程序完成的。保险经纪人所能做的就是使客户了解自己在保单中所处的地位，并遵守一切条件和与合同有关的特殊要求。

4. 重大财产损失的索赔

发生重大财产损失后，保险人应委派一个公估人到被保险人处勘察损失情况，在与被保险人详细商谈后，出具修理或重建估价，征得被保险人同意并获得保险人的批准后，出具最终报告。保险经纪人应该随同公估人进行检查，并密切关注谈判进程以保证客户的利益。

典型案例

2008 年南方雪灾协助索赔案例

自 2008 年 1 月 10 日以来，我国南方部分省区遭遇罕见的持续大范围低温、雨雪和冰冻的极端天气，给电力行业造成严重损失。据统计，截至 2008 年 3 月 20 日，国家电网系统报损 104.62 亿元。

作为国家电网公司的保险经纪人，长安保险经纪公司（以下简称"长安经纪"）第一时间奔赴抗灾前线，及时介入电网雪灾现场查勘及保险索赔工作，组织客户就现场查勘、人员配合、预付赔款等事宜与保险公司磋商，充分发挥了"风险管理顾问""保险技术专家"的作用，确保了客户抗冰救灾和保险索赔工作的顺利进行。

首先，长安经纪凭借长期的客户服务经验，建立了一套行之有效的风险防范和预警机制，并在《客户服务手册》中明确提出"灾害预警提示"的服务项目，在每年冬、雨季或重大自然灾害来临之前，向客户递交书面灾害预警提示，协助客户将灾害损失降到最低。例如，在本次冰灾事故发生之前，浙江省电力公司陆续收到了长安经纪书面预警资料，提前做了风险防范，有效降低损失程度。

其次，本次雪灾发生后，长安经纪迅速成立了应急处理指挥中心，以高度的责任感和专业的敏锐性，制定了周密实用的《电网企业大面积灾害保险索赔服务应急预案》，建立了专项"大面积灾害协助索赔服务准备金"，在确保财力、物力的前提下，不计代价地调集全公司优秀技术力量，现场参与查勘及协助索赔工作。

最后，长安经纪充分发挥了经纪行业的引领作用及在保险业的影响力，与 6 家保险公司高层建立了冰灾索赔沟通机制，全面协调各地分支机构的理赔工作，尽快按照保险合同确定预付赔款，开辟绿色通道、简化理赔程序、缩短结案周期；长安经纪结合雪灾实际情况，发挥专业特长编制了 220 kV 及以上理算标准的《电网资产大面积冰雪灾害保险索赔定损理算参考标准》，并派专业技术人员分赴各地进行培训讲解，有效地加快了索赔进程。2008 年 1

月 31 日，长安经纪支付了第一笔 2 100 万元的预付赔款。截至 2008 年 4 月 24 日，国家电网公司系统获得预付保险赔款总额达到 3.99 亿元，为及时抢修电网，恢复供电提供了资金保证。

典型案例

江泰保险经纪公司为陕西省电信公司提供的保险经纪服务

江泰保险经纪公司作为陕西省电信公司的保险经纪人，全权负责安排其在全省 100 多个县大约 100 多亿元资产的风险评估、保险采购、协助索赔等一系列保险事务。

江泰保险经纪公司在设计保险方案时，首先充分了解客户的风险特点，摒弃过去单一的基本险格式化保单，为客户量身订制了综合险、财产一切险、公共责任险、现金安全险、机损险、雇员忠诚险等一系列保险计划。还与保险公司平等协商，以往年对同一标的的赔付率为依据，实事求是地询价。再根据风险管理措施的不断改进适当调整价格。在此基础之上增加了 50 多个扩展条款，作了 10 多项特别约定，过去一两页的格式化保单变成了厚厚的保险合同。

通信行业是国家的神经中枢，一旦发生灾害，必须第一时间尽快恢复。根据这一特殊情况，江泰保险经纪公司与中国人民保险公司西安分公司作了特别约定：发生保险事故，不需要保险公司人员现场查勘，企业有关人员拍摄的照片可以作为索赔依据。为此，江泰保险经纪公司研制了一套网上报案系统软件，在各个区县局专门组织建立了理赔工作小组，配发了仪器设备，定期进行培训。

由于基础工作比较扎实，某年 6 月陕西省爆发百年不遇的特大洪灾后，保险理赔小组能够迅速投入工作，组织查勘施救；很快支付了 1 360 万元的预付赔款，极大地支持了陕西电信的抢险救灾工作。

江泰保险经纪公司还为陕西省电信公司作了 3 个防灾防损方案：①电缆防盗设施；②广播线、电力线、通信线三线交越防护设施；③防雷击设施。对这 3 个方案，客户和保险公司都很满意。中国人民保险公司西安分公司副总经理说，有一年雷击事故让保险公司赔付惨重，保费收了 100 多万元，却赔出 300 万元。采用江泰保险经纪公司的方案后，雷击事故再没有发生。保险经纪人的风险管理做得越好，对保险公司的帮助也就越大。

11.4　再保险经纪人的经营

再保险经纪人大约出现于 19 世纪初，是接受保险公司委托，专门为保险公司转移自身风险提供中介服务，并按约定收取佣金的保险中介。

11.4.1　再保险经纪人的优势

随着再保险业务的发展，再保险经纪人日益增加，他们在世界各国保险公司之间进行广泛活动，为原保险人与再保险人安排再保险业务提供保险中介服务。再保险交易之所以要通过再保险经纪人，主要是因为再保险经纪人具有独特的优势并能提供高标准的服务。

1. 再保险经纪人对再保险规划更有经验

再保险经纪人属于保险市场的高端服务中介，不仅具有保险的一般知识，更重要的是拥有再保险规划方面的专业知识，有相当的技术咨询能力。同时，再保险经纪人长期与保险公司交往，有丰富的业务经验，与保险公司之间直接进行再保险交易相比，客户能够获得更有利的再保险计划和条件。

2. 再保险经纪人对国际市场更熟悉

再保险的主要目的是分摊或分散损失风险，若面临的损失风险巨大，如巨额保险、巨灾保险，再保险往往要超越国界，需要在全世界范围内分散风险。因此，再保险业务具有较强的国际性。对于单个保险公司，由于受业务网点和专业人才的限制，在国际保险市场上转移风险是非常困难的，而保险经纪人长期涉足于这个市场，对世界各主要国家的再保险公司都比较熟悉，可以帮助保险人实现风险在最大范围内的分散和转移。

11.4.2　再保险经纪人的作用

1. 充当双方的信息传递中介

根据再保险合同的最大诚信原则，分出公司在与分入公司订立合同之前，应当将业务的性质、内容、预计业务量、风险集中程度和过去的损失记录等有关材料充分提供给分入公司，这种信息的传递可以通过再保险经纪人来进行。同样，如果分入公司对接接受分保业务、履行再保险责任提出某些条件，也可以通过再保险经纪人反馈给分出公司。如果保险期限内承保标的风险情况发生变化，再保险经纪人必须将该变化及时通加分入公司，让其就再保险条件与分出公司更新进行协商。

2. 缓解双方之间的冲突或摩擦

再保险当事人双方在签订合同时，可能会对合同内容发生异议，如果是保险公司之间直接洽商，容易导致不愉快的谈判结果，影响双方的业务关系。再保险经纪人则对双方的利害关系有同等的了解程度，在接洽再保险业务以及更改再保险方式时，能够兼顾双方的利益，协助双方达成共识。在赔款处理环节，再保险当事人双方往往由于对合同内容的理解不同而产生纠纷。此时，再保险经纪人可以从中协调双方意见，站在中介人的立场上解释有关内容，既可使赔款迅速结清，又可避免双方发生摩擦。

3. 节约交易成本

再保险经纪人与再保险交易双方的反复交往使其能够获得更多与保险公司风险偏好相关的信息，从而能够以最快的速度为分出人找到合适的备选分入人，经过初步询价、沟通后选择最合适的分入人并促成双方的交易，节约了当事人的搜寻成本与谈判成本。相反，如果由保险公司自己直接办理再保险业务，可能由于对市场（尤其是国际市场）不熟悉而花费太长时间，或者由于业务零散而无法获得更优惠的再保险价格，从而较低了再保险业务的效率。

4. 提供技术支持

再保险经纪人服务的对象是保险公司，往往会应分出人的要求提供精算、定价、评级、灾害模型、风险分析等方面的服务，目的是为分出人制定合理、高效的再保险方案，或者在分保条件、索赔要求等谈判过程中为分出人争取更有利的条件。同时，再保险经纪人常常利用到各地市场洽谈业务的机会，举办再保险领域前沿知识的讲座、培训等，使保险公司更多地了解再保险的技术要求、市场发展等情况。

11.4.3　再保险经纪人的业务内容

再保险经纪人通常是基于再保险分出人的利益，为分出人寻找合适的再保险分入人，安排最佳的再保险计划。同时，也会为分出人提供各种技术咨询服务、帮助办理索赔事宜等。

为再保险分出人安排再保险是再保险经纪人的主要业务，不仅有专门的业务流程，而且根据不同的业务类型安排再保险的方式也不相同。

1. 业务流程

安排再保险的具体业务流程如图 11-7 所示，其中最主要的两个环节是选择最佳的再保险接受人、商定再保险价格和其他分保条件。

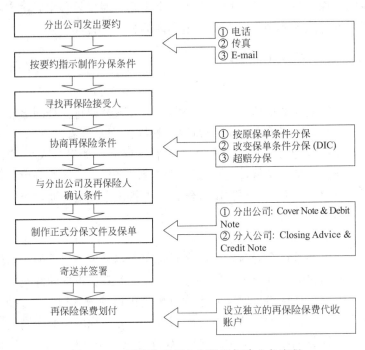

图 11-7　再保险经纪人安排再保险业务流程

2. 合约再保险的安排

再保险经纪人接到安排合约再保险的委托后，首先要分析该业务的品质、业务量大小、未来的发展潜力、当地市场的稳定性、合约内容是否合乎标准、交易的稳定性等因素；然后进行市场调查，了解保险公司是否已委托另一家再保险经纪公司就相同业务同时在市场内运作。如果有两家以上的再保险经纪人在市场内安排同一个合约，他们之间就需要相互协调、共同作业、步调一致，以免重复作业或发生冲突，有时会推荐一个主要经纪人为代表办理业务。

再保险经纪人对同一个委托业务达成共识之后，接下来就要选择一个首席再保险人，由主要经纪人出面与其洽商。首席再保险人应该符合以下几个条件：与经纪人熟悉；对合约业务所在地的市场状况比较了解；对其余再保险人有影响力；愿意承担相当分量的工作。

首席再保险人选好之后，开始洽商再保险条件，再保险条件如果符合市场上的标准条件，则很快就会被接受；若有特殊情况，则需慢慢商讨。通常再保险经纪人事先已经做了充分准备，对首席再保险人的条件要求有了深入了解，业务往往会顺利进行。如果首席再保险人中途增加额外条件，而此条件对原保险人不利，经纪人需要征询原保险人的意见，若原保险人不同意，则需要更换首席再保险人。新的再保险人也许有另外不同的要求，于是经纪人又要开始新的业务交涉。

关于再保险条件的交涉，再保险佣金是关键的问题。首席再保险人在考虑一项合约再保险业务时，首席要衡量他能通过该业务获取多少利润，如果在该市场上损失率习惯性偏高，则该业务的再保佣金就应该降低，如果原保险人仍坚持较高的再保佣金，则交易可能就无法进行。因此，原保险人与再保险经纪人在业务尚未进入再保险市场之前应就再保条件进行磋商，以免阻碍再保险安排业务的进展。

一般而言，再保险经纪人经验丰富，对再保险市场的交易习惯了解透彻，首席再保险人的观念与意见通常都在经纪人的掌握之中。所以再保险经纪人在市场内进行交易工作多半无往不利，除非业务品质太差，或是再保条件与市场一般条件相差太远，经纪人可能要花更长的时间才能完成工作。

首席再保险人接受经纪人安排的再保险条件之后，就要签署承诺书，主要经纪人则告知其他经纪人可就首席再保险人同意的条件进行再保险安排工作。在首席再保险人确定后，其他再保险人往往乐于跟进，更愿意接受此项再保险业务，最终使再保险业务全部安排出去。当合约再保险安排完成之后，再保险经纪人还要进行后续的工作，包括告知原保险人本件合约再保险业务的再保险人名单、递送再保险合同书等。

3. 临时再保险的安排

临时再保险，顾名思义，分保工作既仓促又快速。保险公司安排临时保险有其特殊需要，该业务可能属于如下情形：合约再保险的除外范围；损失率高；保险金额太高超出合约限额；费率过低等。因此，临时再保险的处理方式与合约再保险的方式有所不同，再保险经纪人首先要根据其对再保险市场的了解，判断该业务是否符合市场条件，安排分保的困难程度，然后再决定是否要接受客户的委托。

再保险经纪人如果接受了原保险人的委托，就要与潜在的再保险人进行洽商。由于临时再保险必须在限定时间内完成，再保险常常借此机会提出相对苛刻的条件以获取更大的利益，最常见的方式就是降低再保险佣金。原保险人因为顾虑分保的紧迫性，一般对再保险人的要求不会过分计较，而是在可能的范围内尽量接受。

大型的再保险经纪人通常具有稳定的客户群体和分保对象，与众多的再保险人拥有长期业务往来关系，且业务量往往很大，因此再保险人对其非常信赖。有的再保险人还会给再保险经纪人签署授权书，授权其在某一限额内可代表该再保险人承担业务。有的再保险人则出于谨慎的考虑，不会给予再保险经纪人充分授权，而是设置一个保守的线数，经纪人可以将所接到的业务放入该线数内，但事先需要征得首席再保险人的同意。

临时再保险的分保安排完成后，原保险人应将再保险批单及账单及时递交给经纪人，再保险费也应尽快交付给再保险人。由于大部分临时再保险业务没有合同文件可供借鉴，因此批单的内容应该力求完整，以免事后发生纠纷。通常一个尽职的再保险经纪人会对批单进行审核，审查其内容与原先洽商的是否相同，条款是否齐全，保费与佣金计算是否正确等。

4. 提供各种技术咨询服务

再保险经纪人精通保险实务，具有丰富的业务经验和技术咨询能力，能帮助分出公司分析其面临的风险，并根据不同的情况采取相应的对策。例如，对于大的风险可从风险结构、保费支出和分散风险等几方面进行评估；对于中小型风险可从损失变动的情况进行分析，并考虑一次事故可能造成损失引起的累积责任及业务年度的损失积累，以确定适当的自留额。此外，再保险经纪人向分出公司提供的咨询服务还包括市场发展状况分析、扩大业务规模的风险防范建议、解决复杂疑难的保险问题、提供与再保险有关的防灾防损服务等。

5. 帮助办理索赔事宜

当发生承保责任范围以内的灾害事故时，分出公司一方面作为原保险人要向被保险人支付赔款，另一方面作为再保险分出人又可从分入公司处摊回赔款。再保险经纪人如果受分出公司的委托向分入公司提出索赔，可视赔款金额情况分别处理。对于小额赔款，一般不向分入公司发出损失通知，而是代分出公司将小额损失计入季度报表内冲抵再保险费；对于大额赔款，则向分入公司提出赔款要求并具体代办索赔事宜。由于再保险经纪人长期提供该项服务，熟悉理赔程序和所需提供的各种单证、材料，因此能及时为分出公司摊回赔款，索赔效率较高。再保险经纪理赔的具体业务流程如图 11-8 所示。

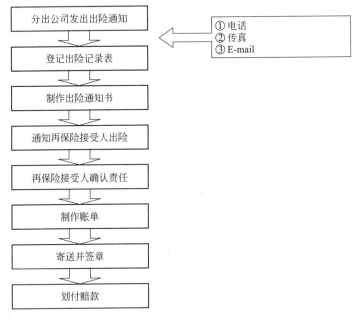

图 11-8   再保险经纪人协助索赔业务流程

11.4.4   再保险经纪人的执业规范

根据我国《再保险业务管理规定》，再保险经纪人在执业过程中应遵循以下规则。

（1）再保险经纪人可以根据业务需要引进或者设计再保险合同。

（2）再保险经纪人应当按照与再保险分出人的约定，及时寄送账单、结算再保险款项以及履行其他义务，不得挪用或者截留再保险费、摊回赔款、摊回手续费以及摊回费用；再保险经纪人应当将再保险接受人的有关信息及时、准确地告知再保险分出人。

（3）应再保险接受人的要求，再保险经纪人应当按照与再保险分出人的约定，将其知道的再保险分出人的自留责任以及直接保险的有关情况书面告知再保险接受人。

（4）应再保险分出人或者再保险接受人的要求，再保险经纪人应当按照合同约定配合进行赔案的理赔工作。

（5）保险经纪人从事再保险经纪业务，不得损害保险人的信誉和合法权益。

本 章 小 结

　　本章主要对保险经纪人的经营进行阐述。保险经纪人都有相应的组织结构，因组织形式和规模大小不同而不同，并且有相应的市场准入要求。保险经纪人可以协助客户进行专业化的保险安排，根据客户的风险特点并结合风险管理的需要，为客户争取以最小的保险成本获得最完善的保险保障。保险经纪人的收入主要有两种方法：一种是从保险公司的保费中提取一定的比例，即"经纪佣金"作为报酬；另一种是从客户即投保人处直接收取"顾问咨询费"。再保险经纪人是接受保险公司委托，专门为保险公司转移自身风险提供中介服务，并按约定收取佣金的保险中介，服务内容不同于普通保险经纪人。

　　本章重点是保险经纪人的组织形式、准入条件、业务流程、业务内容、佣金收取方法、执业规范，以及再保险经纪人的作用、业务内容。

　　本章难点是保险经纪人的主要业务内容、保险经纪人的佣金收取方法、再保险经纪人的业务内容。

关 键 名 词

　　风险管理　风险识别　风险估测　风险评价　经纪佣金　保单维护　风险清单分析法　流程图分析法　事故分析法　财务报表分析法　实地调查法

思考题

1. 保险经纪人的业务范围主要有哪些？
2. 保险经纪人的佣金收入应该按什么标准来确定？
3. 试举例说明保险经纪人如何充当投保人的"保险顾问"。
4. 再保险经纪人有什么优势？其主要业务内容是什么？
5. 试分析保险经纪人代为索赔和投保人自己索赔有什么区别。

第 12 章
保险公估人概述

【本章导读】

与保险代理人和保险经纪人不同，保险公估人是介于保险合同当事人之间的独立、公正的第三方，具有评估、公证、调节等职能。本章包含4部分内容：保险公估人的含义、特征、法律地位、种类、作用等；保险公估人的资格认定和市场准入；保险公估人的职业道德要求；我国保险公估人面临的困境及对策。

12.1 保险公估人的含义

12.1.1 保险公估人的概念、特征及法律地位

1. 保险公估人的概念

保险公估人是指接受保险合同当事人的委托，以独立第三方的身份为保险标的或者保险事故造成的经济损失提供评估、鉴定、查勘、估损、理算等业务，依法收取佣金，并出具公估报告书的保险中介服务机构。保险公估人在我国被称为保险公估机构，在国外及其他地区也被称为保险公估行、保险公证行、保险理算人、保险理算局等。我国《保险法》第一百二十九条规定，保险活动当事人可以委托保险公估机构等依法设立的独立评估机构或者具有相关专业知识的人员，对保险事故进行评估和鉴定。由此可见，保险公估人与保险代理人、保险经纪人一起构成了保险中介体系的"三大支柱"，在整个保险市场体系中发挥着不可替代的作用。

理解保险公估人的概念，必须要掌握以下3个要素。

1）保险公估人是一种中介服务机构

保险公估人既不属于保险人一方，也不属于被保险人一方，而是独立于保险合同当事人之外的中介服务机构，是保险合同的第三方，始终以中间人的立场执行保险公估业务。

2）保险公估人的服务贯穿于保险业务的始终

保险公估人不仅从事保险理赔业务，还从事保险标的承保时的价值和风险评估、鉴定、估算，以及保险事故发生后的损失勘验和计算，其业务贯穿保险业务的始终。

3）保险公估人的服务是有偿的

保险公估人作为一个经济组织，其存在和发展要求获得经济利益，因此，保险公估人接受保险合同当事人的委托，为其提供公估服务，应当依法收取合理的报酬。

2. 保险公估人的特征

保险公估人作为保险中介市场主体重要的组成部分，既有保险中介市场主体的共性，也有其独有的特征。

1）经济性

保险公估人作为独立、公正的保险中介机构，根据其业务范围储备不同行业的专业技术人员，接受诸多保险人或被保险人的委托，凭借其专业技术力量处理不同类型的保险公估业务，并公正、客观地对委托业务提出合理、可操作的公估结论或建议。因此，保险公估人经过长期的业务积累，形成了丰富的保险公估经验，保险公估水平也得以提高，从而可以帮助保险人降低成本，提高经济效益，增强保险公司的竞争力。

2）专业性

由于保险公估人面向众多的保险人或被保险人处理不同类型的保险理赔、评估业务，因此，保险公估机构必须拥有各种专业背景并熟悉保险业务的专业工程技术人员。保险公估人不仅要掌握并精通保险专业知识，通晓与保险业务相关的法律专业知识，同时由于保险标的的自身特性，以及自然灾害或突发事故所涉及的物理、化学或生物过程，保险公估人必须了解相关的工程技术领域的知识，了解各种公估对象在各种灾害中可能产生的后果，以及恢复它们的方法、损失的计算和灾害的预防。与保险公司的理赔人员相比，保险公估人具备的专业技术知识和经验更加丰富。

3）客观性

保险公估人要依法经营，在法律许可的范围内从事保险公估业务。就保险公估行为而言，保险公估人在承保前或承保后对保险标的进行评估时，不能凭空编造任何结论，应该根据相关法律或法规行事，做到有章可循、有法可依。保险公估业务中分析和理算所采用的数据、资料必须是在现场查勘的基础上得到的客观、真实、可靠的第一手资料。在现场查勘前，要先调查了解、掌握被保险人的真实数据资料，然后再分析损失发生原因、经过及标的损失情况。在对保险资产及受损标的进行检验时，保险公估人应依据出险现场的情况，实事求是地进行清点、勘验、鉴定，不能有丝毫的主观隐瞒或串通的行为，使出具的公估报告真实可信。

4）超然性

保险公估人与同为保险中介的保险代理人和保险经纪人相比，其地位显得更为独立和超然。保险公估人无论接受保险人的委托，还是接受被保险人的委托，在开展保险公估业务的整个过程中，都要进行独立的公估工作，始终坚持自己独立的思维方式和判断标准，不受任何外界因素的干扰。保险公估人的评估分析和结论必须以科学为依据，不偏袒任何一方的利益。当然，保险公估人有时也会协调双方当事人的矛盾，使保险标的的承保或理赔获得双方的认可。正是因为保险公估人的独立性、超然性，其工作方式及公估结论更容易被双方当事人所接受。

3. 保险公估人的法律地位

保险公估人最基本的性质就是在任何时间都要保持独立、中立、公正、客观的超然地位，只有这样保险公估人才能更好地被保险合同双方当事人所接受，缓解双方的矛盾，维护保险公估人的信誉，获得社会的认可，从而发挥其中立的中介功能。基于此，保险公估人必须是拥有独立财产、自主经营、自我约束、自我发展的法人或非法人团体。但是，保险公估人作为独立的市场主体，具有营利性，仍然是以利润最大化作为自己的发展目标。因此，其中立性和独立性是相对的，也是有限的。保险公估人的市场独立地位，更大程度上应该是在完善的法律制度和平等有序的市场结构下，通过市场力量的博弈来实现和维持，而不是通过法律制度赋予其直接的、绝对的法律强制力。所以，保险公估人的法律地位完全不同于我国的公证部门，也与仲裁机构有很大的区别。

从性质上，保险公估人是一种民间性质的中介组织，不是一个拥有公共权力的法律主体。但是，保险公估人具有一定的社会公信力，其客观、公正的公估结果会得到保险合同双方当事人的认可，缓解双方之间的矛盾和冲突，在一定程度上节约司法资源。因此，保险公估人不同于一般的民商事主体，具有一定的公共属性；同时也不是一种公益团体，因为它以追求利润最大化为发展目标，具有企业的盈利性。保险公估人应处于独立、公正的超然地位，但是这种独立性和应有的超然地位是由其自身性质和所处的市场地位决定的，没有必要从立法上对其独立的性质加以强调和彰显，而是应该像保险代理人和保险经纪人那样，将其作为一个参与保险市场的保险中介主体加以规范和引导。

12.1.2　保险公估人的种类

1. 根据执行顺序划分

根据执行顺序的不同，保险公估人可以分为核保公估人和理赔公估人。

1）核保公估人

核保公估人是指在投保人投保后、保险人承保前，从事保险标的价值评估和风险评估的保险公估人。在财产保险经营中，保险人依据的主要原则之一就是损失补偿原则。保险人在承保时所确定的保险价值和保险金额是理赔时计算赔款金额的重要依据，因此，在承保之初，保险人必须明确保险标的的实际价值，以便据此准确确定其保险价值或保险金额。另外，保险费率与风险程度也是正相关关系，即风险程度与保险费率是同方向变化的。若要计算出令保险双方当事人都满意的保险费率，也需要准确确定保险标的的保险价值和风险程度。

在保险公司人力不足、技术缺乏、业务繁重或欲节约成本的情况下，保险人往往将保险标的价值评估和风险评估的任务交给核保公估人。核保公估人依据他们勘验所得的标的价值、风险因素、风险程度，以及最大保险单位等多方面的资料，编制查勘报告并出具给保险人。查勘报告构成保险人评估标的风险、审核承保能力、决定是否承保，以及是否需要分保、分保额度的重要参考依据。

2）理赔公估人

理赔公估人是指在保险事故发生后，受当事人委托处理保险标的的检验、估损和理算的保险公估人。保险理赔公估人依其执行业务的性质或范围，又可以分为 3 种，即损失理算人、损失鉴定人和损失评估人。

损失理算人（loss adjuster）是指在保险事故发生后，计算损失赔偿金额，确定实施分担赔偿责任的理赔公估人。国际保险实务惯例又将损失理算人分为陆上损失理算人（loss adjuster）和海上损失理算人（average adjuster）。前者是指处理一般非海事保险标的的理赔事项的理算师；后者是指专门处理海事保险标的的理赔事项的理算师。

损失鉴定人（loss surveyor）是指保险事故发生后，判断事故发生原因，确定事故责任归属的理赔公估人[1]。在一般保险实务中，大多数人认为损失鉴定人是指海事公估人，损失理算人（adjuster）是指非海事的一般公估人。在保险公估实践中，除了海上保险中的船舶保险和货物保险对损失理算人或损失鉴定人的性质进行区别外，其他险种对此并未加以区分。保险公估人的业务内容一般也不因损失理算人和损失鉴定人的不同而有所区别。

损失评估人（loss assessor）是指接受被保险人委托办理保险标的损失查勘和计算的保险公估人。在英、美等国家，损失评估人区别于损失理算人、损失鉴定人的主要特点是损失评估人不需要经过专业考试获得资格认证，便可以接受被保险人单方面的委托，为了被保险人的利益从事保险公估业务。

2. 根据执业内容划分

根据执业内容的不同，保险公估人可以分为海上保险公估人、火灾保险公估人、汽车保险公估人和责任保险公估人。

海上保险公估人主要处理海上、航空运输保险等方面的业务。火灾及特种保险公估人主要处理火灾及特种保险等方面的业务。汽车保险公估人主要处理与汽车保险有关的业务。责任保险公估人主要从事各类责任保险领域的公估事务。

根据国际保险公估实践，保险公估人一般不参与人寿保险业务。这是因为人寿保险一般采用定额保险方式，当保险事故发生时，被保险人或受益人只需出具相关生存证明或死亡证明等材料，人寿保险公司就可以根据保险合同约定向被保险人或受益人履行给付保险金的义务。人寿保险公司的这一承保、理赔过程有特定的模式，且不涉及过多的技能，人寿保险公司的核保、理赔人员自身能够进行处理，一般不需要委托保险公估人办理。

3. 根据执业性质划分

根据执业性质的不同，保险公估人可以分为保险型公估人、技术型公估人和综合型公估人。

保险型保险公估人侧重于解决保险方面的问题，技术性专业知识只是辅助手段，因而这类保险公估人更精通保险专业知识。英国的保险公估人多属于此类。

技术型保险公估人侧重于解决机械、电子、物理、化学、生物、能源、地质、水文、建筑、法律、财会、经济、金融、商务等技术方面的问题，而对保险方面的问题涉及较少。德国的保险公估人多属于此类。

综合型保险公估人不仅熟练掌握保险专业知识，而且熟悉一定的技术专业知识，因此他们不仅可以解决保险方面的问题，而且可以解决保险公估业务中涉及的技术性问题。他们是保险公估业中全面发展的综合型人才。欧洲其他国家的保险公估人多属于此类。

4. 根据委托方的不同划分

根据委托方的不同，保险公估人可以分为只接受保险人委托的公估人、只接受被保险人委托的公估人、既接受保险人委托也接受被保险人委托的公估人。

在日本和韩国，保险公估人一般只能接受保险公司的委托为其开展保险公估工作，不能为被保险人服务。在法国，则明文规定保险公估人不能接受保险公司的委托。英国的损失鉴

---

[1] 关于损失鉴定人的含义，国际保险界有两种不同观点：一种观点认为，损失鉴定人是专门鉴定海事损失责任的海损鉴定人（average surveyor）；另一种观点认为，鉴定人（surveyor）和理算人（adjuster）只是名称上的差异，事实上两者之间并没有任何区别。

定人和美国的公共损失理算人只接受被保险人的委托，为其办理保险标的的损失查勘和理算；美国的独立理算人则只接受保险公司的委托。在德国和意大利，保险公估人既可以接受保险人的委托，也可以接受被保险人的委托，为其提供保险公估服务。

5. 根据与委托方的关系划分

根据与委托方的关系不同，保险公估人可以分为雇佣保险公估人与独立保险公估人。

雇佣保险公估人是指长期固定受雇于某一家保险公司，按照该保险公司委托或指令处理各项理赔业务的保险公估人。这类公估人一般不能接受其他保险公司的委托业务。

独立保险公估人是指可以同时接受数家保险公司或被保险人的委托处理理赔等事务的保险公估人。一般而言，这种委托关系是暂时的，一旦保险公估人完成保险公司所委托的公估事务，其与保险公司之间的事务即告终止。

12.1.3　保险公估人的职能与作用

1. 保险公估人的职能

1）评估职能

评估即评价、估算，是指对某一事或物进行评价或估算。保险公估人所具有的是一种广义的评估职能，包括勘验职能、鉴定职能、估损职能和理算职能等。保险公估人通过对保险标的进行评估，得出公估结论，并说明得出结论的充分依据和推理过程，体现出其评估职能。在世界各国，保险公估人的名称各不相同，经营的侧重点也有差别，但均能履行其保险评估职能。评估职能是保险公估人的关键职能。保险公估人执行评估职能，可使赔案快速、科学地得到处理。

2）公证职能

这里的公证是指保险公估人对保险公估结论作出符合实际、可以信赖的证明。保险公估人之所以具有公证职能，原因是：①保险公估人有丰富的保险公估知识和技能，在判断保险公估结论准确与否的问题上具有权威性；②保险公估人是保险合同当事人之外的第三方，既不代表保险人，又不代表被保险人，而是站在中间的立场上对保险案件进行评审，并能够作出客观、公正、独立的评估结论。

3）中介职能

保险公估人的中介职能表现在：①保险公估人既可以受托于保险人，又可以受托于被保险人；②保险公估人以保险关系当事人之外的第三方身份，从事保险公估经营活动，为保险关系当事人提供中介服务。

4）调节职能

保险商品经济活动导致保险法律关系的产生，其中，在保险合同当事人之间难免会产生矛盾和纠纷，保险公估人以其特殊的身份和市场地位，通过其客观、公正、独立的公估工作可以在一定范围内调节保险人与投保人、被保险人、受益人之间的保险法律关系，缓解他们之间可能产生的矛盾和纠纷。

2. 保险公估人的作用

1）有利于完善保险中介市场体系

一个完整的保险市场上，需要有保险人、投保人和保险中介三方所构成，而保险中介又包括保险代理人、保险经纪人、保险公估人，三者缺一不可。与保险代理人代表保险人的利益，保险经纪人代表投保人的利益不同，保险公估人是独立、公正的第三方，目的是为保险合同当事人双方提供承保和理赔时的价值估算、损失查勘、理算等服务。因此，保险公估人与保险代理人、保险经纪人在保险中介市场体系中发挥着完全不同的作用，在保险市场上占据着重要的地位，并与保险代理人和保险经纪人共同起到平衡保险市场主体利益关系的作用。

2）有利于化解保险人和被保险人因保险理赔而产生的矛盾

制约保险双方当事人权利和义务的保险合同由保险人单方面制定，投保人只能被动地接受（特约承保和协商订约除外），这可能导致对被保险人的利益保障存在不足。就赔偿金额的确定而言，保险双方的利益是相互矛盾的，因此，保险双方在理赔问题上不可避免地存在着不信任乃至明显的分歧。当保险人与被保险人发生利益冲突时，保险代理人或保险经纪人是以自己委托人利益代表的身份参与纠纷处理的，而保险公估人是以中立的第三者身份协助双方处理理赔纠纷的。保险公估人在履行其公估职责时，必须与保险人和被保险人保持一定的距离，本着客观、公平、公正的原则，对损失和相关责任进行判断，争取双方的合理权利得以实现。因此，保险公估人是化解保险理赔领域中矛盾与冲突的重要力量。

3）有利于提高保险公司的经营效率

根据国外的经验，保险公司的经营主业应该集中于保单设计、风险管理、核保核赔、产品创新、资金运用等方面，而将展业和理赔交给专业的保险中介。由保险公估人专门从事承保时的风险评估和理赔时的损失理算，由保险代理人和保险经纪人专门从事保险展业和产品销售，不仅可以使保险公司集中力量经营自己的主业，提高核心竞争力，还能为保险公司节约大量的经营成本，从而提高其经营效率。

4）有利于提升保险理赔技术的整体水平

保险理赔所涉及的知识领域非常广泛，不仅包括经济、金融、保险、财会、法律等专业知识，还包括众多工程领域，如锅炉、汽车、船舶、地震、洪水、化工等方面的知识和技术。保险公司受制于自己的经营规模、经营成本，不可能储备各种行业的专业技术人员，因此保险理赔技术的整体水平也会受到限制。保险公估人则是从事此项工作的专业机构，可以吸纳或储备更多的专业技术人员，能够潜心于保险理赔技术的研究。因此，保险公估人介入保险市场之后，保险理赔的专业力量会大大增强，整体的理赔技术也会得以提升。

阅读资料

水晶宫大火之后的漫长理算

水晶宫是与世博会同时诞生的著名建筑——历史上第一次以钢铁为骨架、玻璃为主要建材的超大型建筑，是 19 世纪的英国建筑奇观之一。水晶宫建成于 1851 年，最初位于伦敦市中心的海德公园内，1854 年被迁到伦敦南部。1936 年 11 月 30 日，一场突如其来的大火，将水晶宫付之一炬。几个小时内，火焰吞噬了几乎全部为了伟大的大英帝国而竖立的种种，以及无数人对水晶宫的梦想。

火灾发生后，由保险合同双方事先指定的罗便士保险公估集团派出了最为庞大的公估团队进驻现场。在查勘伊始，核对出入库单的过程中，现场查勘人员很快便发现了问题。为了获得更多的赔款，水晶宫的管理方第一时间修改了出入库单，"无中生有"了更多的文物、设备和其他品类的物品。对此，罗便士的现场查勘部门将这个情况及时反映在向英国保险商社定期提交的《现场查勘阶段性报告》中。类似的问题很快便引起了伦敦有关市政部门的高度重视，并且以最快的速度得到了良好的解决。

在之后的现场查勘过程中，罗便士的现场查勘小组建立了阶段性报告制度，并配合英国皇家博物院的考古部门展开了现场保护性估价和发掘抢救工作。至1937年1月，由于现场查看的实地需要，罗便士的现场查勘小组由最初的30人增加到了后来的集考古、地质、消防、建筑等十几个领域的专家于一体的一支上百人的庞大队伍。他们形成了各自的工作小组，各有分工。至同年6月左右，罗便士向英国政府提交了一份1 200页的《水晶宫大火事故现场查勘报告》，这份报告从建筑、考古、地质、消防等多个方面，对造成水晶宫大火的原因进行了立体式的分析。这一份报告也很快获得了丘吉尔内阁的认可。于是，这个公估案件便很快进入了理算和重置价值估算的流程。

水晶宫大火的理算表和重置价值估算流程经历了一个非常漫长的时期。起初，从公估人到相关专家，他们都认为水晶宫的损失是无价的，因此当时的理算金额超出了实际损失金额的数倍甚至数十倍。后来，当理算金额被调降之后，罗便士又招致了媒体在国家道义层面的广泛质疑。为了得出一个相对较为公允的结论，罗便士与考古、建筑等各方面最权威的研究部门进行了数十轮的交流对话，最终确定的理赔金额约为16亿英镑。在1939年底提交的《公估报告》中，罗便士在理赔金额后面加上了这样一行备注："水晶宫是无价的，然而砖石、文物和器具是有价的，这个损失金额概括了后者。"

资料来源：宋卫华．从英国水晶宫的保险实践简析保险公估的重要作用．财经界（学术版），2016－08－11.

12.1.4 保险公估人与其他类似主体的比较

1. 保险公估人与资产评估公司的比较

资产评估公司是指在市场经济条件下，按照国家法律、法规和资产评估准则，根据特定目的，遵循评估原则，依照相关程序，选择适当的价值类型，运用科学方法，对资产价值进行分析、估算并发表意见的专业机构。

资产评估公司与保险公估人相比，有一些共同之处，如两者的法律地位相同，都具有独立性，不依附于任何其他主体；两者都是对特定标的进行一种客观的估价；两者出具的结果都只具有参考咨询性，并不具备法律权威性；两者的佣金都是由委托人支付等。

但是，资产评估公司与保险公估人也有明显区别，具体表现在以下方面。

1）两者的行为客体不同

资产评估公司的行为客体包括有形资产，也包括无形资产，可对社会经济生活中的产权界定进行评估，业务范围没有明确的限制。保险公估人的业务仅限于保险活动中，只能对保险合同关系中的特定标的物进行公估。

2）两者的经营目的不同

资产评估公司的经营目的是为市场的产权变动提供中介服务，促进资产经营活动目的的实现。保险公估人是对保险标的作出客观、公正、合理的价值判断，为保险合同双方共同面临的承保标的价值确定、损失估算等问题提供一个独立的参考标准，从而避免或减少保险双方当事人在承保与理赔中可能产生的矛盾和分歧。

3）两者的专业要求不同

资产评估公司主要根据工程或设备的原值、年限、工作寿命和残值进行计算，并不需要了解灾害的自然特性、风险要素、保险理赔等知识。保险公估人不仅要对保险标的进行价值评估，还要进行损失鉴定、分析事故原因、提出损余物资处理方案等，因此，除了具备资产评估的一般知识外，还应掌握关于风险与保险的专业知识。

2. 保险公估人与司法鉴定机构的比较

所谓鉴定，就是运用专门知识对某项专门问题进行的鉴别和判断活动。司法鉴定和保险公估都是鉴定的一种，司法鉴定人和保险公估人都要求具有独立性和专业性，但是两者仍存在较大区别。

1）两者的委托人不同

司法鉴定的委托人一般是司法机关，而不是法律关系的当事人，其鉴定结论是为司法机关处理法律纠纷提供依据。保险公估人的委托人可以是保险人，也可以是投保人、被保险人或受益人，虽然有时也会接受司法机关的委托，但这种情况并不多见。

2）两者的法律效力不同

司法鉴定机构作出的结论通常被作为法定证据，具有法律上的权威性。保险公估人的公估报告只是为保险合同当事人双方提供参考意见，虽然具有专业上的权威性，但不具备法律上的效力。

3）两者的操作程序不同

为保证司法鉴定活动的顺利进行，法律一般规定了鉴定活动的程序和规则，主要包括 4 个阶段，即鉴定的提起、鉴定的受理、检验鉴定及制作鉴定书。相对而言，保险公估人的公估程序没有这么严格，可以由保险公估人自己制定。

3. 保险公估人与国家公证机关的比较

国家公证机关是由国家设置的行使国家公证职能的机构，我国的公证机关是市、县公证处。国家公证机关根据当事人的申请，对法律行为、有法律意义的文书和事实，证明其真实性与合法性。国家公证机关与保险公估人都要遵循公平、公正的基本原则，两者主要的区别如下。

1）两者的法律地位不同

国家公证机关受司法行政机关领导，集中了国家的公证证明权，主体具有特殊性。保险公估人则是一种商业组织，不具有任何国家行政权力。

2）两者的操作程序不同

根据我国的公证法律、法规，公证具有严格的法定程序，大致分为 3 个阶段：①公证的申请与受理；②调查公证事项；③作出公证结论。保险公估则没有如此严格的操作程序。

3）两者的法律效力不同

公证的最后结论表现为公证文书，属于司法文书，可以作为法定证据。保险公估报告则没有这种法律效力。

4）两者的管辖原则不同

公证有较严格的管辖原则，包括地域管理、协商管理、指定管理和特殊管理。保险公估人只要在自己的经营范围内经营即可，无须遵循这些管辖原则。

4. 保险公估人与保险公司理赔部门的比较

从某种角度看，保险公估人与保险公司理赔部门的职能是重复的，都可以对承保标的进行价值评估，对保险事故及损失进行鉴定、估算、定损，但是两者又具有本质上的区别。

1）两者的立场不同

保险人由于自己承担保险标的的风险和损失，理赔支出构成其主要的经营成本，因此，在保险标的的评估、查勘、定损时会尽量以保险人的利益为先，这极有可能损害被保险人的利益，对被保险人很不公平。保险公估人完全处于中立、超然的地位，不会刻意照顾某一方的利益，而是依据事实本身，作出客观的公估结论，这样会减少被保险人的抵触和对立情绪，其公估结论也更容易被接受。

2）两者的方法不同

保险人对发生频率较高而损失相对较小的一般保险事故的处理比较容易，但是对一些金额巨大的巨灾保险、高科技保险等，缺乏足够的专业力量和处理经验。保险公估人有许多权威的专家和科技人员，他们注重调查、收集资料，依靠科学数据进行判断，遇有疑难赔案可以通过项目小组的方式，汇集众多专家的智慧共同解决问题。

12.2　保险公估人的职业道德

保险公估人的职业道德是指在保险公估业务活动中应当遵循的，体现保险公估职业特征的，调整保险公估职业关系的行为准则和规范。从本质上，保险公估人的职业道德是保险公估从业人员在从事保险经纪过程中逐步形成的、普遍遵守的道德原则和行为规范，是社会对从事保险公估人的一种特殊道德要求，是社会道德在保险公估职业生活中的具体体现。

根据《保险公估从业人员职业道德指引》，保险公估人应遵守 8 个基本道德准则，即守法遵规、独立执业、专业胜任、客观公正、勤勉尽责、友好合作、公平竞争、保守秘密。这 8 个基本准则之间不是孤立的，而是一个相互联系的有机整体。其中，守法遵规、独立执业、专业胜任是基础，客观公正是核心，友好合作、公平竞争、保守秘密是在不同方面的发展。

1. 守法遵规

守法遵规就是自觉遵守国家的法律，是保险公估人最基本的职业道德要求。这里的守法遵规，既不是"迫于约束"，也不是"惧于刑罚"，而是一种"自觉"和"自律"。市场经济是规则经济、法制经济，在保险公估过程中，如果不具备较高的规则意识和法律素质，就难以驾驭市场经济，难以妥善处理各种经济关系和法律关系。保险公估人在执业活动中既要遵守保险相关的法律、法规，如《中华人民共和国保险法》《保险公估人监管规定》《保险公估从业人员职业道德指引》等，也要遵守行业协会有关保险公估的自律守则，同时还要遵守保险公估公司的有关管理规定。

2. 独立执业

独立执业是指保险公估人在执业活动中始终保持独立性，不接受不当利益，不屈从于外界压力，不因外界干扰而影响专业判断，不因自身利益而使独立性受到损害。一方面，独立性是保险公估从业人员取得工作成效必须具备的基本功，在从事公估业务的整个过程中始终坚持自己的独立判断，尤其是在查勘定损环节，更是要通过自己的独立思考，辨别损失近因，核定损失金额。另一方面，保险公估从业人员的独立性是建立在深入调查、规范获取资料的基础上的，他们必须根据自己的知识和经验，进行现场查勘，对所收集的资料进行加工提炼、深入思考，作出客观准确的判断，而不是闭门造车、主观臆断、偏听偏信。

3. 专业胜任

由于保险公估业务的技术含量很高，要求从业人员不仅要有扎实的基础知识，精熟透彻的保险专业知识，还要有广博的与保险公估相关的专业技术知识，如船舶、锅炉、汽车、飞机、炼油厂等工程技术方面的知识。此外，保险公估业务具有很强的实践性，无论是承保环节的风险评估、标的价值评估，还是理赔环节的定损、理算，都需要从业人员具有丰富的职业经验和准确的判断能力。因此，保险公估从业人员应不断加强业务学习，积极参加行业协会及所属机构组织的业务培训，更新理论知识，提高业务素质和技能。

4. 客观公正

客观公正是保险公估人职业道德的外在表现，它要求保险公估人在执业活动中以客观事实为依据，采用科学、专业、合理的技术手段，得出公正合理的结论。具体要求包括：①秉公办事，不徇私情，即保险公估从业人员在处理公估业务时要秉持公正的立场，对委托人委托的公估事项进行科学的调查、测定、分析，从而得出公正的结果；②一视同仁，照章办事，即保险公估从业人员在处理某项业务或形成某种见解时，不应受外界影响，也不应迁就任何个人或集体的片面要求；③资料要真实可靠，即保险公估从业人员分析和理算所采用的数据、资料必须是在现场查勘的基础上得到的，不得有丝毫的主观隐瞒或恶意串通的行为。

5. 勤勉尽责

保险公估从业人员应秉持勤勉的工作态度，勤奋工作，积极尽职，为客户提供最优的服务，努力避免执业活动中的失误；对客户的各项委托尽职尽责，确保客户利益得到最好的保障。保险公估人的委托人可能是保险人也可能是投保人，但保险公估人在执业过程中不能为了委托人的利益而有任何偏袒，从而损害第三方的利益。另外，保险公估从业人员应接受所属公估机构的管理，履行对所属机构的责任和义务，不侵害所属机构利益。

6. 友好合作

保险公估人在从事保险公估活动时，既要与有关关系方保持密切友好的合作关系，也要与保险公估机构内部人员保持融洽和谐的合作关系。一方面，要与投保人、被保险人、保险人等有关各方友好合作，确保公估活动的顺利开展；另一方面，要注重市场分工条件下与其他相关机构，如保险经纪机构物价鉴定中心、资产评估公司、律师事务所等的友好合作，实现共同发展。另外，要加强同业人员之间的交流与合作，实现优势互补，共同发展与进步。

7. 公平竞争

公平竞争是市场经济的内在要求。保险公估人面临的竞争环境较为复杂，除了其他保险公估机构外，还有物价鉴定中心、交通事故处理部门、资产评估机构等具有类似职能的机构。在执业过程中，保险公估人应尊重竞争对手，采取正当、合规、合法的竞争手段，依靠专业技能和服务质量赢得客户；不诋毁、贬低或负面评价其他保险公估机构及其从业人员，不借助行政力量或垄断资源等非正当竞争手段开展业务，不向客户承诺业务回扣等额外的经济利益。

8. 保守秘密

保守秘密是保险公估人的基本义务，包括 3 个方面的内容：①为公估业务涉及的相关各方保守秘密，非因业务正当需要不得泄露，更不得用以为自己或他人牟取不正当的利益；②为所属机构保守商业秘密，如客户的信息资料、重要的内部文件等；③不得提前透露公估结论，只能在所有工作结束后，分别与保险当事人双方沟通时，才能告知其相关信息。

12.3　我国保险公估人发展面临的困境

在国外，保险公估人是平衡保险人和被保险人利益关系的第三方主体，他们可以接受任何一方当事人的委托，进行赔案的定损、理算等工作，但都要遵循独立、公正的原则。保险公估人的存在为提高保险理赔的质量和效率，减少保险双方的纠纷，促进保险市场的良性循环起到了非常重要的作用。在我国，保险公估人的市场发展潜力巨大。以 2015 年为例，全国财产险保费收入 7 994.97 亿元（保险公估人的业务范围主要是财产险），全年赔款总支出为 4 194.17 亿元，假定保险公估人的佣金率为 5%，则全国应有 209.71 亿元的公估市场。然而现实却并非如此，2015 年全国保险公估业务收入仅为 22.4 亿元，距离 209.71 亿元相差甚远。事实表明，当前活跃在我国保险中介市场的专业公估机构普遍存在经济效益低下，生存空间狭窄的问题。

12.3.1　我国保险公估人发展中面临的困境

1. 市场认知程度低

虽然我国保险公估人的市场发展空间很大，但很多公估机构开业以来经营效益一般，虽不能说举步维艰，但也是困难重重。这主要是由于市场尚未形成委托保险公估人协助进行赔案处理的职业习惯。

从保险公司来看，其外延式粗放经营制约了保险公估业的发展。我国大多数保险公司从成立之初就将保险业务的诸多环节均纳入公司经营管理的范畴之内，除了有一支强有力的展业队伍外，更有一支庞大的理赔力量，多年来习惯于自己进行查勘定损或风险评估。这主要基于以下原因。

（1）保险公司认为自己完全有能力处理各种赔案，即使遇到技术要求高、难度大的案件，可以临时聘请专家进行技术指导，不必委托专门的保险公估人，只有当个别理赔案件发生纠纷或难以理赔（如政府机关）时，才有可能让保险公估人介入，以便化解矛盾或向裁决机关提供有效的公证资料。

（2）保险公司认为如果委托保险公估人容易受到制约，且必须支付公估费用，会增加理赔成本。

（3）在外延式粗放经营理念的指导下，"惜赔"和"以赔促保"的现象时有发生，理赔成为保险公司降低成本或拓展业务的手段，因而在主观上不愿意让作为第三方的保险公估人介入到理赔工作中。

从被保险人来看，一方面，由于当前我国保险消费层次普遍较低，对保险公估人认识不多，因此，当发生保险事故或保险纠纷时主动委托保险公估人对受损保险标的进行公估理算的情况很少；另一方面，被保险人对保险公估人存在一定程度的误解，认为保险公估人是保险公司的附属机构，与保险公司的理赔部门没多大区别。这是因为保险公估人一般都是接受保险公司委托进行理算定损，投保人主动请求保险公估人对保险标的进行公估和理算的情况尚属少见，所以在客观上形成了保险公估人似乎是保险公司的"御用机构"的错误认识。因此，大多数被保险人认为保险公估人是为保险人服务的，难以做到客观、公正、公平，更不会维护被保险人的利益。

2. 相关法律、法规不够完善

目前，我国有关保险公估人的法律、法规主要是《保险法》和《保险公估人监管规定》。在 2015 年 4 月新修订的《保险法》中，仍然没有将保险公估人与保险代理人、保险经纪人一样加以明确，只是在第一百二十九条中规定："保险活动当事人可以委托保险公估机构等依法设立的独立评估机构或者具有相关专业知识的人员，对保险事故进行评估和鉴定。"这种不够明确的规定使得本来专业性很强的保险公估行业，充斥着如物价事务所、会计师事务所、律师事务所等带有公估、定价性质的中介机构，造成保险公估市场的无序分割和恶性竞争局面。专业保险公估机构的经济效益深受市场影响，为了生存而被迫参与同业的恶性竞争，降低成本，致使评估质量下降，反过来又引发消费者对保险公估行业的诚信产生质疑，从而使保险公估行业的发展陷入恶性循环。

《保险公估人监管规定》对保险公估人的资格审核、市场准入、经营范围、执业准则、监督管理等都作出了详细的规定，但也只是一个原则性、概要性的要求，保险公估人在市场中共同遵循的"游戏规则"还不够具体和细化。例如，对保险公估人的佣金收入只是规定按照双方约定收取报酬，但对于不同类型、不同金额、不同风险的公估收费标准，尚未明确和统一。在现实中，公估价格完全由保险公估人自行制定，有的参照国外价格标准，有的以国内特定行业的价格标准为基础。这样会导致两个结果，一个是委托人对公估人收费的无依据现象不能认同，由此对公估人产生不信任；另一个是单个保险公估业务的价格在不同公估人那里会出现较大的差异。在这种情况下，委托人自然会更多地选择那些收费低的公估人为自己处理理赔业务，由此助长了以降低佣金率为主要手段的恶性竞争，从而破坏保险公估市场的秩序。

3. 保险公估人行业定位不超然

在保险业发展初期，尽管有些地方对发展保险公估业也进行了有益的尝试，为发展我国保险公估业积累了经验，但这些保险公估人多数具有政府背景或保险行业背景，通常是由保险公司或某些权力机关开办的，名义上是为保险当事人服务，实为部门或为单位小集体创收。因此，这些公估机构从成立之初就难以保证其独立超然的第三方地位，难以显示公估的客观性、独立性与公正性，更难得到市场的认同。

1998 年原中国保险监督管理委员会成立以后，对不符合要求的保险公估人进行了清理整顿，并按照新的规定审批设立了一批保险公估机构，然而部分保险公估人出于维持业务关系的目的，仍然存在着影响自身行为客观、公正的认识与做法。一方面，他们认为既然接受了保险公司的委托并且向其收取报酬，就应当维护委托人的利益，因此，在处理赔案时往往会偏袒保险公司；另一方面，现有保险公估机构的管理人员有不少来自保险公司，公估工作中不自觉地成为保险公司的代言人，客观上损害了被保险人的利益，也难以保证保险公估的客观、公平、公正。此外，在我国保险市场尚未形成委托保险公估人进行承保公估或理赔公估的习惯性做法和制度性安排的情况下，大量保险公估人的进入势必会造成恶性竞争，在市场中，生存是第一位的，各保险公估人为了争市场、抢业务势必压低收费价格，影响保险公估服务质量，损害保险公估人的职业形象，从而阻碍保险公估业的发展。

4. 保险公估人技术力量薄弱

保险理赔是融合保险知识和各种专业技术知识的混合型工作，保险市场对保险公估人的要求，从整体而言不但应该具备某一方面的专业知识，而且必须具有保险相关的知识。在保险事故处理过程中，保险公估人既要以技术专家身份对事故进行权威的技术分析，也要以保险专家的身份根据保险合同对事故损失进行合理的理算，甚至还要参与谈判，与被保险人进行协商，向保险人提出理赔建议等。

但是，目前国内保险公估从业人员普遍理论知识匮乏，专业素质不高，既懂保险又精通某一专业的人才更是凤毛麟角。同时，随着保险领域的拓宽，保险险种的丰富，承保风险扩大到卫星、核能、通信等高新技术产业，保险险种扩展到机损险、利损险等新型险种，对保险公估人的要求自然也越来越高。由于我国的保险公估业起步较晚，基础薄弱，很多公估机构都没有建立一套系统、全面的教育培训制度，使得保险公估人无论在专业技术还是在执业经验上，与保险市场的要求都有一定差距。因此，目前我国保险公估人从事的公估业务主要是车险、财产险等技术含量较低，险种较为传统的理赔业务，对一些金额大、技术含量高的标的物，如航空航天、石油勘探、地铁、核电站、远洋船队等的价值公估，以及一些较为复杂的险种，如营业中断险、利损险、责任险、船舶险等的损失公估仍然无法胜任。

12.3.2　我国保险公估人的发展建议

在保险业发达的国家和地区，保险公估人都有较为成熟的发展，并以其专业性、公正性等特点成为保险市场上不可或缺的一部分。在参照国外经验的基础上，我国应从实际出发，探索适合中国保险公估人的发展道路。

1. 组织形式多样化

在组织形式上，英国、澳大利亚等国家实行公司制（包括有限责任公司、股份有限公司），日本实行个人公估人和机构公估人并存的形式，而我国目前应以公司制为主，适度发展合伙制形式。以公司制为主是因为有限责任公司具有"产权明晰、权责明确，政企分开，管理科学"的优点，有利于确定其经济责任，便于管理，而且注册资本要求较低，设立程序简便可行。这对于处于发展初期的保险公估业来说，既能够起到一定的推动和促进作用，又可以监管到位，控制整个行业的发展水平，有利于建立规范、有序的保险公估市场。同时，保险公估人又是一种提供风险评估、损失鉴定和理算的一般性社会中介组织，其特征是各种专业技术人才的集合，而不是资金的膨胀和经营规模的扩大。因此，当保险公估人的发展有了一定的经验积累后，可以适当设立合伙制的保险公估人。

2. 组织架构关系立体化

未来的中国保险公估市场，应该是一种多层面的组织架构关系，即专业保险公估人、兼业保险公估人、个人技术专家并存。专业保险公估人是指独立于保险公司之外，拥有合法的经营保险公估业务的资格，专门从事保险公估经济活动的保险中介机构。专业保险公估人出具的保险公估报告为保险承保和理赔提供完整而充分的证据。兼业保险公估人是指那些不具有经营保险公估业务资格，在从事自身业务的同时，临时接受保险合同当事人或保险公估人的委托，参与保险公估活动的机构，如商品质量检验机构、资产评估事务所、技术监督评鉴所、科研机构等。兼业保险公估人的行为是一种技术服务行为，其作用只是对保险事故损失作技术层面分析，由其出具的报告也是一种技术公估报告，是保险公估报告的重要组成部分，但不能取代保险公估报告。个人技术专家是指受聘于保险公估机构，参与保险公估活动的高级专业技术人员。个人技术专家通常不需具备独立执业的保险公估人资格，但由于具有一定专业技术，可受聘参与保险公估活动，如标准专家、计算机专家、船舶建造专家、工程设计专家等。个人技术专家参与保险公估活动可以化解专业保险公估机构人才不足的问题。

3. 扩大业务范围

对于保险公估人的业务范围，按国际惯例主要是财产保险公估，包括保险标的的风险评估、价值鉴定，货物的监装监卸，保险标的损失的检验、查勘、理算，受损物品的清理，受损标的物的残值处理或拍卖，索赔代理，理赔代理，保险理赔咨询服务等。由于我国保险市场尚未形成委托保险公估人进行承保或理赔公估的习惯性做法和制度性安排，只是在发生巨灾，涉及复杂的专业技术要求，保险双方不能就赔偿金额达成一致的特殊情况下，保险公司才会委托保险公估人提供公估服务，因此，保险公估人的业务来源十分有限。在保险公估业发展初期，若将保险公估人的业务范围人为限定为理赔环节的查勘、估损，将不利于我国保险公估人的成长，因此，应将其业务范围延伸到承保公估、防灾防损、理赔公估、监装监卸、残值处理或拍卖、保险公估咨询服务等。据对部分保险公司的抽样调查结果表明，86%的保险公司希望保险公估人提供承保公估；100%的保险公司希望提供理赔公估；57%的保险公司希望保险公估人参与防灾防损；57%的保险公司希望提供货物运输保险的监装监卸[1]。由此可见，客户对保险公估服务的需求是多样化的。

4. 细分业务种类

从业务种类上，许多国家将保险公估业务分为一般保险公估业务和海上保险公估业务两大类，保险公估机构可以选择其中一类业务或同时经营两类业务。这是因为在这些国家，保险公估人具有比较全面的技术和比较高的业务素质，能够适应和从事除个别领域外的一般保险公估业务。而我国的保险公估业尚处于起步阶段，专业人才及技术力量远远不能与其相提并论。因此，保险公估人业务种类的选择宜小不宜全，宜细不宜粗，可以分为以下几种：财产损失保险公估、工程保险公估、责任保险公估、海上保险公估、机动车辆保险公估等，不同的保险公估业务，可以由经过不同的个别专业考试，取得相应资格的人员去完成。这既符合目前我国保险公估人专业知识有限、技术水平不高的低层次要求，又有利于保险公估人资格考试细分制度的建立。

5. 完善资格考试制度

在保险公估活动中，工程技术专业的应用至关重要，如海上保险公估中事故原因的判断、损失金额的确定都需要保险公估从业人员具备该领域的专业知识和经验。然而，目前我国的保险公估人多以金融保险专业为主，工程技术专业薄弱，因此应改革现有考试方式和内容，借鉴日本的经验，增加工程技术专业考试的内容和难度，同时适应保险公估业务种类的划分，按不同的专业门类设置考试科目，并实行分级制度。保险公估从业人员可以参加不同专业和级别的考试，在取得相应资格后，从事一种或几种保险公估业务。同时，在施行保险

---

〔1〕 魏华林. 中国保险公估也发展问题研究. 金融研究，1999（11）.

公估人资格考试的基础上，可以参照国际经验，实行核准登记制度，对于具有相关实务经验并具有国家有关部门颁发的高级工程技术职称，申请保险公估执业资格的，可以经保险监管机构或行业协会的核准授予从业资格，并做好从业所要求的保险、经济相关学科知识培训，以多渠道有效地解决当前我国保险公估专业人才匮乏的问题，提高保险公估业务质量。

6. 优化市场发展环境

保险监管部门可以通过政策引导为保险公估人的发展营造一个良好的外部环境。一方面，阻碍保险公估人发展的最主要因素就是保险公司的职能不清，因此，应鼓励保险公司继续深化经营体制改革，主动从一些理赔领域内退出，让位于保险公估人。这样做的好处是：①可以通过保险公估人的优质服务克服保险公司理赔技术上的障碍；②可以克服理赔道德上的问题，有效地遏制"以赔促保""以赔谋私"等不良现象；③可以让保险公司集中力量进行险种开发等核心内容，以专业化分工提高其经营效率。另一方面，要通过有关部门的宣传和引导，使更多的被保险人认识并了解保险公估人的功能与作用，在需要时主动委托保险公估人为其提供承保价值评估、损失金额确定、防灾防损建议等服务。

知识链接

强化保险公估人的法律地位

保险公估人的法律地位问题一直困扰着我国保险公估业的发展。一个最重要的问题就是保险公估结论在保险行业内具有权威性，但在诉讼活动中只能作为一般的证据使用，在诉讼活动中有90％的保险公估结论被否定。并且社会上一些评估与鉴定机构，如物价部门、会计师事务所、资产评估事务所、工程造价公司等经常涉足保险标的事故的评估与鉴定，给保险公估业的发展带来很大的负面影响。

实际上，如果仔细探询社会上的那些评估与鉴定机构的业务范围不难发现，物价部门只能对物品的价格进行鉴定和认证，许多机构鉴定保险财产的损坏程度也无法律依据，只有保险公估公司才是唯一合法的从事保险财产损坏程度鉴定的中介机构。

物价部门价格评估人员执业资格认定和价格评估机构资质认定的主管部门是国家发展和改革委员会和省级发展和改革委员会，物价部门有对涉案物品的价格进行鉴定和认证的资质，但并没有对涉案物品的损坏程度进行鉴定的资质。即物价部门不能对涉案物品是否该换或该修进行鉴定，只能鉴定物品的整体价格或在物品的维修项目（范围、面积等）确定后对维修的价格进行鉴定。

对交通事故而言，交警部门提供的委托书及有关材料应当载明事故车辆或第三者财产的实际状况（被使用、损坏程度）。例如，交警部门应当在确定事故车辆的哪些配件该换或该修后再委托物价部门对价格进行鉴定，对第三者财产的价格鉴定也是如此。如果物价部门先对更换部件进行鉴定，然后再对价格进行鉴定，这样的鉴定在法律上是无效的。

其他一些经常涉足保险标的事故评估与鉴定的机构也与物价部门一样，没有鉴定保险财产损坏程度的法律依据。例如，会计师事务所依据会计账册鉴定的是财产的财务价值，资产评估事务所评估的是有形和无形资产的实际价值，工程造价公司预算的是工程的造价，这些机构都存在类似物价部门没有鉴定财产损坏程度的法律依据。

无论是行业鉴定还是司法鉴定，其鉴定必须有法律依据，否则就属非法鉴定。判断鉴定业务的合法性主要看鉴定机构的许可证、鉴定程序、鉴定人资格和签发人等，超越业务范围、程序不合法、鉴定人无资格和没有法定签发人签发的鉴定书均是无效的，这样的鉴定结论司法机关不能采信。所以，明确保险公估人的法律地位对保险公司的意义也十分重要，保险公司也要看鉴定书是否确实合法有效。

据了解，我国已有少数几个保险公估机构取得了司法鉴定资质。因此，对保险公估人而言，在争取得到司法鉴定资质的同时，强化自己的法律地位意识也是十分重要的。

资料来源：秦立生．强化保险公估人的法律地位．中国保险报，2009－02－22．

本章小结

　　本章对保险公估人进行了概述。保险公估人是指接受保险合同当事人的委托，以独立第三方的身份为保险标的或者保险事故造成的经济损失提供评估、鉴定、查勘、估损、理算等业务，依法收取佣金，并出具公估报告书的保险中介服务机构。保险公估人具有经济性、专业性、客观性、超然性等特点。保险公估人可以依据不同的标准进行分类。保险公估人的存在为提高保险理赔的质量和效率，减少保险双方的纠纷，促进保险市场的良性循环起到了非常重要的作用。在我国，保险公估人的市场发展潜力巨大，但仍然存在市场认知程度低、行业定位不超然、技术力量薄弱等问题。

　　本章的重点是保险公估人的含义、特点、种类、职能，保险公估人与类似机构的比较，我国保险公估人面临的发展困境。

　　本章的难点是保险公估人与类似机构的区别，我国保险公估人发展中面临的问题及对策。

关键名词

核保公估人　理赔公估人　损失理算人　损失鉴定人　损失评估人　独立执业　保险型保险公估人　技术型保险公估人　综合型保险公估人

思考题

1．保险公估人的含义及特点是什么？
2．保险公估人的种类如何划分？
3．保险公估人的职能及作用是什么？
4．试分析保险公估人与其他类似机构的区别。
5．试述我国保险公估人发展中面临的主要问题，并提出相关建议。

第 13 章
保险公估人的经营

【本章导读】

在我国，保险公估人可以是公司形式或合伙形式，因此，保险公估人的经营是指保险公估机构的经营。本章主要包括 4 个方面的内容：保险公估人的组织结构；保险公估人的经营范围、业务种类；保险公估人的业务流程、执业规范；保险公估报告的撰写。

13.1 保险公估人的设立和组织结构

13.1.1 保险公估人的设立

根据我国《保险法》《资产评估法》《保险公估人监管规定》，保险公估人应当在组织形式、股东或合伙人、注册资本等方面具备相应的条件，才能设立并从事保险公估活动。

1. 组织形式

我国的保险公估人应当采用合伙形式或者公司形式。

合伙形式的保险公估人，应当有 2 名以上公估师；其合伙人三分之二以上应当是具有 3 年以上从业经历且最近 3 年内未受停止从业处罚的公估师。

公司形式的保险公估人，应当有 8 名以上公估师和 2 名以上股东，其中三分之二以上股东应当是具有 3 年以上从业经历且最近 3 年内未受停止从业处罚的公估师。

保险公估人的合伙人或者股东为 2 名的，2 名合伙人或者股东都应当是具有 3 年以上从业经历且最近 3 年内未受停止从业处罚的公估师。

2. 注册资本和营运资金

保险公估人的注册资本为在企业登记机关登记的认缴出资额，且出资资金自有、真实、合法，不得用银行贷款及各种形式的非自有资金投资。

根据业务发展规划，保险公估人应具备日常经营和风险承担所必需的营运资金，全国性机构营运资金为 200 万元以上，区域性机构营运资金为 100 万元以上，并按保险监管机构的有关规定进行托管。

3. 股东或合伙人资格

单位或者个人有下列情形之一的，不得成为保险公估人的股东或者合伙人：

(1) 最近 5 年内受到刑罚或者重大行政处罚；

(2) 因涉嫌重大违法犯罪正接受有关部门调查；

（3）因严重失信行为被国家有关单位确定为失信联合惩戒对象且应当在保险领域受到相应惩戒，或者最近 5 年内具有其他严重失信不良记录；

（4）依据法律、行政法规不能投资企业；

（5）保险监管机构根据审慎监管原则认定的其他不适合成为保险公估人股东或者合伙人的情形。

保险公司的工作人员、保险专业中介机构的从业人员投资保险公估人的，应当提供其所在机构知晓其投资的书面证明。保险公司、保险专业中介机构的董事、监事或者高级管理人员投资保险公估人的，应当根据有关规定取得任职公司股东会或者股东大会的同意。

4. 高管人员任职资格

保险公估机构的高级管理人员包括保险公估公司的总经理、副总经理；保险公估合伙企业的执行事务合伙人；分支机构主要负责人；与上述人员具有相同职权的管理人员。他们应当具备下列条件：

（1）大学专科以上学历（从事金融或者资产评估工作 10 年以上的人员可不受此限制）；

（2）从事金融工作 3 年以上，或者从事资产评估相关工作 3 年以上，或者从事经济工作 5 年以上；

（3）具有履行职责所需的经营管理能力，熟悉保险法律、行政法规及中国保监会的相关规定；

（4）诚实守信，品行良好。

保险公估人董事长、执行董事和高级管理人员不得兼任 2 家以上分支机构的主要负责人。

非经股东（大）会或者合伙人会议批准，保险公估人的董事和高级管理人员不得在存在利益冲突的机构中兼任职务。

保险公估人的合伙人不得自营或者同他人合作经营与本机构相竞争的业务。

5. 其他条件

保险公估机构经营保险公估业务，还应当具备下列条件：

（1）营业执照记载的经营范围不超出《保险公估人监管规定》第四十三条规定的范围；

（2）公司章程或者合伙协议符合有关规定；

（3）保险公估人的名称中应当包含"保险公估"字样；

（4）有符合保险监管机构规定的治理结构和内控制度，商业模式科学合理可行；

（5）有与业务规模相适应的固定住所；

（6）有符合保险监管机构规定的业务、财务信息管理系统；

（7）法律、行政法规和保险监管机构规定的其他条件。

6. 备案登记

保险公估机构经营保险公估业务，应当自领取营业执照之日起 30 日内，通过保险监管机构规定的监管信息系统向保险监管机构备案，同时按规定提交纸质材料。

保险公估人提交备案材料时，保险监管机构应当采取谈话、函询、现场查验等方式了解、审查股东或者合伙人的经营记录、经营动机，以及市场发展战略、业务发展规划、内控制度建设、人员结构、信息系统配置及运行等有关事项，并进行风险测试和提示。

备案材料完备且符合要求的，保险监管机构应当在其网站上将备案情况向社会公告，完成备案。

保险公估人在备案公告之后方可开展保险公估业务。

13.1.2 保险公估人的组织结构

保险公估人的组织结构是指保险公估组织内部各构成要素及其相互关系，是对保险公估组织框架体系的描述。在设计保险公估人组织结构时，要考虑诸多因素，如组织的形式和规模、组织的工作内容和技术特性、组织的目标、外部环境对组织的要求（如监管）等。保险公估人的组织结构形式通常有 3 种：职能部门结构，业务部门结构，职能、业务部门的混合结构。

1. 职能部门结构

职能部门结构是将保险公估机构各部门的责任按经营职能划分，如财务部、公估业务部、人力资源部、客户服务部等，如图 13-1 所示。

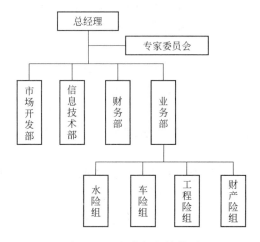

图 13-1 职能部门结构图

职能部门结构的优点是专业化程度高，部门内部知识共享，解决问题迅速；与其他组织结构形式相比，采用更为精简的机构和更少的人员，有利于减少重叠管理；可以避免各部门之间的相互冲突。

职能部门结构的缺点是部门之间缺乏交流，跨部门的项目合作比较困难；各部门的管理者只精通一个领域，只注意到本部门的问题，缺乏全面、系统解决问题的能力；可能引起高层决策超负荷堆积，易产生管理僵化的弊病；对外界环境的变化反应较慢。

这种组织结构的职能划分只是在日常经营中分清职权的需要，在具体的业务管理中往往要打破部门之间的界限，加强各职能部门之间的横向交流和合作，尤其是公估业务的多样化经营要求更需要各个职能部门的协调合作，如从各部门中选出专家组成专家小组进行工作。因此，保险公估机构应该建立较为灵活的职能系统，加强高层决策人员对各部门的统一协调能力。

职能部门组织结构比较适合市场环境较为稳定，组织规模较小，公估业务比较单一的中、小型保险公估人采用。

2. 业务部门结构

业务部门结构是按保险公估业务的类型设立管理部门，每个业务部门负责协调公司在经营范围内的某一种公估业务，对该项业务的计划、管理、控制负有主要责任，如图 13 - 2 所示。

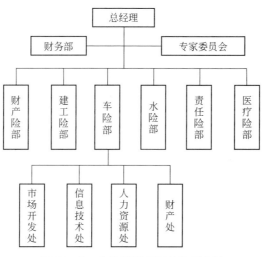

图 13 - 2　业务部门组织结构图 [1]

业务部门结构的优点是实现了组织内部的专业化，具备更强的跨职能协调能力，有利于提高工作效率；有利于促进各业务部门进行全局性的业务规划和业务决策，灵活应对不断变化的市场环境；对一些跨国经营的保险公估机构，这种组织结构能确保国际经营和国内经营的一致性，便于建立全球性的标准化公估业务体系。

业务部门结构的缺点是职能机构在各业务部门中重复设置，业务部门目标与组织的整体目标容易发生冲突；管理机构过于庞大，不利于组织总体协调和监督各业务部门的经营活动；对管理层的要求更高，只有既具备业务专长又熟悉经营业务的管理人员才能胜任高层管理工作。

对于保险公估人来说，由于险种的多样化和保险标的的复杂性，公估人提供的技术性服务之间往往有很大差异，各自有其领域的专业要求，因此，按业务部门设置组织结构不失为一种较好的参考方案。

业务部门组织结构比较适合市场环境经常变化，组织规模很大，公估业务种类多、技术复杂的中、大型保险公估人采用。

3. 混合部门结构

混合结构是以一些职能部门为基础，同时再按业务或地区来划分部门。这种组织结构结合了业务部门结构和职能部门结构的特征，融合了两者的优点并能有效避免一些缺陷，如图 13 - 3 所示。

混合部门结构的优点是可以同时在职能部门和业务部门内部追求效率，达到多方面最

---

〔1〕　由于篇幅限制，此处仅标示了车险部的下设部门。事实上，在业务部门结构下，每一个业务部门均下设若干职能部门。

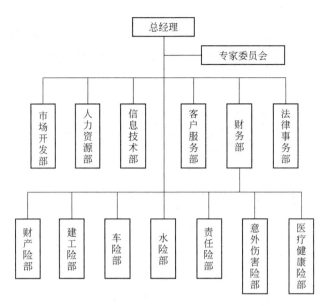

图 13-3　混合部门结构图

优,从而实现各部门目标和总部目标的一致;业务划分可在职能部门之间实现有效协调,中心职能部门也可以在业务部之间有效协调。

混合部门结构的缺点是行政管理机构庞大,有的职能部门内部重复,极有可能导致经营成本攀升;各部门之间可能发生冲突,因为职能部门对业务部门没有直接的指导权,而职能部对业务部的要求也可能视而不见。

混合部门组织结构比较适合客户需求不断变化,组织规模较大,公估业务种类较多的中、大型保险公估人采用。目前,我国的保险公估机构大多采用的是混合部门组织结构。

13.1.3　保险公估从业人员的准入条件

保险公估从业人员应当具有从事保险公估业务所需的专业能力,并且品行良好。有下列情形之一的,保险公估人不得聘用:

(1)因故意犯罪或者在从事评估、财务、会计、审计活动中因过失犯罪而受刑事处罚,自刑罚执行完毕之日起不满 5 年;

(2)被监管机构决定在一定期限内禁止进入金融、资产评估行业,期限未满;

(3)因严重失信行为被国家有关单位确定为失信联合惩戒对象且应当在保险领域受到相应惩戒,或者最近 5 年内具有其他严重失信不良记录;

(4)法律、行政法规和保险监管机构规定的其他情形。

保险公估人应当自己或委托保险中介行业自律组织或者其他机构组织对保险公估从业人员的岗前培训和后续教育,培训内容至少应当包括业务知识、法律知识及职业道德,并且建立完整的保险公估从业人员培训档案。

保险公估从业人员从事保险公估业务,应当加入保险公估人;保险公估从业人员只能在一家保险公估人从事业务,只限于通过一家保险公估人进行执业登记。

保险公估从业人员变更所属保险公估人的,新所属保险公估人应当为其进行执业登记,原所属保险公估人应当及时注销执业登记。

13.2　保险公估人的业务范围与种类

13.2.1　保险公估人的业务范围

保险公估人的业务范围是由保险市场的需求决定的，同时也受国家法律、法规的制约。不同国家的保险公估人有着不同的业务范围，即使同一国家的不同保险公估人，其经营范围也不尽相同。通常，保险公估人的业务范围包括承保公估、理赔公估及其他公估业务。

1. 承保公估

承保公估是指保险公估人对承保前的保险标的进行检验、估价及风险评估。承保公估的内容主要包括以下两部分。

（1）对保险标的物现时价值的评估。保险公估人对投保标的物进行查勘、检验、鉴定，经过科学分析、研究、计算，对其现时价值作出估计，以便确定合理的保险价值和保险金额。

（2）对承保风险的评估。保险公估人对保险标的物客观存在的风险在投保前进行查勘、鉴定、分析、预测和判断，以便对承保标的物性质、条件，以及风险程度、责任范围等作出科学判断。

现时价值评估和承保风险评估是保险公估人所涉及的重要业务领域，两者都是在保险公司承保以前对标的物进行评估，且评估结果作为投保人是否投保和保险人是否承保的重要依据。承保公估的出现，突破了保险公估人原来只限于理赔公估的业务范围，有利于缓解投保环节保险交易双方信息不对称的问题，促进保险市场的专业化发展。

2. 理赔公估

理赔公估指保险公估人对出险后的保险标的进行查勘、检验、估损及理算。理赔公估是保险公估机构的主要业务，包括以下工作内容。

（1）现场查勘。查明保险事故发生的原因，是否有除外责任因素的介入，是否有第三者责任发生；清点现场未受损的财务，查清保险标的与受损财产之间的关系；进行损失定量，估计损失的程度等。

（2）损失理算。确定保险财产的损失程度，确认是否全损或可以修复，修复费用是否超过财产的实际价值。

（3）出具保险公估报告。在结案之前，要与保险公司保持联系，并与被保险人进行协商；结案时，递交最后报告，列明保险事故发生的时间及情况、损失原因、损失清单、理算定损、赔偿建议、代位追偿等。

与承保公估不同的是，理赔公估是在保险合同成立后发生保险事故时，保险公估人根据委托查勘定损、确定事故发生的原因、保险标的的受损情况等，为保险人提供理赔依据，或者为被保险人提供索赔依据，属于事后处理。理赔公估可以有效缓解保险合同双方当事人因理赔而产生的矛盾，提高保险市场的效率。

3. 防灾防损

防灾防损是指事先对保险标的采取各种组织措施和技术措施，避免或减少保险事故的发生，以及在保险事故发生时减少损失程度的一种手段。在某种意义上，建立保险制度的目的，就是为了防灾防损，减少保险事故的发生。保险公估人凭其业务经验和技术优势，可以为实现这一目标发挥重要的作用。

对保险人而言，防灾防损是保险经营的稳定器。这是因为保险公司在经营活动中通过承保业务集中了大量风险，这些风险虽然是保险存在和发展的客观基础，但同时又威胁着保险公司自身的生存和发展。因此，加强防灾防损工作是保险公司经营的立足之本，也是保险公司增强竞争能力的有效手段。

对被保险人而言，"事前的预防"优于"事后的补偿"。购买保险固然可以使被保险人获得保险保障，但获得赔款并不是被保险人的直接目的，被保险人更希望保险公司能提供防灾防损措施和建议，以避免或减少保险事故的发生。

保险公估人所聘请的技术专家都是在相应专业领域内有一定经验的技术人员，经过较长时间的保险知识和业务技术培训，能够从保险角度对各个经营环节提出安全预防等合理化建议，在保险防灾防损中发挥重要作用。

4. 残值处理

残值处理是指保险公估人在参与理赔公估过程中，对保险标的物的损失程度和损余残值进行估价，并向保险公司提出残值处理的建议。保险公估人还可以接受保险公司委托，通过拍卖、折价出售、租让等形式对损余残值进行处理。此外，保险公估人还可以接受客户委托从事代位追偿或代为支付赔偿金等事项。

5. 监装监卸

监装监卸是指对运输工具装载、卸载标的物进行监视和鉴证，主要与海上运输货物保险的货物检验有关。由于各种进出口货物在装卸过程中发生损失的原因很多，所以划分责任归属和估算损失程度十分必要。监装监卸的主要任务就是检查货物在装载、卸载时是否符合贸易合同规定，确定损失金额，分清损失原因和责任，为保险人处理赔案提供依据。

船东或其代理人为了日后追偿方便，可能长期委托一家保险公估人代表其监视、记录装载和卸载的过程。在同一次运输中，保险公估人可能同时接受该船上不同发货人或收货人的委托，对其货物装卸过程进行监视和记录，也可能同时接受保险公司委托，对保险货物进行监装监卸。因此，保险公估人可以同时代表没有利益冲突的发货人、收货人、运输公司和保险公司进行监装监卸工作，避免了发货人、收货人、运输公司或其代理人、保险公司的重复劳动，符合经济效益原则。

6. 信息咨询

保险公估人凭借其专业技术人员和专家网络优势，能够为公众、企业、政府机构提供风险咨询、防灾防损咨询、检验和定损咨询、索赔咨询等。有时，保险公估人还会为企事业单位提供保险知识的培训服务。

13.2.2　保险公估人的业务种类

保险公估人的业务种类与保险人的业务种类大体一致，但是主要集中在财产保险领域。

1. 财产保险公估

这里所称的财产保险，是指狭义的财产保险，主要包括企业财产保险和家庭财产保险。随着经济和科学技术的进步，财产保险标的种类日益增多，一些先进的仪器、设备、大型水利设施建设项目、建筑工程等进入保险公司视野，财产保险理赔的技术含量不断提高。目前，财产保险的对象涉及能源、交通、石油、化工、煤炭、机电、轻纺等行业；保险标的包括道路、桥梁、房屋、建筑物、机器设备、仪器仪表等；承保的风险既有大面积洪水、地震、风暴等自然灾害，又有火灾、爆炸、电击等意外事故；除传统财产保险险种外，保险市场上还出现了机器损坏险、营业中断险、利润损失险等新的险种。

不断扩大的保险对象范围和推陈出新的保险险种，对保险理赔人员提出了更高的技术要求。保险公司自行处理所有理赔案件，必须拥有越来越多的机械、电子、化学、能源、地质、水文、法律、财务等方面的专门人才，或者临时聘用相关技术专家。因此，委托保险公估人进行承保或理赔公估是必然趋势。

2. 工程保险公估

工程保险是一种集财产保险和责任保险于一身的综合保险，既承保建筑工程期间的物质财产损失，也承保建筑工程期间由于第三者责任险引起的赔偿责任。工程保险具有保险金额高、投保险种多、技术难度大、事故发生较多的特点，很容易引起保险公司和被保险人之间的矛盾和纠纷，主要表现在以下几个方面。

（1）工程保险的被保险人涉及多方当事人。凡对工程项目具有保险利益及在工程建设期间需承担一定风险的有关各方都可以成为工程保险的被保险人。具体包括业主、承包商（承建单位）和分包商，工程项目所有人聘请的建筑设计师、工程师及其他专业顾问，安装工程中机器设备的供货商或制造商，工程项目的债权人等，保险公司理赔人员的理赔处理很难让各方被保险人同时满意，有赖于居于中介地位的保险公估人从中协调处理。

（2）工程保险标的价值高。工程项目造价高昂，保险金额高，风险高度集中，被保险人索赔金额与保险公司赔偿额之间容易产生巨额差异，需要保险公估人提供科学、合理的公估报告，说服保险双方接受。

（3）工程保险技术复杂。工程项目往往涉及多项技术，需要从业人员具备多个领域的专业知识；同时，工程保险往往既承保工程项目本身的财产物资损失，也承保工程项目有关人员对第三者应承担的损害赔偿责任，对从业人员素质要求较高。

3. 海上保险公估

在数百年的发展过程中，海上保险逐渐形成了一整套完善的国际公约、法律和惯例，对各国海上保险业务经营者均有约束力。海上保险的保障对象大都是从事国际贸易、远洋运输和海上资源开发的经营者，其财产无论是运输工具船舶还是运输货物，都是往返于不同的国家或地区的远距离运输。由于这一原因，海上保险合同的签订与履行，应当遵循国际法律有关规定；保险标的的价值评估、损失理算等，也必须遵循国际惯例和通用准则。按国际惯例，当发生海上保险事故时，被保险人通常会委托保险公估人对损失的原因与金额加以分析和估计，并出具公估报告书，被保险人据此向保险人提出索赔。

如果是船舶保险，船身的价值或其修理规模和费用的确定均与船舶的种类、吨位、用途直接相关；船上机器、设备、锅炉、引擎、发电机、导航装置等也有其专业要求，保险公司自身的理赔力量往往无法应对，必须请船舶公估公司处理。这类公估公司的成员主要是退职的船业专业人才，如船长、船舶设计师、船务工程师等。

如果是货物运输保险，货物发生保险事故，往往会涉及国际公约或贸易双方国家的法律、法规，保险公司一般难以应对，需要借助保险公估人的力量。同时，由于货运检验涉及发货人、收货人、承运人和保险公司多方利益和责任，相互之间难以达成一致意见，保险公司必须要委托居于第三方独立地位的保险公估人处理。

此外，保险公估人还接受保险公司或被保险人、承运人等委托，对运输工具装载、卸载标的物进行监装监卸，或者接受异地保险公司委托，在授权范围内代付赔偿金，代为追偿应由第三方赔偿的损失。

4. 责任保险公估

与其他险种相比，责任保险产生的时间较短，但随着社会经济的不断发展和法律制度的日益完善，责任保险迅速成为世界保险市场上的重要险种，在美国等发达国家，其业务量已占到非寿险业务的一半以上。

责任保险除了作为各种财产保险的附加险（如机动车辆第三者责任险，建筑、安装过程第三者责任险）之外，还有可以单独投保的责任保险，如公众责任保险、产品责任保险、雇主责任保险、职业责任保险等。以产品责任保险为例，该险种承保的是产品制作者、销售者因产品缺陷致使他人受到身体伤害或财产损失而应依法承担的经济损害赔偿责任，因而在保险事故发生时，保险公估人的主要职责是找出事故发生的近因，并判断损失是否属于保险单的责任范围。这需要进行详尽的调查和严谨的分析，保险公估人不仅要有产品的相关技术知识，还要熟悉相应的法律、法规。

5. 机动车辆保险公估

机动车辆保险在各国保险市场上均占有举足轻重的地位，其业务量大约占整个非寿险业务量的60%以上，我国也不例外。

在机动车辆保险中，保险人和被保险人之间经常因为事故车辆零配件的更换和修理费用的鉴定发生矛盾。保险公估人的介入对双方都是有利的，具体表现在以下几个方面。

（1）避免保险公司理赔人员与被保险人或汽车修理厂合谋，骗取保险赔偿金。

（2）避免异地出险时，保险公司委托代为查勘、理赔的当地保险公司发生人情赔款、通融赔款等情况。

（3）避免保险公司出于业务压力和竞争压力"以赔促保"，违规给予无赔款优待等。

（4）可以减少保险人和被保险人之间在修理费用、重置价值方面的直接冲突。

（5）可以有效杜绝汽车保险理赔中的不正当竞争行为，净化汽车保险市场，使各保险公司在公平的市场环境中平等竞争。

6. 意外伤害保险公估

意外伤害保险是指被保险人因意外伤害事故死亡或伤残时，保险公司依照合同约定给付保险金的人身保险。意外伤害保险的保险标的是人的身体，很多国家都规定由寿险公司经营。但意外伤害保险的经营性质和非寿险业务又有很多相似之处，因此也有很多国家允许同时由寿险公司和非寿险公司经营。我国的保险法也规定，寿险公司和非寿险公司均可以经营意外伤害保险业务。在意外伤害保险中，被保险人的伤残程度的确定是最关键的，也是最容易引起双方争议的。因此，意外伤害保险公估的主要内容是理赔公估。

7. 健康保险公估

健康保险是指被保险人发生疾病或意外事故时，保险人对由此导致的医疗费用或停工损失予以补偿或给付的人身保险。与意外伤害保险类似，健康保险既有寿险的特征，又与非寿险业务的经营有相似之处，因此，很多国家包括我国都允许寿险公司和非寿险公司经营。在健康保险中，被保险人因疾病或意外伤害导致的医疗费用，以及按照保险合同规定保险人应该承担的金额是最容易引起双方争议的。因此，健康保险公估的主要内容也是理赔公估。

13.3 保险公估人的业务经营

13.3.1 保险公估人的业务流程

保险公估人的基本业务流程如图 13-4 所示。

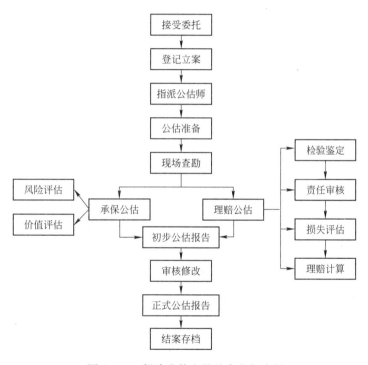

图 13-4 保险公估人的基本业务流程

从公估流程上，承保公估与理赔公估的主要差别是公估的核心内容不同。其中，承保公估的核心内容是风险评估与价值评估。

风险评估主要包括以下工作内容。

（1）风险识别。公估人员利用系统风险分析问卷法、财务报表分析法、流程图分析法、事件数分析法等方法收集与标的有关的资料，分析潜在的风险因素。

（2）风险估测。公估人员运用大数法则、类推原理、概率推断等科学依据，根据相关统计资料和研究结果，对风险因素的发生概率进行估测。

（3）风险评价。公估人员在风险估测的基础上，结合其他因素综合考虑，得出风险发生的严重性及损失程度，然后根据公认的安全指标确定风险等级，进而采取相应的风险管理措施。

价值评估往往是确定保险价值和保险金额的重要依据，因为对一些金额较高且市场价格波动较大的标的，保险人和投保人经常会对保险价值产生不同的意见。保险公估机构可以指派有相关专业技术和丰富经验的公估人员进行查勘，通过对投保人账务、账册的查对，对市场价格的调研，最终对投保标的的价值进行客观的评估。公估人员还可以应投保人的要求对其资产进行合理划分，缩小风险单位，评估每一个风险单位的保险价值，以确定合理的投保金额。

理赔公估的核心内容是审核保险责任和确定损失金额，下面进行详细说明。

1. 接受委托

保险公估人根据保险人、被保险人或其他有关方面提出的公估委托申请，对受托案件进行大致的评估后，决定是否接受委托。对于不在本公估公司专业范围的业务，原则上不予受理。对于决定受理的公估业务，保险公估人应与委托人签订书面《业务受理合同》或取得委托人的委托书。业务受理合同或委托书应明确业务委托范围及委托人授权范围。业务委托一旦成立，保险公估机构及其从业人员应该重合同、守信用，认真完成委托事项。

2. 登记立案

对于决定受理的案件，保险公估人应建立项目档案，根据公司内部的业务编号编制案件案情登记、委托项目登记等，并对整个公估业务操作过程中形成的文字、影像和电子资料等进行详细的记录，以备今后查证之用。

3. 选派公估人员

保险公估机构在选派公估人员时，应根据项目的需要选派专业胜任的保险公估师或从业人员。保险公估人员的主要任务是具体承担公估项目操作。保险公估机构应该明确保险公估人员承担的任务和要求达到的目标。根据公估项目需要，保险公估机构应决定是否派遣相应的技术专家协助公估人员完成公估任务。

4. 公估准备

公估前的准备工作是必不可少的，包括公估资料准备和公估技术准备。公估资料准备的内容主要包括：该案件的相关文件；主要联系人；交通工具；公估操作的相关证件；记录工具（照相机、摄像设备等）；简单工具、仪表（尺、温度计、湿度表等）。公估技术准备的内容主要包括：灾害事故知识；保险标的技术资料；所在行业的有关规定或标准；相关市场信息；类似公估案例等。当然，公估准备必须是在短时间内完成，这就要求公估小组分工协作，既要准备充分，又要节省时间。

5. 现场查勘

现场查勘是理赔公估中的关键环节之一，要求公估小组及时赶到现场，进行实物拍照和录像，收集第一手资料。公估小组应该按照事前的分工，迅速进入角色，在实地对受损的保险标的进行全方位、多方面的调查取证工作。由于理赔公估的最重要的依据就是现场所反映的实际情况，所以，公估小组必须仔细查勘，不放过任何一个细节，对于受损标的的有关情况，如受损数量、受损的大致程度、受损的大致金额等作详细记录，并画下现场图示说明。现场查勘不能只是简单地看一看，公估小组的专家、技术人员应该根据职业敏感和专业技术，对现场情况进行客观、真实的反映。

现场查勘的具体工作内容主要包括：明确公估要求与公估依据，调查出险情况，现场取证，清点受损财产，商讨施救措施与损余物资处理方案，财务审核，估损和检验。其中，财务审核、估损与检验尤为重要。

（1）明确保险公估要求与依据。公估要求包括委托人应提供单证、出险报告、报损清单和有关资料；公估人应介绍查勘方法，讨论重点查勘范围。公估依据包括保险法律、保险有关条款及双方契约。公估人应做到以事实为基础，进行科学分析，强调以修理为主，以部件替换为主，尽量以自救为主，并追求规范化。

（2）调查出险情况。查明出险原因，分析直接原因与间接原因、自然原因与人为原因、远因与近因；出险时间；出险地点；见证人、肇事人等。

（3）现场取证。通过拍照、摄像、绘图、记录、丈量、称重、计数等手段，明确出险地点、现场概貌、财产损失、关键部件等情况。例如，对于水灾，尤其要注意车间、仓库进水高度、退水时间等。同时，保险公估人还要索取与出险标的有关的，由相关执法机关或有证明资质的机构出具的各种证明材料。

（4）清点受损财产。对于清理出的受损财产应该分类清点，据实造册登记，并由公估人员和出险单位代表亲笔签名确认。清点受损财产的步骤如下：首先，观察标的物概貌，包括规格、数量、尺寸、包装、价值、周围环境、技术复杂程度等，了解灾害事故发生前后情况，并判断影响程度及对周围环境的影响；其次，查勘受损项目，清点数量；再次，收集与灾害事故有关的工程资料；最后，核实数量，按受损程度分档，分别出具现场查勘报告。现场查勘报告应由主办查勘人现场制作，并由查勘人和出险单位代表亲笔签名确认。

（5）建议施救措施与损余物资处理方案。为了防止财产损失扩大，公估人员到达现场后，首先应了解施救措施，并有义务提出施救措施建议。若灾害尚未控制或继续蔓延，公估人员应会同被保险人共同研究，采取紧急措施，以尽量减少损失，但应该尽量确保整理施救费用低于被抢救物资可能损失费用。保险公估人通常也会协助委托人制定损余物资处理方案，坚持"物尽其用"，在适当照顾被保险人利益的同时，使受损财产能得到充分利用。

（6）账务审核。为了使即将进行的理算更加公正、合理，保险公估人员在现场查勘时必须尽快查看被保险人的会计账册和有关单证，掌握投保时和出险时各项账面数据；如果不能及时核对，可视情况会同被保险人暂时封存，以防更改账册，弄虚作假；如有关账册仍处于危险状态，要及时进行抢救、保护。对于固定资产，要查阅资产负债表、固定资产明细表，注意删除未入账、租用、借用、代管、待报废、新增部分；对于流动资产，要查阅流动资产日进出账、仓库总账及日进出账、损益部分、基建物资，低值易耗品，包装物料，经批准削价物资等。同时须通过账务审核，核实是否已缴纳保费，保险金额与保险价值之比，保险范围等。

6. 检验、鉴定

检验、鉴定是保险公估人员的工作重点，目的是查明致损原因、损失程度，也是体现公估质量、公估水平的关键环节。公估小组可以依据现场查勘的翔实记录，对每一个细节，在经过整理之后，进行抽制样本、化学分析、物理试验等一系列相关分析，加之一定的逻辑推理、检验、鉴定以确定损失原因，判定损失责任划分。

对受损物资进行检验、鉴定时，不同的标的采用的方法也不同。例如，对遭受水渍损失的货物可以进行抽样化验，区分是淡水渍损还是咸水渍损；对电子类部件可以用直接观察法、功能性诊断、自诊断、替代法或专用测试仪等方法，检验其是否符合原技术性能，能否继续使用。检验、鉴定的结果一般以双方满意或预先认定为主，有重大分歧时可委托有关权威机构检验。

7. 责任审核

责任判定的公正、公平与否直接关系到保险各方的利益。因此，责任审核是理赔公估的关键环节，主要包括以下两方面内容。

(1) 单证核查。单证审核是公估过程的主要环节，要仔细查看每一张单证、每一项数字、每一个印章。重点审核的内容包括保单、保险金额、项目、地点、金额、时间等，其他审核内容包括购货合同、报损单、报价单、检验单等。

(2) 保险责任审核。如果投保人的索赔表面上证据确凿，应重点审核损失是否如所宣称的是由承保风险造成、损失是否属于保险承保责任范围或除外责任、是否发生在保险有效期内、投保人是否已经履行其义务、是否存在隐瞒或不实告知、是否存在共同保险、保险有效期内财产是否发生变化等。若发现索赔带有欺诈性，应立即通知保险人，协助找出事实真相。

8. 损失评估

保险理赔公估业务的核心是确定损失程度和损失金额。公估人员在对受损标的进行检验、鉴定后，可以通过对比原价、重置价值、修理恢复价、折旧价（净值），对保险标的的受损程度进行估计，确定保险标的的损失程度和损余金额，以及其受损部分占整个标的实际价值的百分比，同时列出详细的损失明细表。

9. 理赔计算

公估人员在计算赔款金额时，一般要考虑保险金额、保险价值、实际损失、赔偿方式等多方面的因素。下面以企业财产保险为例进行说明。

1) 保险标的价值的核定

在确定赔偿金额前，公估人员首先应根据保险条款、财务有关规定，并借助相应的技术手段逐项清理、审核保险标的投保时的实际价值和受损时的实际价值。这项工作有利于确定赔偿的方法，如采取比例赔偿还是其他方式赔偿，是该重新购置，还是现金给付，等等。

2) 赔偿计算方法的确定

进行赔偿额度计算时，公估人员必须对采用的赔偿计算方法和结果予以明确的定义，并明确说明、解释用以支持这种方法和结论的原因与数据。

赔偿额度确定的方法主要有以下几种。

(1) 第一危险赔偿法。这种赔偿法的特点是赔偿金额一般等于损失金额，但以不超过保险金额为限，即损失金额低于或相当于保险金额时，按损失金额赔付；损失金额高于保险金额时，则赔偿金额以保险金额为限。

(2) 比例赔偿法。比例赔偿法是指对保险财产损失的赔偿，要根据保险金额和出险时保险标的实际价值的比例来计算赔偿金额。其特点是保险金额低于出险时财产实际价值时，要按保险金额与出险时财产价值的比例计算赔款（如保险金额高于出险时财产实际价值的则按实际价值赔偿）。用计算公式表示，即：

$$赔偿金额 = \frac{保险金额}{财产价值} \times 损失金额$$

（3）限额赔偿法。限额赔偿法的特点是保证被保险人在遭受损失后能得到一定限度的补偿，即在约定限额内损失由保险人负责赔偿，如超过约定限额就不予赔偿。这种赔偿方法一般适用于农作物收获保险。

（4）免赔限度赔偿法。免赔限度赔偿法的特点是保险人对某一险种约定一个免赔责任的限度，即在这个限度内的损失，保险人不负赔偿责任。免赔限度分为相对免赔限度和绝对免赔限度两种。绝对免赔是指在保险事故发生后，如果损失额小于合同所规定的起赔限额，保险人不承担其损失。相对免赔即规定一个免赔率，一旦损失额达到或超过这个免赔率，保险人将赔付所有的损失。

3）保险赔偿额的理算

对于企业财产保险，保险赔偿额的理算主要包括以下 6 个方面的内容。

（1）财产损失理算。财产损失理算是企业财产保险理算最重要的内容，一般要按固定资产和流动资产分别考虑。

① 固定资产。

当保险标的发生全部损失时，分两种情形计算。

$$赔款金额 = 重置价值 - 残值（保险金额 > 重置价值）$$
$$赔款金额 = 保险金额 - 残值（保险金额 \leqslant 重置价值）$$

当保险标的发生部分损失，同时是按账面原值投保时：

$$赔款金额 = 保险金额 \times 损失程度（保险金额 < 重置价值）$$
$$或：赔款金额 = （损失金额 - 残值）\times （保险金额/重置价值）$$
$$赔款金额 = 保险金额 - 残值（保险金额 \geqslant 重置价值）$$

当保险标的发生部分损失，同时是按账面原值加成数或按重置价值投保时：

$$赔款金额 = 损失金额 - 残值$$

② 流动资产。

流动资产一般是按最近 12 个月任意月份账面余额或被保险人自行确定方式投保。赔偿金额的计算分为以下两种情形。

$$赔款金额 = （损失金额 - 残值）\times 保险金额/重置价值（保险金额 < 出险时余额重置价值）$$
$$赔款金额 = 损失金额 - 残值（保险金额 \geqslant 出险时余额重置价值）$$

（2）检验费用理算。如果受损财产需要进行技术鉴定或检验，在征得保险公司同意后，检验费用可以计入赔款总额中，由保险公司承担。

（3）施救整理费用理算：

$$应付费用 = \frac{施救的保险财产价值}{受损的全部保险财产价值} \times 施救费$$

值得注意的是，施救费用的发生以发生保险责任范围内的灾害事故为前提，以减少保险财产损失为目的。保险人承担的施救费用金额以保险金额为限。

（4）损余物资理算。对于大量损余物资的处理应慎重，坚持"物尽其用"和"货比三家"的原则，同时要考虑税务等方面的规定。

（5）第三者责任损失理算。如果保险事故是由于第三者责任行为引起的，则在进行保险理赔公估时，应该明确认定第三者责任。如果被保险人选择向保险人索赔，则保险人自动获得代位追偿权。

（6）计算总赔款额。按保险条款中对赔偿计算方法的规定，总赔款额应等于扣除损余物资、第三者应赔偿额之后的财产损失、检验费用、施救费用之和。

4）选定赔偿方式

赔偿方式一般以货币为限，如果保险合同有特别约定，则可根据约定选择货币以外的形式，如置换和恢复原状。置换方式即由保险人赔偿被保险人一个与被损毁标的规格、型号、新旧程度、性能等相同或相近似的标的。保险公估人确定选用此方法前，应考虑被保险人的使用需要情况，并征求保险双方的意见。恢复原状即确定由保险人出资把损坏部分修好，使标的恢复到损坏前的状态。

10. 形成初步公估报告

在前述几项工作完成后，公估人员应当按惯例向保险公估机构递交一份初步保险公估报告或临时支付报告。初步保险公估报告至少应包括以下内容：保险公估事项发生的时间、地点、起因、过程、结果等情况；保险公估标的简介；进行保险公估所依据的原则、定义、手段和计算方法；标的理算及其他费用的计算公式和金额；保险公估结论。

11. 审核修改

保险公估机构的经理室对初步公估报告进行审核，审核结果如果没有问题，就可以向保险公司出具正式的公估报告；如果存在问题，则需要进行修改。根据问题的严重程度，如存在公估人员与委托方共谋欺骗保险公司和公估公司的情况，则要重新指派公估师，重新调查和处理此案；如果公估报告存在问题的原因是由于现场查勘取证不足，或者检验、估损不能令人满意，则可以采取相应的措施进行补救。

12. 出具正式公估报告

在审查无误或经过修改审查通过之后，保险公估人员就可以出具正式的理赔公估报告。理赔公估报告要求思路清晰、资料翔实、数字准确，并且一般需要两个以上公估师签字（签章）并对其负有相关责任。通常情况下，保险理赔公估报告需经保险公估公司总经理或副总经理签署方能生效。

13. 结案存档

当正式生效的理赔公估报告交给委托人时即可结案。如果保险公司进一步要求保险公估机构进行理赔支付工作，则可以增加服务项目和领域，在完成上述工作后宣布结案。结案后，保险公估机构需要将公估过程中产生的一系列文件、资料进行存档，并妥善保管。

图 13-5 是某保险公估机构理赔公估的详细流程。

典型案例 1

某汽车有限公司 "7·26" 暴雨损失案

××××年 7 月 26 日 23 时—7 月 27 日 18 时，受 "格美" 台风影响，某地区突降特大暴雨。其中，××市全市平均降雨量达到 208 毫米。位于××市××路×号的××汽车有限公司总部仓库和部分车间进水，位于××市××路×号的公司发动机厂的厂房进水，致使储存在内的部分汽车配件包装箱水湿，部分汽车配件受损。出险后，被保险人随即向保险公司报案，口头报损 1.2 亿元，清点后书面报损 72.4 万元。

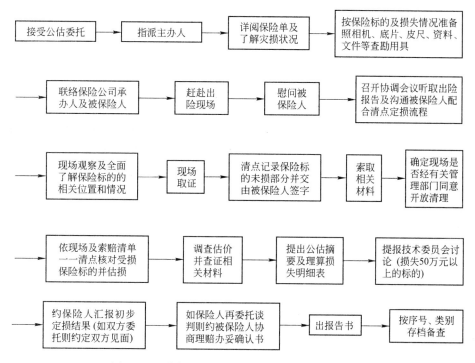

图 13-5　某保险公估机构的理赔公估详细流程图

1. 受损财产介绍

××汽车有限公司创建于××××年，××××年改制为股份制企业，是国家定点汽车生产厂家。该公司拥有××路××号的整车组装厂和位于××市××路×号的发动机厂两个厂区，占地面积××万平方米，总投资××亿元，拥有汽车组焊、磷化、喷漆、装配、汽车检测等生产线。主要产品有××越野车、××型工程车、××型警备车、××型囚车、××型厢式运输车和专供出口欧、美的摩托车用拖车。

在这次暴雨灾害中，被保险人共报了以下5处损失。

(1) 新涂装车间被水淹，造成车间设备损坏。

(2) 总装、组焊车间因漏雨，造成设备损坏。

(3) 发动机厂物资受损。

(4) ×院内仓库被淹，损失严重。

(5) ×院内大棚内物资被淹。

某保险公估公司公估人员根据被保险人所报受灾处所，逐一进行了查勘，查勘结果分述如下。

1) 新涂装车间损失

新涂装车间是该公司正在建设中的车间，位于公司总部厂区内南部，目前设备安装尚未全部完成。涂装车间有关人员报损称：中涂喷漆线的空调机组净压箱中的138个过滤袋和500平方米过滤棉被雨水淋湿，不能继续使用，要求报废。公估人员现场看到，该空调空气净化系统是钢板制的独立密闭系统，进风口直接开口于车间屋面之外，取风口上部还没安装遮雨、挡尘的阁楼。降雨可直接落入风道内，但不会进入开口在垂直风道上、距离地面一定高度且水平横向的管路内，自然也不会进入该管路连接的净压箱内。公估人员进入净压箱内检查，没有发现过滤袋和过滤棉有经雨水污染的痕迹，因此，可以确认该项损失不存在，所报损失不予确认。

2）总装、组焊车间

经核实，被保险人确认总装车间在这次暴雨中没有损失。

组焊车间是一座两连跨厂房，其中，一跨厂房为车架焊接工段，一跨厂房为车身焊接工段，都布置有自动焊接生产线。该车间为砖混结构厂房，钢筋混凝土屋架，混凝土预制屋面板，SBS改性沥青卷材防水，有组织排水。由于本次降特大暴雨，排水管排水不及，致使屋面排水檐沟积水较深，迫使积水从屋面防水层接缝处渗漏进车间内，造成车间内正在焊接的车架、车身，以及部分零部件落雨水生锈，需要人工除锈，发生处理费用。经统计，共折合30个车架需要除锈处理。

在降暴雨时，为阻止厂区内的雨水灌入车间，该车间组织人员用塑料编织袋装沙土垒筑挡水堤，相应发生施救费用。

3）发动机厂物资

发动机厂位于××路×号，是纵轴长110米，跨度50米的砖混结构厂房。在厂房纵轴的一侧是发动机生产线，在纵轴的另一侧放置××公司×牌汽车的配件。该批配件基本是用原进口纸箱包装，分数层垛放在地面上，因有钢结构的框架，大部分箱底距离地面约有100毫米高，但由于放置时间较长（据介绍，存放有两年了），也有少部分箱底直接接触地面。

与组焊车间同样的原因，由于厂房屋面渗漏雨水，致使部分汽车配件的包装纸箱底部被水浸泡、失稳。经现场开箱检查，确认箱内汽车配件没有受损。

4）公司总部仓库

×公司的总部仓库位于厂区内四连跨厂房的南跨厂房内。该库房内用钢结构搭设了二层平台，有楼梯与平台相通。由于×公司正在进行大规模扩建，造成库房拆迁，使该仓库内物资存放比较拥挤。平台上下均放置大量的汽车配件，许多纸箱包装的汽车配件直接多层垛放于平台或地面上。与组焊车间同样的原因，由于厂房屋面渗漏雨水，致使部分汽车配件的包装纸箱被雨水淋湿，部分包装箱底部被水浸泡、失稳，致使一部分箱内的汽车配件水湿、受潮。仓库管理人员上报了大量汽车配件受损。

经公估人员逐项检查，确认大部分汽车配件没有受损或晾晒以后可正常使用。部分汽车电子控制单元（ECU）、组合仪表、线束等受潮或进水。由于该部分配件大部分为进口配件，××公司没有检测仪器无法现场确认是否受损。经与被保险人协商达成一致，将该批配件的条码一一记录，正常装配车辆时测试是否受损（当时没有该车型组装任务）。一些怀疑因纸箱溃塌受压变形的配件，亦采用上述方法处理。锈蚀的金属件给予除锈费用。

一部分车身、车架的焊接结构金属配件，由于仓库内没有地方放置，放在了焊装车间，因厂房漏雨而淋湿生锈，该部分给以除锈费用。该部分损失详见损失理算表。

××××年9月20日，公估人员再次来到××公司回勘。经××公司仓储部确认，上述待装车时测试的汽车配件，经装车测试没有发现损坏现象。

5）×公司院内大棚内物资

×公司院内有4个轻钢结构弧形玻璃钢瓦棚面的大棚（每个大棚建筑面积为（长）170.37米×（宽)11米＝1 874.07平方米，檐口高3.93米），用于存放体积较大的汽车钣金件等零部件。由于这些大棚周围没有围护结构，虽然有的大棚用篷布进行了遮盖，但还是有许多靠近棚边的包装箱淋湿，一些零部件锈蚀。

经清点确认，罩棚内有 69 件车门总成锈蚀严重。

2. 原因分析及责任认定

根据《××日报》《××时报》等媒体报道，确认××地区自××××年 7 月 26 日 23 时—7 月 27 日 18 时突降特大暴雨，其中××市全市平均降雨量达到 208 毫米。通过对受损财产现场的认真查勘和分析，确认本次（罩棚存放以外的）财产受损的原因是特大暴雨。根据财产保险综合险条款第四条第（二）项的规定，属于保险赔偿责任范围。

根据财产保险综合险责任免除条款第八条的规定，保险人对下列损失也不负责赔偿：（四）堆放在露天或罩棚下的保险标的及罩棚，由于暴风、暴雨造成的损失；因此，罩棚内存放的汽车配件的损失不属于保险责任。

3. 损失理算

1）实际损失价值

计算公式：

$$实际损失价值＝保险标的损失金额＋施救费用$$

通过现场查勘、鉴定和装车实验，确定实际损失数量。

由于受损零部件绝大多数是进口的，而××公司进口报关时没有具体到每个零件的单价，在公司内部是以计划价格记账，月末时调材料差异。考虑到计算投保比例时与资产负债表的统计口径相一致，因此根据被保险人的计划价格确定受损零部件的单价，实际损失如表 13-1 所示。

表 13-1　××汽车"7·26"暴雨损失理算表

序号	名称	单位	定损数量	核定单价/元	含税单价/元	定损金额/元	受损状况
1	转向柱	个	30	561.14	656.53	841.71	水湿，锈迹
2	车身固定支架（三）	件	30	13.94	16.31	20.91	雨淋、生锈
3	第二横梁固定架	件	30	13.98	16.36	20.97	雨淋、生锈
4	下摆臂支架	件	30	50.14	58.66	75.21	雨淋、生锈
5	后保险杠	件	12	157.08	183.78	94.25	雨淋、生锈
6	平衡杆支架	件	30	1.52	1.78	2.28	雨淋、生锈
7	后上连接支架加强板	件	30	3.02	3.53	4.53	雨淋、生锈
8	前车门总成 右	件	15	769.00	899.73	576.75	雨淋、生锈
9	后车门总成 右	件	15	680.00	795.60	510.00	雨淋、生锈
10	翼子板 右	件	11	93.00	108.81	51.15	雨淋、生锈
	小计		以上按单价的 5%给予除锈费用			2 197.76	
8	前车门总成 左	件	35	712.00	833.04	24 920.00	罩棚内锈蚀严重
9	左后门总成 左	件	34	631.00	738.27	21 454.00	罩棚内锈蚀严重
	小计					46 374.00	
	焊装车间除锈费用						
1	防锈油	kg	5	11.00	11.00	55.00	
2	抛光片	片	50	0.46	0.46	23.00	
3	工时	小时	160	6.17	6.17	987.20	

序号	名称	单位	定损数量	核定单价/元	含税单价/元	定损金额/元	受损状况
4	编织袋	条	400	0.80	0.80	320.00	
	小计					1 385.20	
	损失合计					49 956.96	

实际损失＝49 956.96(元)

保险责任范围内的损失＝3 582.96(元)

2）残值

由于本案中的损失为除锈处理费用，故没有残值。

4. 赔款理算

计算公式：

赔付金额＝(保险责任范围内的损失－残值)×投保比例

1）投保比例的确定

投保比例＝（保险金额÷账面余额）×100％

(1)保险金额的确定：根据被保险人提供的 4 份保险单和投保明细表确认，原材料（汽车配件）保险金额为 130 000 000.00 元。

(2)账面余额的确定：根据被保险人提供的×××年 7 月份资产负债表，确认出险时原材料账面余额为 318 936 408.99 元。

所以，投保比例＝（130 000 000.00÷318 936 408.99）×100％＝40.76％

2）赔付金额

计算公式：

赔付金额＝(保险责任范围内的损失－残值)×投保比例

赔付金额＝(3 582.96－0)×40.76％＝1 460.41(元)

人民币大写：壹仟肆佰陆拾圆肆角壹分。

资料来源：http://www.ydbxgg.com/anli1.asp

13.3.2　保险公估费用的确定

通过对保险标的进行查勘、检验、鉴定、估损、理算，收取相应的保险公估费用是保险公估人赖以生存和发展的基础。对保险公估费用的收取，各国的做法有所不同。英、美等国家对保险公估没有规定统一收费标准，通常是委托人根据公估金额的大小、技术复杂程度、所需时间长短等，与保险公估人协商确定。日本、韩国则对公估收费标准有一定的限制。日本保险公估人的费用一般由标准报酬、各项经费、住宿费、日工资构成，其中标准报酬按公估资产额确定为一定数量的规定金额，如 5 亿日元以下公估资产额的标准报酬为 6 万日元。韩国保险公估人的报酬须按下列两条标准进行确定：①保险公司负担报酬的应由保险公估人与保险公司协商拟定；②保险单关联人包括投保人、被保险人、受益人，以及其他与保险单有利害关系的人，负担的报酬以保险公估人单独规定为准。

我国对保险公估费用尚未规定统一的收费标准，而是由各保险公估机构自行订立，通常包括两个项目：①公估费；②为了完成公估工作所支付的费用，包括差旅费、膳食费、交通费、通信费、聘请专家费及各项杂费。

结合各国的经验，保险公估费用的确定应该综合考虑以下几个因素。

1. 索赔金额或定损金额

计算公估费用可以被保险人索赔金额或保险公司的定损金额，或者两者之间的差额为基础确定一个固定金额，或者按比例收取，金额越大，收取的固定金额越高；金额越小，收取的固定金额越低。表 13-2 是某公估公司非水险业务公估收费价格表。

表 13-2　某公估公司非水险业务公估收费价格表

序号	理算实际损失金额/万元	报价/元	序号	理算实际损失金额/万元	报价/元
1	损失≤2	1 000	5	50<损失≤100	2.6%+6 000
2	2<损失≤5	5.0%+200	6	100<损失≤200	1.8%+14 000
3	5<损失≤10	4.2%+400	7	200<损失≤1 000	1.0%+30 000
4	10<损失≤50	3.6%+1 000	8	损失>1 000	另议

2. 保险标的的公估技术要求

公估费用的高低应与保险公估人的工作范围、工作难度有直接的联系。对于技术复杂、专业性强的公估业务，如利润保险、保险欺诈调查、财务欺骗调查，以及其他涉及法律的复杂案件，可以根据具体案件的难度实行较高的收费标准。此外，对于需要聘请有关专家进行技术鉴定，或者借用专业技术器材进行技术检验的，保险公估人由此需支付的额外费用，可以在事先征得委托人同意后按实际发生额计收。表 13-3 是某保险公估公司的车险公估收费标准。

表 13-3　某公估公司公估服务收费标准（车险）

查勘范围	损失金额	收费标准/元
市区内	5 000 元（含）以下	300
	1 万元（含）以下	450
	2 万元（含）以下	600
	2 万元以上	3%×损失金额
市区外	① 在市区内收费标准基础上每案加收远程作业费 100 元 ② 往返每公里加收 1.2 元，据实列支或收取（含税） ③ 路桥费按票据实列支或收取（含税） ④ 达到委托公司出差规定标准，加收差旅费，免第②项	
省外	1 万元（含）以下	800+差旅费
	2 万元（含）以下	900+差旅费
	2 万元以上	4.5%×损失金额+差旅费

备注：①差旅费按照委托公司的标准据实收取；②本收费标准不包括经委托方同意的检测费、专家费，检测费、专家费经委托单位认可后据实收取。

3. 保险公估人的技术水平

保险公估人在收取公估费用时，应考虑其技术水平，技术水平越高，收费应该越高。同一技术水平的公估机构，各项成本支出包括雇员工资、办公费用等比较接近，因此，其工时费用也应比较接近。对于高水平的公估机构，如英国特许理赔师协会所管理的公司，在国际市场上的每工时费用相对较高。事实上，英国特许理赔师协会成员还分为不同级别，包括资深理赔师、公司董事、地区董事等，其收费标准也不相同。

4. 公估时间长短

如果只按公估金额的一定比例收取公估费用，容易导致公估机构的短期利益倾向，更愿意选择保险标的金额大的业务，而不愿意接受保险标的金额小但技术复杂的业务。因此，可以考虑按公估时间的长短确定收费标准，尤其是那些保险金额虽小，但技术难度高、专业性强、需要较长时间进行现场查勘、检验、理算的公估业务。但是，按公估时间收取费用时，必须综合考虑保险公估人的技术水平，不同技术层次的保险公估人，每工时费用应有所区别。表 13-4 是香港地区按公估工时确定的收费标准。

表 13-4　我国香港地区工程技术保险公估计时费用参考标准　　　　　港元/h

公估人级别	经验浅	一般职业水平	自身水平	公司合伙
中国香港工程师	600	800	1 000	1 000
外国工程师		900	1 200	1 500
顾问工程师		800	1 500	2 000
10 年经验以下的公估人	600			
10 年经验以上的公估人		800	1 300	1 500
英国特殊理赔师		1 000	1 300	1 500

13.3.3　保险公估人的执业规范

根据《保险法》《资产评估法》《保险公估人监管规定》，保险公估人在执业过程中应遵守以下规则。

1. 备案表放置

保险公估机构应当将备案表、营业执照置于住所或者营业场所显著位置。

保险公估机构分支机构应当将加盖所属机构公章的备案表、营业执照置于营业场所显著位置。

2. 业务范围

保险公估人可以经营下列全部或者部分业务：

（1）保险标的承保前和承保后的检验、估价及风险评估；

（2）保险标的出险后的查勘、检验、估损理算及出险保险标的残值处理；

（3）风险管理咨询；

（4）保险监管机构规定的其他业务。

3. 公司制度

保险公估人应当根据法律、行政法规和保险监管机构的有关规定，依照职责明晰、强化制衡、加强风险管理的原则，建立完善的公司治理结构和制度；明确管控责任，构建合规体系，注重自我约束，加强内部追责，确保稳健运营。

4. 执业行为

1）对委托人

保险公估人从事保险公估业务，应当与委托人签订委托合同，依法约定双方的权利义务及对公估信息保密、合理使用等其他事项；委托合同不得违反法律、行政法规及保险监管机构有关规定。

委托人拒绝提供或者不如实提供执行公估业务所需的权属证明、财务会计信息和其他资料的，保险公估人有权依法拒绝其履行合同的要求。

委托人要求出具虚假公估报告或者有其他非法干预公估结果情形的，保险公估人有权解除合同。

保险公估人在开展业务过程中，应当制作规范的客户告知书，并在开展业务时向客户出示；客户告知书应当至少包括保险公估人的名称、备案信息、营业场所、业务范围、联系方式、投诉渠道及纠纷解决方式等基本事项。

2）公估方法和报告

保险公估人及其从业人员在开展公估业务过程中，应当勤勉尽职。

对受理的保险公估业务，保险公估人应当指定至少 2 名保险公估从业人员承办；保险公估从业人员应当恰当选择评估方法。

保险公估报告中涉及赔款金额的，应当指明该赔款金额所依据的相应保险条款。

保险公估人应当对公估报告进行内部审核，并由至少 2 名承办该项业务的保险公估从业人员签名并加盖保险公估机构印章；保险公估人及其从业人员对其出具的公估报告依法承担责任。

3）业务档案

保险公估人应当建立真实、完整、规范的公估档案，并至少应当包括下列内容：

（1）保险公估业务所涉及的主要情况，包括委托人与其他当事人的名称或者姓名、保险标的、事故类型、估损金额等；

（2）公估业务报酬和收取情况；

（3）保险监管机构规定的其他业务信息。

4）独立账户

保险公估人应当建立专门账簿，记载保险公估业务收支情况。

保险公估人应当开立独立的资金专用账户，用于收取保险公估业务报酬。

5. 职业风险基金或职业责任保险

保险公估人应当在备案公告之日起 20 日内，根据业务需要建立职业风险基金，或者办理职业责任保险，完善风险防范流程。

保险公估人建立职业风险基金的，应当按上一年主营业务收入的 5% 缴存，年度主营业务收入增加的，应当相应增加职业风险基金数额；保险公估人职业风险基金缴存额达到人民币 100 万元的，可以不再增加职业风险基金。

保险公估人应当在每年第一季度足额缴存职业风险基金；以银行存款形式专户存储到商业银行，或者以保险监管机构认可的其他形式缴存；动用职业风险基金须符合保险监管机构有关规定。

保险公估人投保职业责任保险的，该保险应当持续有效；所投保的职业责任保险对一次事故的赔偿限额不得低于人民币 100 万元，一年期累计赔偿限额不得低于人民币 1 000 万元，且不得低于保险公估人上年度的主营业务收入。

6. 禁止行为

保险公估人不得委托未通过该机构进行执业登记的个人从事保险公估业务。

保险公估人不得与非法从事保险业务或者保险中介业务的机构或者个人发生保险公估业

务往来。

除此之外，保险公估人、保险公估从业人员在开展公估业务过程中，不得有下列行为。见表 13 - 5。

表 13 - 5　保险公估人、保险公估从业人员的禁止行为

主体	禁止行为
保险公估人	（1）利用开展业务之便，谋取不正当利益 （2）允许其他机构以本机构名义开展业务，或者冒用其他机构名义开展业务 （3）以恶性压价、支付回扣、虚假宣传，或者贬损、诋毁其他公估机构等不正当手段招揽业务 （4）受理与自身有利害关系的业务 （5）分别接受利益冲突双方的委托，对同一评估对象进行评估 （6）出具虚假公估报告或者有重大遗漏的公估报告 （7）聘用或者指定不符合规定的人员从事公估业务
保险公估从业人员	（1）私自接受委托从事业务、收取费用 （2）同时在两个以上保险公估人从事业务 （3）采用欺骗、利诱、胁迫，或者贬损、诋毁其他公估从业人员等不正当手段招揽业务 （4）允许他人以本人名义从事业务，或者冒用他人名义从事业务 （5）签署本人未承办业务的公估报告 （6）索要、收受或者变相索要、收受合同约定以外的酬金、财物，或者谋取其他不正当利益 （7）签署虚假公估报告或者有重大遗漏的公估报告
保险公估人及其从业人员	（1）隐瞒或者虚构与保险合同有关的重要情况 （2）串通委托人或者相关当事人，骗取保险金 （3）泄露在经营过程中知悉的委托人和相关当事人的商业秘密及个人隐私 （4）虚开发票、夸大公估报酬金额 （5）违反法律、行政法规的其他行为

7. 市场退出

有下列情形之一的，保险公估人应当在 5 日内注销保险公估从业人员执业登记：

（1）保险公估从业人员受到停止从业行政处罚的；

（2）保险公估从业人员因其他原因终止执业的；

（3）保险公估人停业、解散或者因其他原因不再继续经营保险公估业务的；

（4）法律、行政法规和保险监管机构规定的其他情形。

保险公估人终止保险公估业务活动，应当妥善处理债权债务关系，不得损害委托人和其他相关当事人的合法权益。

13.4　保险公估报告

13.4.1　保险公估报告的概念

保险公估人员在执行完查勘、鉴定、评估、估损、理算等工作后，必须编写一份书面报告，对公估推理过程及结论给予表述，这份书面报告就是保险公估报告。保险公估报告是保险公估工作的全面总结，是保险公估机构向委托人提供的反映保险公估工作的内容和结果的一种公证性文件，是保险公估机构"生产"的产品。

保险公估报告具有以下特点。

1. 保险公估报告是一份权威性报告

保险公估报告的权威性源于两个方面：一方面，保险公估报告具有相当充分的分析资料，除了有关文字说明外，还有各种有关的佐证材料或附件，包括公估人员的信誉声明，这在一定程度上可以保证其数据可靠、推断严密、分析科学、结论准确的特征；另一方面，保险公估报告不同于一般书面文件或汇报材料，它必须由参与评估的保险公估人员和保险公估机构具备相关资质的负责人签名方能生效，并承担相应的法律责任。正是由于保险公估报告的权威性，才可以使其作为保险双方进行保险理赔结案时的依据，协调保险双方的理赔分歧，使双方意见达成一致。

2. 保险公估报告不具备法律效力

保险公估报告与司法部门公证处签署的公证文件不同，前者属于商业范畴，后者属于法律范畴。虽然保险公估报告具有相关的法律责任和经济责任，在解决保险双方的争议或诉讼过程中有一定的权威性。但是保险公估报告本质上是一份技术性报告，其权威地位是相对的，不具备法律的强制效力。因此，保险公估报告在法律上能否被采信具有很大的不确定性，甚至对当事人的约束力都是相对有限的。在实践中，有的保险公司完全按照保险公估报告的建议进行处理，有的保险公司则作为一个重要参考依据。保险合同当事人如果不接受保险公估报告结果，可以请其他保险公估人进行公估或采取协商、仲裁乃至诉讼方式解决争议。

13.4.2　保险公估报告的编制要求

保险公估报告是保险公估活动的最终反映，是体现保险公估人公估技术的重要环节。因此，保险公估报告的撰写和编制要遵循一定的规范和要求。

1. 一般要求

一般要求是对保险公估报告的基本要求，是所有的报告性文书必须具备的。

（1）内容系统完整、实事求是；结构严谨、条理清晰，分析说明逻辑性强；论据可靠充分，结论正确；不使用有歧义的字、词、句。

（2）使用国家标准计量单位和符号，行文流畅，语句通顺，无错别字，标点符号正确。所有数字要有分节号，并保留两位小数。

（3）文字排版整齐、美观，序号排列规范、一致。

2. 特殊要求

特殊要求是基于保险公估报告的专业性高、技术性强的特征，对保险公估报告的特别要求。

（1）使用统一的专业术语，基本概念清楚。

（2）根据保险原理及条款规定，准确确认保险责任，准确、清楚地核定损失。

（3）根据委托人的要求，需要理算的要在保险公估报告中进行详细理算，理算要求做到准确无误。

（4）按接到案件的部门和日期对保险公估报告进行编号。若保险公估报告有差错，则收回原保险公估报告，重新送交改正后的保险公估报告，并在原保险公估报告编号末尾加"R"，以示与保险公估报告的区别。

（5）保险公估报告需经过校对、复核、审核并签章后才能外发，即保险公估报告实行三审制。主办保险公估师和协办保险公估师负责对保险公估报告进行全面、细致的校对、复核，逐级审批。

（6）保险公估报告原则上要求一份正本、一份副本。正本送交委托人，副本留存保险公司备查，如委托人有特殊要求可追加保险公估报告。副本应包括正本的所有资料或复印件、查勘记录及主要受灾照片等。

13.4.3   保险公估报告的内容

1. 保险公估报告的基本内容

根据世界各国的保险公估实践，保险公估报告至少应包括以下内容：保险公估事项发生的时间、地点、起因、过程、结果等情况；保险公估标的简介；进行保险公估活动所依据的原则、定义、手段和计算方法；标的理算及其他费用的计算公式和金额；保险公估结论等。

1）保险公估标的简介

保险公估标的简介主要介绍保险合同的基本情况，包括保单号、索赔编号、保险人、被保险人、保险标的、保险期间、保险金额、赔偿限额、投保险别（包括基本险和附加险）、免赔额等。

2）保险公估事项简介

保险公估事项简介主要包括出险时间、出险地点及周围情况（可附上照片）；事故原因及经过；施救情况；事故处理情况等。

3）事故查勘、检验过程陈述

事故查勘、检验过程陈述是保险公估报告的核心部分，直接关系到公估结论的准确性。事故查勘、检验过程陈述包括本次活动中所依据的原则、定义；事故查勘、检验的步骤、方法、手段等。在该陈述中，应列明查勘、检验的手段和计算方法，表述损失情况应尽可能采用照片和图示。同时，对于损失情况的描述应尽可能采用规范措辞，包括对部件名称的统一和对损失程度用词的统一。一些重大案件可能暂时难以确定准确的损失金额，在初步保险公估报告中，公估人员应根据经验估计最大可能损失，供保险人作为提取未决赔款准备金的依据。

4）分析说明

在查勘和检验后，应根据相关证明资料，以及查勘、检验的结果对本次公估事件的责任归属及责任大小进行分析说明。分析说明是保险公估的关键部分，也是保险公估报告质量优劣的标准之一。公估人员要在遵循保险活动原则，如近因原则、损失补偿原则基础上，就保险公估事项中涉及的有关问题，如本次损失是否属于保险责任、保险责任大小等进行科学分析和准确说明，并要求论据充分、逻辑严密。

分析说明包括保险责任的认定和损失理算及追偿两部分。保险责任的认定是体现公估师水平的一个重要标志。公估师在出具保险公估报告时，应当从技术的角度对事故的原因进行分析，并对照保险合同条款，判定保险责任的归属。同时，公估师对事故的原因和保险责任作出的判定要承担相应的职业责任。在损失理算和追偿的说明部分，要求公估师在保险公估报告中列明计算公式和金额，对事故损失及相关费用进行详细理算，并做到准确无误。如果事故存在有责任的第三方，公估师应在报告中就向责任方追偿的问题进行明确说明，包括追偿的依据和追偿的可能性。

5）其他必要说明事项

6）公估结论

公估结论是对本次公估工作的总结。保险公估人应当对委托人提出的委托要求，根据保险公估报告的结果给以明确的答复，如是否属于保险责任、损失金额和理算结果等。如有特殊情况，应当予以说明，必要时还可提出具体的公估建议。

7）附件

附件通常包括现场查勘报告，包括现场照片、事故现场草图、询问记录等；被保险人提供的各种手续单证；估（定）损清单、理算书；其他必要单证。

8）保险公估报告的确认书

保险公估报告的确认包括保险人确认和被保险人确认两个过程。当保险公估人完成了调查并对损失金额进行理算、分清责任之后，将向被保险人发出两份确认书，供其签署，待被保险人书面确认后再交给保险人书面确认。

此外，按照国际惯例，公估报告内容应包括保险公估直接参与人签名的声明部分，举例如下。

我以我的学识和信誉声明：

（1）报告中陈述的事实是真实和正确的。

（2）报告中的分析、意见和结论是我个人（我们）相互协商、统一后的公正分析、意见和结论。另须指明的是：

（3）在确定结论时我与（或没有与）保险双方进行了充分协商和沟通，而此前的一切工作都是保密的。

（4）我现在和未来与本报告中的公估标的没有利益关系，也同样与保险双方没有个人利益关系或偏见。

（5）我获得的报酬与报告中预先确定的价值或对委托方有利的价值及实际赔付价值无关。

（6）我依照《中华人民共和国保险法》、《保险公估人监管规定》、保险合同及案发事实进行分析，形成意见、结论和准备公估报告。

2. 初步保险公估报告

在现场查勘结束后，保险公估师按惯例将向保险公司递交一份初步保险公估报告。以企业财产保险综合险公估报告为例，其主要内容包括：索赔编号；保险单编号；分类；被保险人的姓名和地址；损失情况；所属行业；被保险人增值税状况；建筑物的用途；损失发生的具体时间及日期；事故发生地点；推测的事故原因；损失估计额等。

如果保险公估师出具的是一份临时支付报告，其报告内容与初步保险公估报告基本相同，但通常应该把最后一项"损失估计额"改为"暂付金额"。保险公估师在应用了相关的比例赔偿方式之后，所预测的最终损失赔偿金额明显超过了建议的暂付金额的，保险公估师将在公估报告中特别注明。

3. 最终保险公估报告

保险公估师在整个公估过程完成后，应该编制最终保险公估报告，并及时递交给委托人。最终保险公估报告部分将重复初步保险公估报告的内容，但某些标题将作调整。例如，项目、分类、方案编号、描述、保险金额、经过理算的损失、此前给付金额、应付余额等。除此之外，还应该注明保险公估费用、损余处理及施救费用等。

对于保险标的价值较高、索赔金额较大的委托公估案例，保险公估师应该出具一份完整的公估报告。下面以企业财产保险综合险为例，说明完整公估报告包括的主要项目及其与该项目相关的更详细的资料。

（1）对保险标的场所的描述：说明所涉及的建筑物、建筑物构造情况和周围环境等；通常需要附上照片。

（2）对被保险人经营活动的描述：说明被保险人所从事的业务，以及场所受影响部分的具体用途等。

（3）事故发现：说明发现时间、日期及发现人等；对任何报警系统的描述。

（4）事故原因：注明与建筑物特征有何联系；起火点和最先引燃的物资之间的联系；如果未确定原因则必须注明进行调查的具体情况和所考虑的各种可能性等。

（5）蔓延和停止：说明火灾的蔓延、停止情况，以及支持和限制因素等。例如，天气情况；供水情况；结构、开口、衬里等；所从事经营业务和其中财务的特殊特征；内务管理情况及一般情况，包括屋顶通风、现代建筑材料、塑料的使用等情况。

（6）灭火的过程：通知消防队的时间和方法；消防队到达时间；雇员所采取的临时施救措施情况；消防队对损失限制的情况；喷水装置或其他设备的有效性等。

（7）损失的性质和报失程度：说明损失的性质，以及建筑物、设备和库存的损失程度。

（8）最初措施：拆除、废墟清理、保护措施和抢救行动等。

（9）保证：说明保证是否得到遵守，或者任何违反保证的详细情况。

（10）第三方情况及可能的追偿权：说明调查和所获得的第三方责任的有关证据。

（11）损失估计额：初步保险公估报告反映的损失额。

（12）被保险人指定公估人。

（13）索赔和理算：所提交的索赔详细资料；对原始索赔的修正；简单理算；分类详细理算情况，包括所涉及的项目和建筑物；理算是基于赔偿还是基于重置；对条款的援引，如比例赔偿方式，库存声明，地方当局、建筑师和测量师费用，清除残损；任何灭火费用的详细情况及供考虑的建议；经过理算的赔偿金额摘要；对所提出的暂付金额的建议和原因。

（14）被托管的货物：说明法定责任是否成立。

（15）保险金额是否足够：说明比例赔偿方式的应用等。

（16）损余：说明损余物资及建议损余物资处理方案。

（17）任何其他保险和分摊应用的情况。

（18）未决赔款准备金：对于临时支付报告，是指专家建议的暂付金额之后的任何修改及余额；对于最终保险公估报告，是指诸如费用、租金损失或重置赔付的余额还未支付的那部分。

（19）支付授权：需要时，被保险人可以授权保险人向某第三人而不是自身支付的书面支付委托书。但如果要将保险金直接支付给一个修理商，则需要被保险人向保险人作出书面授权并确认修理商已经圆满完成了任务。

（20）公估费用和支出。

4. 简化的最终保险公估报告

某些特殊情况下，为了加快索赔、理赔处理进程，保险公估师通常只编制简化的保险公估报告。例如，当实际金额或估损金额较低时，或者发生广泛的、大范围的保险事故，如暴风、洪水和地震等。

简化的保险公估报告的内容和初步保险公估报告的内容基本相同，但是对值得注意的情况必须作出简要的说明。这些情况通常包括：遵守保证条款的情况；重置价值备忘录；保险金额是否足够；是否存在第三人的责任；其他保险的情况；保险人未决赔款准备金等。

典型案例 2

鲁 A12＊＊半挂车车上货物责任险保险公估报告

立案编号：YDJNCX0220070819＊＊＊

致：＊＊保险股份有限公司济南支公司

鲁 A12＊＊挂重型厢式半挂车"08.19"车上货物责任险

1. 引言

2007 年 8 月 24 日受贵公司委托，我公司作为题述案件的保险公估人，接受委托后即派员前往事故受损现场进行查勘，经我公司秉持客观、公正、公平、科学、可行的原则理算，特对贵公司所承保的车辆鲁 A12＊＊挂重型厢式半挂车于 2007 年 8 月 19 日发生的车上货物责任险案中的损失价值进行保险估损，谨将公估结果报告如下。

2. 保险合同内容

保险人：＊＊保险股份有限公司济南支公司

被保险人：济南＊＊运输有限公司

行车证所有人：济南＊＊运输有限公司

保险单号：PDAA200637019300010057

投保险种：车上货物责任险

保险车牌号：鲁 A12＊＊挂

厂牌车型：通亚达 STY9310XXY

使用性质：货运

保险期限：2006/11/19 零时起，至 2007/11/18 二十四时止

3. 事故概况

2007 年 8 月 19 日 10 时左右，聂某驾驶鲁 A13＊＊重型半挂牵引车托运装有 1 600 桶矿

泉水的鲁A12＊＊挂重型厢式半挂车在世纪大道由东向西行驶，在世纪大道二十四公路路口与一运灰渣的车辆发生碰撞后侧翻，造成鲁A12＊＊挂重型厢式半挂车上运输的1 600桶矿泉水不同程度受损；事故发生后驾驶员聂某向交警和公司报案。

4. 受损财产介绍

本次事故受损失的财产是：山东＊＊矿泉水有限公司由山东章丘生产仓库运往济南丁家庄南路12号中心仓库的产品1 600桶矿泉水。

（1）五加仓桶：桶体表面凹陷较深、有死折或断裂的为973个，按全损处理。

（2）五加仓桶：桶体表面有碰撞痕迹，受损较轻微的为627个，按折旧50％处理。

（3）桶装矿泉水：密封包装受损，桶内矿泉水污染的为1 600桶，按全损处理。

5. 事故原因认定

根据交警责任认定书、现场查勘及对有关人员的调查、分析确认，本案受损财产因保险车辆与第三者车辆发生碰撞而造成的车辆侧翻，车上货物受损，构成车上货物责任事故。根据《车上货物责任险条款》第一条保险责任：保险期间内，发生意外事故致使被保险机动车所载货物遭受直接损毁，依法应由被保险人承担的损害赔偿责任，保险人负责赔偿。

6. 损失理算

核损金额计算公式：

$$核损金额 = \sum 受损财产的核损金额$$

根据被保险人提供的厂家供货发票和桶装矿泉水生产厂家的生产成本价格扣除增值税，结合济南桶装矿泉水市场价格，确定损失金额。详情如表13-6所示。

表13-6　"08.19"在上货物责任险损失理算表

项目名称	规格	单位	数量	单价/元	合计/元
全损水桶	18.9 L	个	973	39	37 947.00
折旧50％水桶	18.9 L	个	627	19.5	12 226.50
桶装水	18.9 L	桶	1 600	6.900 3	11 040.48
总合计					61 213.98

$$核损金额 = \sum 受损财产的核损金额 = 61\ 213.98(元)$$

残值确定：

全损的水桶可以作为废品回收残值。

全损的水桶数量，根据现场清点的桶数确定。

废桶回收价格根据济南废旧物资回收市场价格确定，其中：

废桶按6.00元/个；

受损轻的桶按50％折旧后残值为3.00元/个；

$$残值合计 = （973个×6.00元/个）+（627个×3.00元/个）= 7 719.00(元)$$

7. 公估结论

2007年8月19日10时左右，聂某驾鲁A13＊＊重型半挂牵引车托运装有1 600桶矿泉水的鲁A12＊＊挂重型厢式半挂车在世纪大道由东向西行驶，在世纪大道二十四公路路口与一运灰渣的车辆发生碰撞后侧翻，造成标的车车上货物受损。

本次事故我公司总核损金额为：RMB 61 213.98元，残值为：RMB 7 719.00元。

　　本公估报告根据被保险人提供的机动车辆保险单，公估人员现场查勘记录、询问记录、照片等资料作出，符合保险条款有关规定，敬请贵公司根据保险合同酌情办理。

公估师：　　　　工程师：　　　　签发人：

山东**保险公估有限公司

**年*月*日

资料来源：http://www.ydbxgg.com/anli1.asp

本 章 小 结

　　本章主要对保险公估人的经营进行阐述。保险公估人设立要满足组织形式、营运资金、股东资格等条件，其的组织结构通常有 3 种形式：职能部门结构，业务部门结构，职能、业务部门的混合结构，不同的组织结构形式适用于不同规模的保险公估人。保险公估人的业务范围包括承保公估、理赔公估及其他公估业务。保险公估人的业务种类与保险人的业务种类大体一致，但是主要集中在财产保险领域。我国的保险公估费用通常包括两个项目：公估费；为了完成公估工作所支付的费用，包括差旅费、膳食费、交通费、通信费、聘请专家费及各项杂费。保险公估报告是保险公估工作的全面总结，是保险公估人向委托人提供的反映保险公估工作的内容和结果的一种公证性文件，但是并不具备法律效力。

　　本章的重点是保险公估人的设立条件和组织结构、保险公估人的业务范围及种类、保险公估费用的确定标准、保险公估业务流程、保险公估报告的基本内容。

　　本章的难点是保险公估人 3 种组织结构的比较、保险公估费用的确定方法、保险公估业务流程、保险公估报告的撰写。

关 键 名 词

承保公估　理赔公估　监装监卸　风险评估　价值评估　确认书　初步保险公估报告
最终保险公估报告　防灾防损　残值处理

思考题

1. 保险公估机构的组织结构有哪几种形式？各有什么优缺点？

2. 保险公估人的业务范围一般有哪些？

3. 试分析保险公估费用应当如何确定。

4. 什么是保险公估报告？应包含哪些基本内容？

参 考 文 献

[1] 江生忠. 保险中介教程. 北京：对外经济贸易大学出版社，2006.

[2] 刘连生，申河. 保险中介. 北京：中国金融出版社，2007.

[3] 刘冬娇. 保险中介制度研究. 北京：中国金融出版社，2000.

[4] 唐运祥. 保险中介概论. 北京：商务印书馆，2000.

[5] 沈健. 保险中介. 上海：上海财经大学出版社，2001.

[6] 傅殷才. 制度经济学派. 武汉：武汉出版社，1996.

[7] 菲吕博顿. 新制度经济学. 上海：上海财经大学出版社，1998.

[8] 陈瑞华. 信息经济学. 天津：南开大学出版社，2003.

[9] 陶长琪. 信息经济学. 北京：经济科学出版社，2001.

[10] 吴定富. 保险经纪相关知识. 北京：中国财政经济出版社，2005.

[11] 吴定富. 保险公估相关知识与法规. 北京：中国财政经济出版社，2005.

[12] 杨文明. 保险公估实务. 北京：中国金融出版社，2004.

[13] 陈伊维，王秀英. WTO 与保险公估理论与实务. 北京：中国发展出版社，2001.

[14] 李琼，吴兴刚，李金辉，等. 保险公估原理与实务. 武汉：武汉大学出版社，2000.